Das Drachenbuch

Ron Moulton

Das Drachenbuch

Geschichte, Flugtechnik und Selbstbau von Drachen

Otto Maier Verlag
Ravensburg

CIP-Kurztitelaufnahme der Deutschen Bibliothek

Moulton, Ron:
Das Drachenbuch:
Geschichte, Flugtechnik u. Selbstbau von Drachen/Ron Moulton.
[Dt. von Helmut K. Ziegler]. –
2. Aufl. – Ravensburg: Maier, 1986.
Einheitsscht.: Kites <dt.>
ISBN 3-473-42283-5

Die englische Originalausgabe erschien 1978
unter dem Titel
„Kites" bei Pelham Books, London.

Zeichnungen: Pat Lloyd

Deutsch von Helmut K. Ziegler
Umschlaggestaltung:
Graph. Atelier, Otto Maier Verlag
Titelfoto: Roland G. Nieß
Der Drachen (Hersteller: Nick Morse – Skycraft)
wurde freundlicherweise von Tony Christopher
zur Verfügung gestellt.
Satz: Bauer & Bökeler GmbH, Denkendorf
Gesamtherstellung: Appl, Wemding
Printed in Germany

89 88 87 86 5 4 3 2

ISBN 3-473-42283-5

(früher: ISBN 3-473-42552-4

Inhalt

Einleitung

Ein beglückendes Gefühl der Freiheit überkommt jeden, der Drachen steigen läßt, wenn der Wind das luftige Gebilde hoch in das Himmelsblau hinaufträgt. Wenn der Drachen dann erhaben oben steht, wenn die Leine im Wind singt, dann schwingen der bunte Vogel und sein Schweif in poetischer Harmonie. Das pralle Segel ist beides, Spiel und Kunstwerk.

Manche halten uns für Wirrköpfe, die anscheinend keinen Sinn für die rauhe Wirklichkeit des Lebens haben, leicht verrückt und verschroben. In der Literatur hat man uns als weltfremd oder fanatisch beschrieben, bereit, die ganze Umwelt in diese Leidenschaft einzubeziehen. Der Drachen selbst wird als Symbol des Lebens in freier Natur und der Kindheit angesehen. Dieses Buch möchte mehr als flüchtiges Interesse am Drachensteigenlassen erwecken.

In einer Zeit, in der alle Energiereserven immer kostbarer werden, erwacht die Begeisterung für Drachen erneut. Windenergie kostet nichts. Machen Sie Gebrauch davon, und freuen Sie sich dabei über die Drachen in all ihren Formen.

Ron Moulton

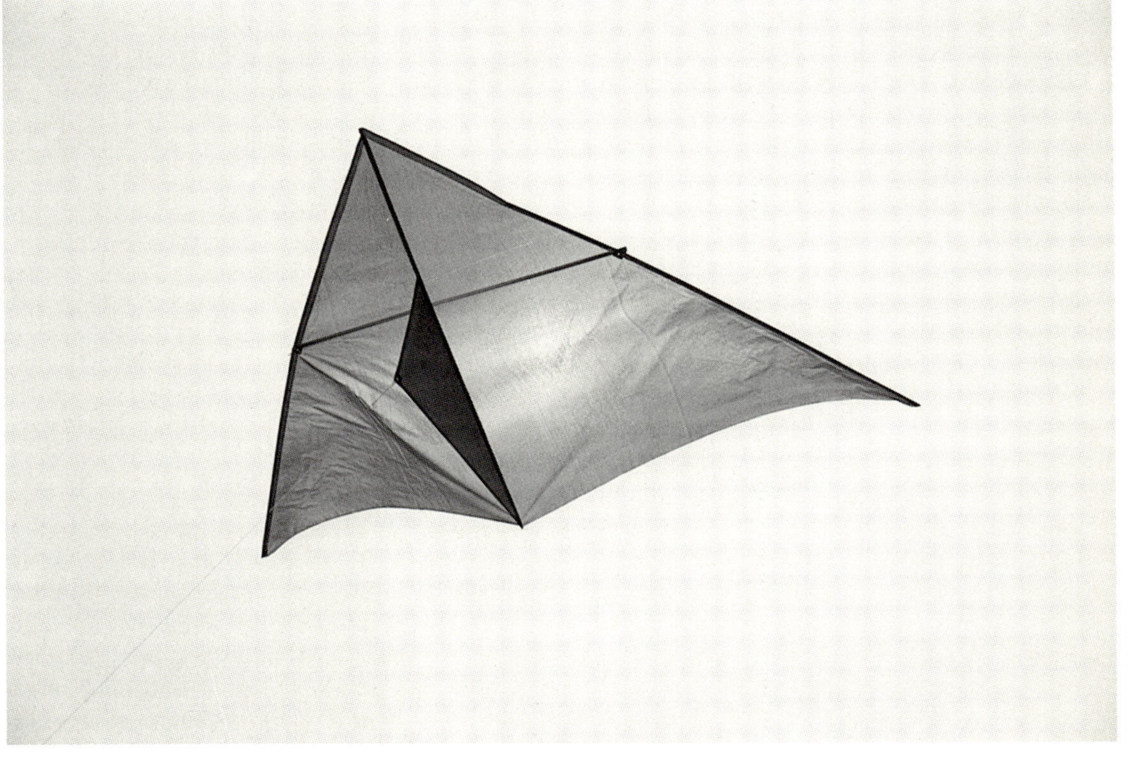

Oben: Traditioneller chinesischer Laternendrachen
Rechts: Frauen-Drachen, ein weiteres kunstvolles Gebilde aus China

1

Ursprünge und Geschichte

Zwar ist es nicht Absicht dieses Buches, die Geschichte der Drachen durch die Jahrhunderte in allen Einzelheiten zu schildern. Trotzdem wollen wir die Entstehung und Entwicklung der Drachen verfolgen und etwas über die vielen Verwendungszwecke berichten.

Ferner Osten

Etwa um das Jahr 200 v. Chr. wurde ein Drachen wohl zum erstenmal für einen praktischen Zweck eingesetzt, als der chinesische General Han Hsin damit die Länge eines Tunnels ermitteln ließ, den er graben lassen wollte, um von seinen Linien aus in eine von ihm belagerte Festung zu gelangen.

Mag das auch eine Legende sein, fest steht auf jeden Fall, daß in China schon in frühester Vergangenheit der Gebrauch von Drachen, zum Beispiel zum Hochtragen roter Laternen oder zum Abwerfen von Botschaften mit Hilfe der Drachenleine, bezeugt ist. Später ließ man Drachen aus Spaß an der Sache und bei offiziellen Festlichkeiten steigen. Das Drachensteigenlassen verbreitete sich nach und nach über Korea, Japan und Malaysia nach Indien und über den Süd-Pazifik nach beiden Amerika.

Der Ausbau der Handelsrouten um das Kap der Guten Hoffnung brachte Drachen des Ostens nach Europa, aber es waren nicht die dekorativen und komplizierten Formen, die wir heute sofort als chinesische oder japanische ansprechen.
Der europäische Drachen leitet sich vom einfachen Kampfdrachen aus zwei gekreuzten Stäben ab. Zuerst bestand er aus einem gebogenen Bugstab am Ende eines Längsstabes, der das Rückgrat bildete. Er hatte einen runden Kopf oder war birnenförmig. Später kam der einfache Kreuzdrachen (Flachdrachen) auf.
Ein Schwanz wurde nötig, um unter europäischen Windverhältnissen stabilen Flug zu erreichen, und so wurde mit der Zeit der ursprüngliche asiatische Kampfdrachen von einem leichter beherrschbaren verdrängt. Zum Glück für alle Drachen-Begeisterten blieb der Fortschritt nicht beim Birnen-Drachen stehen, und die östlichen Traditionen des Drachenflugs wurden ebenfalls durch die Jahrhunderte weiter gepflegt. Vom Baumaterial abgesehen, haben sich die Formen und Eigenheiten der chinesischen, japanischen, malaiischen und indischen Drachen gegenüber den ursprünglichen kaum verändert.

Südpazifik

Bevor wir uns mit den bekannteren Drachenformen beschäftigen, wollen wir einen Blick auf die in vieler Hinsicht bemerkenswerten Drachen des südpazifischen Raumes werfen.
Diese polynesischen Drachen wurden aus geflochtenen Blättern, Gräsern und Baumrinde gefertigt und schleppten Fischhaken oder stiegen bei bedeutenden festlichen Anlässen zum Himmel auf. Von einigen neuseeländischen Maori-Drachen wird berichtet, sie hätten einen Mann tragen können, und um ihre Formen ranken sich viele Geschichten. Sie haben meistens Vogelform und Schwänze, die mit Blättern, Federn oder Hundehaaren verziert sind. Im Südpazifik bilden die Drachen einen wichtigen Teil der Tradition. Sie gelten als heilig und spielen eine wichtige Rolle im Zusammenleben der Gemeinden. Typisch dafür ist die Sage von Hervey Island, wo bei einem Drachenkampf der ältere von zwei Brüdern, Rango, seinen Bruder Tone besiegte und damit auch der Schutzpatron der Inseln wurde. Sein Name wurde einem Drachentyp verliehen, bei dem auf einem hochragenden Rückgrat vier senkrechte Bambusstäbe stecken, die mit acht Blättern verziert sind. Rango wurde der Gott des Friedens, des Kriegs und . . . der Drachen genannt.
Die Franks Collection im Museum of Mankind in London enthält einige schöne Drachen von den melanesischen Inseln. Bis jetzt hat noch niemand versucht, Kopien davon herzustellen und in den Handel zu bringen. Es ist auch unwahrscheinlich, daß solche schwere Drachen anderswo als in ihrer pazifischen Heimat gut fliegen würden, wo sehr starke und gleichmäßige Winde die Regel sind.

Europa, USA, Australien und Kanada

Nach dem Auftauchen der malaysischen rhombenförmigen Kampfdrachen und deren Abwandlung in die gebogene Form in Europa erscheinen die ersten Berichte über eine ernsthafte Beschäftigung mit Drachen etwa in der Mitte des achtzehnten Jahrhunderts (wenn man von Vorschriften zur Verhinderung von Belästigungen durch Drachen, erlassen 1736 in Frankreich, absieht). In Schottland, Frankreich, Italien und Nordamerika wurden damals gleichzeitig Experimente zur Ableitung von Elektrizität aus der Atmosphäre durchgeführt, um nachzuweisen, daß es sich bei Blitzen um Elektrizität handelt. Die ersten Versuche dieser Art unternahm ein Schotte namens Alexander Wilson. Er befestigte 1749 mehrere Thermometer an der Drachenleine, die nach Abbrennen von Zündschnüren nacheinander zur Erde fielen. Berühmter wurde der amerikanische Staatsmann Benjamin Franklin. Ihm gelang es 1752 nach sechs Jahren Versuchsarbeit, zum erstenmal einen Blitz durch eine Stabantenne an seinem rautenförmigen Drachen über die nasse Leine zur Erde abzuleiten. Damit hatte Franklin den Blitzableiter erfunden. Er wurde zunächst nicht ernstgenommen, und ein Zeitgenosse na-

Gemälde auf Holz mit einem Drachen des achtzehnten Jahrhunderts. Das Original hängt im Aeroclub von Frankreich.

mens De Roma machte ihm seine Erfindung streitig. De Roma wollte diese, allerdings ohne praktische Erprobung, schon früher gemacht haben. Spätere Experimente in Europa mit Drachenleinen aus Metall führten zu Blitzeinschlägen mit explosiven Entladungen. Vor dem Steigenlassen von Drachen während eines Gewitters muß also dringend gewarnt werden.
Zu Beginn des neunzehnten Jahrhunderts ließ Sir George Caley einen Bogendrachen (Kleiderbügel-Drachen) als Gleitflugmodell fliegen. Sein Modell von 1804 und eine später gebaute Version, die einen Menschen tragen konnte, nahmen die Entdeckungen des nächsten Jahrhunderts vorweg. Wegen des letzteren gilt es als „Vater des Flugzeugs".
Caley war nicht der einzige Aerodynamiker, der aus dem aerodynamischen Verhalten der Drachen lernte.
Lilienthal, Pilcher, Chanute und die Gebrüder Wright benutzten Drachen für ihre Vorversuche und fertigten danach manntragende Gleitflugzeuge mit Tragflächen aus Segeltuch, ähnlich wie unsere heutigen Hängegleiter.
Ganze Gespanne von Wetterdrachen kamen in Gebrauch. D. Colladon benutzte drei „Kleiderbügel-Drachen" an einer gemeinsamen Leine, um im Jahre 1827 in Genf Elektrizität zu übertragen. Die Drachenstäbe hatten eine Länge von 1 m. Damit begann die Arbeit zur Erforschung der Atmosphäre Früchte zu tragen. Im gleichen Jahr erschien auch eine Veröffentlichung von George Pocook mit dem Titel *The Aeropleustic Art of Navigation in the Air by the Use of Kites or Buoyant Sails* (etwa zu übersetzen mit: Die Kunst, durch Luft zu reisen mit Hilfe von Drachen oder geblähten Segeln). Pocook hatte nämlich entdeckt, daß es bei entsprechender

Ein historischer Drachen aus Deutschland. Wandschmuck im Britischen Luftwaffenmuseum.

Windstärke möglich war, mit einigen an einer Pony-Kutsche befestigten Drachen bis zu einer halben Tonne Fracht zu bewegen. Für diese ersten „pferdelosen Kutschen" wurden besondere Drachen angefertigt und in den größten bis zu sechzehn Personen befördert; zweifellos ein aufregendes Vergnügen. Es soll möglich gewesen sein – bevor es Telegraphendrähte und Eisenbahnbrücken gab –, Postkutschen zwischen Bristol und London in beiden Richtungen auf diese Weise im Schnellverkehr zu betreiben. Die benutzten Drachen waren der Grundkonstruktion nach Kleiderbügelmodelle, aber mit vier Leinen, um sie auch für schräg einfallenden Wind einstellen zu können. Damals war die große Zeit der Segelschiffe, und eine Besegelung ohne Masten stellte keine ungewöhnliche Sache dar. Zuerst wurde ein Vorausdrachen hochgelassen, dem der Hauptdrachen und eventuell weitere folgten. Meist genügten aber zwei. Zum Anhalten wurde eine Leine nachgelassen, der Hauptdrachen fiel zusammen, und eine Hakenbremse stoppte das Gefährt. Berühmt wurde Pocook auch dadurch, daß er seine Tochter Martha in einem Sessel auf 90 m Höhe hinauftragen ließ.

1828 (zwei Jahre, nachdem er zusammen mit Oberst James Viney, RA, das Patent Nr. 5420 erhalten hatte) demonstrierte Pocook seine Drachenkutsche auf der Rennbahn von Ascot vor König Georg IV. Unmittelbar danach fuhr er Wettrennen gegen pferdebespannte Kutschen auf der Straße zwischen Staines und Hounslow und schlug sie um Längen. Bei der Liverpool Regatta am 18. Juli 1828 überquerte „ein gewisser Alfred Pocook" mit neun Begleitern den Mersey gegen starke Strömungen und Winde in einem zweimastigen Boot, das von Drachen gezogen wurde. „Er erregte damit großes Erstaunen unter den seefahrtskundigen Beobachtern", schrieb die Zeitschrift *The Engineer*. Viney und Pocook schlugen vor, der Drachenkutsche einen kleinen Anhänger mit einem Pony mitzugeben, um bei Windausfall oder falscher Windrichtung weiterfahren zu können. Dieser Plan wurde aber wahrscheinlich nie ausgeführt. Der Antrieb durch Drachen blieb bis zum Ende des Jahrhunderts von Interesse, dann aber waren die Verbrennungsmaschinen und Dampfantriebe weit genug entwickelt, um als zuverlässige Antriebe dienen zu können.

Lange nach Pocooks erstem Drachenkutschenrennen wurde der Drachen von dem berühmten Samuel Franklin Cody bei manntragenden Drachenflügen eingesetzt (Abb. 1). 1903 schleppte ein Spezialschiff, angetrieben durch zwei Kastendrachen, Frau Cody als Versuchspassagier über den Kanal von Frankreich nach England.

Doch hier greifen wir voraus, denn in den letzten zehn Jahren des neunzehnten Jahrhunderts wurde der Drachen rasch weiterentwikkelt, und eine große Anzahl verschiedenartigster Entwürfe für Spezialzwecke erschien. Sie verdienen besondere Aufmerksamkeit.

1891 baute William Eddy, ein Fotograf aus New Jersey, einen gebogenen rhombenförmigen malaysischen Drachen durch Spannen des Querstabes (Abb. 2). Damit war die V-Form entwickelt. (Bei Flugzeugen nennt man so das Höherziehen der Tragflächenenden gegenüber der Mitte, eine wesentliche Voraussetzung für stabiles Fliegen. Die Anwendung beim Drachen hat den gleichen Effekt.)

Eddys Drachen war auch viel einfacher als der Kleiderbügeldrachen. Für ihn genügte eine einfache Waage. Mehr noch, dieser Drachen war stabil genug, ohne Schwanz auszukommen, und konnte auch im Tandem geflogen werden. Bis zu acht Drachen stellte Eddy zu einem „Zug" zusammen, was manchmal die Leinen dermaßen überlastete, daß sie zum Vergnügen der Zuschauer rissen. Einmal machte sich so ein ganzer „Zug" selbständig und trieb über Staaten Island in die New Yorker Bucht, während sein Besitzer versuchte, ihn mit Eisenbahn und Fähre einzuholen.

Der gewölbte Eddy-Drachen ist heute noch beliebt. Unter den normalen britischen Windverhältnissen mit wechselnden Windstärken und Böen in niedriger Höhe benötigt er zwar einen Schwanz, aber ein Eddy-Drachen aus undurchlässiger Plastikfolie fliegt beim leichtesten Windhauch und ein Eddy-Drachen aus Tuch auch im Sturm. Eddy selbst war ein Experimentator. Er machte Luftaufnahmen von Gefechten in Kuba während des spanisch-amerikanischen Krieges und ließ Flaggen und Laternen zur Werbung aufsteigen.

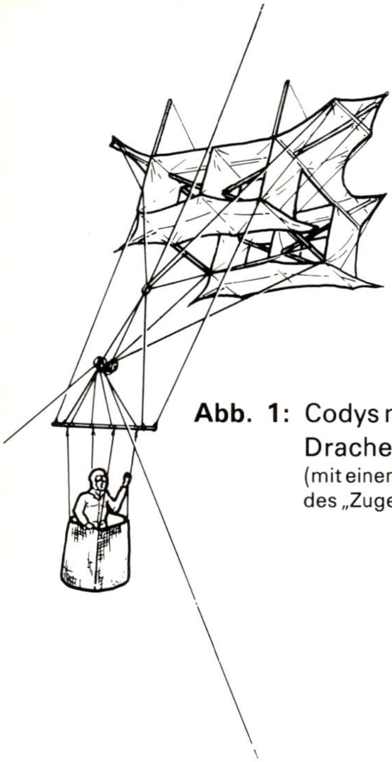

Abb. 1: Codys manntragender Drachen
(mit einem der vier Drachen des „Zuges")

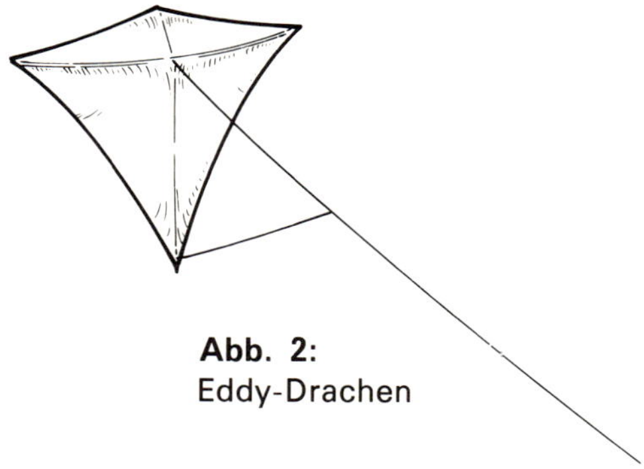

Abb. 2: Eddy-Drachen

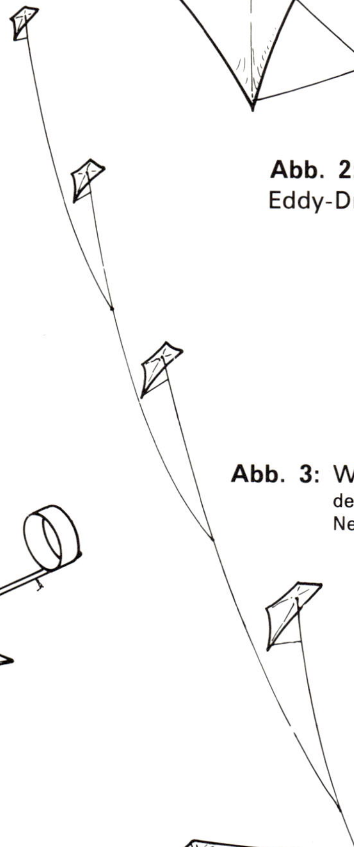

Abb. 3: Woglom-Zug, der eine Flagge trägt. New York 1895.

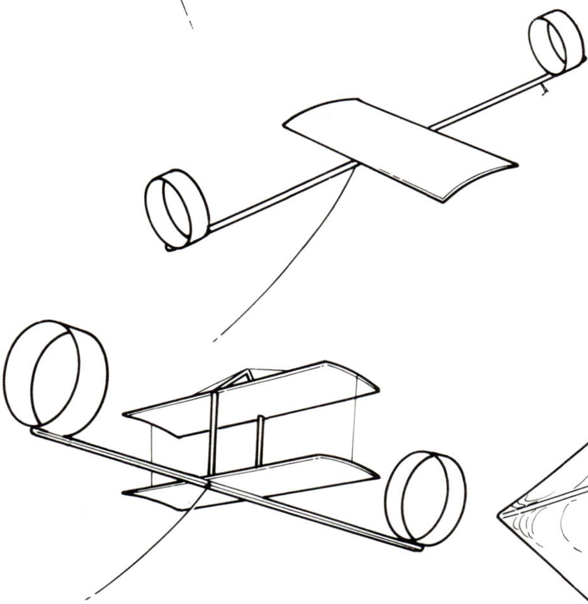

Abb. 5: Hargraves Experimentierdrachen mit Tragflächenprofil.

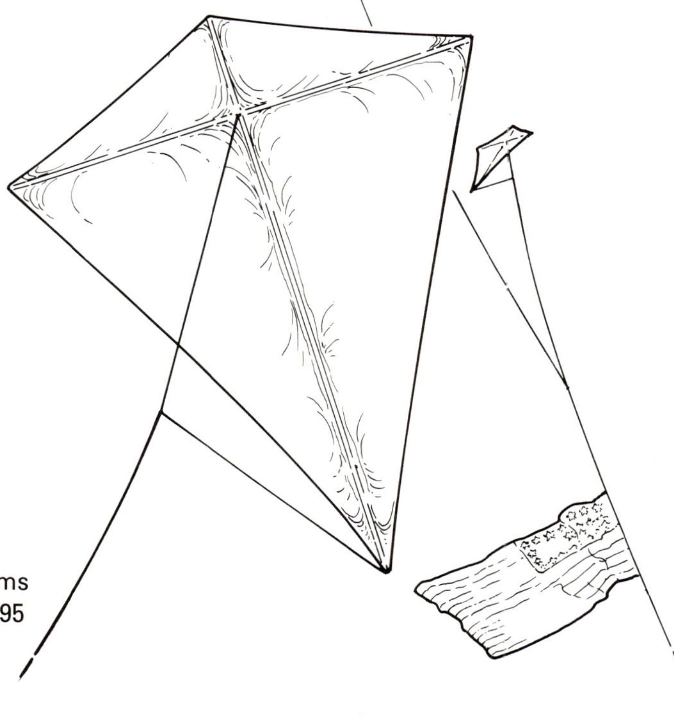

Abb. 4: Gilbert T. Wogloms Para-Drachen 1895

Ähnlich geformte Drachen, „Parakites" genannt, waren die Schöpfung des Juweliers Gilbert Totten Woglom aus Yonkers, New York. 1896 veröffentlichte er ein Buch, in dem er beschreibt, wie er am 4. Mai 1895 während der Festlichkeiten zur Einweihung des Washington-Gedächtnis-Tors in New York (Abb. 3) eine 3 m große Ruhmesflagge in 300 m Höhe über den Zuschauern hochzog. Woglom ließ vom Turm des Judson Memorials ein Gespann von Paradrachen aufsteigen, das die schwere Flagge hochtrug, eine Geste, die allenthalben Beifall fand. Zeitungsreporter gaben die Zahl der Drachen mit drei, vier, sechs und acht an, aber alle waren sich darin einig, daß Woglom an diesem Tag allen andern die Schau gestohlen hatte.
Das Buch des berühmten Woglom, *Parakites* (Paradrachen), ist auch heute noch, 80 Jahre nach seiner Herausgabe und trotz der umständlichen Sprache, das klassische Nachschlagewerk über japanische, malaysische, chinesische und Eddy-Drachen. Hier muß auch darauf aufmerksam gemacht werden, daß Woglom der erste war, der einen Hinweis auf das veröffentlicht hat, was wir heute im Zusammenhang mit dem gewölbten Drachen ein Flugprofil nennen.
Er nennt es *Twin concaves* (Zwillings-Wölbungen) – wie die Innenseite einer in Längsrichtung dreigeteilten Eierschale. Woglom lenkte die Aufmerksamkeit auf die Segelform der unteren Seite des Drachens, die, wie wir sehen werden, maßgebend für das Flugverhalten ist (Abb. 4).
Woglom benutzte bei seinem Drachenzug getrennte Leinen, die jeweils mit der darunter befindlichen an einem Punkt verknüpft waren, der von der Waage des anderen Drachen weit genug entfernt war, um Verwicklungen zu vermeiden. Diese Methode hat den Vorteil, daß jeder einzelne Drachen des Gespanns frei schwingen kann, ohne die anderen zu behindern. Die andere Methode, bei der die Leine jeweils oben auf der Mitte des nächsten Drachens befestigt wird, sollte man nur bei dem starren, modernen Rogallo-Drachen mit festem Zentralstab anwenden. Dies alles zeigt, daß Gilbert Totten Woglom als Autor des ersten englischsprachigen Standardwerks über Drachen als Drachengespann-Flieger und „Bannerträger" im wahrsten Sinne des Wortes höchsten Dank und die Anerkennung aller Drachen-Freunde von heute verdient.
Woglom war allerdings nicht der erste, der technische Berichte über Drachen verfaßt hat. Es gab wissenschaftliche Untersuchungen in akademischen Gremien, und die bedeutendsten davon waren diejenigen von Lawrence Hargrave. Als Ingenieur ausgebildet, verließ er 1866 England und begab sich nach Australien. Im Zuge von Untersuchungen über den bemannten Flug begann er 1893 mit Drachen zu experimentieren (Abb. 5).
Nach den Prinzipien, die F. H. Welham in einem Vortrag vor der *Aeronautical Society* (Vereinigung für Luftfahrt) aufgestellt hatte, baute Hargrave den Doppeldecker-Kastendrachen, erfand aber vorher noch seine Eindecker, deren Einfachheit heute noch beeindruckend ist. Alle Hargrave-Drachen weisen als charakteristisches Merkmal Vorder- und Hinterflächen auf, die durch ein Rahmenwerk verbunden sind. Sie nahmen schon das Grundkonzept des erst zehn Jahre später erfundenen Flugzeugs, Tragflächen, Schwanz und Trägerrumpf, vorweg, und das in allen nur denkbaren Variationen (Abb. 6).
Der größte Einfluß aber ging von seinem Kastendrachen aus (Abb. 7). Hargrave nannte ihn zutreffenderweise „Zellendrachen", und er war sich völlig darüber im klaren, daß seine Doppeldeckerflächen im Flug eine gewölbte Profilform annahmen. Diese Drachenform wurde von vielen anderen Flugpionieren übernommen, nicht nur für Drachen, sondern auch für die frühesten französischen Flugmaschinen, nicht aber, wie gern angenommen wird, von den Gebrüdern Wright. Zwei Flugzeuge wurden unter dem Namen *Box Kite* (Kastendrachen) sogar berühmt, obwohl sie nur ganz entfernt dem Hargrave-Entwurf ähnelten. Die Graham-White-Box-Kite-Flugmaschine hatte nicht einmal einen Doppeldecker-Schwanz, obwohl sie zwei Ruder besaß, und der Vorflügel am Bristol-Wright wies überhaupt keine Ähnlichkeit mit dem Hargrave-Zellendrachen auf. Trotzdem, der Name blieb, und ein Bristol-Box-Kite-Nachbau der Shuttleworth Collection fliegt regelmäßig bei den Veranstaltungen auf dem Old Warden-

Flugplatz in Bedfordshire. Er wurde für die Flugaufnahmen in dem Film *Die tollkühnen Männer in ihren fliegenden Kisten* angefertigt.
Die Arbeiten Hargraves wurden im *Journal of the Royal Society of New South Wales* veröffentlicht und die darin mitgeteilten Informationen rasch in Amerika und Europa aufgenommen. Während einer Vortragsreise 1899 in England lieh er dem Gleitflugpionier P. S. Pilcher einige Drachen, dessen Werk von seinem Erfolg beeinflußt wurde. Größer aber war sein Einfluß auf Hauptmann B. F. S. Baden-Powell und Samuel Franklin Cody. Hargraves Kastendrachen wurden in Spielzeugläden angeboten, und Cody kaufte einen für seinen Sohn Vivian. Er baute größere Versionen, fügte Zusatzflügel mit Drahtverspannungen an, und nach einem Jahr beantragte er ein Patent (Nr. 23566) für Himmels-Drachen *(Sky-Kites)*, die als Gespann aufsteigen und in einem Weidenkorb einen Luftbeobachter emportragen sollten.
Einige der Hauptdrachen erreichten Spannweiten von 11 m und benötigten schwere Verankerungen und sorgfältiges Verspannen. Codys System war einfacher als das von Baden-Powell, der vier große Sechseckdrachen mit zwei weit voneinander entfernten Leinen verankerte. Der Korb des Beobachters hing an beiden Leinen, was für den Insassen nicht immer sehr angenehm war. Das System wurde offiziell als „Levitor" bezeichnet.
In Amerika wurden dem US-Wetterbüro Mittel für Versuche mit Drachen zur Verfügung gestellt. Hargraves Zellendrachen wurde von Professor C. F. Marvin den Erfordernissen angepaßt und als Hargrave-Marvin-Kastendrachen des Wetterbüros bekannt (Abb. 8 + 9). Es gab sie in drei Größen für verschiedene Windstärken. Der Leichtwinddrachen hatte eine Spannweite von 2 m, war 2 m lang und 82 cm tief. Seine totale tragende Fläche betrug 6,13 m^2, er wog 4 kg und war mit Lonsdale-Tuch in einer Bahnenbreite von 65 cm in Stücken von 2 m Länge bespannt.
Der Kopfdrachen trug den Meteorographen, während weitere Drachen, welche an der Hauptleine mit 38 m langen Leinen angeknüpft wurden, das ganze Gebilde viele tausend Meter zu Beobachtungen hinaufhoben. Ab 1897 flogen solche Drachen für siebzehn Wetterstationen in den USA und erreichten einmal eine Rekordhöhe von 7265 m. Viel später, im Zweiten Weltkrieg, wurden ähnliche Drachen zum Schutz von Geleitzügen gegen Angriffe von Sturzkampfflugzeugen eingesetzt.
Weiter nördlich, in Neu-Schottland und Neufundland, experimentierten zwei weitere Wissenschaftler, jeder auf seine Art, mit Drachen. Als Guglielmo Marconi am 12. Dezember 1901 seine Empfangsantenne für seine historisch gewordene erste Funkverbindung zwischen St. John und Poldhu in Cornwall 183 m hoch aufrichtete, benutzte er dafür einen Kastendrachen mit Flügeln. Es ist bemerkenswert, daß der gleiche Drachentyp heute noch verkauft wird. Er nennt sich *Brookite Master*, und seine Konstruktion hat sich in den vergangenen achtzig Jahren nicht geändert.
Ziel von Alexander Graham Bells Forschungen war die Entwicklung einer Flugmaschine. Bell, ein Zeitgenosse Hargraves, Erfinder des Telephons und Vorsitzender der nationalen geographischen Gesellschaft, ging zunächst von Schottland nach Kanada und wurde später Bürger der Vereinigten Staaten. Bell bewunderte Hargraves Arbeiten über Kastendrachen und dabei besonders den charakteristischen Zwischenraum zwischen Vor- und Hinterflächen, mit dem er sich eigens beschäftigte. Bell fand heraus, daß die Stabilität des Anstellwinkels um so größer war, je weiter der Abstand war. Er rühmte die Vorteile der hinteren Flächen der Kästen, fand aber, daß die Gerüste, die zur Herstellung der nötigen Steifheit erforderlich waren, die Wirksamkeit der Kastendrachen vermindern würden, und war gegen die inneren Verspannungen. Deshalb baute Bell den dreieckigen Kastendrachen (Abb. 10), bei dem die inneren Verspannungen überflüssig wurden. Er kam zu dem Schluß:

„Soweit ich es aus meinen Beobachtungen in der Praxis beurteilen kann, scheinen Drachen, die nach dem Grundprinzip des Hargraveschen Kastendrachens, aber mit dreieckigen anstelle von viereckigen Zellen gebaut sind, genausogut und mit dem gleichen steilen Leinenwinkel zu fliegen wie normale Hargrave-Drachen. Sol-

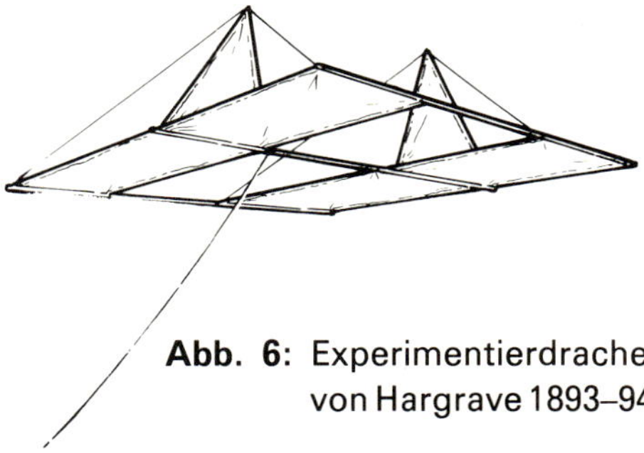

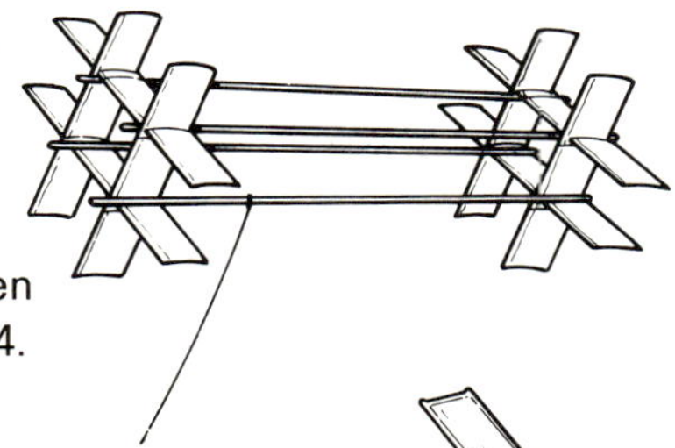

Abb. 6: Experimentierdrachen von Hargrave 1893–94.

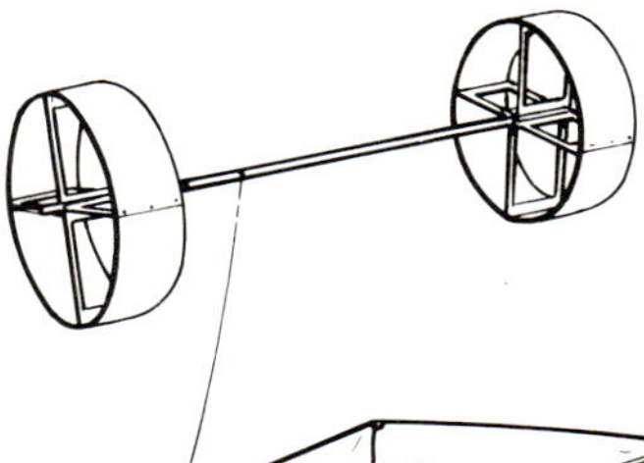

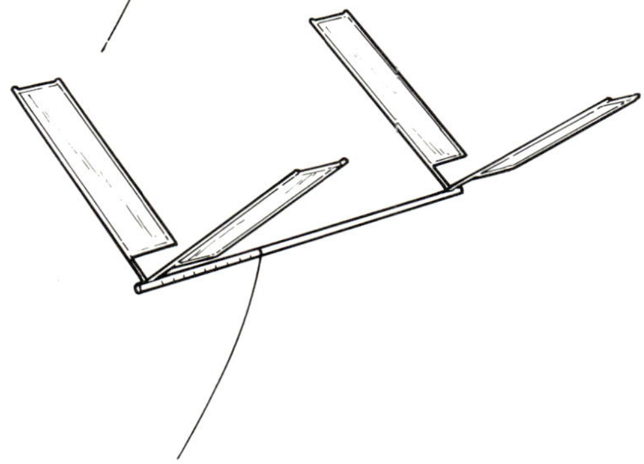

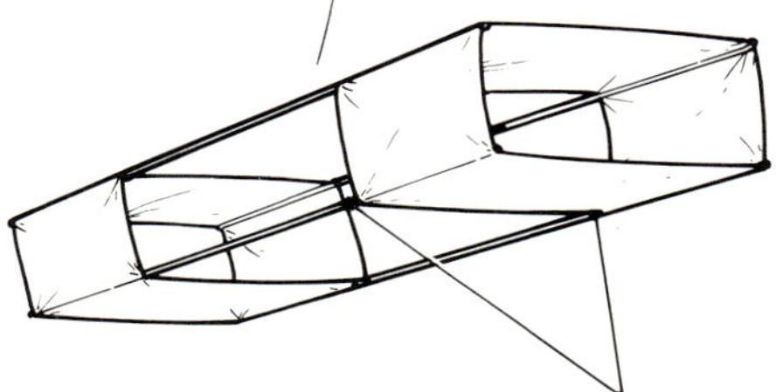

Abb. 7: Kastendrachen

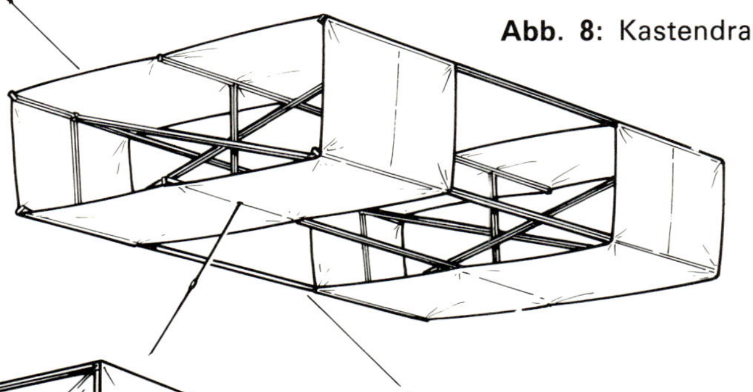

Abb. 8: Kastendrachen

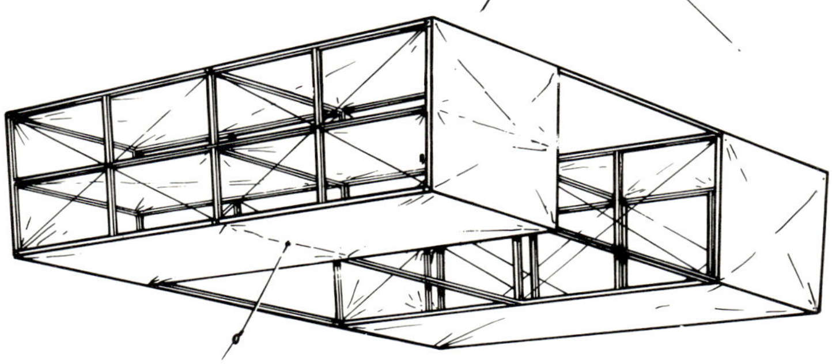

Abb. 9: Hargrave-Marvin Wetterbüro-Kastendrachen 1897
Größer als in Abb. 8, mit dreiflächigem vorderem und zweiflächigem hinterem Kasten.

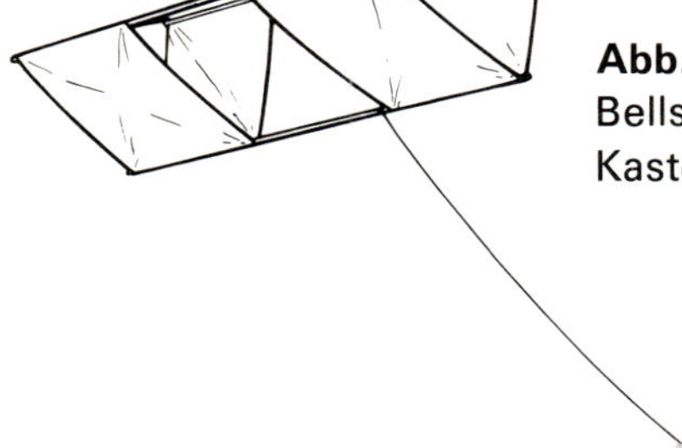

Abb. 10: Bells dreieckiger Kastendrachen.

che Drachen stellen deshalb eine Verbesserung dar, denn sie erreichen die gleiche Flugleistung bei festerer Konstruktion, leichterem Gewicht und weniger Luftwiderstand."

Ein Dreivierteljahrhundert später muß jeder Drachenflieger von heute bestätigen, was Bell in seiner meisterhaften Veröffentlichung von 1903 (National Geographic Magazine, Vol. XIV, Nr. 6, June 1903) aussagte. Der Kastendrachen benötigt starken Wind, um sein Schwergewicht ausgleichen zu können.

Aber Bell gab sich mit dem dreieckigen Kastendrachen nicht zufrieden; er baute ihn in dreifachen Dreiecken, die er verband (Abb. 11), erweiterte diese zu 15zelligen Gebilden und entwickelte viereckige Rahmen für gekoppelte Dreiecke. Er baute sie in gewaltigen Größen, benutzte sie in Flächen-, Dreiecks- und Kastenkonstruktionen. Die Bell-Drachen sahen immer großartig aus und glichen beinahe Flugzeugen (Abb. 12 + 13). Eines dieser gleitenden Ungetüme hob einmal zwei Männer vom Boden, bevor seine Leine, ein dickes Manilatau, brach. Es bäumte sich zunächst auf (wie jeder Drachen, wenn seine Leine reißt), stellte sich dann aber wieder horizontal und glitt zu Boden, ohne dabei beschädigt zu werden. Dies geschah ein Jahr bevor weiter südlich unten an der Ostküste der USA die Gebrüder Wright ihren ersten Flug durchführten. Bells Drachen hatte bewiesen, daß er auch im freien Flug stabil war. Er führte aber seine Versuche in Richtung bemannter Flug nicht weiter. Viele Dinge aus seinen Experimenten in Neu-Schottland werden im *Alexander Graham Bell National Historic Park Museum* in Baddeck in Neu-Schottland aufbewahrt, wo die Originale ausgestellt sind.

Währenddessen erschien in Frankreich ein weiteres Buch über Drachen: *Les Cerfs-Volants Observatoires* von J. Lecornu. Der Verfasser hatte seine eigene Version des Hargrave-Kastendrachens gebaut, indem er drei Zellen übereinander in Leiterform anordnete. Waren sie seitlich fest versteift und mit einer nach vorn gerichteten Waage ausgerüstet, so entwickelten die Lecornu-Leitern große Tragkraft. Sie waren starre Vorläufer unserer heutigen Paragleiter (Abb. 14). Lecornus Buch enthüllte auch Einzelheiten anderer Pionierentwicklungen, wie der von Madiot und Saconney, die den Hargrave-Drachen mit seitlichen Flügeln versahen und manntragende zusammenstellten (Abb. 15). Der Einfluß Hargraves war wirklich weltweit.

Wie Bell, so bevorzugte auch Blériot (der später als erster Mensch den Ärmelkanal überflog) den Dreieck-Kastendrachen. Er fügte an die obere Fläche dreieckige Seitenflächen an, und diese Form wurde in großen Stückzahlen als Militär-Drachen gebaut. Blériot versah den zentralen Kastenrahmen mit starren Verstrebungen, verlängerte den Zwischenraum und fügte bei manchen Konstruktionen noch einen dritten Mittelkasten hinzu. Die Form erwies sich über einen weiten Bereich der Windgeschwindigkeit als äußerst stabil und wurde von Silas J. Conyne in den USA übernommen (Abb. 16). Der Conyne-Drachen war aber insofern verschieden, als der Zentralkörper- oder Kastenrahmen nur aus drei Längsholmen und Stoff bestand, wodurch die dreieckigen Zellen flexible Seitenwände hatten. Dies ergab den Vorteil, daß nach Entfernung der Mittelverstrebung der ganze Drachen zusammengerollt werden konnte. Das gleiche Prinzip findet man bei den Brookites-Drachen, die damals schon (wie heute) in Großbritannien verkauft wurden, woraus man sehen kann, wie wenig sich die Grundkonstruktion des Kastendrachens mit Seitenflügeln in unserem Jahrhundert verändert hat.

Große Ausführungen des Blériot-Drachens benötigen zwei Querstäbe zum Ausbreiten der Seitenflächen, und einige haben viele Verstrebungen in den Kastenseiten, um die Flächen gespannt zu halten. Dies ist wichtig, weil der Durchfluß der Luft beträchtlich ist und die Seitenwände während des Drachenflugs nicht flattern oder einbeulen dürfen.

Diese kurze Übersicht über die frühen Tage des Drachenflugs konnte naturgemäß nicht alle Parallelentwicklungen anderer Pioniere ausleuchten. Es ist auch nicht die Absicht dieses Buches, eine umfassende Geschichte der Drachen zu schreiben, sondern lediglich aufzuzeigen, wie sich die Formen und Typen entwickelt

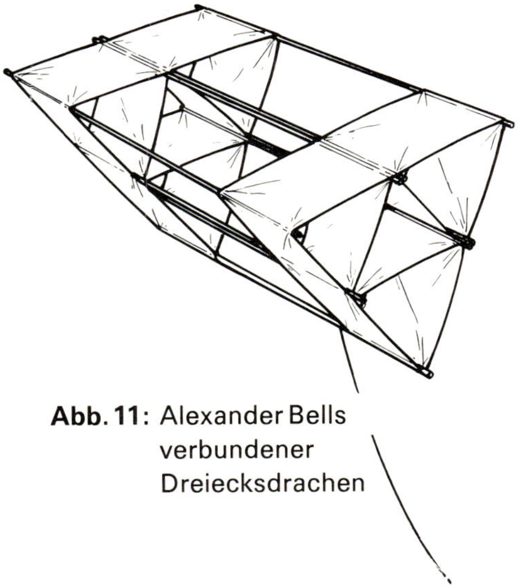

Abb. 11: Alexander Bells verbundener Dreiecksdrachen

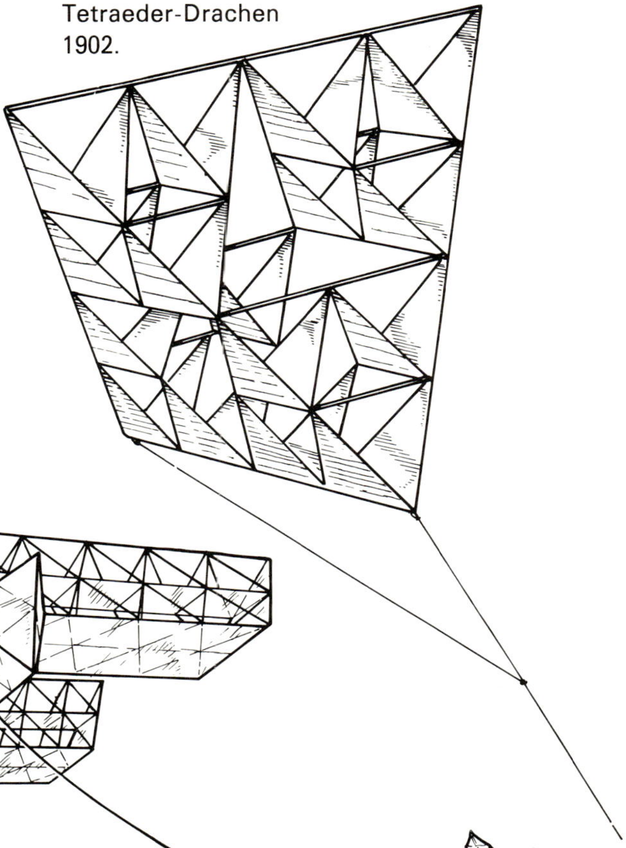

Abb. 12: Alexander Bells Tetraeder-Drachen 1902.

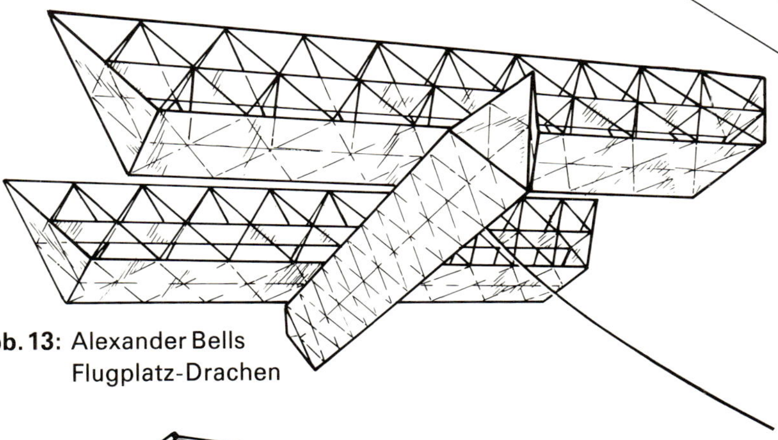

Abb. 13: Alexander Bells Flugplatz-Drachen

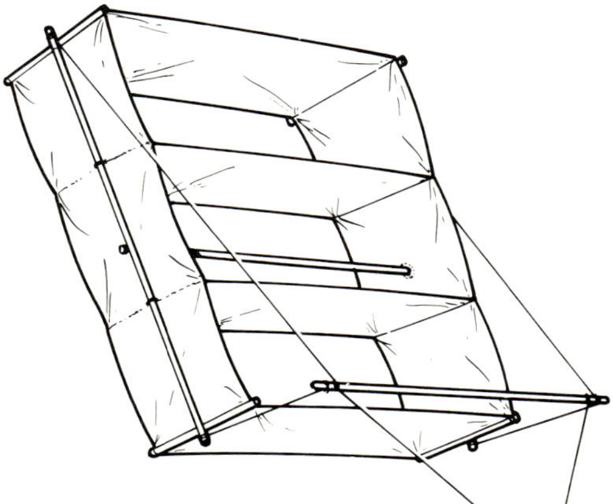

Abb. 14: Lecornu Cerf-Volant Étagères Fliegende Leiter 1898

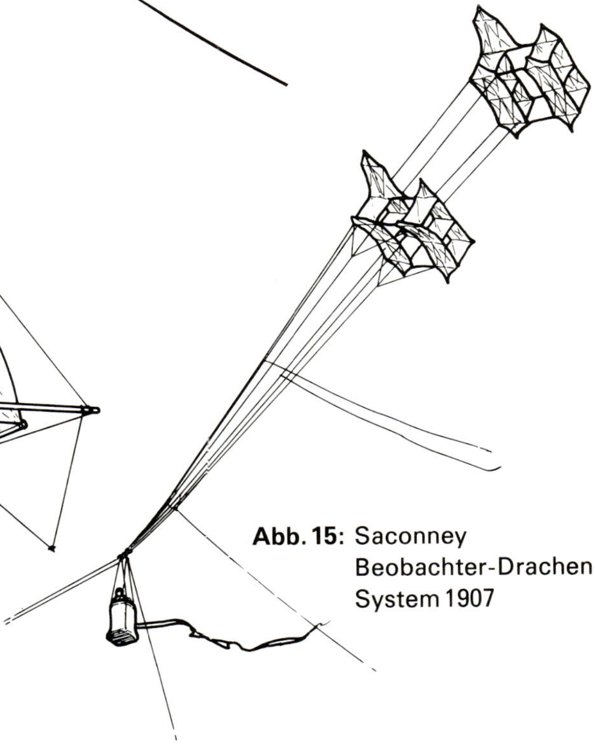

Abb. 15: Saconney Beobachter-Drachen-System 1907

haben. Wir kommen nun zum 20. Jahrhundert, in welchem man begann, Wettbewerbe zur weiteren Entwicklung auszuschreiben.

Wettbewerbe

Es erscheint uns heute fast unglaublich, daß bereits am 25. Juni 1903 die *Aeronautical Society of Great Britain* ihre achtunddreißigste Sitzung abhielt, denn die Gebrüder Wright hatten noch nicht einmal ihren ersten motorgetriebenen Flug durchgeführt. Das Hauptinteresse der Gesellschaft galt Ballonen und Luftschiffen sowie, zum ersten Mal bei dieser Sitzung, den Drachen. Man schrieb einen internationalen Wettbewerb für Drachen aus. Ziel war der höchste Flug eines einzelnen Drachen über 900 m Höhe, und als Preis wurde eine Silbermedaille ausgesetzt. Mehr als tausend Menschen strömten an diesem Donnerstag in Findon zusammen, darunter Repräsentanten der Regierungen von Rußland, Deutschland und Österreich-Ungarn. Unter den sechs illustren Kampfrichtern befand sich Sir Hiram Maxim, und der Präsident der Gesellschaft, Major Baden-Powell von der Schottischen Garde, war einer der Konkurrenten. Die größten Chancen gab man S. F. Cody mit seinem Fledermaus-Kastendrachen (Abb. 17) und einem zweiten Modell, das von seinem Sohn Leon geflogen werden sollte. Der Wind jedoch war zu schwach. Niemand erreichte 900 m Höhe.
Sieger des Wettbewerbs wurde Charles Brogden mit seinem sechsflügeligen Vogeldrachen, der mit 548 m die höchste Höhe erreichte (Abb. 18). Dieser gewaltige Drachen hatte eine Spannweite von 5,5 m und eine Länge von 5,18 m. Ein Mittelstab bildete den Träger für drei Querstäbe, welche die Eintrittskanten der sechs Flügel bildeten. Es handelte sich, anders ausgedrückt, um einen riesigen Eddy-Drachen mit vier Ausschnitten zur Aufteilung des Feldes in sechs Teilstücke. Cody war davon überzeugt, daß sein Drachen letztlich zu einer angetriebenen Flugmaschine führen würde, und mit dieser Prophezeiung behielt er recht. S. H. R. Salmon war ein anderer Wettbewerbsteilnehmer, der Vielzellen-Drachen bevorzugte. Bei diesem Wettbewerb flog er einen Rhomboid-Drachen, bei dem nächsten im Jahre 1907 dann ein 18-Flügel-Ungeheuer mit 3 m Spannweite (Abb. 19), das schon beim leisesten Windhauch flog und einen Meteorographen auf 480 m Höhe trug.
Ein weiterer früher internationaler Wettbewerb wurde von den Italienern zur Eröffnung des Simplon-Tunnels organisiert. Er fand während der Mailänder Messe 1906 statt. Ausgeschrieben waren zwei Kategorien, einmal das Emportragen einer Nutzlast von 2 kg auf über 1000 m und zweitens ein Wettbewerb für manntragende Drachen, die, so lautete die Ausschreibung, „dieser Idee am nächsten kommen würden".

Organisationen

Mittlerweile hatte sich unter Major Baden-Powell die *Kite Flying Association of Great Britain* gebildet, und man begann in Verbindung mit anderen Sport- und Freizeitveranstaltungen Ausstellungen im „Olympia" (einer heute noch existierenden Ausstellungs- und Festhalle in London) zu veranstalten. W. H. Akehurst, dem Sekretär der Organisation, und seinem unermüdlichen Einsatz war es letztlich zu danken, daß sich die *K. F. A.* mit einer eindrucksvollen Liste von Gönnern und Beratern 1909 zur **K**ite and **M**odel **A**eroplane **A**ssociation entwickelte, die im Februar 1909 gegründet wurde.
Typisch für das Tätigkeitsprogramm der K & MAA waren Vorlesungen von Persönlichkeiten wie Marconi über „Drahtlose Telegraphie und Drachen" oder regelmäßige Veranstaltungen in Wimbledon mit Themen wie „die praktischste und nützlichste Methode für den Einsatz von Drachen zur Lebensrettung, Photographie oder Signalübermittelung" etc. Es gab auch Wettbewerbe, bei denen Preise für Leinenwinkel (möglichst senkrecht), stabilen Flug, Konstruktion oder leichte Transportierbarkeit verliehen wurden. Meist war bei diesen Drachenwettbewerben eine Leinenlänge von 275 m vorgeschrieben. Auf ein Hornsignal wurden die Drachen gestartet. Kam einer vor dem Schlußsignal herunter, so wurde er disqualifiziert.

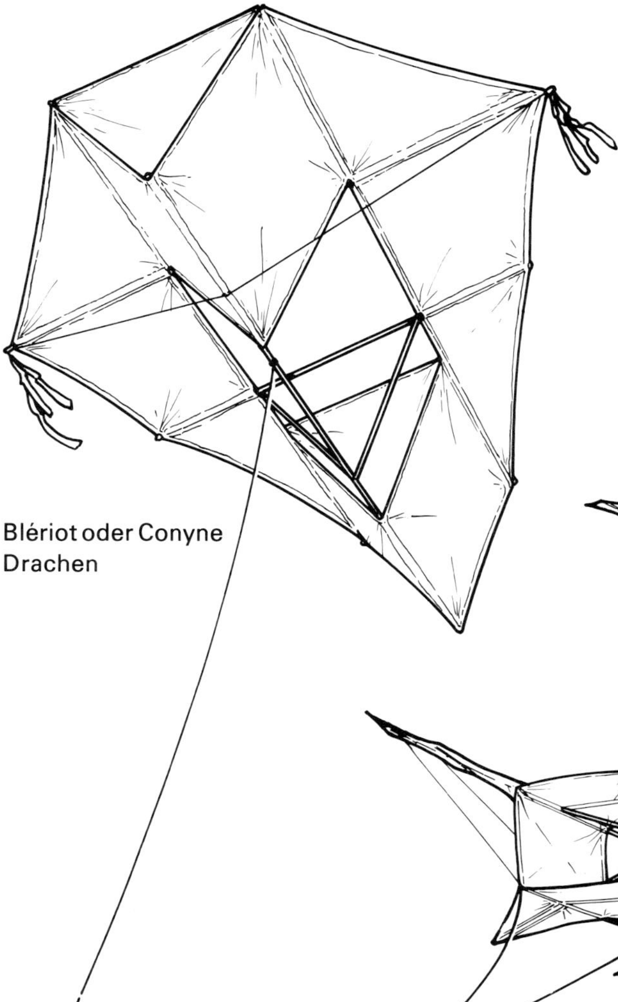

Abb. 16: Blériot oder Conyne Drachen

Abb. 17: S. F. Codys Flügel-Drachen.

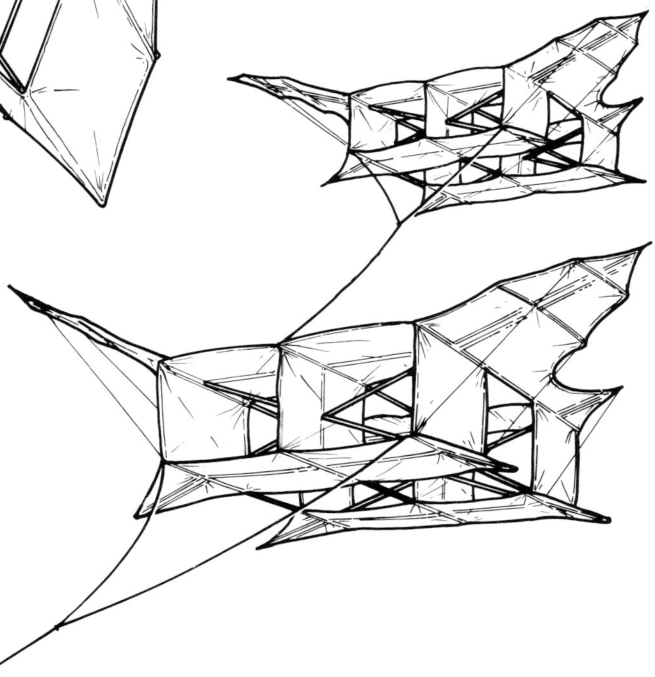

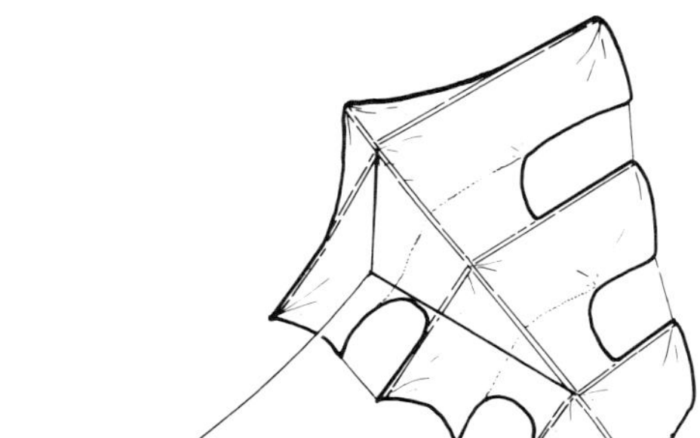

Abb. 18: Brodgens sechsflügeliger Vogeldrachen 1903

Abb. 19: S. Salmons achtzehnflügeliger Drachen 1907

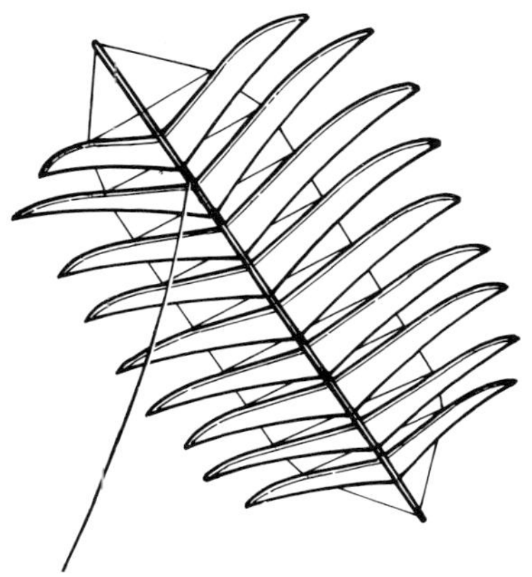

Im Laufe der Zeit, nicht zuletzt wegen des Kriegsausbruches 1914, schliefen die Aktivitäten von KFA und K & MAA ein. Organisiertes Drachenfliegen gab es nicht mehr, obwohl in einer besonderen Spalte der Zeitschrift *Model Engineer* der Gedankenaustausch über Drachen weiter gepflegt wurde. Es dauerte bis 1975, bevor der Versuch unternommen wurde, wieder eine Drachenflieger-Vereinigung in England zu gründen. Ein Treffen, das der Autor am 12. Oktober 1975 in Old Warden veranstaltete, war der Beginn einer Wiedererweckung der KFA. Ein Neuheiten-Rundbrief-Dienst auf nationaler Ebene folgte. Heute gibt es in vielen Ländern der Erde wieder Drachen-Clubs. Die Adressen finden Sie im Anhang.

Das Innere des „Go Fly a Kite"-Geschäftes an der 3. Avenue in New York. Die farbenprächtige Ausstellung zeigt Drachen aus der ganzen Welt.

2

Warum fliegen Drachen?

„**Drachen**: Fluggerät, Kinderspielzeug, mit Papier bespanntes Holzgerüst, das vom Wind getragen und an einer langen Schnur gehalten wird."
Dies ist die Definition, wie sie ein bekanntes Wörterbuch angibt. Aber stimmt das wirklich? Holz, Papier und Schnur sind nicht unbedingt nötig, aber die Leine ist unumgänglich, um den Drachen am Boden festzulegen, während die Kräfte des Windes auf ihn einwirken, die groß genug werden können, um ihn emporzutragen. Wie das möglich wird, soll ein Blick auf die aerodynamische Situation erläutern.

Theorie der Aerodynamik

Daniel Bernoulli, ein Schweizer Mathematiker (1700–1782), formulierte ein Gesetz über den Energieinhalt einer strömenden Flüssigkeit: Die Gesamtenergie setzt sich zusammen aus der sogenannten kinetischen Energie, verursacht durch die Geschwindigkeit der Strömung, und der potentiellen Energie, die durch den dynamischen und statischen Druck bestimmt wird. Beide Energieformen können ineinander übergehen, ihre Summe bleibt aber konstant, so lautet das Gesetz. Die Luft, die ebenfalls eine Flüs-

Sampson-Stoff-Adler mit klar erkennbarem Profil in Vorderansicht.

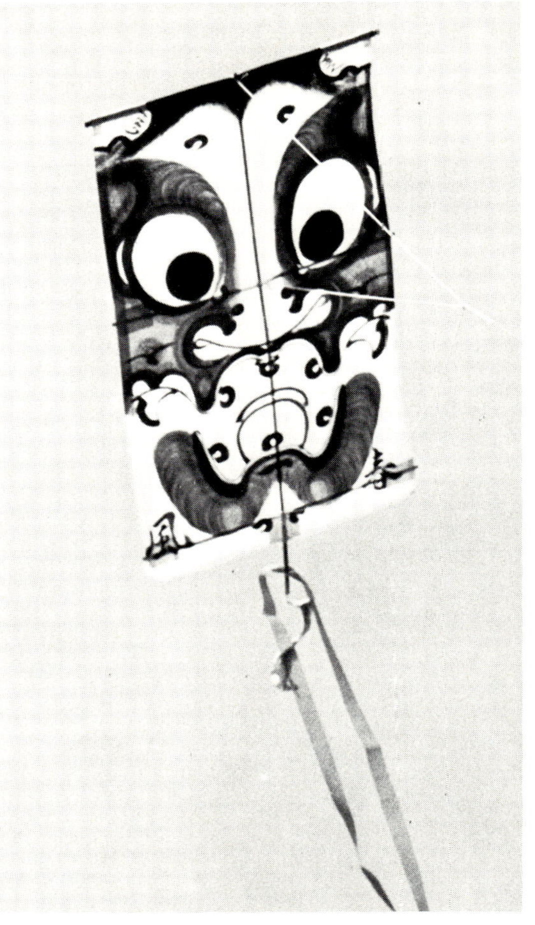

Manago-Dako-Rechteckdrachen mit starrem Rahmen und aufgemalten Augen eines weiblichen Dämons.

sigkeit darstellt, unterliegt diesem Gesetz auch. Wendet man das Bernoullische Gesetz auf Luft an, die Tragflächenprofile oder Drachen umfließt, dann lautet es wie folgt: Streicht Luft entlang einer Oberfläche, dann wird der Druck auf diese um so kleiner, je höher die Geschwindigkeit der Luft ist. Umgekehrt steigt der Druck um so mehr, je geringer die Strömungsgeschwindigkeit wird.

Zur einfachen Demonstration des Bernoullischen Gesetzes braucht man nur einen Streifen leichten Kartons, z. B. von einer Postkarte. Man biegt ihn leicht durch Überziehen über eine Kante. An einem Ende macht man einen Knick, damit man den Streifen über einen Bleistift hängen kann, wo er frei schwingen soll. Bläst man nun entlang der nach außen gewölbten Seite des Streifens, so bewegt sich dieser zum Luftstrom hin. Dies beweist, daß eine hebende Kraft erzeugt wird, die imstande ist, den Streifen in horizontale Lage zu heben, wenn die Strömung gleichmäßig weiter besteht (Abb. 20).

Der Grund für diese Erscheinung liegt in der gebogenen Form unseres Flugprofils, das der Postkartenstreifen darstellt. Die Krümmung zwingt die Luft zur Beschleunigung entlang der Oberfläche, während sie sich darunter kaum bewegt. Laut dem Bernoullischen Gesetz wird dabei der Druck auf der Oberseite verringert, während er auf der Unterseite höher bleibt mit dem Ergebnis, daß der Kartonstreifen nach oben gedrückt wird.

Beim Anströmen eines Tragflächenprofils wird die Luft oben beschleunigt, an der Unterseite aber verlangsamt, wodurch ein Auftrieb erzeugt wird.

Beim Drachen, der eigentlich kein Tragflächenprofil aufweist, sondern eher einer ebenen Platte gleicht, die in einem Winkel zur anströmenden Luft steht, ist der Vorgang etwas komplizierter. Die Luftströmung löst sich nämlich von der Oberfläche des Drachens ab, sie wird turbulent, wie man sagt. Trotzdem gilt das oben Gesagte auch für die Drachen und ganz sicher für alle, die eine gewölbte Form einnehmen können (z. B. Para-Drachen, Rogallo-Drachen und die Lecornu-Leiter).

Die gewölbten Teile dieser Drachen (man nennt sie auch Baldachindrachen) leiten den Luftstrom und verzögern seine Ablösung von der Oberfläche des Drachens selbst bei den steilen Anstellwinkeln, mit denen Drachen fliegen. Außerdem nimmt man für solche Drachen lieber undurchlässiges glattes als poröses Material, was die Tragfähigkeit weiter verbessert.

Die meisten Drachen kann man als ebene Platten ansehen. Wie die Baldachin- oder gewölbten Flächendrachen lenken sie die Luft, welche gegen die Unterseite strömt, nach unten ab. Der Vergleich, daß die Luft vom Drachen abprallt, ist zwar nicht ganz zutreffend, aber so etwa kann man sich den Auftrieb erklären, der auf der Unterfläche erzeugt wird.

Der Luftstrom über die Oberseite, der sich turbulent ablöst, erzeugt zwar etwas Auftrieb, aber nicht entfernt so viel, wie er es tun würde, wenn man die Ablösung verhindern könnte. Würde man die Strömung sichtbar machen, z. B. mit Rauchfäden, so würden sich Wirbel zeigen, die an der Eintrittskante entstehen (Abb. 21), ein Zustand, den man in der aerodynamischen Fachsprache als „überzogen" bezeichnet. Es gibt einige Flugzeugprofile, die bei Anstellwinkeln von 15–18 Grad noch arbeiten können, bevor sie in den überzogenen Zustand geraten (Abb. 22). Beim Eintreten dieses Zustands geht der Auftrieb durch den Unterdruck an der Oberseite verloren, und der verbleibende Überdruck an der Unterseite reicht nicht mehr aus, um die Last des Flugzeugs bei niedriger Vorwärtsgeschwindigkeit zu tragen. Der Anstellwinkel bei Drachen beträgt aber *mindestens* 18 Grad, meistens mehr, weshalb er immer im gewissen Maße überzogen fliegt, was nur möglich wird durch seine geringe Flächenbelastung, die viel niedriger ist als die eines Flugzeugs (Abb. 23).

Zusätzlich zu den eigentlichen Auftriebskräften sind Drachen noch starken Zugkräften in Windrichtung ausgesetzt.

Bei abgelöster Luftströmung und starker Turbulenz (wie es normalerweise der Fall ist) liegt der Luftwiderstand etwa in der gleichen Größenordnung wie die Auftriebskräfte.

Der tatsächliche Zusammenhang zwischen Auftrieb und Luftwiderstand kann aus dem Winkel abgeschätzt werden, den die Leine mit dem Erdboden bildet. Beträgt dieser etwa 45 Grad, kommen etwa 70% des Leinenzugs aus dem Luftwiderstand, und der Auftrieb des Drachens übertrifft den Luftwiderstand um das Gewicht des Drachens. Ist der Leinenwinkel geringer, bedeutet das größeren Luftwiderstand und weniger Auftrieb (Abb. 24). Beträgt umgekehrt der Leinenwinkel mehr als 45 Grad, dann bedeutet dies mehr Auftrieb und weniger Luftwiderstand. Die Auswirkung jeder Maßnahme, die man an einem Drachen vornimmt, um entweder seinen Auftrieb zu erhöhen oder seinen Luftwiderstand zu senken, kann sofort am Leinenwinkel abgelesen werden, wenn bei gleicher Windstärke geflogen wird.

Bei starkem Wind vergrößern sich Auftrieb und Luftwiderstand sehr und werden wesentlich größer als das Gewicht des Drachens. Bei 45 Grad Leinenwinkel sind sie dann etwa gleich groß. Der Gesamtwiderstand, den man auf der Leine spürt, wird natürlich auch noch durch den Eigenwiderstand der Leine vergrößert. Die aerodynamischen Kräfte, die an einem Drachen angreifen (Abb. 25) sind proportional seiner Fläche und dem Quadrat der Windgeschwindigkeit. Diese Kräfte können bei einem großen Drachen sehr groß werden. Ein Drachen von 9 m^2 könnte bei einer Windgeschwindigkeit von 48 km/h einen Menschen tragen. Bei den üblichen, viel kleineren Sport- oder Spielzeugdrachen verringern sich die auftretenden Kräfte bei normalen Windgeschwindigkeiten auf 2–4 kg.

Es hat viele Auseinandersetzungen über die Anwendbarkeit des Bernoullischen Gesetzes auf den Drachenflug gegeben, ebenso über die Einflüsse der Luftdurchlässigkeit der tragenden Flächen, und zahllose weitere aerodynamische Theorien des Drachenflugs wurden aufgestellt. Naheliegend wäre die Frage, warum man einen planen Drachen oder Baldachin-Drachen bei überzogenen und deswegen schlecht wirksamen Anstellwinkeln fliegt, wo doch ein gewölbtes Profil in Verbindung mit einer flugzeugähnlichen Form viel wirksamer wäre. Die einfache Antwort darauf ist, daß solcher Aufwand unnötig ist, weil Drachen wegen ihrer geringen Flächenbelastungen relativ niedrige Windgeschwindigkeiten fliegen können. Obwohl die verschiedensten Flugzeugformen innerhalb eines großen Geschwindigkeitsbereiches fliegen können, benötigen sie in jedem Fall wegen ihrer höheren Flächenbelastung Vorwärtsgeschwindigkeiten, welche normalerweise größer sind als Windgeschwindigkeiten. Selbst ein extrem leichtes Segelflugmodell an seiner Schleppleine muß normalerweise noch gegen den Wind gezogen werden, um die nötige Fluggeschwindigkeit zum Hochsteigen und Ausklinken zu erreichen.

Selbst Hochleistungs-Segelflugmodelle mit einer Flächenbelastung von nur 1 221 g/m^2 oder 12,1 g/dm^2 können sich nicht wie ein Drachen an der Schleppleine halten, es sei denn, die

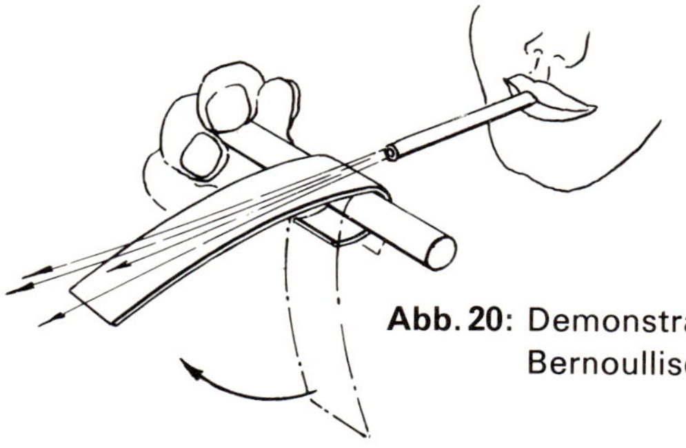

Abb. 20: Demonstration des Bernoullischen Gesetzes

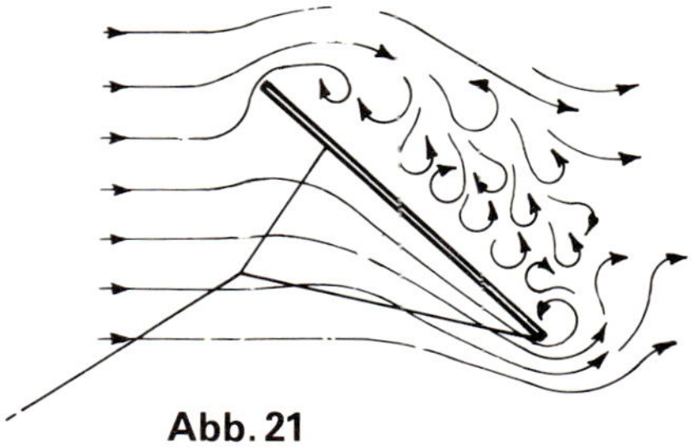

Abb. 21

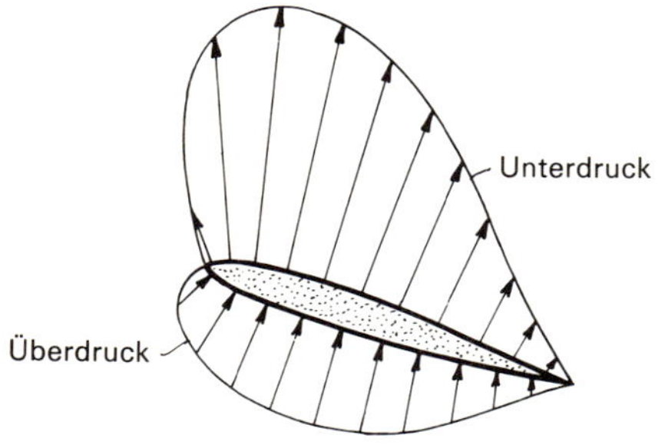

Druckverteilung bei einem Anstellwinkel von 15–18°

Abb. 22: Gewölbtes Profil.

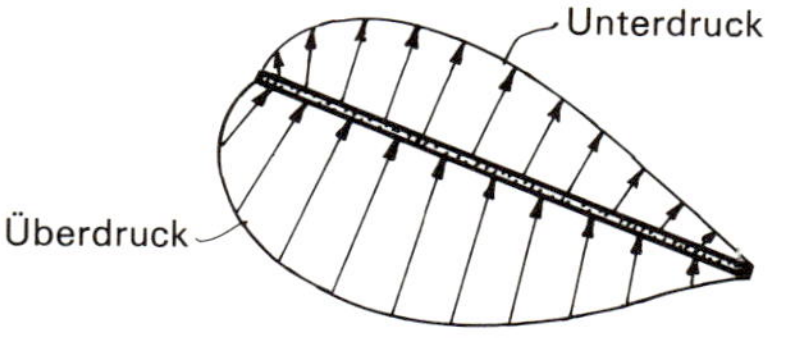

Druckverteilung bei 18° mit vermindertem Unterdruck

Abb. 23: Ebene Platte.

Abb. 24:

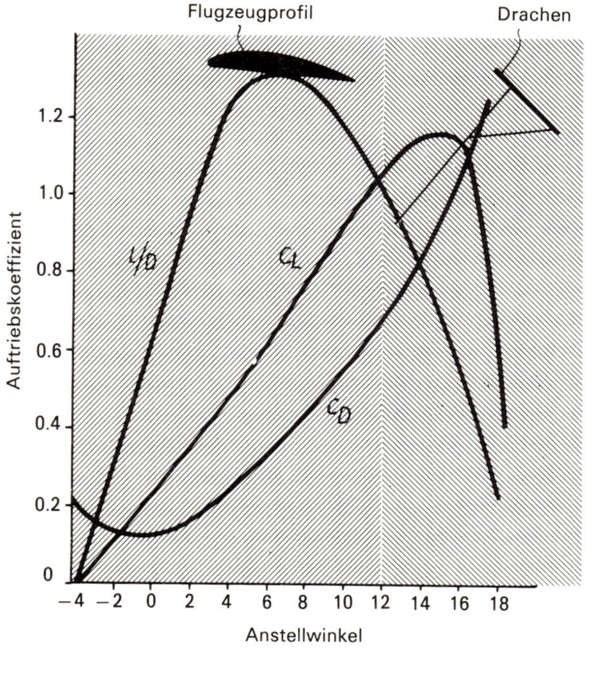

Abb. 25:

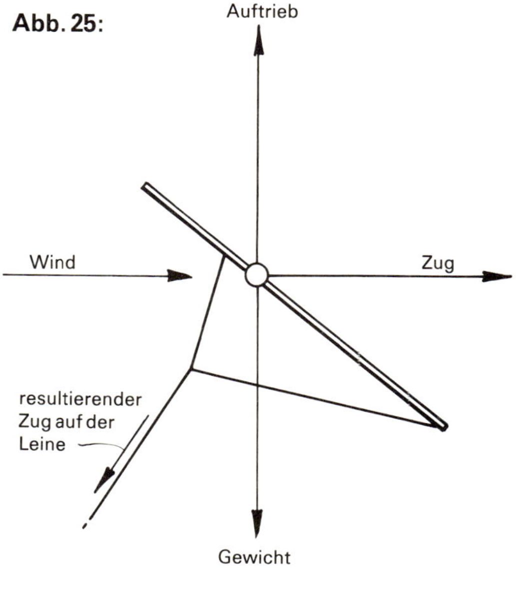

Windgeschwindigkeit entspräche ihrer eigenen Fluggeschwindigkeit. Auf keinen Fall bringen sie von ihrer Konstruktion her genügend eingebaute Stabilität mit, um an der Leine sicher wie ein Drachen zu stehen.
Aus all dem können wir ersehen, daß Drachen eine etwas ungewöhnliche Aerodynamik besitzen. Sie fliegen, obwohl sie eigentlich nicht dürften, und tragen das Mehrfache ihres Gewichts, ohne sich gegenüber dem Erdboden zu bewegen!
Die dafür gegebenen Erklärungen vereinfachen natürlich und gehen nicht auf die Feinheiten der Druckverteilung an der Oberfläche des Drachens oder die Einzelheiten der Strömungen und der dabei entwickelten Reibungskräfte hinter dem Flugkörper ein.

Ein Test

Zum besseren Verständnis dieser aerodynamischen Wirkungen kann ein einfacher Versuch im Auto dienen, den man auf einer verkehrsarmen Strecke ausführen kann. Man öffne bei niedriger Geschwindigkeit das Fenster, und sofort wird man das Geräusch der Luftströmung wahrnehmen. Es wird durch die Druckschwankungen ausgelöst, die entstehen, wenn die an der Windschutzscheibe abprallende Luft sich mit der seitlich entlangströmenden mischt, eine dicke Turbulenzschicht bildet und sich dann in Wirbeln ablöst. Nun strecke man die Hand waagrecht hinaus mit der Handkante in Fahrtrichtung und drehe die Handkante langsam nach oben. Sofort wird man auf der Handinnenfläche einen Druck verspüren, der sich mit steigendem Anstellwinkel verstärkt; die Haare auf dem Handrücken werden von den Luftwirbeln hochgeweht. Wird der Winkel weiter auf etwa 20 Grad erhöht, beginnt die Hand sich zu heben, und bei 90 Grad spürt man nur noch unangenehm starken Druck. Irgendwo im Zwischenbereich, beim Anstellwinkel der Drachen, d. h. bei 20–35 Grad, liegt die Hand verhältnismäßig bequem auf dem Luftstrom, den die Geschwindigkeit des Wagens hervorruft. Sie ist im „überzogenen Zustand"; da sie kein Flügelprofil hat, das ihre Auftriebscharakteristik verbessern könnte, ist sie auf den Druck der auf die Handfläche aufprallenden Luft und den geringen Unterdruck über dem Handrücken angewiesen, die durch das Gewicht der Hand und den Widerstand gegen den Arm ausgeglichen werden.

Stabilität

Eine ausschlaggebende Wirkung auf die Stabilität eines Drachens hat der Befestigungspunkt der Leine. Er beeinflußt sowohl die Seiten- als auch die Richtungsstabilität. Wird beispielsweise die Leine zu weit hinten befestigt, so bricht der Drachen nach dem Start seitlich aus und ist nicht zu steuern. Er besitzt, wie man sagt, keine Seitenstabilität. Ist umgekehrt die Leine zu weit vorn angebracht, kann Zickzack-Flug die Folge sein. Man sagt, der Drachen hat keine Richtungsstabilität.
Eine weitere Folge einer zu weit vorn befestigten Leine ist, daß der Drachen keinen ausreichenden Anstellwinkel erreicht (d. h. der Winkel, in dem die Drachenfläche zum Wind steht), was besonders bei schwachem Wind eintritt. Die Einstellung des Befestigungspunktes der Leine ist das wichtigste Hilfsmittel, um einen Drachen richtig zu „trimmen", und man muß einige Mühe dafür aufwenden. Die Waage ist dabei eine gute Hilfe, weil sie den Befestigungspunkt tiefer legt und so die Längsstabilität erhöht. Einem Drachen kann es aber auch an der nötigen Eigenstabilität fehlen.
Damit kommen wir zum zweiten Hilfsmittel, dem Schwanz. Dieser stabilisiert den Drachen; aber wegen seiner Länge und Beweglichkeit wird er von den Luftwirbeln beeinflußt, weshalb seine Wirkung nie gleichmäßig ist. Deshalb ändert sich die Stabilität andauernd, und der Drache bäumt sich auf und tänzelt, was zur Steigerung der Freude seiner Beobachter beiträgt.
Manche Drachen, zum Beispiel der traditionelle malaiische- oder indische Kampfdrachen, werden absichtlich mit einer zweischenkligen Waage instabil eingestellt, was bei dieser rautenförmigen Konstruktion erlaubt, die Eigenbewegung des Drachens durch Erhöhen des Zuges zu verstärken, durch Nachlassen sie aufzuheben oder ihr entgegenzuwirken (Abb. 26).

Ein indischer Kampfdrachen, vom Autor geflogen, über dem Central Park in New York.

Die Druckverteilung

Die Druckverteilung über die Oberfläche eines Drachens ist ziemlich verschieden und von der Grundform abhängig, womit wir zu einem weiteren Aspekt der Luftströmung kommen.
Wäre es möglich, den Druck auf der Oberfläche eines normalen Drachens zu messen, so würden wir feststellen, daß er in der Mitte am größten ist und gegen die Kanten hin abfällt. In Abb. 27 ist die Situation am Beispiel eines typischen rechteckigen Drachens aus Japan aufgezeichnet. Man sieht, daß der Druck- oder Auftriebskegel gegen den Rand hin abfällt, wo sich starke Wirbel bilden und um die Kanten herum fließen. Tsumo Hiroi biegt und trimmt ihn auf das allerfeinste unter Benutzung von bis zu fünfschenkligen Waagen. Beim Schlittendrachen (Abb. 28) benutzt man die beweglichen Seitenteile als Bestandteil der Waage, die auch gleichzeitig die Turbulenz innerhalb des „Sakkes" dämpfen und zusammenhalten; aber auch hier bleibt der Auftriebskegel in der Mitte am höchsten und wird nach den Kanten niedriger.
Die Luftlöcher beim Schlittendrachen oder die Mittelöffnung beim Blériot- oder Keildrachen lassen den Luftstrom weniger verwirbelt passieren. Dadurch kann der hintere Teil des Drachens eine Stabilisatorwirkung ausüben, und man braucht keinen Schwanz (Abb. 29). Gerät ein Drachen aus dem Gleichgewicht und beginnt sich deshalb seitlich zu bewegen, dann wird der Auftriebskegel asymmetrisch, wie aus Abb. 26 zu ersehen ist. Wenn man einen stabilen Drachen haben will, muß man von der Konstruktion her dafür sorgen, daß eine solche Bewegung eine Gegenkraft erzeugt, die den ursprünglichen Zustand wiederherstellt. Schlechte Stabilität und damit erhöhte Empfindlichkeit findet sich besonders bei Drachen, bei denen der Auftriebsmittelpunkt sehr hoch liegt. Versucht man beispielsweise bestimmte Typen von Eddy-Drachen ohne Schwanz zu fliegen, so drehen sie sofort nach einer Seite weg. Wäre ein Schwanz vorhanden, so würde er sofort der Drehbewegung des Drachens entgegenwirken, weil der Wind ihn in seiner Richtung festhält und der dadurch bewirkte Zug den Drachen wieder gerade richtet (Abb. 30).
Bei steuerbaren Drachen benutzt man zwei Leinen, deren Länge man gegenseitig verstellen kann, um die Einstellung des Drachens zu verändern (Abb. 31). Aus der Verschiedenheit der Leinenlängen ergibt sich ein starkes Drehmoment am Drachen. Man kann ihn, ähnlich wie der Segler sein Bootssegel, gegen den Wind verstellen und so den Fesseldrachen (so genannt in Analogie zum Fesselflug, bei dem ja auch ein Flugzeugmodell mit zwei Leinen gesteuert wird) sogar zum Kreisen und zum Kreuzen gegen den Wind bringen. Er kann so über einen Winkel von ca. 90 Grad (45 Grad nach rechts und links) schwingen, und bei den seitlichen Bewegungen aus der Windrichtung her-

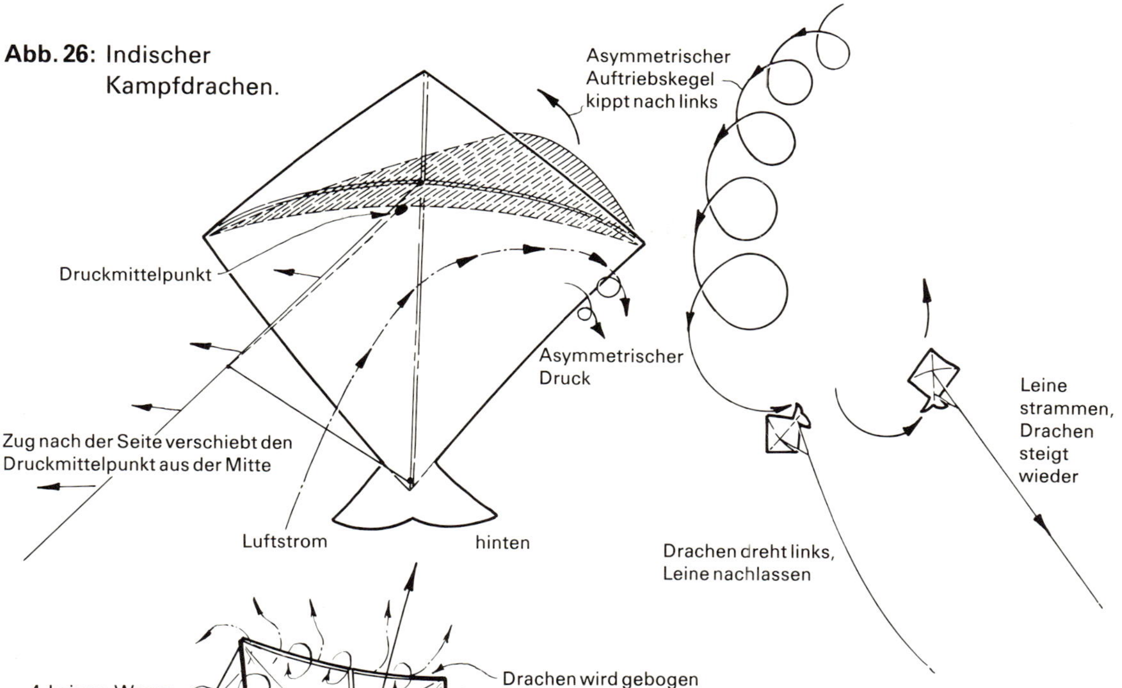

Abb. 26: Indischer Kampfdrachen.

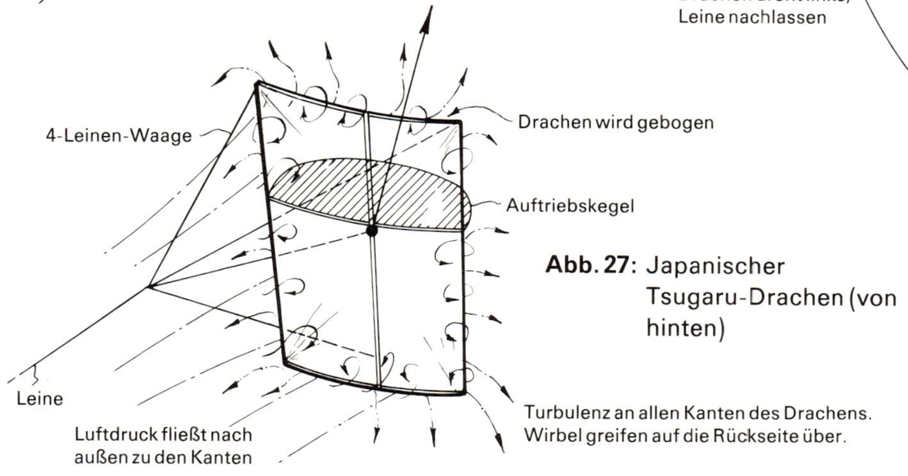

Abb. 27: Japanischer Tsugaru-Drachen (von hinten)

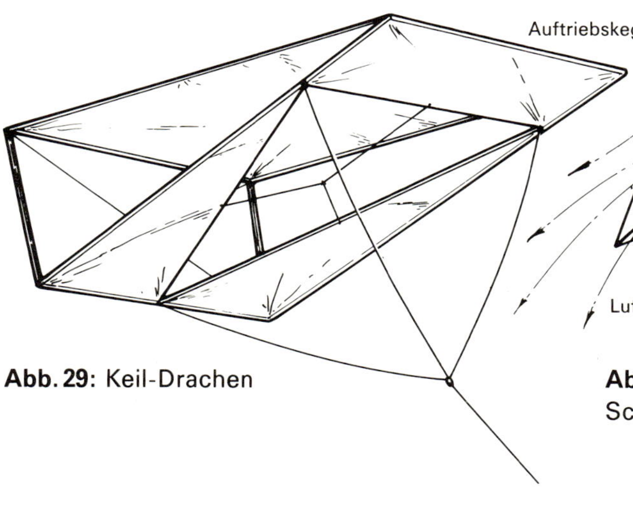

Abb. 29: Keil-Drachen

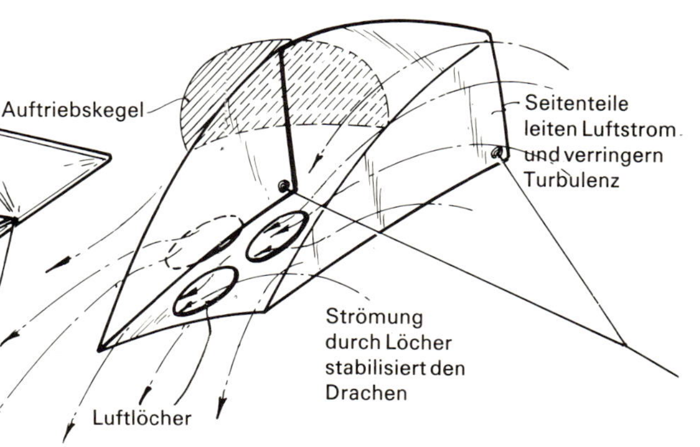

Abb. 28: Schlittendrachen

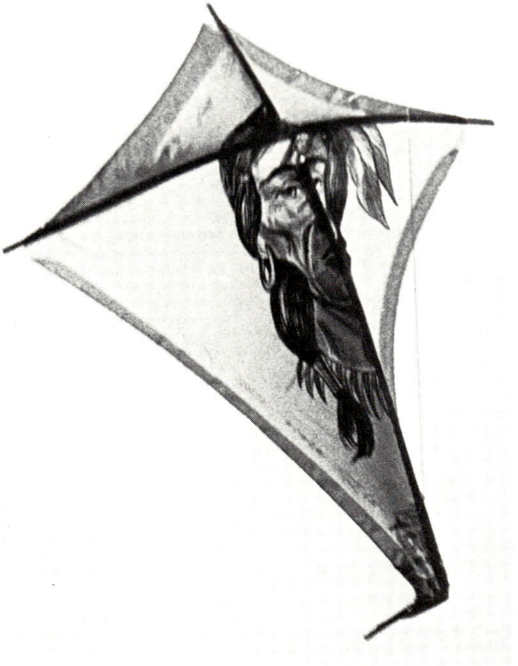

Top-Flite-Eddy-Drachen; die Gestänge sind gebogen und geben noch nach unter dem Winddruck.

aus vergrößert sich jeweils die Geschwindigkeit, weil sich der Auftriebsmittelpunkt seitlich nach vorn verschiebt. (Dies wieder in Analogie zum Segelboot, wo ebenfalls beim Kreuzen die Geschwindigkeit durchs Wasser größer ist als beim Segeln vor dem Wind.)
Bis jetzt haben wir den Kastendrachen noch nicht in unsere Überlegungen einbezogen, aber es sollte uns klar sein, daß er seiner Konstruktion nach viele Anforderungen für stabilen Flug schon erfüllt: Die tragenden Flächen besitzen seitliche Leitflächen, welche die Turbulenz beeinflussen; die Oberflächenwirbel werden durch den Kasteneffekt stabilisiert; und die Trennung in Vorder- und Hinterflächen verleiht Stabilität gegen Schwingen und Schlingern. Wegen seines relativ komplizierten Aufbaus ist er aber schwerer und hat deshalb eine höhere Flächenbelastung, weshalb er bei stärkerem Wind am besten fliegt. Der Kastendrachen ist der stabilste Flieger unter den Drachen.

V-Form und Wölbung

V-Form nennt man die Hochbiegung der tragenden Flächen (oder Querstreben) nach außen. Sie wurde mit dem Eddy-Drachen bekannt und immer wieder neu „entdeckt". Alles was man dafür zu tun braucht ist, eine Bogensehne zwischen den seitlichen Spitzen zu spannen und anzuspannen, damit sich der Querstab (Abb. 33) mit der konvexen Fläche zur Leine nach oben biegt. Dies hat großen Einfluß auf die Seitenstabilität. Wird der Drachen etwas aus dem Gleichgewicht gedreht, so erzeugt die nach unten gehende Fläche einen größeren Luftwiderstand als die nach oben gehende. Der Auftriebsmittelpunkt wandert in Richtung der nach unten gehenden Seite mit dem Resultat, daß ein zurückdrehendes Moment erzeugt wird.
Eine ähnliche Wirkung kann man auch in Längsrichtung erzielen, wenn man eine negative Längswölbung einbaut (der Längsträger wird vorn und hinten hochgebogen), was auf die Längsstabilität wie die Waage wirkt. Bei Drachen mit positiver Längswölbung (vorderes und hinteres Ende des Längsträgers sind nach unten gebogen) erzeugt diese Wölbung erhöhten Auftrieb. Sie wird allerdings nur bei wenigen Drachen, beispielsweise beim Brookite- und Dunford-„Snipe", benutzt. Bei den meisten im Handel befindlichen Drachen sind sowohl V-Form als auch Wölbung eingebaut. Manche Drachen sind so konstruiert, daß V-Form und Wölbung durch Verformen des Gerüstes erzeugt werden, was über die Spannung der Bespannung oder der Umspannungsschnüre erfolgen kann. Dabei ergeben sich oft schön gewölbte Flächen, die zweifelsohne die aerodynamischen Eigenschaften verbessern und dazu beitragen können, die Luftströmung und ihren Druck entlang der Unterseite zu beruhigen. Dies zeigt sich insbesondere bei Drachen mit luftundurchlässiger Plastikbespannung wie den Rogallos und Paradrachen.
Eine Sorte von Drachen mit Quer- und Längswölbung sind die der Blackhawk-Serie von Roswell, New Mexico. Sie haben eine ringsum laufende Spannschnur, die beide Träger biegt. In der Bespannung befinden sich Aussparungen,

Abb. 30: Eddy-Drachen (von hinten)

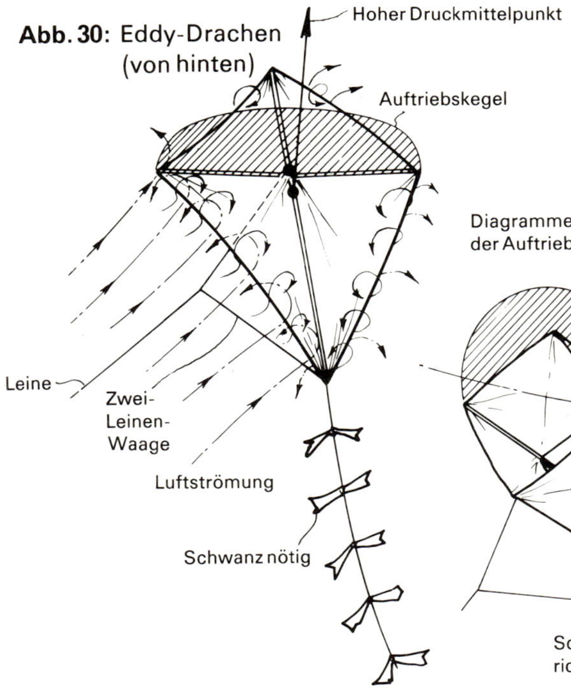

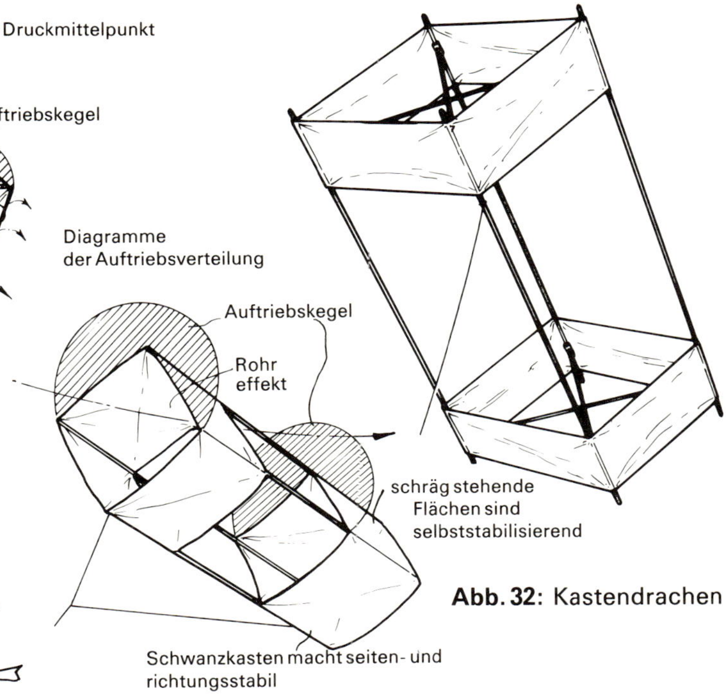

Abb. 32: Kastendrachen

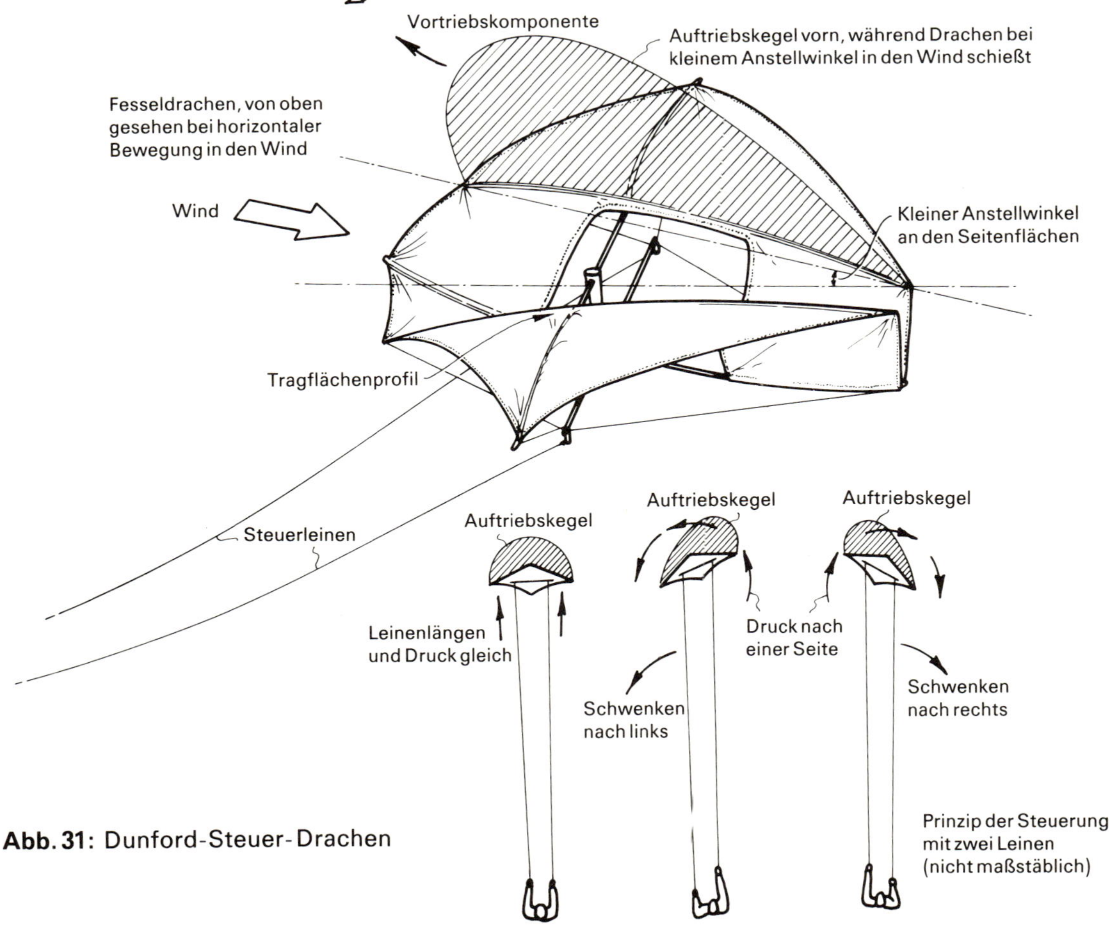

Abb. 31: Dunford-Steuer-Drachen

die so geformt sind, daß die stehengebliebenen Teile der Silhouette eines Falken, einer Fledermaus, eines Adlers und anderer fliegender Wesen entsprechen. Diese Aussparungen, in Verbindung mit der Wölbung, ergeben eine Konstruktion von außerordentlich guter Flugstabilität, welche keinen Schwanz benötigt (Abb. 34). Wölbungen in Baldachinform ergeben immer eine Verbesserung, ganz gleich, bei welcher Drachenform man sie anwendet.

Flexible Formen

Beim Schlitten- oder flexiblen „Halb-Sack"-Drachen zeigte sich, daß die Seitenteile, wenn man sie nach außen wölbt, den flexiblen Mittelteilbaldachin gespannt halten und so verhindern, daß der Drachen zusammenfällt, wenn sich der Druck auf der Unterseite verringert. Selbst der uralte malaiische- oder indische Kampfdrachen hat einen gewölbten Querträger, obwohl er im Ruhezustand flach ist, jedenfalls die Rautenform. Wenn er nämlich vom Luftstrom getroffen wird, biegt er sich bis zu einem gewissen Grad nach oben. Manche Drachenfachleute haben versucht, das Verhalten verschiedener Drachenformen in Analogie zu den Segeln eines Segelbootes zu bringen. Nun, unter bestimmten Bedingungen, vor dem Wind oder mit Querabwind, gibt es gewisse Ähnlichkeiten. Das ist aber schon alles. Der sogenannte Marconi-Drachen (Abb. 35), den man einem Herrn W. M. Angus zuschreibt (vierziger Jah-

Wepa-Adler-Drachen im Flug. Man beachte, daß die Befestigungspunkte der Waage sehr weit voneinander entfernt sind.

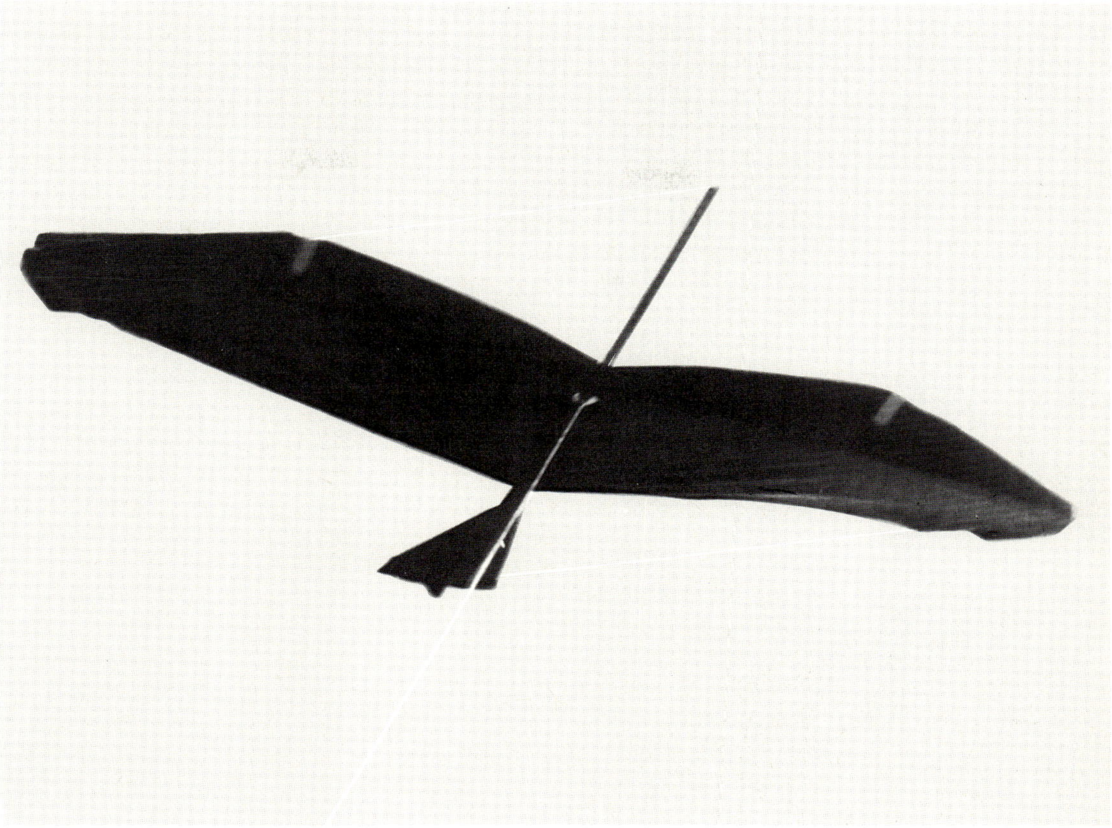

Blackhawk (Schwarzer Falke) im Flug. Die Aussparung ist mit einer Schnur umspannt.

re), hat eigentlich damit nur eine Konfiguration aufgegriffen, die Reinhold Platz schon in den zwanziger Jahren für einen Hängegleiter verwendet hatte. Platz war ein Flugzeugkonstrukteur bei den Fokker-Flugzeugwerken (für dessen Entwürfe aber Anthony Fokker den Nachruhm erntete). Reinhold Platz baute zunächst Gleitflugzeugmodelle, später manntragende Hanggleiter, bei denen der Pilot in der Mitte saß und durch zwei horizontale Flügel, ähnlich wie mit Focks (Vorsegel bei Segelschiffen), steuerte.

Den Auftrieb lieferte hauptsächlich ein umgekehrtes Delta, dessen Ebene unter der der Vorflügel lag (Abb. 36). Durch Änderung der Anstellwinkel, nach oben und unten, gleichsinnig oder gegeneinander, konnte er die Wirkung von Höhensteuer und Querruder erzielen, wie es heute noch bei Flugzeugen üblich ist.

Was man dann den Marconi-Drachen nannte, ist eine auf einen Drachen übertragene Kopie davon. Doch ein solcher ist schwierig zu fliegen, denn die Lage des Schwerpunktes, ganz knapp vor der Vorderkante des Deltas, ist kritisch. Er ist als Gleiter besser, weil er mit hohem Auftrieb bei niedrigem Widerstand gut horizontal fliegen kann, während er für den Drachenflug im überzogenen Zustand weniger geeignet ist. Wer mit dieser Drachenform Vergnügen haben will, dem sei empfohlen, zuerst einmal ein Papiermodell aus einem DIN-A4-Bogen zu bauen.

Die Vorsegel werden in Profilform gebogen und über das Hauptsegel gewölbt. Der Vogel fliegt gut in geringster Höhe über dem Boden unter Ausnützung des Boden-Effekts, aber das ist kein Drachenflug!

Scalecraft-Fußballer-Schlitten-Drachen mit drei Luftöffnungen; benötigt lange Waage.

Kiele

Eine weitere Variante des Zwei-Stab-Eddy-Drachens ist der Kiel-Drachen (Abb. 37). Bei ihm ist eine senkrechte Flosse unter dem Bauch angebracht, die das Dreieck der Waage ausfüllt. Sie hat zwei Funktionen: Einmal leitet sie den Luftstrom, indem sie ihn teilt und damit unerwünschte Turbulenz verhindert; ähnlich wie ein Turbulenzzaun auf einer Flugzeugtragfläche. Zum zweiten dient sie als Waage. Diese Bauchflosse findet sich beim Brookite-Stoffdrachen schon fast seit Anfang dieses Jahrhunderts, obwohl andere sie später öfter erfunden haben wollen. Sein traditioneller Name ist „Cutter" (Abb. 38) wegen seiner an ein Schneidmesser erinnernden Form.

Andere Formen

Obwohl es noch viele Varianten der beschriebenen Grundkonstruktionen gibt, fehlt uns bei dieser Übersicht über den Entwurf und die Formen von Drachen eigentlich nur noch der älteste von allen, der halbstarre Drachen. Dazu gehören südamerikanische Papagei-Vogeldrachen genauso wie chinesische Schmetterlings-Drachen, Flugzeug-Drachen, ja sogar Klipper-Drachen.

Allen gemeinsam ist, daß der Hauptträger die Eintrittskante des Drachens bildet, und alles, was hinten dranhängt, flattert und wedelt nach Belieben. Sie sind nur im leichten Wind zu fliegen, bis 30 km/h Windgeschwindigkeit etwa, und man läßt sie an kurzer Leine (45–75 m) stehen, denn sie sind vor allem dekorativ. Und um dies auch voll würdigen zu können, müssen sie in vernünftiger Entfernung bleiben. Mein Lieblingsdrachen ist einer von dieser Art, ein rein seidener Schmetterlingsdrachen aus China, ganz handgemalt. Das Gestänge ist aus feinstem Bambus gefertigt mit zierlichen Verbindungsgelenken, die es erlauben, das ganze Wunderwerk zusammenzulegen und in einem Schuhkarton zu verstauen! Er fliegt ganz naturgetreu, die Flügel flattern im Wind, und er rollt sogar seine Stielaugen zu meinem großen Vergnügen. Fast genauso gern mag ich den „Sopwith Camel" (alter englischer Doppeldecker von 1918) von Squadron Kites, der schon bei der leichtesten Brise steht. Ihm und den meisten anderen halbstarren „Flatter-Drachen" verleihen weitgespannte, tragende Flächen geringer Tiefe (hohes Seitenverhältnis) auch im überzogenen Zustand mit flatternden Hinterkanten gute Seitenstabilität.

Zusammenfassung

Dieses Kapitel über Formen und Konstruktionen läßt sich wie folgt zusammenfassen: Es gibt sechs Grundformen von Drachen, auf die jeweils ganze Familien verschiedener Varianten zurückgeführt werden können.

Der Starre Drachen (festes Gerüst): Chine-

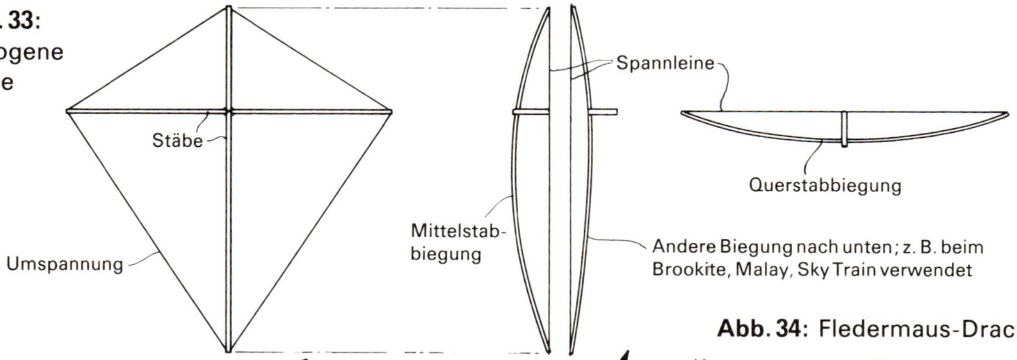

Abb. 33: Gebogene Stäbe

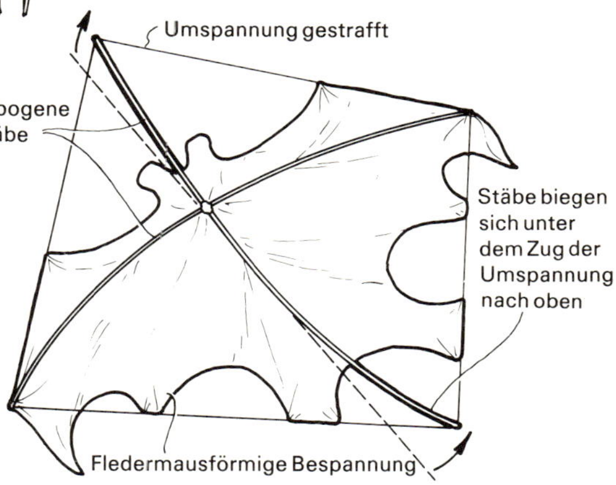

Abb. 34: Fledermaus-Drachen

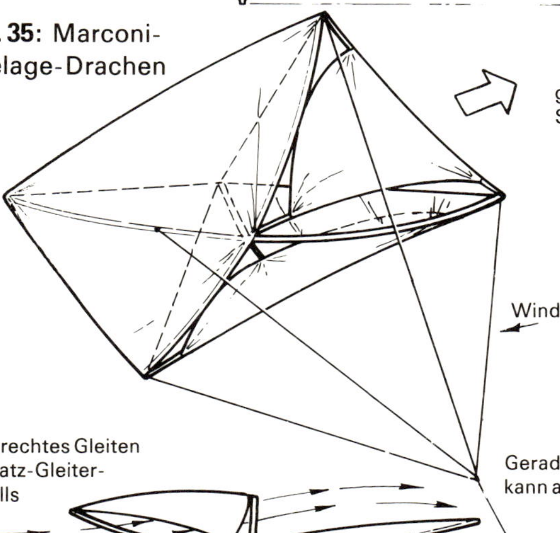

Abb. 35: Marconi-Takelage-Drachen

Waagrechtes Gleiten des Platz-Gleiter-Modells

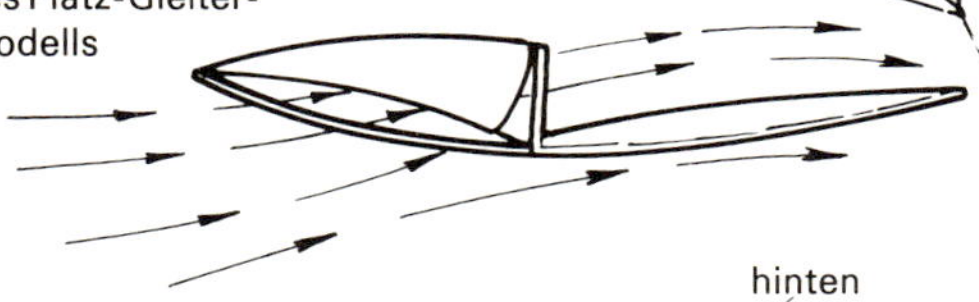

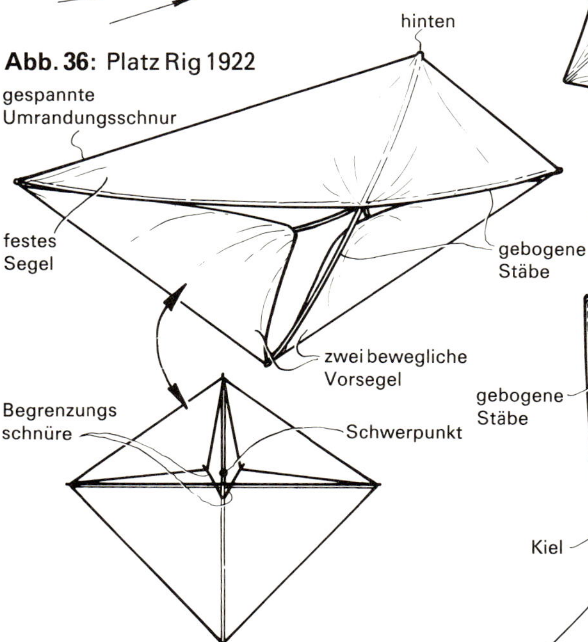

Abb. 36: Platz Rig 1922

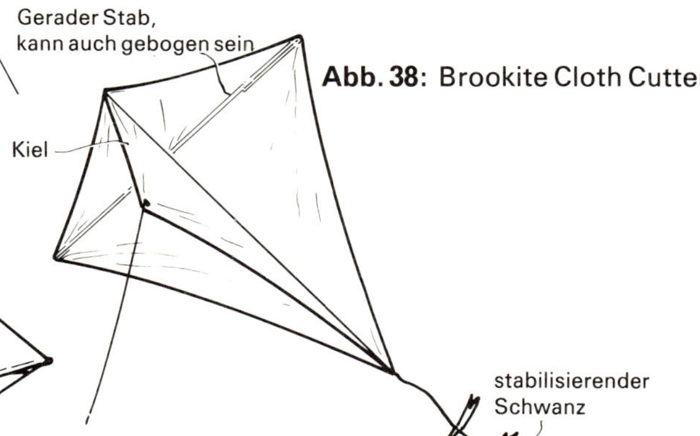

Abb. 38: Brookite Cloth Cutter

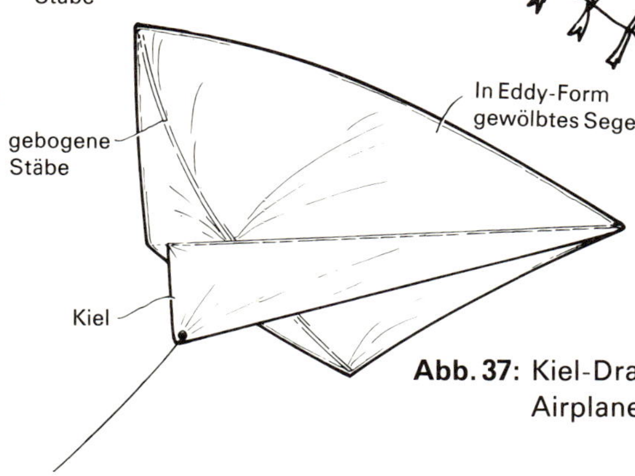

Abb. 37: Kiel-Drachen von Airplane Kite Co.

sisch/japanische Shojo- oder Oniyocho-Drachen mit aufgemalten Figuren; südpazifische Graßdrachen zum Fischen; Korb-Drachen; Zeremoniendrachen der Maori.

Der Halbstarre Drachen (mit Schnur umspanntes Gerüst oder gespanntes Tuch): Malaysischer/indischer Kampfdrachen; Eddy-Drachen, Kleiderbügeldrachen; brasilianische Vogeldrachen; Tausendfüßlerdrachen; gewölbter Bogendrachen Blackhawk; Conyne; Cody; Brookite Master; Bermuda Dreistab-Drachen; guatemaltekischer Zeremoniendrachen; japanische Tsugaru oder Sarodrachen in rechteckiger und hexagonaler Form; Keildrachen.

Flexible Drachen (nur Versteifungen): Allison Schlitten; schottischer Drachen mit Luftlöchern; Zammo; Condor Magpie; malaysischer Schlangendrachen; Jalbert Parafoils; Scalecraft Ghost.

Der Halbflexible Drachen (Stäbe nur in den Eintrittskanten): Chinesische bemalte Vogel- und Insektendrachen, Flugzeug- und Schiffsdrachen von Squadron Kite; Deltas, Marconis, Synestructic Air Scoops.

Kastendrachen (zusammengesetzte, mehrfache): Hargrave-Kastendrachen; Bells Tetraeder-Drachen; Brookite-Kastendrachen.

Aerodynamische Drachen (gewölbte Tragflächen): Rogallo; Dunford-Fessel-Drachen; Peter Powell Kunstflugdrachen; Glite; Cambridge; Frisbee Skite; Hargrave Lifting surface; Rotakite; Günther Deltaplan; Flexifoil.

3

Laß deinen Drachen fliegen!

Von Hunderttausenden jährlich gekauften Drachen zeigen erstaunlich wenige beim ersten Start eine zufriedenstellende Flugleistung. Die vielen, für dieses traurige Ergebnis maßgebenden Gründe lassen sich unter zwei Gesichtspunkten zusammenfassen: a) Flugversuche auf ungeeignetem Gelände; b) Der Pilot versteht nichts von den grundlegenden Techniken des Drachenflugs. Ein überfüllter Strand oder eine Promenade mit hohen Gebäuden ist kein Platz, um das Drachensteigenlassen zu erlernen. Genausowenig eignet sich ein Park, umgeben von hohen Bäumen oder Hochhäusern (Abb. 39); oder die kleine Viehweide hinter dem Bauernhof mit Obstbäumen.
Aufs freie Feld hinaus muß man. Dort, wo der Wind frei und stetig, wo er kräftig und aus einer Richtung weht, muß man ihn fassen. Das ist schon der halbe Erfolg. Der Rest liegt beim Piloten. Nur keine Hast, gib dem Drachen seine Chance und laß ihn in den Himmel steigen.

Wind

Die Energie zum Drachenflug kommt allein vom Wind. Einige leichtgewichtige Drachen steigen auch bei Windstille, wenn der Pilot sie an der Leine rennend schleppt, aber es wird nur wenige geben, die durch solch persönlichen Einsatz, dazu noch begrenzt durch Hindernisse, das Drachenfliegen ausüben möchten.
Wind entsteht durch unterschiedliche Luftdruckverhältnisse. Jeder von uns kennt die Wetterkarten aus dem Fernsehen, in denen die Hoch- und Tiefdruckgebiete als wetterbestimmende Kräfte gezeigt werden. Die Windrichtung wird von der Coriolis-Kraft bestimmt, die nach einem französischen Mathematiker benannt wird, der diese Kraft als erster als Kraftkomponente erklärte, die einen fallenden Körper in einem rotierenden System von der Mitte ablenkt.
Bei vernünftigen Windstärken steigt jeder Drachen. Die Windgeschwindigkeit nimmt normalerweise mit der Höhe zu, und die Temperatur sinkt. Diese Faktoren helfen dem Drachen, sein Gewicht und den Leinenzug beim Hochlassen zu überwinden. Die Natur hilft uns also, aber wir müssen ihr eine Chance geben. Der erste Schritt zum erfolgreichen Drachenfliegen ist die Auswahl eines Fluggeländes, welches frei von Hindernissen, insbesondere von elektrischen Hochspannungsleitungen ist.
Natürlich ist es recht bequem, nur um ein paar Häuserecken zum nächsten freien Plätzchen zu gehen, aber wenn dieses im Windschatten von Häusern oder Bäumen liegt, ist das nur Zeitverschwendung. Die Mindestleinenlänge für den Start beträgt 15 m. Schon allein dadurch ist eine Mindestgröße des Flugfeldes gegeben. Könnte man einen neuen Drachen auf kleinstem Raum starten, wir alle würden in unserem Hinterhof fliegen.
Natürlich gibt es Ausnahmen. Häuser mit Flachdach oder Terrassen, am Hang gelegene Häuser erlauben es manchmal, rasch aus der Wirbelzone herauszukommen. Aber das erfordert mindestens einen gleichmäßigen Wind aus gleichbleibender Richtung und ohne Böen. So etwas hat man beispielsweise, wenn man in Hongkong lebt.
Was ist ein günstiges Gelände? Wir haben schon gesagt, daß es frei von Hindernissen sein sollte und genügend groß mit freiem Zugang für den Wind. Aufsteigendes Gelände oder Dü-

nen an der See ohne Gebäude, die die reine Seeluft verwirbeln, wären ideal zu nennen (Abb. 41).

Man muß dafür nicht in die Einsamkeit ziehen oder weite Reisen unternehmen. Überall gibt es geeignete Plätze. Der zukünftige Drachenpilot muß sich nur etwas Zeit nehmen, sie zu finden. Es mag für den Leser von Interesse sein zu erfahren, daß Francis M. Rogallo, Erfinder des gleichnamigen Drachens und Hängegleiters, seinen Alterssitz in Kitty Hawk in North Carolina gewählt hat. Dies ist der dem amerikanischen Festland vorgelagerte lange und schmale Küstenstreifen mit seinen Atlantikwinden, wo die Brüder Wright 1903 ihre ersten motorgetriebenen Flüge unternahmen. Francis Rogallo hat für seine Drachenfliegerei sicher die beste Gegend ausgesucht.

Bäume erlauben eine unmittelbare Beurteilung der Windstärke in der für den Start besonders kritischen Höhe um 20 m über Grund. Doch Vorsicht; wie schon gesagt, sie dürfen nicht nahe in der Richtung stehen, aus der der Wind bläst. Was wir brauchen können, sind Bäume in Windrichtung, am besten etwa 75 m entfernt. Wir schauen auf die obersten Zweige. Wiegen sie sich ständig, dann ist alles in bester Ordnung. Bewegen Sie sich nur gelegentlich, dann ist die Windstärke zum sicheren Steigenlassen zu gering. Biegen sie sich aber, daß man glauben könnte, sie würden gleich abgerissen, dann ist das Fliegen sicher kein Vergnügen. Zeigen alle Blätter des Baumes die Unterseite, dann herrschen ideale Windverhältnisse für den ersten Start. Gut für unser Hobby sind Windgeschwindigkeiten am Boden zwischen 15 und

Wepa-Adler-Drachen (Holland) in auflandiger Brise. Man beachte die Wölbung.

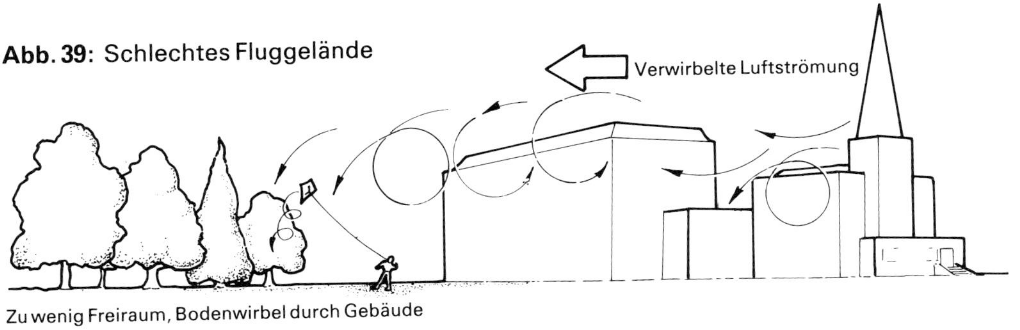

Abb. 39: Schlechtes Fluggelände

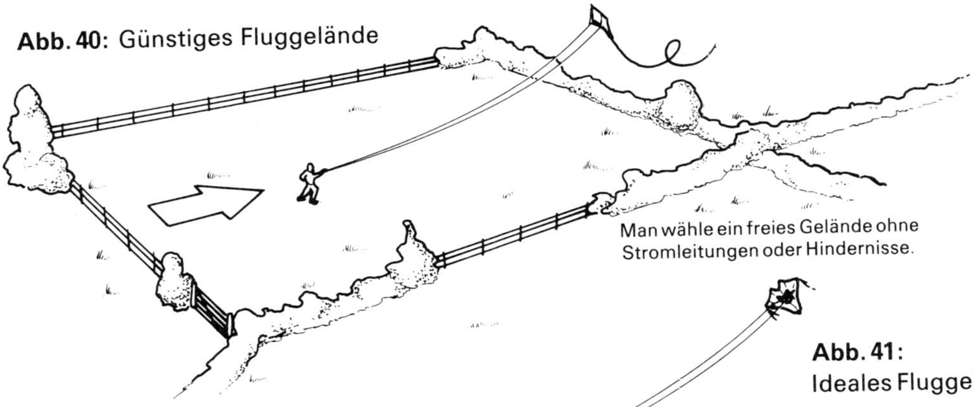

Abb. 40: Günstiges Fluggelände

Abb. 41: Ideales Fluggelände

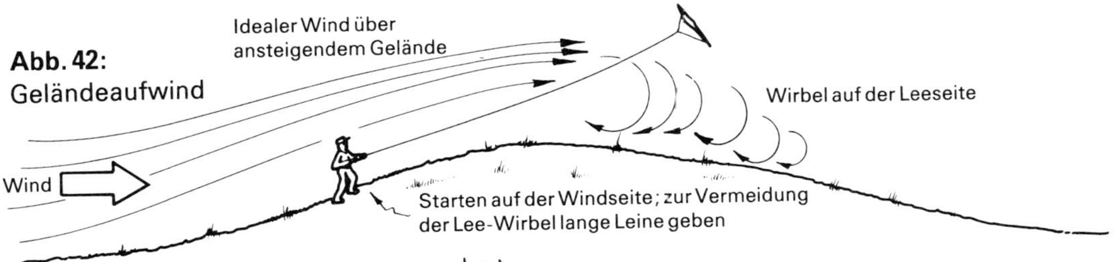

Abb. 42: Geländeaufwind

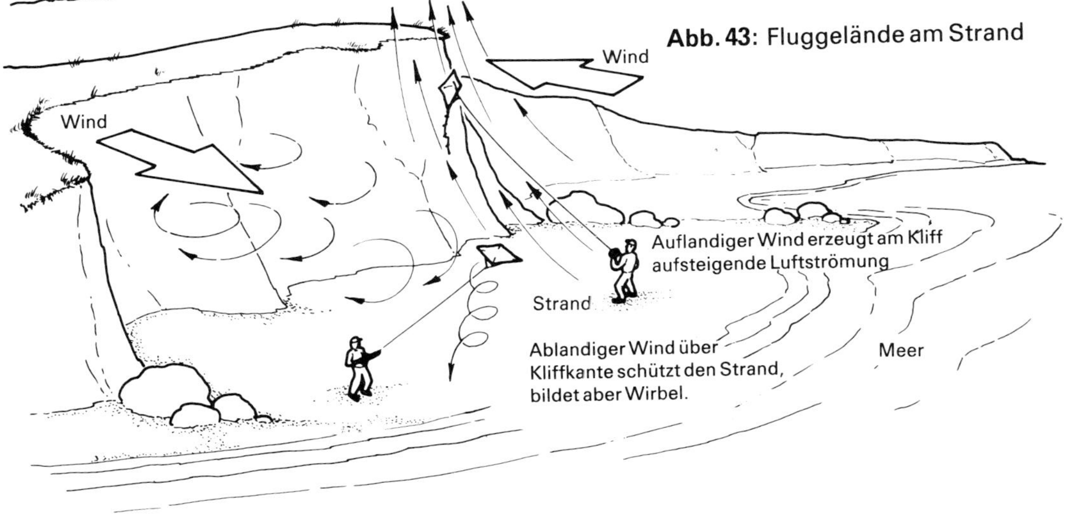

Abb. 43: Fluggelände am Strand

25 km/h. Man kann auch bei 50 km/h oder 5 – 8 km/h Windgeschwindigkeit Drachen fliegen, aber dafür braucht man Können und Erfahrung.
Über einem offenen, ansteigenden Hang beschleunigt sich die Luftströmung und wird nach oben abgelenkt. Dadurch entsteht ein sogenannter Geländeaufwind. Das sind die Bedingungen, die den Segelflugzeugen, den Segelflugmodellen und den Hängegleitern Hangsegeln ermöglichen. Den stärksten Hangaufwind findet man an Steilküsten (Abb. 43) bei auflandigem Wind.
Auch am Rauch aus Schornsteinen kann man die Windgeschwindigkeit gut beurteilen. Dank den Umweltschutzgesetzen wird dies zwar laufend schwieriger, und es ist, soweit Wohnhäuser betroffen sind, auch auf die Wintermonate beschränkt, aber eine Rauchsäule ist wegen ihrer Höhe unverwirbelt und deshalb ideal als Beobachtungsobjekt.
Wettervorhersagen enthalten Angaben über zu erwartende Windgeschwindigkeiten, wobei eine Normalhöhe von 10 m über Grund zugrunde liegt. Die tatsächlichen Geschwindigkeiten sind, je nach den örtlichen Gegebenheiten, stark abweichend. Schon in 60 m Höhe werden 32 km/h mehr als in 10 m Höhe gemessen (Abb. 44).
Wenn wir also ein geeignetes Gelände und den richtigen Wind haben, können wir uns an den nächsten Punkt, das Verständnis der Technik des Drachenfliegens, wagen.

Der Zusammenbau des Drachens

Jeder Drachen muß zusammenlegbar sein. Es ist ja eines der damit verbundenen Vergnügen, daß man einen Drachen zu einer Rolle zusammenrollen kann, die nicht größer als ein Regenschirm ist, was natürlich auch bedeutet, daß man ihn vor dem Start ordnungsgemäß wieder zusammenbauen muß.
Schon zu Hause übe man sorgfältig das Zusammensetzen. Auf keinen Fall verlasse man sich auf Angaben wie „im Zweifelsfalle lese man die Gebrauchsanweisung“. Man überzeuge sich davon, daß die Waage fest angeknüpft und startklar ist. Lieber zweimal als einmal nachprüfen, ob auch alle Teile vollzählig vorhanden sind und noch einige zusätzlich, wie Klebeband,

Windstärken

Beaufort-Skala	Windgeschwindigkeit km/h	Beschreibung	Was sieht man
0	1,6	Windstille	Rauch steigt senkrecht auf
1	3,2	Lüftchen	Rauch treibt
2	8	leichte Brise	Blätter rascheln
3	16	sanfte Brise	Blätter bewegen sich
4	24	mittlere Brise	Zweige bewegen sich
5	34	frische Brise	kleine Bäume schwanken
6	45	steife Brise	Dicke Äste bewegen sich
7	56	starker Wind	Bäume schwanken
8	67	stürmischer Wind	Zweige brechen
9	80	Sturmwind	Äste brechen
10	95	voller Sturm	Bäume stürzen
11	110	Orkan	heftige Böen
12	über 120	Wirbelsturm	Gebäude werden geschüttelt

Schnur, eine Tube schnelltrocknender Klebstoff, Knetgummi und natürlich die Drachenleine.

Sicherheit

Auf dem Fluggelände ist es ganz besonders wichtig, sich auch einen weiteren Gesichtspunkt ins Gedächtnis zu rufen – nämlich die Sicherheit.
Feuchte Drachenleinen können Strom leiten, also fliegt man nicht bei Gewittern oder in der Nähe von Hochspannungsleitungen. Man fliegt in sicherer Entfernung von Häusern, Verkehrsstraßen, Eisenbahnlinien und Autobahnen, d. h. so weit davon entfernt, daß der niedergehende Drachen auch bei voller Leinenlänge dort nicht landet. Auch in unmittelbarer Nähe in Windrichtung soll sich niemand aufhalten, was besonders beim ersten Start eines steuerbaren Drachens wichtig ist.

Die gesetzlichen Vorschriften

Für das Steigenlassen von Drachen gelten im allgemeinen folgende Regelungen: Die Drachenschnur darf höchstens 100 m lang sein. Im Bauschutzbereich von Flughäfen und Hubschrauberlandeplätzen dürfen Drachen überhaupt nicht aufgelassen werden. Ferner ist darauf zu achten, daß sie auf keinen Fall mit Hochspannungsleitungen, Bahnanlagen etc. in Berührung kommen oder auf öffentlichen Straßen niedergehen können.
Verstöße gegen diese Vorschriften können mit Geldbußen bis zu 5000 DM geahndet werden. Neben diesen allgemeinen Vorschriften gibt es noch örtliche Sonderregelungen, die im Einzelfall erfragt werden müssen.

Die Leine

Über die Leine besondere Empfehlungen zu geben, ist äußerst schwierig, weil sehr viele Dinge dabei eine Rolle spielen, wie Größe und Gewicht des Drachens sowie die Windgeschwindigkeit zur betreffenden Zeit.

Brookite-Kastendrachen. Prüfung der Waagenbefestigung vor dem Start.

Generell kann man sagen: Je leichter der Drachen, um so leichter die Leine. Von einem leichten Foliendrachen kann man keinen anständigen Flug erwarten, wenn man ihn an eine Paketschnur hängt; genausowenig wird eine Leine aus dünnem Baumwoll-Nähfaden ihn im Wind halten können. Etwas Nachdenken ergibt die richtige Lösung. Für kleine Drachen eignet sich glatte Perlon-Angelschnur mit 4–5 kg Zugfestigkeit, aber Vorsicht, man kann sich fürchterlich die Finger verbrennen beim Durchrutschen! Für größere Drachen empfiehlt sich geflochtene Hanf- oder Nylon-Leine mit Zugfestigkeiten bis zu 45 kg, besonders wenn man mehrere steuerbare Drachen zusammenkoppeln will.
Am günstigsten ist es, sich in einem Drachen-Spezialgeschäft eine ganze Spule zu kaufen. Ganz besonders wichtig ist die Versiegelung je-

des Knotens bei jeder Nylon-Leine. Die Hitze eines Streichholzes verschmilzt die Windungen des Knotens und verhindert, daß er verrutscht oder sich öffnet. Nylon hat den Vorteil, daß es unempfindlich gegen Feuchtigkeit ist, rasch trocknet und dauerhaft ist. Es dehnt sich aber aus und hat außerdem den Nachteil, daß man sich daran die Finger verbrennen kann, wenn man es rasch durchgleiten läßt, weshalb einige Drachenhersteller es nicht empfehlen. Moral: Beim Drachensteigenlassen immer Handschuhe tragen!

Der Start

Wir haben die Drachen zusammengebaut, die Sicherheit ist gegeben, unser Helfer ist bereit, also kann der erste Start erfolgen. Wir legen etwa 15 m Leine aus und befestigen das Ende mit einem Schnapphaken oder durch Binden am Befestigungspunkt der Waage oder am entsprechenden Punkt des Drachens.
Am besten hat man am Leinenende einen Drehschäkel mit Sicherheitsverschluß (22,5 bis 45 kg Zugfestigkeit), wie sie in Angelbedarfsgeschäften angeboten werden. An der Waage bringt man einen Messingring (kein Kunststoff) an. Damit ist das Befestigen eine Sache von Sekunden. Man kann auch am Leinenende eine Schlaufe knüpfen und diese dann durch den Messingring ziehen und umlegen. Auf jeden Fall soll die Verbindung kräftig sein.
Braucht der Drachen einen Schwanz, so wird dieser ebenfalls befestigt und vor den Drachen gelegt. Dann hebt man ihn etwas an gegen den Wind und prüft, ob die Waage nicht verwickelt und vorschriftsmäßig angebracht ist.
Die Leinenrichtung soll ungefähr der Windrichtung entsprechen. Genaues Ausrichten ist unnötig, denn sobald der Drachen in der Luft ist, tut er das von selbst.
Manchmal stimmt die Startrichtung zur großen Überraschung gar nicht mit der Richtung überein, in die sich der Drachen nach dem Start einstellt. Daran können Geschwindigkeitsdifferenzen verschiedener Luftschichten schuld sein. Der klassische Fall einer solchen Richtungsänderung wurde in den USA beobachtet, als sich zwei bekannte Drachenpiloten plötzlich dem Phänomen gegenübersahen, daß ihre beiden Drachen mit gekreuzten Leinen in gleicher Höhe, aber in um 180 Grad entgegengesetzter Richtung standen. Dieses oft zitierte, wenn auch schwer verständliche Ereignis muß auf der bekannten Tatsache beruhen, daß in Küstenregionen einander entgegengesetzte Winde aufeinandertreffen und in senkrechter Richtung aneinander aufgleiten können. Dies ist gefährlich und wird besonders auf den Flughäfen von Newark, New Jersey, und Prestwick in Schottland gefürchtet. Doch zurück zu unserem Start. Sie, der Pilot, halten die Leine auf ihrer Winde; der Helfer hält den Drachen. Sobald Sie einen gleichmäßigen Wind im Rücken spüren, straffen Sie die Leine langsam an und rufen dem Helfer zu, den Drachen zu starten. Dafür gibt es viele Methoden. Was Drachen brauchen, ist ein sanfter, nach vorn und oben gerichteter Schubs mit dem Arm. *Nicht* wegwerfen oder fallenlassen, nur ein sanftes Wegstoßen.
Nun erlebt der Pilot entweder die Freude des Aufschwungs seines Drachens im Bogen nach oben bis etwa 60° Leinenwinkel oder das niederschmetternde Ausbrechen nach einer Seite, sobald der Drachen Geschwindigkeit aufgenommen hat. Immer wieder versuchen! Beharrlichkeit ist notwendig, um herauszufinden, ob dieses Wegtauchen und Abstürzen vielleicht nur auf Bodenwirbel zurückzuführen ist, oder ob die Einstellung der Waage verkehrt ist (Abb. 45).
Bleibt es beim Ausbrechen, so verkürze man die vordere Schnur der Waage mit einem Knoten. Dies bewirkt eine Verlagerung des Befestigungspunktes an der Waage nach vorn und verringert den Anstellwinkel des Drachens (Abb. 47). Und nun wieder versuchen! Und noch mal! Bricht er immer noch seitlich aus ohne Zeichen von Besserung? Die Form des Drachens spielt hier zwar auch eine Rolle, aber im allgemeinen verlagert unsere Maßnahme den Druckschwerpunkt nach vorn und hilft damit, den Drachen rasch hoch und in das Gebiet ungestörter Luftströmung zu bringen (Abb. 47).
Hilft die Verkürzung der Waage vorn wirklich nicht, dann macht man den Knoten wieder auf

zur ursprünglichen Länge und verkürzt auf gleiche Weise den hinteren Schenkel der Waage. Man muß dies bei leichten Winden öfter machen, um den Anstellwinkel für sicheres Fliegen zu erhöhen, aber vereinbarungsgemäß wollten wir ja mit unserem Start auf vernünftig starken Wind warten.

Sollte letztlich alles Verstellen der Waage keinen Erfolg bringen, dann muß mit der Symmetrie des Drachens etwas nicht stimmen. Man prüfe, ob beide Seiten gleichschwer sind. Ist eine offensichtlich schwerer als die andere, dann gleichen wir dies mit Knetmasse aus. Haben wir einen malaiischen Zweistabdrachen, so verbiegen wir durch eine zwischen den Spitzen des Querstabs gespannte Schnur diesen nach oben, damit er eine Wölbung oder V-Form bekommt. Bleibt die Instabilität immer noch, dann müssen wir einen Schwanz anbringen, der im Notfall ein Taschentuch an einem Stück Schnur sein kann (Abb. 48). Dies hat den Effekt, daß das Zentrum des Widerstandes nach hinten verschoben wird und der Schwerpunkt tiefer zu liegen kommt. Durch diese Maßnahmen kann man einen Drachen so trimmen, daß er stabil wie ein Scheunentor fliegt, aber genauso langweilig. Es ist viel besser, wenn der Drachen beim Hochsteigen etwas tänzelt, weil er dann ausgezeichnet im vollen Flug auf Steuermaßnahmen reagiert.

Der Flug

Nun, der Start sei gelungen, und unser Drache zerrt an seiner Leine und möchte gern höher hinauf. Ist das nicht der Fall, dann ist entweder der Wind zu schwach oder die Leine ist für die-

Brookite-Master-Drachen, aufgestellt zum Einhandstart, hochgehalten an der Waage.

Brookite-Cutter-Drachen. Traditioneller Stoffdrachen, seit 60 Jahren im Handel, im Flug über dem flachen Gelände.

sen Drachen zu schwer. Stoffbespannte Drachen brauchen mehr Wind als folienbespannte. Kastendrachen brauchen viel Wind. Papierdrachen vertragen nur leichte Leinen, vielleicht nur kräftigen Zwirn. Bei großen Drachen muß man ein richtiges „Tauziehen" veranstalten, um sie im richtigen Wechsel von Ziehen und Nachlassen hochzubringen bis in die Höhen, in denen der Wind kräftig genug ist. Das Spiel mit der Leine ist eine Kunst, und es ist ein Genuß, einen Malaien, einen Inder oder sonst einen Drachenpiloten irgendeiner Nationalität dabei zu beobachten.

Bevor wir aber deren „exotische Höhenflüge" erreichen, wollen wir lieber versuchen, unseren eigenen Drachen in der Luft und an einer simplen Leinenrolle zu halten.
Mit der einen Hand hält man die Winde, Spule oder was es immer sein mag, fest, und mit der andern ergreift man die Leine. Man spult Leine ab und gibt sie mit der freien Hand langsam frei unter steter Beibehaltung eines gewissen Zugs. Ziel ist es, Höhe zu gewinnen, und dann, wenn nur noch wenig Leine auf der Spule ist, kann man anfangen sich zu entspannen und zu freuen. Nehmen wir an, der Drachen zieht gleichmäßig, er hüpft und tänzelt ein wenig, hält aber ganz allgemein seine Position ein. Nun können wir einen Trick probieren. Wir lassen plötzlich etwa 3 m Leine ausrollen. Ein steuerbarer Drachen wird dann nach rechts oder links kippen und einen Kreis beschreiben. Zeigt die Spitze wieder nach oben, ziehen wir rasch die Leine wieder straff. Der Drachen sollte sich rasch wieder fangen, und insbesondere, wenn es ein Rauten-Drachen (asiatisch) ist, wird er sich rasch in der Richtung bewegen, in die seine Spitze zeigt, und bis zum obersten Punkt hochsteigen. Nachlassen und Anziehen bewegt ihn in verschiedensten Richtungen. Ein faszinierendes Spiel, aber nicht einfach! Man braucht Übung und Geduld, um diese Technik zu beherrschen. Experten lassen die Leine über den Finger mit leichtesten Bewegungen auslaufen. Die Spule wird dabei wie ein Cocktailbecher horizontal gehalten und die Leine hin und her bewegt wie beim Mixen. Ein Schwenken nach rechts oder links, und der Drachen folgt mit erstaunlicher Flinkheit.
Mit Ausnahme der in Kapitel 5 näher beschriebenen steuerbaren Fesseldrachen taugen die meisten in England erhältlichen Drachen für solche Tanzspiele am Himmel nicht. Aber es ist recht wahrscheinlich, daß unser erster Drachen ein bunter, rautenförmiger Kunststoff-Foliendrachen sein wird, entweder mit Rogalloflächen oder in Zweistab-Eddy-Ausführung.
Er wird auf das Nachlassen der Leine reagieren und sich beim Straffen rasch wieder fangen. Doch eine seitliche Bewegung wird er kaum aufnehmen. Um die gute Flugleistung eines Foliendrachen zu erhalten, ist es insbesondere

Abb. 44:
Änderung der Windgeschwindigkeit mit der Höhe

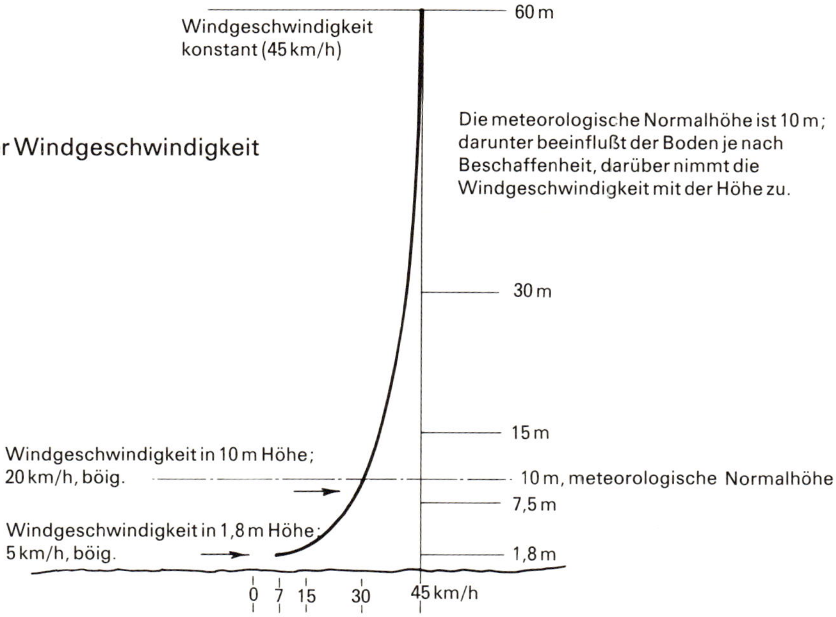

Abb. 46: Waagenprüfung (grob)

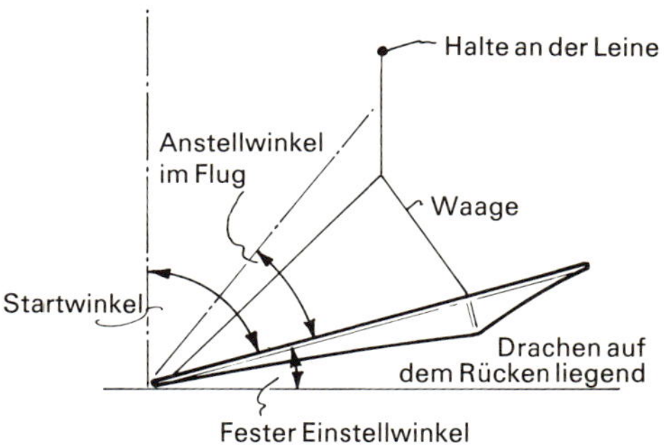

Abb. 45: Start

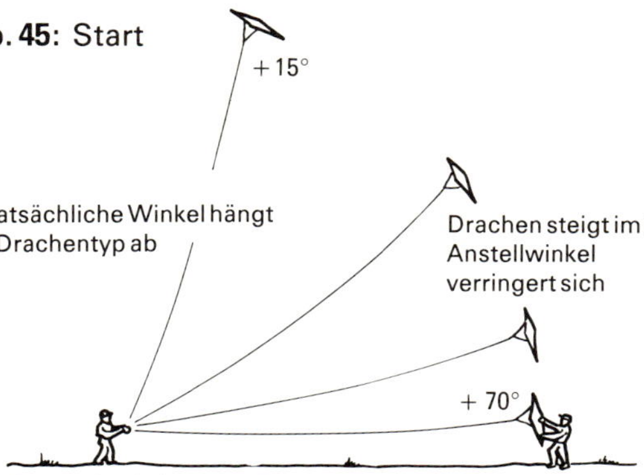

Start mit mindestens 15 m Leine, Drachen mit 70–80 Grad Anstellwinkel halten.

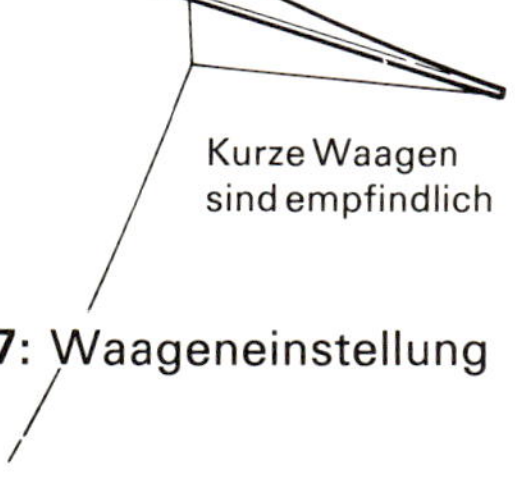

Abb. 47: Waageneinstellung

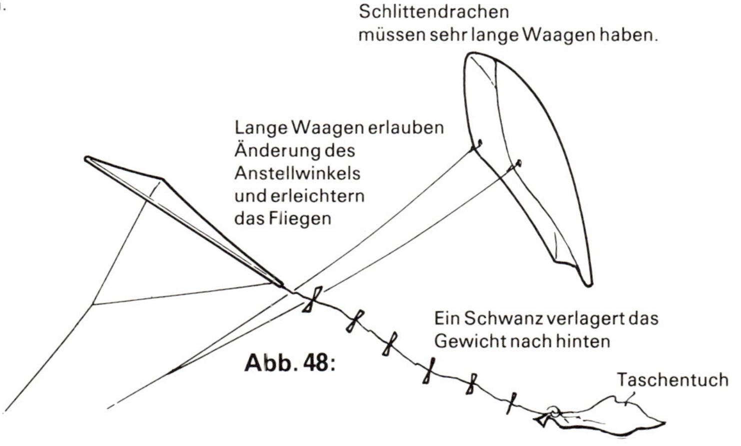

Abb. 48:

Was man tun sollte	Was man nicht tun sollte
Sicher fliegen, keine Menschen in Gefahr bringen. Handschuhe tragen. Nylonleinen können böse Verbrennungen verursachen. Eine Rolle und einen Anker für die Leine benutzen. Freies Gelände aussuchen. Ein gutes Verständigungssystem mit dem Helfer vereinbaren. Sich mit anderen Drachenfliegern anfreunden.	In der Nähe von Hochspannungsleitungen fliegen Unbrauchbare Leinenstücke auf dem Fluggelände zurücklassen. Zu hoch fliegen. Die Leinen anderer Drachen kreuzen. Schwere Gegenstände mit Läufern abwerfen. Aufgeben, wenn alles schiefzugehen scheint.

Beobachtete Fehler	Abhilfe
Drachen will nicht hochsteigen.	Zu wenig Wind oder falsches Gelände.
Drachen bricht seitlich aus, ohne zu steigen.	Hinteren Waagenschenkel verkürzen, Schwanz anbringen.
Drachen schlingert und steht unsicher in der Luft.	Wölbung in den/die Stäbe bringen.
Drachen kreiselt an der Leine.	Hinteren Waagenschenkel verlängern.
Drachen zieht nach einer Seite.	Auf gleichmäßige Gewichtsverteilung kontrollieren, leichtere Seite mit Knetmasse beschweren.
Drachen kippt nach vorn und stürzt vorwärts ab.	Vorderen Waagenschenkel verlängern. Den Anknüpfpunkt der Leine an der Waage weiter nach vorn verlegen.

wichtig, seine Form zu bewahren (nicht falten oder knicken). Man kann damit Botschaften transportieren, man kann mehrere zu Gespannen vereinen, lange Schwänze anbringen etc. Und die Leine wickelt man vorteilhafterweise auf eine Rolle oder Spule.

Stoffdrachen haben einen völlig anderen Stil, den manche Piloten sogar als majestätisch empfinden. Sie sind im allgemeinen viel schwerer, das Bespannmaterial ist porös, und sie brauchen größere Flächeninhalte. Ihre Lebensdauer ist wesentlich länger als die anderer Drachen und, einmal oben, stehen sie auch in stärker werdenden Winden wie Felsen. Ihre Piloten freuen sich an der Zuverlässigkeit, mit der sie ihre Höhe halten.

Experten im Londoner Kensington Garden verachten alle nicht mit Stoff bespannten Drachen. Sie demonstrieren ihr Können, indem sie nur von einem einzigen Fleck, nahe dem berühmten Round Pont, fliegen und sich niemals irgendwo anders hin begeben. Alles, was sie zwischen Start und Landung tun, wird mit Hilfe einer großen Rolle (ca. 23 cm Durchmesser) ausgeführt, die sie unter den Arm klemmen, während die andere Hand die Leine abspult oder aufwickelt. Zu laufen wäre ein Sakrileg, und fiele einem ein Drachen in den Teich, so wäre dies eine Schande! Mit Stoff lassen sich Gestalten, Formen und Farben von Drachen erzielen, an die nur wenige Foliendrachen heranreichen können. Das einzige Haar in der Suppe da-

bei ist, daß die höhere Flächenbelastung der Stoffdrachen unvermeidlich zur Folge hat, daß man sie sehr schnell in größere Höhe mit höheren Windgeschwindigkeiten bringen muß.
Eine größere Startlänge der Leine (20–30 m) und, falls man nicht den Kensington-Garden-Stil beherrscht, ein rascher Sprint gegen den Wind zum Hochtreiben des Drachens sind die beste Art für den Start und guten Flug. Kommt es darauf an, Lasten zu tragen, Botschaften, Kameras oder dergleichen zu transportieren, dann hat der Stoffdrachen kaum seinesgleichen, wie wir im nächsten Kapitel sehen werden.

4

Spaß mit Drachen

Ein Drachen, der wie ein Brett steht, so hoch steigt, wie man will und selbst von Böen unbeeinflußt bleibt, macht höchst selten Spaß, es sei denn (a) man hat ihn selbst gebaut – in welchem Fall man einen bemerkenswerten Erfolg verbuchen darf –; oder (b) das Steigenlassen ist nur ein Kurzzeit-Hobby – so eben beim Hundausführen, wobei eben Zuverlässigkeit Ihr größter Wunsch ist. Die meisten Drachenflieger aber lieben das Gefühl einer Herrschaft über ihren Drachen und suchen nach Möglichkeiten, ihre Tragfähigkeit oder Lenkbarkeit auszunutzen.

Fischen

Die Technik der Polynesier beim Fischen mit Drachen haben wir schon erwähnt. Was im allgemeinen nicht bekannt sein dürfte, ist die Tatsache, daß das Angeln mit Drachen eine verbreitete und anerkannte Gewohnheit ist, natürlich mit modernem Gerät. E. R. (Bob) Lewis aus Florida besitzt das Patent eines Pompanette-Angel-Drachens (US 3314630) und vertreibt einen quadratischen Lewis-Angeldrachen in drei Versionen für leichte, mittlere und starke Winde. Zu den Drachen kann man eine zusammensteckbare Angelrute und eine Winde aus Mahagoni mit einer 27-kg-Dacron-Leine kaufen.
Da der Drachen auch Landungen im Salzwasser aushalten muß, ist sein zerlegbares Gestänge aus glasfaserverstärktem Kunststoff und die Bespannung porös. Lewis behauptet, es gäbe keine bessere Methode, um lebende Köder anzubieten, als mit einem Drachen. Er spult die Drachenleine vom Boot oder vom Strand aus ab, befestigt die Angelschnur an einer getrennten Angelrute und führt sie über einen Punkt an der Drachenleine, wo sie dessen Stabilität nicht beeinflussen kann. Der quadratische Drachen fliegt mit der Eintrittskante nach vorn wie ein Diamantdrachen und steht in einer typischen Seebrise stabil, fliegt aber nicht hoch. Das Zusatzgewicht der Angelleine, das an der Drachenleine etwa 15 m vom Drachen entfernt befestigt ist, hält ihn tief.
Die Angelleine löst sich automatisch von der Drachenleine, sobald ein Fisch anbeißt oder wenn der Angler daran ruckt. Dieses Experiment kann man mit einer einfachen Wäscheklammer aus Holz mit Metallfeder ausführen. Man klemmt die Wäscheklammer auf die Drachenleine und führt die Angelleine durch eine Öse, welche man zwischen die Backen der Wäscheklammer einspannt. Beim Anbeißen reißt der Ruck des Fisches die Öse aus der Klammer heraus, und die Angelleine wird frei für das Spiel des Anglers.
Jedem Angler wird es einleuchten, wie vorteilhaft es ist, seinen Köder dort plazieren zu können, wo es besonders günstig ist, vor allem, wo keine anderen hinkommen können. Das hängt natürlich von der Art und Weise des Fischens ab, die man bevorzugt, aber hier bieten sich zahlreiche Möglichkeiten. Warum nicht mal diese Methode beim Angeln am See versuchen? Der Leuchtturmwärter auf Eddystone Leuchtturm „fischt" mit einer ähnlichen Methode seine Post auf.
Es gibt zahlreiche Variationsmöglichkeiten dieser Methode, wie Abb. 49 zeigt. Unter anderem kann man eine oder beide Leinen des Lewis-Systems gegeneinander verstellen und so alle möglichen Positionen des Köders wählen.
Es wird behauptet, japanische Fischer könnten

Abb. 49: Angeln mit Hilfe von Drachen (Entfernung nicht maßstäblich)

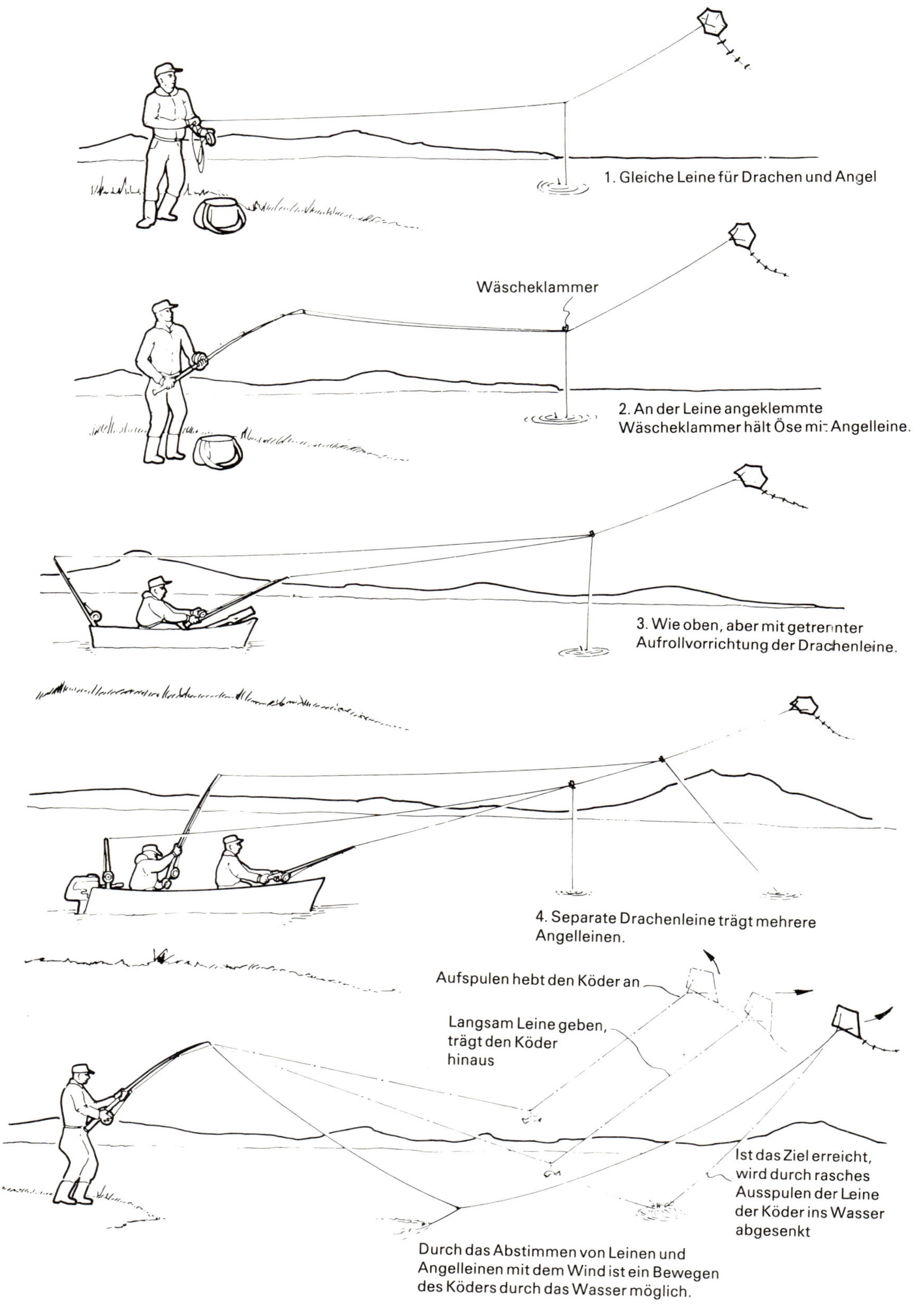

das mit einer einzigen Leine bewerkstelligen, ich weiß aber ehrlich gesagt nicht, wie das gehen soll. Außerdem stecken gewisse Möglichkeiten in der Verwendung des gesteuerten Fesseldrachens wie z. B. dem Dunford-Drachen, worüber wir weiter unten noch ausführlich berichten werden. Im Süden Kaliforniens ist der Angel-Drachen seit langem bekannt, heute aber wenig benutzt. George Farnsworth vom Thunfisch-Club war einer der vielen Großfisch-Angler, der herausfand, daß Thunfische nur schwer mit konventioneller Rute und Blinker oder Köder zum Anbeißen zu bewegen sind. 1909 erfand er einen Drachen als Hilfe beim Fang des blauen Thunfischs, und diese Einrichtung erwies sich als dermaßen erfolgreich, daß er seine Kollegen unter Eid nahm, sein Geheimnis nicht zu verraten. Erst später, als seine Erfolge als Preisangler beim Thunfischen überwältigend waren, gab er selbst das Erfolgsrezept preis, indem er mit fliegenden Drachen von seiner Angelfahrt in den Hafen von Avalon zurückkehrte.

Aber selbst dann wollten viele nicht glauben, daß ein Drachen beim Fischefangen helfen könne, und als andere versuchten, ihn mit Papierdrachen nachzuahmen, blieben sie ohne Erfolg. Der Fisch-Drachen von Farnworth hatte „Scheunentor"-Form, d. h. er bestand aus einem Rechteck (71 × 91 cm) mit abgeschnittenen oberen Ecken und einem 10 cm breiten Stoffschwanz an einer Waage am unteren Ende. Der Schwanz bestand aus 1 bis 4 Abschnitten, jede 2 m lang, und die Gesamtlänge richtete sich nach der Windstärke. Die Drachenleine trug eine Nebenleine, die von einem Punkt, 15–30 m von der Waage entfernt, herabhing und an der unten die Angelleine befestigt war. Biß ein Thunfisch an, so löste sich die Angelleine oder die Nebenleine brach.
Wurde als Köder ein fliegender Fisch eingesetzt, bestand die Taktik darin, daß mit Drachen- und Angelleine so gespielt wurde, daß der Köder von Welle zu Welle hüpfte oder bis zu 3,5 m in die Luft sprang. Dieser Verlockung konnten die springenden Thunfische kaum wi-

Dieses von H. J. Taplin in den dreißiger Jahren aufgenommene Foto wurde von einem Drachen aus etwa 120 m Höhe durch Fernauslösung geschossen.

Ein Gespann von sechs Glites, verbunden mit parallelen Waageschnüren und an Steuerleinen angehängt zum Kunstflug in Formation.

derstehen. Man nannte diese Drachen Thunaplanes, und jeder Drachenpilot wird verstehen, daß ihr Erfolg von der Geschicklichkeit zweier Leinenführer abhing und dazu noch von der des Steuermanns. So ist auch zu verstehen, daß Farnworths weitentwickelte Technik nicht leicht von jedem anderen nachgeahmt werden konnte.
Wollte man die Erfahrungen unserer Zeit anwenden, so scheint der Para-Foliendrachen der günstigste Träger für Angelleinen zu sein. Er hat enorme Tragkraft und könnte sogar mehrere Angelleinen mit Leichtigkeit verkraften.

Fotografie

Der Para-Foliendrachen kann auch mit Erfolg für Luftaufnahmen eingesetzt werden. Die Idee ist nicht neu. Schon 1895 schickte George E. Henshaw eine Plattenkamera bis auf 150 m Höhe über New York hinauf. Mit einer Zusatzleine löste er den Verschluß aus. Seine Glasplatten waren schwer und zerbrechlich. Genau so verfuhr Gilbert Woglom, der ebenfalls New York fotografierte. Mit der Erfindung des Films und wesentlich leichterer Kameras wurden Luftaufnahmen mit Drachen ein weitverbreiteter Zeitvertreib in den frühen zwanziger Jahren. Ein Pionier dieses Hobbys war H. J. Taplin. Seine Kamera war aus Holz. Der Verschluß wurde über einen Zeitauslöser betätigt.
Moderne Kameras haben Motoren zum automatischen Filmtransport, den man per Funkfernsteuerung auslösen kann. Was man dabei aber beachten muß, ist a), daß die Last gut befestigt ist, b) daß die Verschlußgeschwindigkeit hoch genug ist, um Bewegungsunschärfe zu vermeiden, und c) daß man mit der Fotografiererei nicht die Privatsphäre anderer Leute verletzt.

Drachen-Gespanne

Drachen im Gespann zu fliegen, macht großen Spaß. Es gibt für das Zusammenspannen grundsätzlich zwei Methoden, wobei die Möglichkeit durch die Form der Waage gegeben ist. Sämtliche Kieldrachen oder solche mit dreischenkligen Waagen verknüpft man am besten nach der Methode, die schon Gilbert Woglom 1895 in New York verwendete. Jeder Drachen wird so behandelt, als hätte er seine eigene Leine, und jede folgende Leine wird an die vorhergehende angeknüpft, etwa 6 m vom folgenden Drachen entfernt. Bei Drachen mit Zwillingswaage oder nur einem Befestigungspunkt wie der North Pacific Glite, ist es vorteilhafter, jede Leine am Angriffspunkt der Leine oder im Zentrum des Angriffs der Zwillingswaage auf der Oberseite des tiefer fliegenden Drachens anzuknüpfen. Mit anderen Worten, Leine wird an Leine gebunden durch die ganze Kette. Ein Vorteil dieser Verbindungsart ist, daß das Gespann steiler steht und die Leinen einander nicht behindern können.

Bei Benutzung des Glite kann man bis zu einem halben Dutzend verschiedener Muster einsetzen und dann den prächtigen Anblick einer Kette von Rogallo-Fliegern genießen.

Zum Zeitpunkt der Drucklegung dieses Buches war Brookite der einzige Hersteller eines Drachen-Gespanns. Es ist ein dreifaches, malaysisches Drachensystem mit poröser Stoffbespannung, und alle Drachen sind zur besseren Stabilität gewölbt. Der Form nach sind es einfache Zweistab- oder Eddy-Drachen, aber der Längsstab ist nach unten gewölbt. Diese Drachen haben einen ganz besonderen Charakter, und da sie sehr stabil fliegen und von der Herstellerfirma in allen Einzelheiten erprobt wurden, kann man ihren Kauf empfehlen.

Drachen-Züge wurden schon immer von Meteorologen benutzt, bis ins Jahr 1750 zurück, und auch für manntragende Versuche haben Cody und seine Mitarbeiter sie zu Beginn des zwanzigsten Jahrhunderts eingesetzt.

Dem richtigen Abstand muß man besondere Beachtung schenken. Ist er zu eng, dann entstehen Schwingungen, weil der Windstrom abgedeckt wird. Ist der Abstand zu weit, dann kommen die Unterschiede der Windgeschwindigkeit mit der Höhe stärker zum Tragen, und die oberen Drachen haben mit mehr Widerstand zu kämpfen. Der Zug auf der Leine ist zwar nicht so hoch, wie es aus der Kombination aller einzelnen Züge zu erwarten wäre, er ist aber immer noch beträchtlich. Die Belastungsfähigkeit der Leine der tiefer stehenden Drachen eines langen, vielgliedrigen Gespanns muß dem Mehrfachen der Zugkraft eines einzelnen Drachens entsprechen.

Will man Eddy-Drachen in Abständen von etwa 3 m verbinden, dann empfiehlt sich eine Methode, bei der zwei parallele Leinen zwischen den vorderen und hinteren Befestigungspunkten der Waagen, immer von einem Punkt zum nächsten, verknüpft werden. Dies folgt im Stil den chinesischen Tausendfüßler-Drachen, bei denen der enge Abstand mit einer durchgehenden vierschenkeligen Waage bewerkstelligt wird; ähnlich auch der Formations-Kunstflugdrachen von Peter Powell und Tom Chapman von Mettoy, der in Kapitel 5 beschrieben wird. Der längste, verbürgerte Tausendfüßler-Drachen war 92 m lang und stammt von T. Hiroi. In China sollen aber schon Tausendfüßler-Drachen von 225 m Länge geflogen worden sein.

Die Länge, welche ein Drachenzug erreichen kann, wird nur von der Zeit begrenzt, die man braucht, um die Leinen zu verbinden. Bill Bigge von der Maryland Kite Society (USA) ist der führende Experte auf diesem Gebiet. Er hat schon einige Versuche unternommen, einen Weltrekord mit der höchsten Zahl von Drachen an einer Leine aufzustellen. Im Oktober 1974 schickte er 261 Drachen hintereinander hinauf, was zwar die Zahl des Japaners G. Kudo um 50 Drachen übertraf, aber von seinem eigenen Traumziel von tausend Drachen noch weit entfernt blieb. Seine Drachen sind klein und werden in einem Sammelbehälter mit bereits verknüpften Leinen transportiert, um sie ungehindert hintereinander hochlassen zu können. In der Luft sind sie ein prächtiger Anblick, aber man ist versucht, sich zu fragen, ob so viele Miniaturdrachen genauso attraktiv aussehen wie ein gemischtes Gespann.

Mit einem sehr stabilen „Leitdrachen" kann man einen Zug mit einer bunten Mischung verschiedenster Drachen aufbauen. Mit einer kräftigen Windstärke könnte ein Kastendrachen einen Zug anderer anführen, die, jeder mit seiner eigenen Leine, an der Leine der nächsten tiefer stehenden angeknüpft werden. Ein Abstand von 30 m ist empfehlenswert, und man sollte verdrillte Nylonleinen vermeiden, weil sie sich wegen der unvermeidlichen Drehung der Leinen in schreckliche Knoten verwirren können. Wenn etwas beim Drachenfliegen Ärger bereiten kann, dann sind es verwirrte Leinen. Neben

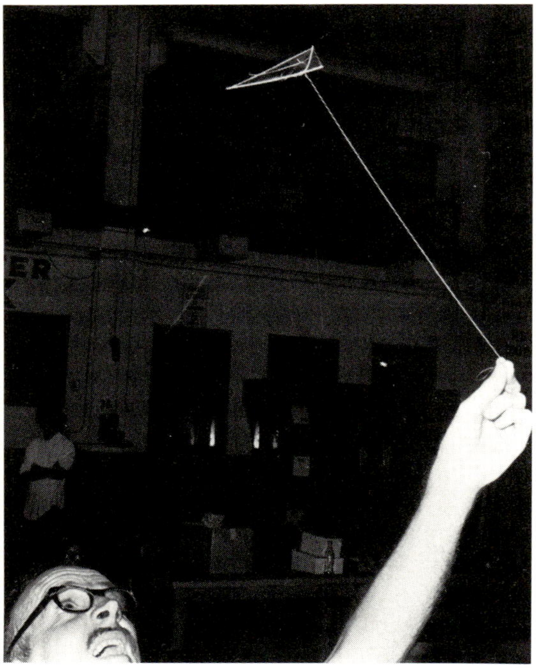

Bill Bigge mit einem Saalflug-Mini-Drachen im Luftschiffhangar von Lakehurst, New Jersey.

den üblichen Vorkehrungen gegen Leinenverwirrung lohnt es sich, besondere Sorgfalt bei der Auswahl des Leinenmaterials walten zu lassen. Geflochtene Nylonleinen verbrennen ungeschützte Finger beim Durchrutschen, und Knoten sollten verschweißt werden, um ein Aufgehen zu verhindern. Eine leichte Berührung des Knotens mit dem heißen Lötkolben sichert die Verbindung durch Verschweißen.

Mini-Drachen

Man kann so kleine und leichte Drachen bauen, daß sie in der Lage sind, in Gebäuden zu fliegen. Ein Eddy-Drachen in Miniaturausgabe, bespannt mit Kondensatorpapier, kann von einem Ventilator getragen werden und in einem normalen Zimmer herumfliegen. Der Ventilator eines Heizlüfters genügt, Heizung ausgeschaltet. Die Stäbe aus Balsaholz sollten 10 cm und 12 cm lang sein. Bill Bigge macht sogar noch kleinere Eddy-Drachen und bespannt sie mit Mikrofilm und schleppt sie um seinen Kopf herum, sogar im Sitzen (siehe Bild)! Mikrofilm ist ein Flugmodell-Lack, den man auf eine Wasseroberfläche gießt, wo sich ein Film bildet, den man mit einem Rahmen aus dem Wasser hebt. Dies ist die leichteste Form eines Bespannmaterials, die man herstellen kann.
In Japan gelten Mini-Drachen mehr als Kunstwerke. Sie sind nur 10 × 5 cm große Suruga- oder Edo-Modelle und traditionsgemäß mit den Köpfen von Kabuki-Schauspielern in brillanten Farben bemalt. Aber auch sie können an einer Leine aus Menschenhaar in dem Wärmestrom über einem Holzkohlenfeuer in einer Schale fliegen, wird berichtet. Am anderen Ende der Skala stehen die Maxi-Drachen, von denen der größte sicher der 134 m^2-Riese der Otako-Gruppe aus Yokaichi City in Japan sein dürfte. Sicher kein Typ zum Saalflug.

Musik-Drachen

Windmusik hat im Fernen Osten Tradition. Seit Jahrhunderten gibt es chinesische Drachen, die Windharfen (schwingende Zungen wie an einer Maultrommel) und windgetriebene Schalenkreuze tragen, die gegen Bambusstäbe und Trommeln schlagen, aber sonst ist diese Technik nicht weit verbreitet. Hier gäbe es Entwicklungsmöglichkeiten. Zunächst müßte man etwas mehr über das Papiermaterial herauszufinden versuchen, das als Membrane bei den Kazu-Instrumenten aus Weißblech verwendet wird, die man als Kinderspielzeug kaufen kann. Die Zungeninstrumente benötigen einen relativ hohen Luftdruck, aber auch dieses Problem wäre lösbar. Man könnte auch die Klingelscheiben verwenden, die in Läden mit asiatischen Waren als hängender Zimmerschmuck angeboten werden. Könnte man auf irgendeine Art und Weise verhindern, daß sich die Fäden der Metall- oder Glasscheibchen verwirren, müßte diese Art von Musik faszinierend klingen.

Läufer

Wenn man eine Leine hat, die zum Himmel führt, warum soll man davon keinen Gebrauch machen? „Läufer" (technisch besser „Laufkatzen") ist die Sammelbezeichnung für Vorrichtungen, die an einer Drachenleine hinauslaufen können, in bestimmter Höhe Gegenstände abwerfen und dann wieder herabkommen, um erneut beladen zu werden. Ihren Namen haben sie von ihrem ursprünglichen Zweck, Botschaften nach oben zu tragen und in gewisser Entfernung abzuwerfen.

Eine weitere Erfindung dieser Art ist eine nahe beim Drachen fest angebrachte Vorrichtung, die mit Hilfe eines Zeitschalters nach einer gewissen Zeit etwas auslöst. Solche Zeitschalter gibt es z. B. als „Autoknips" (für Kameras) oder für Flugmodelle (Graupner KSB, Tatone) zu kaufen. Sie haben den Vorteil, daß man auf einem Zifferblatt die genaue Auslösezeit einstellen kann; dagegen spricht die Tatsache, daß man die ganze Sache nur einmal zusammen mit dem Drachen für einen Flug hochschicken kann. Käufliche „Läufer" gibt es erstaunlich wenige. Tatsächlich existiert in Europa nur ein empfehlenswerter, die Paul-Günther-„Fähre". Sie funktioniert nach dem gleichen Prinzip wie die abgebildeten selbstgebauten Typen, kann aber leicht zum Transport von Flugmodellen oder zum Fallschirmabwurf umgebaut werden. Es scheint, als habe der Hersteller ihnen ledig-

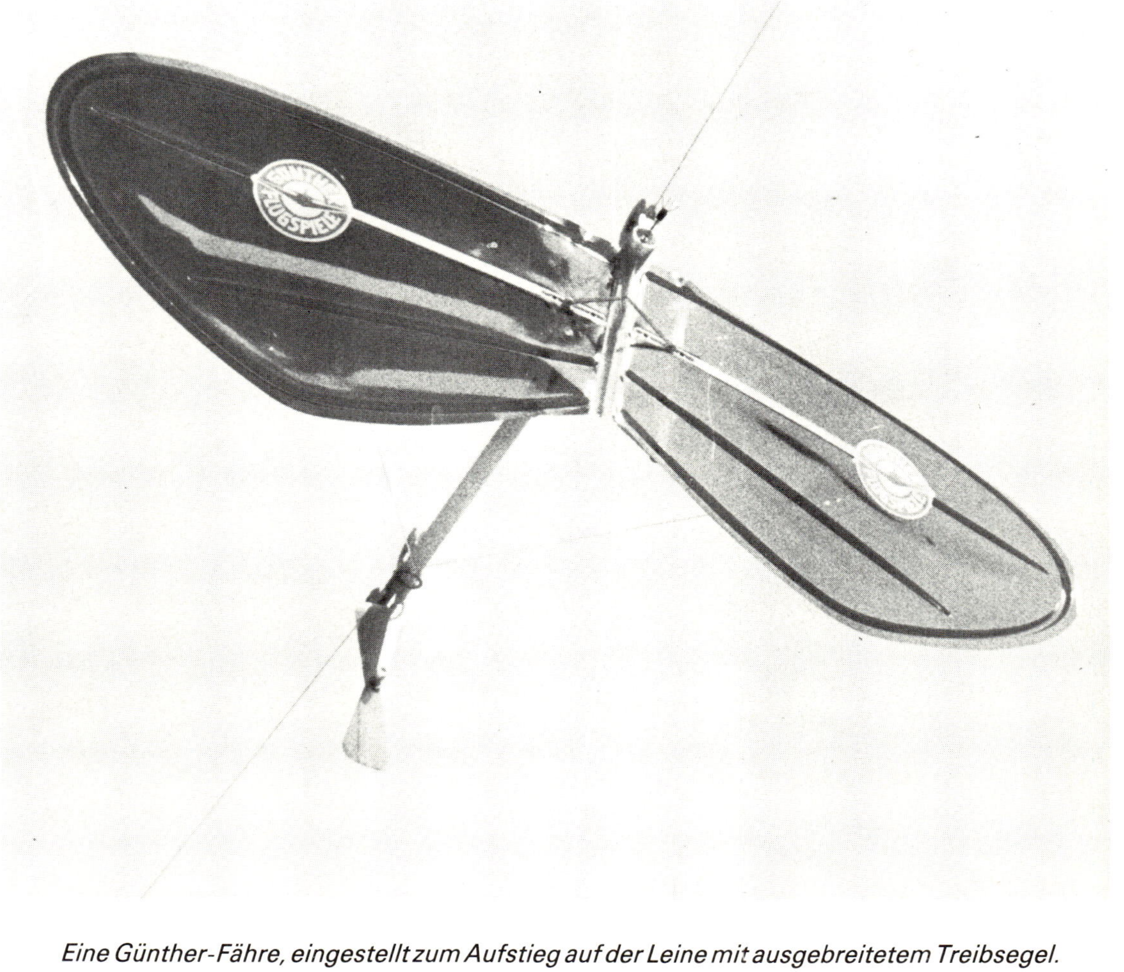

Eine Günther-Fähre, eingestellt zum Aufstieg auf der Leine mit ausgebreitetem Treibsegel.

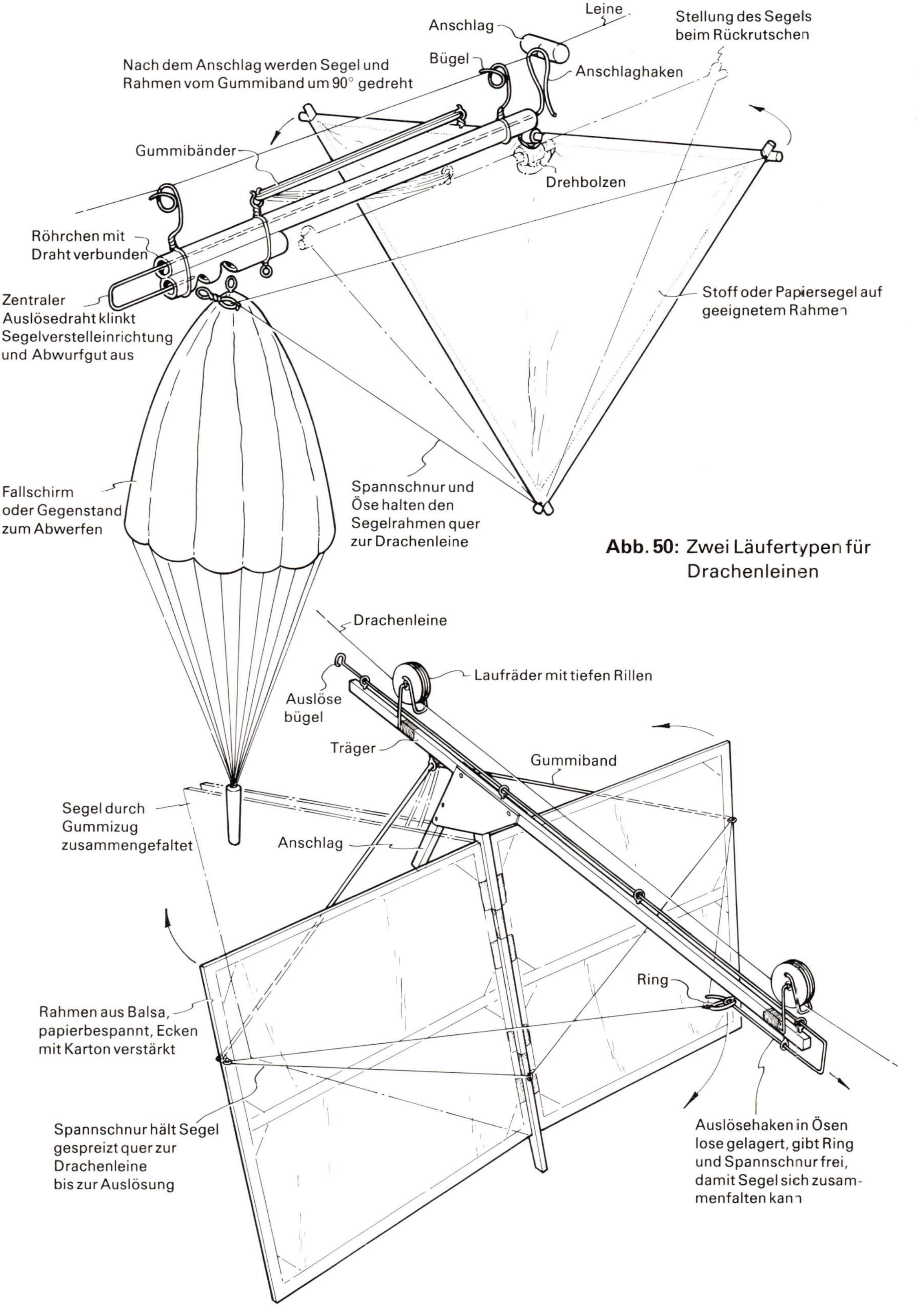

Abb. 50: Zwei Läufertypen für Drachenleinen

lich die Funktion zugedacht, an der Leine emporzulaufen und wieder herabzukommen. Grundsätzlich wird der Läufer auf die Leine gehängt. Ferner ist sehr wichtig, daß man ihn auch wieder abnehmen kann, aber in jedem Fall muß er so auf der Leine gesichert sein, daß er nicht davon abfällt. Er funktioniert auch besser, wenn er zwei Laufrollen hat (Abb. 50). Zum Antrieb hat er ein Segel, das zum Hinauftreiben ausgespannt wird und den Winddruck erzeugt. Es hängt vom Läufer nach unten und steht senkrecht zur Leine. Einige Vorrichtungen zum Abwerfen von Fallschirmen benutzen den Fallschirm selbst als Segel (Abb. 51). Meist trägt der Läufer eine stabähnliche Vorrichtung in Längsrichtung, deren hinteres Ende eine Auslösevorrichtung betätigen kann, während die Spitze als Taster nach vorne steht. Gegen Ende der Leine trägt diese, nahe beim Drachen, einen Anschlag. Dies kann ein Stück Rohr sein mit einem Korken zum Festklemmen der Leine oder ein Holzknebel, der in die Leine gebunden wird. Stößt der Taster gegen den Anschlag, dann schiebt sich der übrige Teil des Läufers aufgrund seines Schwungs noch weiter und löst aus.
Es gibt viele Möglichkeiten, das Antriebssegel zum Zusammenfallen zu bringen. Bei der „Fähre“ besorgt dies ein gestrafftes Gummiband, bei anderen stellt es sich parallel zur Leine. Wie auch immer die Lösung aussieht, die Fläche des Segels muß so verringert werden, daß der Läufer aufgrund der Schwerkraft gegen den Wind zum Piloten zurücklaufen kann.
Ein Läufer benutzt dafür sogar eine Mausefalle! Dieser altbekannte Typ ist in Abb. 51 dargestellt, weil er einer der zuverlässigsten ist.
Die ganze Läufergeschichte hat nur einen Haken, und zwar die einfache Tatsache, daß zum Drachenfliegen mit Läufer ein kräftiger Wind gehört und deshalb jeder abgeworfene Gegenstand mit der gleichen Windgeschwindigkeit fortgeweht wird. Die Rückholer müssen also ganz schön laufen! Fallschirme und Flugmodelle segeln gern in thermischen Aufwinden nach dem Ausklinken von der 60-m-Leine (Schleppleinen für Flugmodelle haben nur 50 m Länge), was das Vergnügen erhöht.

Fahnen und Flaggen

Der Anblick der „Old Glory“ 1895 bei ihrem Höhenflug über New York muß eine Begeisterung ausgelöst haben, die seitdem nicht wieder erloschen ist. Der Anblick der in der Höhe flatternden Nationalflagge erweckt freudige Gefühle, will es scheinen. Und wenn aus der Entfernung keine Haltevorrichtung erkennbar ist, wird die Flaggenparade zum Mysterium. Flaggen müssen so angebracht werden, daß sie sich nicht zu einer formlosen Masse verheddern können. Man kann sie ganz normal an der Leine anschlagen und wehen lassen. Lange Fahnen werden meist an beiden Enden mit Stäben versteift und am Fuß eines flexiblen Schlittendrachens oder eines Parafoils befestigt. Flaggen wehen auch gut im Schlepp von Kastendrachen, aber versteifte Fahnen sind nicht zum Anhängen an malaiischen oder Eddy-Drachen geeignet.
Eine einfache Idee, die aber großen Spaß machen kann, ist, an der Leine bunte Streifen aus Kreppapier mit einer weiten Schleife anzubinden und nacheinander hochwehen zu lassen, wo sie ein buntes Girlandengewirr bilden.

Nachtflüge

Bei günstigem Wind und unter Beachtung aller Sicherheitsmaßnahmen kann das nächtliche Steigenlassen von Drachen ein großer Spaß sein. Beispielsweise wenn der Drachen mit einem kleinen Blinklicht (Stabbatterie mit selbstblinkender Birne) ausgerüstet wird. Vorsicht vor Mitbürgern, die dann fliegende Untertassen melden, oder ängstlichen Gemütern, die an Begegnungen der Dritten Art glauben. Der Nachtdrachen kann auch für einen seiner ursprünglichen Zwecke, das Hochziehen von Antennen, eingesetzt werden. Kurzwellenamateure können so über größere Entfernungen empfangen und senden.
Reflektierende Mylar- oder Melinex-Drachen sind phantastische Anblicke im Mondschein, wo die Spiegelung oft viel klarer erkennbar ist als im Tageslicht. Eine wunderbare Sache für einen warmen Sommerabend mit lauer Brise!

Abb. 51: Fallschirmabwurf

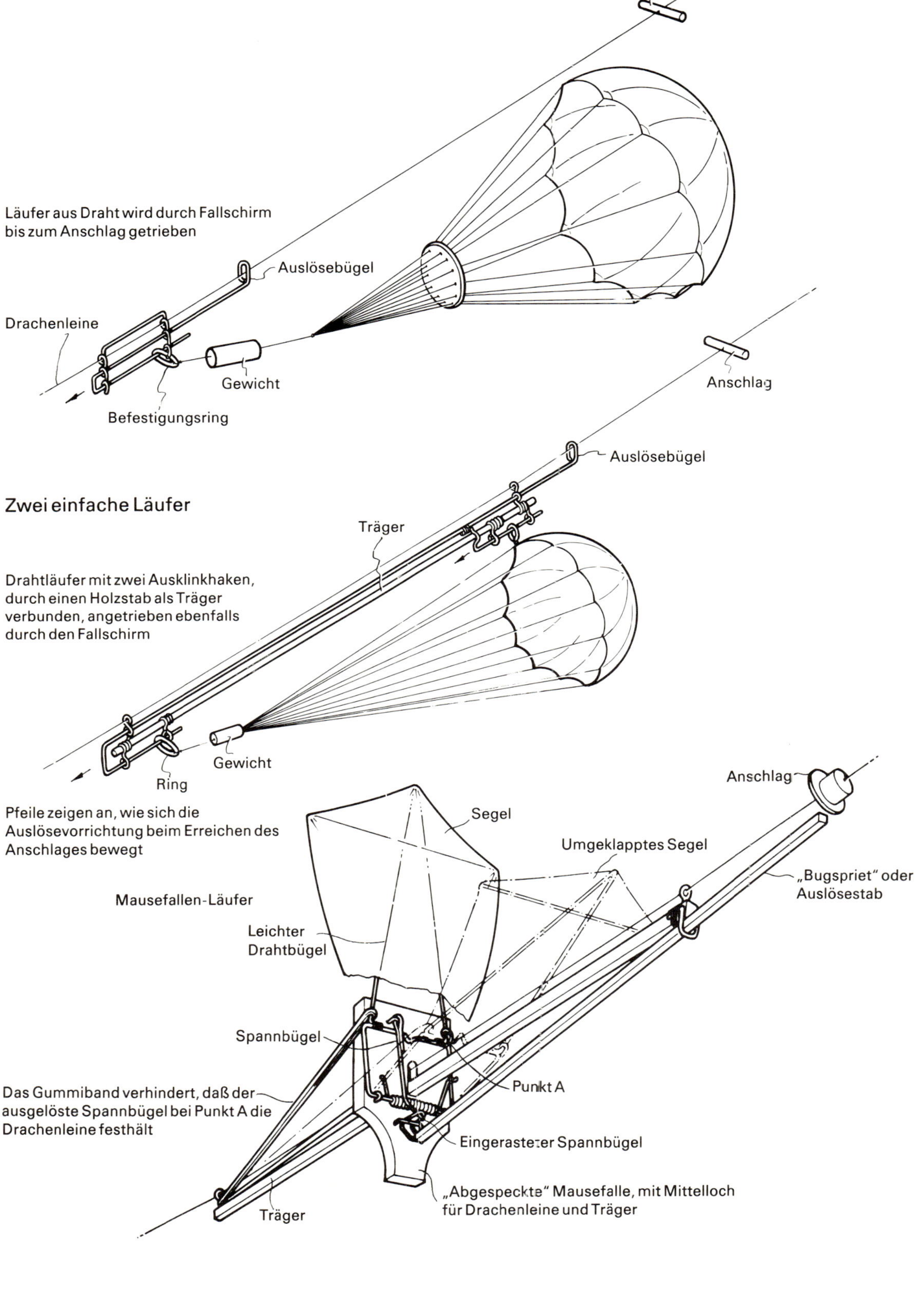

Ich zögere aber, die chinesische Sitte des Hochschickens von Feuerwerkskörpern zur Nachtzeit zur Nachahmung zu empfehlen. Kracher oder Kanonenschläge am Himmel könnten doch zu viel Schrecken hervorrufen.

Luftkampf

Der rautenförmige Kampfdrachen wird im ganzen Fernen Osten geflogen. Er ist ein sehr lebendiger Drachen, kann nach rechts und links oder nach oben und unten gesteuert werden und ist sehr einfach zu bauen. Er ist klein, ein Quadrat von 30–45 cm Seitenlänge, wird mit bis zu 90 m Leinenlänge geflogen und braucht weder Schwanz noch die Biegung des Eddy-Drachens (Abb. 52). Er ist flach, fliegt schnell und wild und ist für die meisten westlichen Piloten schwer zu beherrschen. Die Waage ist zweischenkelig und wird üblicherweise am Kreuzungspunkt der Stäbe und eine Handbreit dahinter befestigt.

Solche Drachen fliegt man in Ländern wie Japan, China, Indonesien und Indien direkt vom Hausdach aus. Sie heißen aus gutem Grund Kampfdrachen.

Der indische Ausdruck für diese Drachen ist *Goodie,* und am bekanntesten sind sie in Rampur, Gujerat und Ahmedabad, wo das alle Jahre wiederkehrende Utran-Fest der Anlaß für spektakuläre Drachenkämpfe ist. Die Leine wird aus *Manja,* einem Baumwollnähzwirn, hergestellt. Sie wird ausgelegt und mit einer Paste, die aus einer Mischung von Farbe (vorzugsweise Rot) und fein gemahlenem Glas und Porzellan besteht. Nach dem Trocknen hat die Leine eine Oberfläche wie Sandpapier und ist so in der Lage, fremde Leinen durchzuscheuern. Damit kann das *Vakata*-Spiel beginnen.

Kampfdrachenleinen sind auf Rollen gewickelt, und die Steuerung erfolgt durch rasches Ausoder Zurückspulen und gleichzeitiges Hin-und-her-Bewegen oder Auf-und-ab-Ziehen. Ein guter Drachen schießt wie ein Pfeil hin und her und reagiert auf den kleinsten Leinenzug.

Ziel der Übung ist natürlich, den Gegner durch Zerschneiden seiner Leine abzuschießen. Die sicherste Ausgangsposition hat immer der am höchsten stehende Drachen, denn wer oben ist, kann über die Leine des Gegners herabstürzen und rasch Leine ausrollen lassen, wodurch die unten liegende Leine durchgesägt wird. Der obere Drachen kann sich dann rasch wieder durch Steigen in Sicherheit bringen. Es gibt keine festgelegten Regeln dabei, und auch ein Dritter kann sich in den Kampf einmischen und bereits angeschlagene Leinen zerstören.

Tibetanischer Kampfdrachen (von unten).

Drachenkampf kann sehr aufregend werden, wenn ganze Schwärme von Drachen gleichzeitig fliegen, wie es in Hongkong am Ende der Sommersaison der Fall ist. Man braucht dazu besondere Erfahrung, die in Europa bis jetzt

Abb. 52: Kampfdrachen

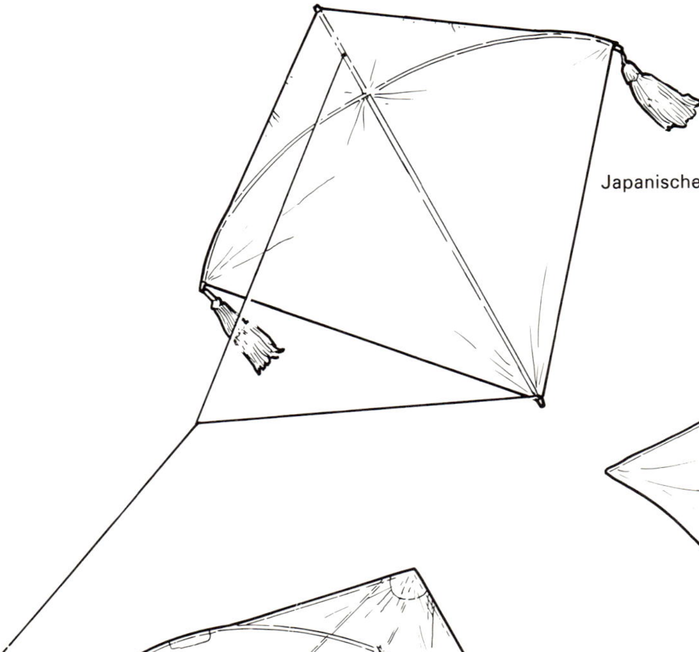

Japanischer Kampfdrachen

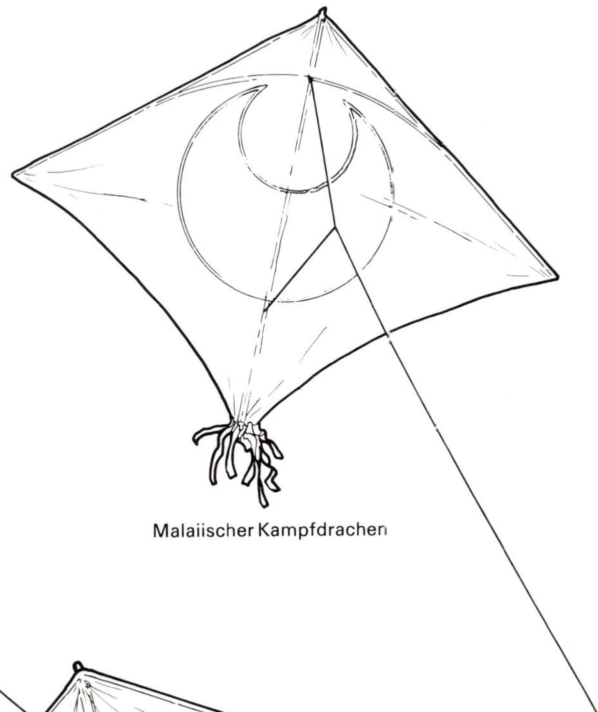

Malaiischer Kampfdrachen

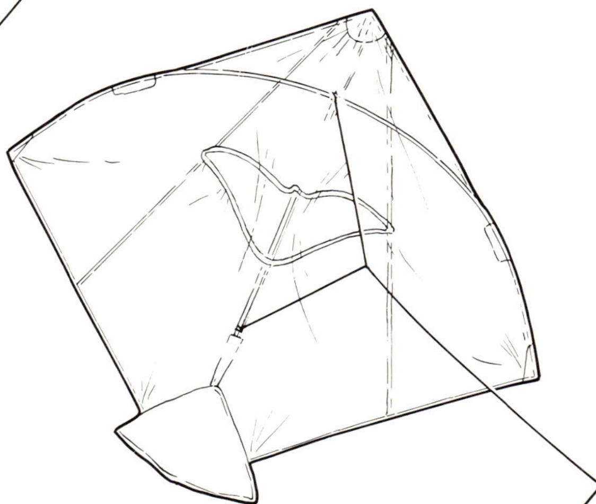

Indischer Kampfdrachen

Hongkonger Kampfdrachen

noch fehlt, obwohl schon vor 70 Jahren in *Model Engineer* von Kampfdrachen, ihrem Bau und von Kämpfen berichtet wurde.
Ein wesentlicher Grund des Fehlens von Kampfdrachen im Westen ist wohl darin zu suchen, daß sie ausgesprochene Leichtdrachen für die sanften, stetigen Winde der heißen Zonen sind. Einen Kampfdrachen zu fliegen, hat Ähnlichkeit mit Schmetterlingsjagd. Nur selten kommt man nahe genug, sie zu fangen, aber das entschädigt dann für die viele Zeit, die man bis dahin gebraucht hat und in der man das Gefühl hatte, nicht Jäger, sondern Gejagter zu sein!
Indische Kampfdrachen werden nach England importiert und sind sehr billig, aber es gibt sie nur in Spezialgeschäften. Hammoco Designs vertreiben in Europa eine ungewöhnliche Doppelpackung, die ein Paar Kampfdrachen mit kräftiger Konstruktion enthält, welche auch Böen und harte Landungen vertragen. Im übrigen wird der Kampfdrachen im Westen sträflich vernachlässigt, wenn man von ein paar indischen Experten, an ihrer Spitze die Bahadurs in New York und San Francisco, USA, absieht.

Marathon

Jedermann liebt Rekorde, und so ist es nicht verwunderlich, daß auch die Dauer eines Drachenflugs zum Ziel von Rekordversuchen wurde. Zentrum solcher Bestrebungen waren die Bermudas, wo der hexagonale Drachen Tradition hat. Eine Mannschaft aus Rhode Island schaffte 1972 37 Stunden, 17 Minuten, aber der herausragende Rekordmann ist Vincent Tuzo, der seinen kampferprobtem Hexagonaldrachen an einer 180-m-Leine über Ostern 1972 für 49 Stunden und 40 Minuten oben hielt. Tuzo ist der führende Drachenflieger auf den Bermudas, und eine seiner Erfindungen ist das Wellenreiten auf einem großen Autoreifenschlauch, der von einem Drachen geschleppt wird. Er baut und verkauft Drachen eigener Konstruktion, die außer symmetrischen, hexagonalen oder oktagonalen Formen auch ungewöhnlich lange Schwänze (37 m) aus leichtem Handtuchdrell haben.

Höhe

Abgesehen von den Höhenbeschränkungen kann das Steigenlassen in Höhenflug-Wettbewerben unter Kontrolle durch Messung großen Spaß machen. Die erreichbare Höhe hängt im wesentlichen von der Wirksamkeit des Drachens ab. Kann er mit geringem Anstellwinkel fliegen und das Gewicht der Leine tragen, so kann er fast die volle Höhe einer 60-m-Leine erreichen. Die meisten Drachen fliegen mit 20–30 Grad Anstellwinkel und bringen die Leine auf 45–60 Grad Erhöhung gegen den Grund, was bedeutet, daß sie an der 60-m-Leine wesentlich niedriger als 60 m fliegen. Die Höhe kann bei bekannter Leinenlänge aus dem gemessenen Leinenwinkel berechnet werden. Unter der Annahme einer geraden Leine berechnet sich die Höhe aus Leinenlänge mal Sinus des Leinenwinkels.
Die beste und einfachste Methode, um herauszufinden, welcher Drachen der beste ist, besteht darin, daß man paarweise nach einem „K.-o.-System" fliegt, so lange, bis der am höchsten fliegende Pilot (dessen Leine am steilsten steht) durch Ausscheiden aller anderen ermittelt ist.

Wettbewerbe

Als die *American Kitefliers Association* die Regeln für eine Meisterschaft in Honolulu auf Hawaii festlegte, empfahl sie eine Einteilung in sechs Grundklassen:
1. *Der Drachen mit dem schönsten Flugbild.* Zu werten ist nach vier Gesichtspunkten: Farbenpracht (Zubehör eingeschlossen); Originalität des Entwurfs; Konstruktiver Aufbau; Flugleistung.
2. *Der Drachen, der am höchsten steigt:* Alle Drachen fliegen mit einer Leine von 180 m Höchstlänge während einer Zeit von höchstens zwei Minuten. Gemessen wird der Leinenwinkel, und Sieger ist derjenige, der bei dieser vorgegebenen Leinenlänge den steilsten Winkel erreicht.
3. *Der Drachen, welcher am weitesten fliegt:* Sieger ist der Drachen, der innerhalb der vorge-

gebenen Zeit von 2 Minuten die größte Entfernung von der Startlinie aus erreicht.

4. *Der kleinste fliegende Drachen:* Die Mindestlänge der Leine beträgt 8 m. Der Drachen muß über dem Kopf des Wettbewerbsteilnehmers fliegen und eine feste Umrandung haben. Bei der Berechnung der Größe werden vertikale Stabilisierungsflächen, Schwänze oder ähnliches nicht berücksichtigt. Der Rahmen braucht nicht unbedingt aus Holz zu sein, muß aber einen Rahmen im üblichen Sinne darstellen.

5. *Der größte fliegende Drachen:* Mindestleinenlänge ist 120 m. Der Drachen muß innerhalb einer vom Kampfgericht vorgegebenen Zeit mit voller Leinenlänge zum Fliegen gebracht werden. Die Größe wird aus der Summe der tragenden Flächen berechnet ohne Berücksichtigung vertikaler Stabilisierungsflächen oder von Schwänzen etc.

6. *Freistil-Drachenflug:* In diesem Wettbewerb zählt die Steuerbarkeit, besondere Flugtechniken und Originalität des Entwurfs; die Flugzeit wird wieder vom Kampfgericht vorgeschrieben.

Dies sind die Klassen des Wettbewerbes in Hawaii, was aber nicht heißt, daß man dieser Liste nicht weitere hinzufügen oder auch welche weglassen könnte. Grundsätzlich sollen solche Wettbewerbe zum Basteln anregen. Deshalb müssen alle Drachen von den Wettbewerbsteilnehmern selbst gebaut werden. Jugendlichen ist aber Hilfe durch Erwachsene und Beaufsichtigung beim Fliegen gestattet. Als diese Regeln empfohlen wurden, war der steuerbare Fesseldrachen noch nicht populär, dessen Aufkommen neue Möglichkeiten eröffnet hat.

Durch die Möglichkeit der gezielten Positionierung können solche Zwei-Leinen-Drachen-Wettbewerbe auf der Basis folgender Regeln ausgetragen werden:

Polnischer Drachenwettbewerb, jährlich in Warschau abgehalten. Bau- und Flugwertung sind üblich bei diesem Wettbewerb.

1. *Formationsflug:* Gewertet wird das gemeinsame Aufsteigen und Fliegen von zwei oder mehr Drachen, die parallel Manöver in geschlossener Formation ausführen. Sie dürfen nicht miteinander verbunden sein. Strafpunkte gibt es bei gegenseitiger Berührung, Pluspunkte werden für möglichst lang andauerndes Dichtbeieinander-Fliegen während einer möglichst großen Anzahl von Flugfiguren und Manövern gegeben.

2. *Einzelkunstflug:* Mit möglichst langem Schwanzstreifen zur besseren Beobachtbarkeit der Flugbahn. Gewertet werden Form der Flugkreise, Länge des Horizontalflugs, Zwischenlandungen und Starts. Auch Gespanne können teilnehmen.

3. *Ziellandung:* In 55 m Entfernung wird ein Landepunkt bestimmt. Die Piloten erhalten z. B. zwei Minuten Zeit für Start und Landung. Die Landung wird durch Kampfrichter kontrolliert. Die Entfernung des Drachens vom Landepunkt wird gemessen und für jeden Zentimeter ein Punkt gegeben, ebenso für jede Sekunde über oder unter zwei Minuten, die der Drachen nach dem Startsignal bzw. vor oder nach dem Landesignal in der Luft war. Sieger ist der Pilot mit den wenigsten Punkten.

4. *Ballonstechen:* Der Drachen trägt an den Enden des Querträgers Stecknadeln und greift damit Ballons an, die auf 1 m hohen Stäben in Windrichtung aufgepflanzt sind. Punkte werden entsprechend der Anzahl der innerhalb von zwei Minuten Flugzeit zum Bersten gebrachten Ballons verteilt.

5. *Tücher auflesen:* Mit den Nadeln im Querstab werden Tüchlein aufgepickt, die auf 1 m hohen Stäben mit 7 m seitlichem Abstand über 30 m Entfernung quer zum Wind aufgepflanzt sind.

Länge der Drachenschnur	Winkel der Drachenschnur	10°	20°	30°	40°	50°	60°	70°	80°	90°
100 m	Horizontalwinkel	17,36	34,2	50	64,28	76,6	86,6	93,97	98,48	100 m
	Vertikalwinkel	98,48	93,97	86,6	76,6	64,28	50	34,2	17,36	
200 m	H	34,72	68,4	100	128,56	153,2	173,2	187,94	196,96	200 m
	V	196,96	187,94	173,2	153,2	118,56	100	68,4	34,72	
300 m	H	52,08	102,6	150	192,84	229,8	259,8	281,91	295,44	300 m
	V	295,44	281,91	259,8	229,8	192,84	150	102,6	52,08	
400 m	H	69,44	136,8	200	257,12	306,4	346,4	375,88	393,92	400 m
	V	393,92	375,88	346,4	306,4	257,12	200	136,8	69,44	
500 m	H	86,8	171	250	321,4	383	433	469,85	492,4	500 m
	V	492,4	469,85	433	383	321,4	250	171	86,8	
600 m	H	104,16	205,2	300	385,68	459,6	519,6	563,82	590,88	600 m
	V	590,88	563,82	519,6	459,6	385,68	300	205,2	104,16	
700 m	H	121,52	239,4	350	449,96	536,2	606,2	657,79	689,36	700 m
	V	689,36	657,79	606,2	536,2	449,96	350	239,4	121,52	
800 m	H	138,88	273,6	400	514,24	612,8	692,8	751,76	787,84	800 m
	V	787,84	751,76	692,8	612,8	514,24	400	273,6	138,88	
900 m	H	156,24	307,8	450	578,52	689,4	779,4	845,73	886,32	900 m
	V	886,32	845,73	779,4	689,4	578,52	450	307,8	156,24	
1000 m	H	173,6	342	500	642,8	766	866	939,7	984,8	1000 m
	V	984,8	939,7	866	766	642,8	500	342	173,6	

Tabelle zur Höhenmessung

Auch wenn hierzulande nur mit einer 100 m langen Drachenschnur geflogen werden darf: in einem (Urlaubs)-Land mit weniger strengen Bestimmungen mag es schon reizen, auch mal eine längere Drachenschnur zu benutzen. Und dann möchte man natürlich wissen, wie hoch der Drachen wirklich steht.

Man knote dann jeweils exakt 100 m lange Schnüre aneinander, markiere die erste Verbindungsstelle durch einen Knoten, mache zwischen zweiter und dritter Schnur zwei Knoten usw., damit man die Länge der ausgerollten Schnur an der Zahl der (nebeneinander liegenden) Knoten ablesen kann.

Mit Hilfe eines Winkelmessers (zum Beispiel aus Karton angefertigt) mißt man dann den Winkel der Drachenschnur gegenüber der Waagerechten (bei ebenem Gelände) oder gegenüber der Senkrechten (ein Lot an den Winkelmesser anlegen):

In der Tabelle kann man dann die Höhe der Drachen-Position ablesen.

5

Lenkdrachen

Im Frühjahr 1972 schrieb Harold B. Alexander in Kite Tals: „Empfehlenswert nur für Leute mit einwandfreiem EKG ist das Fliegen mit dem Glite-Fessel-Drachen, welcher mit einem Schwanz und zwei 16 m langen Bändern an den Flügelspitzen ausgerüstet ist, alle drei vorzugsweise aus Krepp-Papier oder sehr dünner Plastikfolie. Wenn die Aufregung und der Spaß dabei Ihr Herz nicht höher schlagen lassen, suchen Sie sich ein anderes Hobby." Dies beschreibt umfassend die reine Freude des Fliegens von Fesseldrachen, das in den siebziger Jahren unser Hobby revolutioniert hat, obgleich das Konzept keineswegs neu ist.

1899 flogen Orville und Wilbur Wright einen Doppeldecker-Drachen mittels „Steuerknüppeln", die durch Leinenpaare mit den oberen und unteren Flächenspitzen verbunden waren. Bei Vorwärts- oder Rückwärtsbewegung der Knüppel übertrug sich die Leinenspannung auf die Tragflächen und verwand sie. Diese Verwindungstechnik wurde später auch bei dem Gleitflugzeug der Gebrüder Wright angewendet und beim berühmten „Flyer" 1903. Diese Art Steuerung könnte man als den eigentlichen Ursprung der Steuerung von Flugzeugen und Drachen bezeichnen.

Der erste Nachweis einer Zwei-Leinen-Steuerung für seitliche Bewegungen findet sich bei Woodbridge Davis, der 1894 einen sternförmigen Drachen für Lebensrettungsmanöver steuerte. Getrennte Waagen und der Gebrauch wechselnder Leinenspannungen machten den Davis-Drachen zum ersten gesteuerten mit einem System, das erst nach mehr als 70 Jahren wieder zum Leben erweckt wurde. Während des Zweiten Weltkriegs setzte die US Navy einen von Paul E. Garber entworfenen Zieldarstellungsdrachen ein, den er in Zusammenarbeit mit Lloyd Reicher und Stanley Potter geschaffen hatte. Garber war Leutnant in der Special Service Division des US Navy Bureaus of Aeronautics. Er war schon immer ein Anhänger des Drachenflugs und hatte vor Kriegsausbruch als Kurator für Luftfahrt im Smithonian Institut in Washington eine der größten Sammlungen historischer Drachen betreut. Nach seiner Rückkehr aus dem Krieg war er maßgeblich am Aufbau des heutigen National Air and Space Museums beteiligt und begründete den in jedem Frühjahr stattfindenden Washingtoner Drachen-Karneval.

Man (Abb. 53) brauchte ein ganzes Jahr, bis der Ziel-Drachen entwickelt war. Er beruht auf einem gewölbten, malaiischen Eddy-Drachen. Da dieser Drachen seitliche Bewegungen ausführen sollte, um ein rasch bewegliches Ziel für die Kanoniere abzugeben, erhielt er eine Bauchflosse mit Seitenruder zur Steuerung.

Von einem Querbügel, den der Pilot hielt, führten zwei Leinen zu einem gleichartigen Steuerknüppel an der Doppelwaage des Drachens. Beim Anziehen einer Leine bewegte diese den an einer Zentralwaage gelagerten Steuerknüppel, der gleichzeitig als Spreize diente, und übertrug diese Bewegung mit Steuerseilen auf das Seitenruder. Wenn nun der Pilot den Querstab wie ein Seitenruder eines Flugzeugs betätigte, bewegte sich das Ruder am Drachen proportional. In der Mitte des Querstabes befanden sich zwei Rollen mit je 180 m Leine. Sie waren über eine Ratsche einzeln gegeneinander einstellbar, um Längendifferenzen der Leinen ausgleichen zu können. Mit einer Kurbel konn-

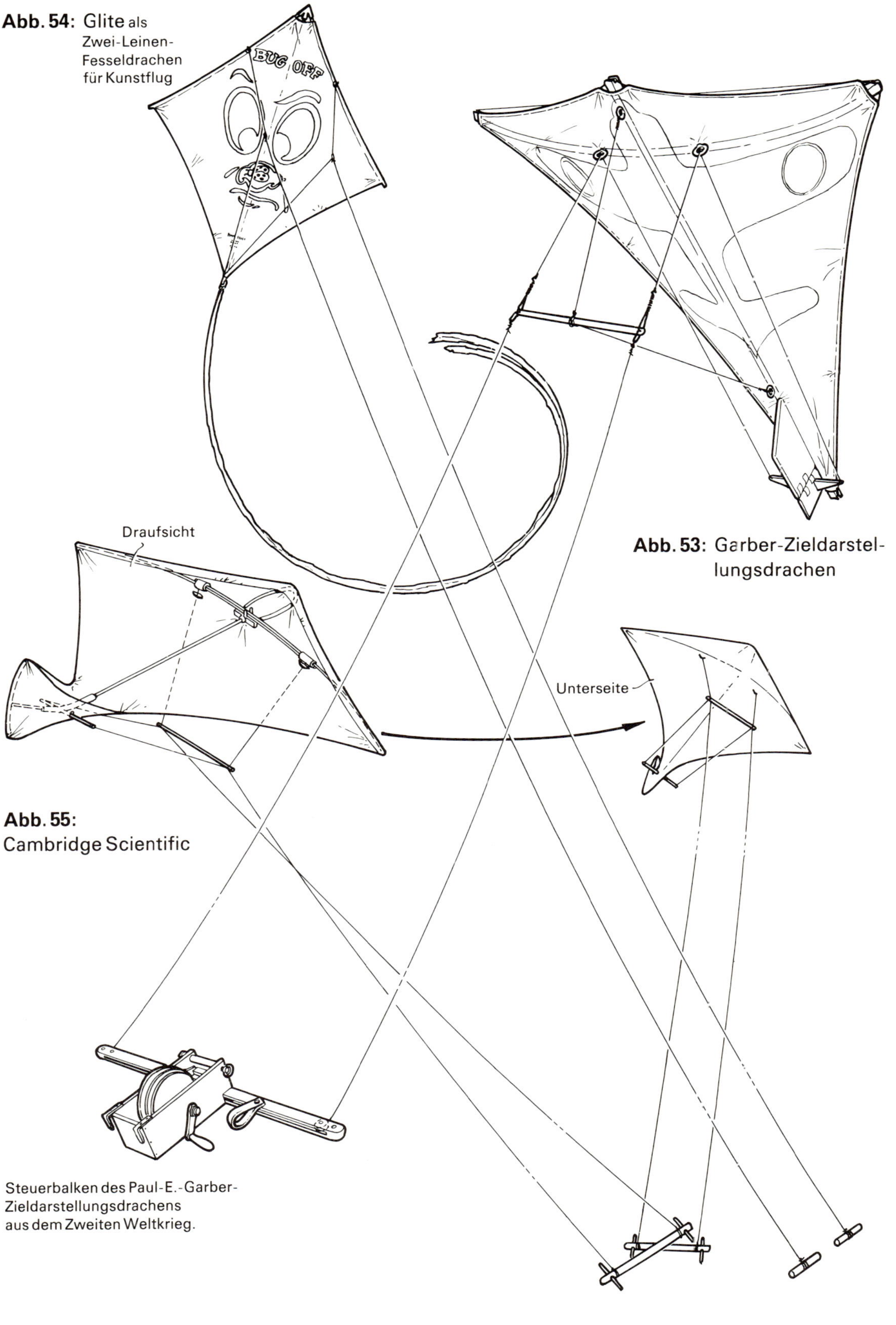

Abb. 54: Glite als Zwei-Leinen-Fesseldrachen für Kunstflug

Abb. 53: Garber-Zieldarstellungsdrachen

Abb. 55: Cambridge Scientific

Steuerbalken des Paul-E.-Garber-Zieldarstellungsdrachens aus dem Zweiten Weltkrieg.

ten die Leinen eingeholt werden, und die ganze Einrichtung hing an einem Gürtel, den der Pilot umgeschnallt hatte.
Nach Vorführungen bei Heer und Kriegsmarine wurde ein erster Auftrag von 1500 Stück erteilt. Später wurden noch insgesamt 125 000 Stück durch den Sportartikel-Hersteller A. G. Spalding & Bros. geliefert.
Der Garber-Zieldarstellungs-Drachen der vierziger Jahre war als Zielscheibe gedacht. Die Gestänge waren massiv: Der Längsstab hatte 2 × 2 cm Querschnitt, der Querstab 1 × 4,5 cm, beide aus Kiefernholz. Länge und Breite betrugen 1,5 m, und bespannt war der Drachen mit lackierter Kunstseide.
Man flog ihn vom Heck eines Schiffes oder über einem Schießstand, und die Manöver wurden über die ganze Halbkugel seines Flugbereichs geflogen. Seitliche Loopings, Zickzack, Achten, Sturzflüge und Hochziehen waren Teil seines Programms an Ausweichmanövern.
Eine aufgemalte Flugzeugsilhouette mit japanischen Kennzeichen vervollständigte das Bild.
Dieser Drachen nahm schon alle späteren kommerziellen Entwicklungen von Zwei-Leinen-Drachen vorweg, obgleich keiner der neueren Drachen ein Seitenruder verwendet.
Zweifellos war es nicht die Ruderwirkung allein, die eine so wirkungsvolle Steuerung des Garber-Zieldrachens erlaubte. Das Anziehen einer Leine übertrug sich auch auf die Tragfläche des Drachens und beeinflußte den Anstellwinkel und die Druckverteilung. Letzteres ist das Kennzeichen für die Art und Weise, wie bei den meisten seither im Handel befindlichen Drachen gesteuert wird.

Glites

Der Original *Glite* war eine kluge, halbflexible Drachenentwicklung, basierend auf der Rogallo-Form, die Charles H. Cleveland in Bend, Oregon, von der North Pacific Products Inc. herstellen ließ und auf den Markt brachte. Wie der Rogallo war er quadratisch geschnitten, hatte an der Vorderkante zwei schwach nach hinten gepfeilte Vorderholme zur Erzielung einer V-Form von etwa 15 Grad, die der Bespannung erlaubten, sich in zwei konischen Tütenprofilen hochzuwölben. Wie in der US-Patentschrift 3.276.730 von 1964 beschrieben und gezeichnet, war der schwanzlose Cleveland-Drachen oder Glite auch dadurch ungewöhnlich, daß bei ihm die Leine direkt am Mittelstab befestigt war. Der Glite benötigt keine Waage, es sei denn, er soll zum gesteuerten Fesselflug verwendet werden.
Glites weisen in 25,4 cm Entfernung vom (patentierten) Zentralstück aus Kunststoff, welches die drei Stäbe verbindet, auf den Vorderholmen Kennzeichnungen auf. Dort wird das eine Ende jeder 148 cm langen Waagleine festgebunden, während die anderen Enden zusammen am hinteren Ende des Längsstabes befestigt werden. Nach der Gebrauchsanweisung soll man die beiden Leinen etwa 50 mm hinter dem normalen Mittelpunkt anknüpfen. Zeigt der Glite eine Tendenz, zu hoch zu fliegen und die Leinen beim Steuern nicht straff zu halten, muß man die vordere Länge der Waagen vergrößern; bewegt sich der Glite aber nur schwerfällig und will er nicht steigen, muß man die hinteren Längen der Waagen vergrößern (Abb. 54).
An 38 m langen Leinen fliegend und mit langen Zierstreifen an den Spitzen und am Ende versehen, ist der Glite ein spektakulärer Anblick. Mit parallelen Waagen können auch mehrere Glites, etwa 3 m übereinander, an der gleichen Leine geflogen werden. Wegen seines geringen Gewichts bei 1 m^2 Fläche fliegt er auch bei leichtem Wind Kunstflugfiguren. Weil aber die Doppelwaage beim Glite nicht fertig mitgeliefert wird, machen sich nur wenige Piloten die Mühe, ihn wie beschrieben zu fliegen.

Der Cambridge-Drachen

1975 erschien ein weiterer Drachen mit Zwillingswaage, der sich von seinen Vorgängern von der Konstruktion und vom Flugverhalten her deutlich unterschied, der *Cambridge Scientific Aerobatic Kite*. Der Form nach ist er eine Mischung zwischen dem asiatischen Kampfdrachen mit gebogenem Querstab ohne V-Form und dem original Garber-Zieldrachen.

Das scharnierlose Seitenruder sitzt auf der Rückseite und hat die Form eines Windsacks oder einer Tasche. Diese wird nach der einen oder anderen Seite durch den Zug einer Waagenleine gedreht, die an einem Steuerbalken befestigt ist (Abb. 55). Der Aufbau geschieht durch Zusammenstecken von Bambus- und Holzstäben in Kunststoffrohren, von denen eines einen hufeisenförmigen Bogen bildet, der nach vorne ragt und die Tasche der Plastikbespannung zu einer Spitze nach vorne wölbt. Die Zwillingswaagen führen an die Enden des Steuerbalkens, an dem auch die beiden Leinen angeknüpft werden. Zum Steuern schlägt der Hersteller einen Steuerbalken, den der Pilot handhabt, vor.

Einen Cambridge-Drachen zu fliegen, kommt für einen Bewohner der westlichen Welt noch am ehesten dem gleich, was es heißt, einen asiatischen Kampfdrachen zu fliegen. Dieser Drachen fliegt rasch, er ist sensibel, leicht an den Leinen und flink beim Wechsel der Flugrichtung. Diese Eigenschaften rühren von seiner flachen Form und der wirksamen Ruderkontrolle her. Bestimmt ist er von allen Fesseldrachen der sicherste, denn seine Masse ist so gering, daß beim Zusammenstoß mit einem festen Hindernis oder dem Erdboden kein Schaden angerichtet wird oder etwas an ihm selbst kaputtgeht. Den Cambridge-Drachen gibt es in zwei Größen mit 110 cm und 76 cm Spannweite, und in der Gebrauchsanweisung findet sich der verheißungsvolle Satz: „Sollte Ihr Drachen durch einen Baum oder einen bösen Hund beschädigt werden, so reparieren wir ihn wieder."

Der Dunford-Drachen

Seit 1960 experimentierte Donald Dunford mit Fessel-Kunstflugdrachen ganz anderer Form und sehr verschieden vom Rogallo-Glite oder Garber-Zieldrachen. Er benutzt einen Waage-Stab, den Dunford Steuerbalken nennt, zur Verbindung eines Waage-Paars wie beim Garber-Drachen, und in der Grundform hat er gewisse Ähnlichkeit mit einem geflügelten Conyne-Kastendrachen; tatsächlich aber ist er so originell wie nur irgend etwas (Abb. 56). Sein Merkmal ist die Verbindung eines tiefen V-förmigen Mittelteils mit einem Ausschnitt für die Luftströmung und zwei gewölbten Flügeln oder Segeln auf jeder Seite. Drei Längsstäbe werden durch die Form der Bespannung, die Waagen und ein Zentralteil gestützt. Dies war ursprünglich ein Balsablock, der aber für die Serienfertigung durch ein entsprechendes Kunststoffteil ersetzt wurde. Die Spannung auf diesen Stäben erzeugt eine aerodynamische Wölbung. Die Segel nehmen die Form eines gewölbten Profils an, nicht unähnlich den ersten Flugzeugen. Als Bespannmaterial wird poröses Baumwolltuch verwendet, das sich nach Zerlegen des Drachens leicht zusammenrollen läßt. Eine Schlüsselstellung für die Stabilität nimmt die Biegung des unteren Längsstabes ein, die hinten eine Art V-Leitwerk ergibt. Beim Windkanal-Test des Dunford-Drachens im Hatfield Polytechnikum in England kam eine sehr interessante Analyse der für diesen Drachen typischen hohen Längsstabilität heraus. Wegen seiner gewölbten Oberflächen erzeugt der Dunford-Drachen wesentlich mehr Auftrieb als andere Drachen und fliegt mit einem Anstellwinkel, den man kaum überzogen nennen könnte. Doch hat dieser Drachen Gewichtsprobleme wegen seiner 5 Stäbe, dem Mittelstück, den Waagen, den Verbindungsrohren und der Bespannung, die für seine Fläche zu einem ungewöhnlich hohen Gewicht führen. Man braucht schon eine stetige Windstärke von etwa 16 km/h, um einen guten Flug zu erreichen.

Das Fliegen des Dunford-Drachens läßt sich am besten mit den Worten der Gebrauchsanweisung beschreiben: Stellen Sie sich vor, der Drachen säße auf einer langen Stange, und an ihrem Ende befände sich das Steuerrad. Ich persönlich würde das eher als Lenkstange eines Motorrads bezeichnen. Wenn man die Steuerung des Dunford-Drachens wie im Schlaf beherrscht, kann man mit unerhörter Genauigkeit manövrieren. Don Dunford kann mit ihm einer Dame den Hut abnehmen, Ballone anstechen oder Ketten von Kreisen durch die Luft ziehen sowie alle anderen Kunstflugfiguren ausführen. Zur Vergrößerung des Spektakels werden manchmal Rauchkerzen oder lange Bänder an den Flügelspitzen angebracht.

Wind Plane

Zu Beginn des Jahres 1974 begann Joe Butler aus Weatherford in Texas mit dem Vertrieb eines von seinen Initiatoren als Wind Plane bezeichneten Gebildes. Dieser von den Brüdern Wheat entworfene Drachen ist eigentlich das Modell eines SE 5, Jagdflugzeuges aus dem Ersten Weltkrieg, in Styroporschaum gespritzt. Die drei, Bob, Jim und Roy Wheat, müssen erfahrene Modellflieger gewesen sein, denn sie mußten viele Schwierigkeiten überwinden, um eine Flugzeugform auf einen Drachen zu übertragen. Aus ihrer Erfahrung müssen sie gewußt haben, daß die Waage sehr tief sitzen muß, weit vorne und mit langen, weit auseinander befestigten Leinen. Wie ich schon früher ausgeführt habe, kann ein Segelflugmodell an seiner Leine nur dann wie ein Drachen fliegen, wenn die Windgeschwindigkeit gleich oder größer als die normale Fluggeschwindigkeit ist. Andernfalls muß das Segelflugmodell durch Laufen oder Kreisen geschleppt werden. Eine dreidimensionale Version eines Doppeldeckers bedeutet wegen ihres höheren Widerstandes und kleinerer Spannweite noch größere Probleme. Eigentlich hatte der Wind Plane wenig Chancen, aber die besessenen Brüder Wheat erfanden eine Zwei-Leinen-Steuerung, die sich von denen Dunfords, Clevelands oder Garbers grundsätzlich unterscheidet. Eine Leine wird am Boden verankert und hat eine feste Länge. Die zweite wird auf einer Rolle in der Hand gehalten. Wechselnder Zug auf der handgehaltenen Leine durch den Piloten steuert den Wind Plane nach allen Richtungen, zum Sturzflug oder Aufschwung und sogar zum Landen. Tragflächen, Rumpf und Leitwerk sind aus Sty-

Der Hiness Willow, ein großer, starrer Flugzeugdrachen von 12 kg Gewicht. Dieser japanische Fesseldrachen wird aus einem Baukasten hergestellt. Baumaterial ist Wellpappe.

roporschaum gespritzt, Verstrebungen und Räder sind aus Balsaholz, und ein freidrehender Propeller vervollständigt die Illusion. Bei einer Spannweite von 1 m hat es etwa den Maßstab 1 : 6, Gesamtgewicht knapp über 500 g.

Ähnlich, aber nicht aus Kunststoff, sind die Doppeldecker-Drachen von Hiness in Japan. Sie können nach dem Vorbild des japanischen „Willow" oder des amerikanischen „Kadett" bemalt werden und sind aus Wellpappe, Kiefer und Bespannpapier gebaut. Sie werden nicht als Fesseldrachen angeboten, sondern sollen mit einer 2-m-Waage an einer einzigen Leine geflogen werden. Aber ihr Gewicht (über 1 kg) und ihre Größe (nur im Caravan oder Lieferwagen transportierbar) machen sie meiner Meinung nach besonders für die Wind-Plane-Steuertechnik geeignet. Solche Drachen zeigen erst so recht den Hauptvorteil der anderen Drachen, ihre leichte Transportierbarkeit. So schön sie sein mögen, Drachen in nachgebauter Flugzeugform bereiten lästige Transportprobleme und sind auch schwierig aus den Baukästen herzustellen.

Der Powell-Drachen

In chronologischer Reihenfolge erschienen als nächstes Massenprodukt die Drachen von Peter Powell. Wo immer sie auftauchten, in Britannien, Kanada, den USA und Japan, nahmen sie großen Einfluß auf das Drachenfliegen.

Peter Powell fliegt schon ein Leben lang Drachen. Das beweist beispielsweise, daß er eines schönen Tages seine Großmutter auf einem Schaukelsitz unter einem Gespann großer Eddy-Drachen in die Luft schickte. Sechs Jahre lang bastelte er an der Perfektionierung aller Details seines Kunstflugdrachens herum, der

Zusammenbau eines Powell-Stunters. Die Leine wird an der Waage befestigt.

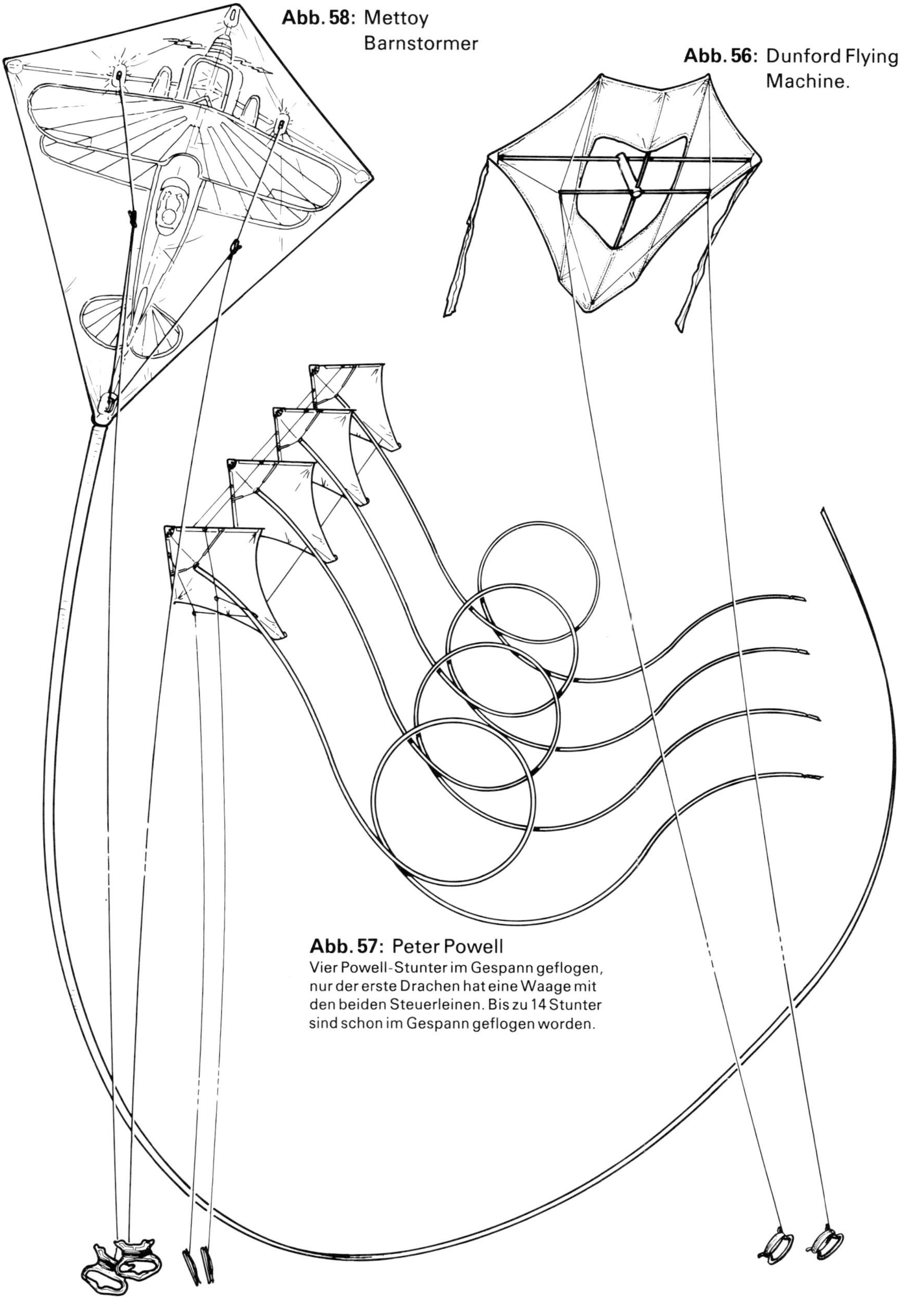

Abb. 58: Mettoy Barnstormer

Abb. 56: Dunford Flying Machine.

Abb. 57: Peter Powell
Vier Powell-Stunter im Gespann geflogen, nur der erste Drachen hat eine Waage mit den beiden Steuerleinen. Bis zu 14 Stunter sind schon im Gespann geflogen worden.

dann 1975 berühmt wurde. Er bekam dafür das Silvergilt Diplom beim vierten *Salon International des Inventions et des Techniques Nouvelles* in Genf und war der Mittelpunkt vieler TV-Sendungen. Infolgedessen wurde der Powell-Kunstflugdrachen, auch Skymaster oder Stunter genannt, schnell populär, und das mit gutem Grund.

Seiner Grundform nach ist der Powell-Drachen ein Rogallo mit zentralem Längsstab und zwei Querstäben an der Vorderkante, die V-Form und Pfeilform der tragenden Flächen bestimmen. Er ist mit 117 cm Spannweite und 122 cm Länge größer als seine Artgenossen und nicht quadratisch, sondern länglich. Seine Besonderheit besteht in der Benutzung leichtgewichtiger Aluminiumstäbe (später durch Fiberglas-Stäbe ersetzt) für das Gerüst, schwerer, durchscheinender Plastikfolie für die Bespannung und einer mit einer Stahlfeder gespannten Querstrebe, die den Powell unglaublich widerstandsfähig und trotzdem elastisch genug macht, um auch hohen Winddruck auszuhalten. Die letzte Besonderheit ist ein schlauchförmiger Schwanz, der am Mittelstab festgeklemmt wird und vorn eine Stauöffnung hat. Durch den Luftdruck wird der bunte, 20 m lange Schlauch aufgeblasen und folgt als Schwanz graziös jeder Bewegung des Drachens. Die Doppelwaage ist wie beim Cleveland Glite angebracht, und eine starke Wölbung des Mittelstabs erhöht die Stabilität. Wegen seiner Größe und Verspannung kann der Powell in einem großen Bereich von Windgeschwindigkeiten geflogen werden und bei seinen Sturzflügen spektakulär schnell sein. Er war der erste Drachen, der gerne und oft in Gespannen geflogen wurde. Zuerst zwei, dann vier, dann vierzehn Stunter hat Powell mit etwa 2 m Zwischenraum gekoppelt (Abb. 57). Er berichtet, daß der Leinenzug sehr beträchtlich werden kann und viel Kraft erfordert.

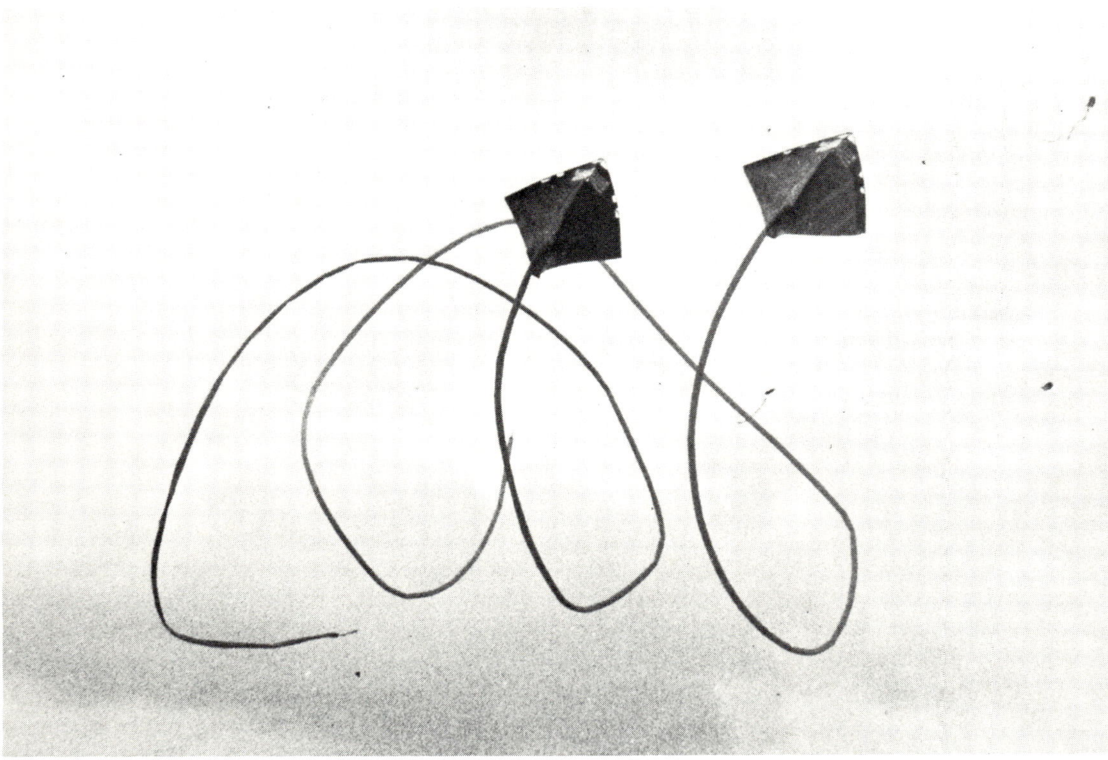

Powell-Stunter, gesteuert zum waagrechten Flug nach rechts

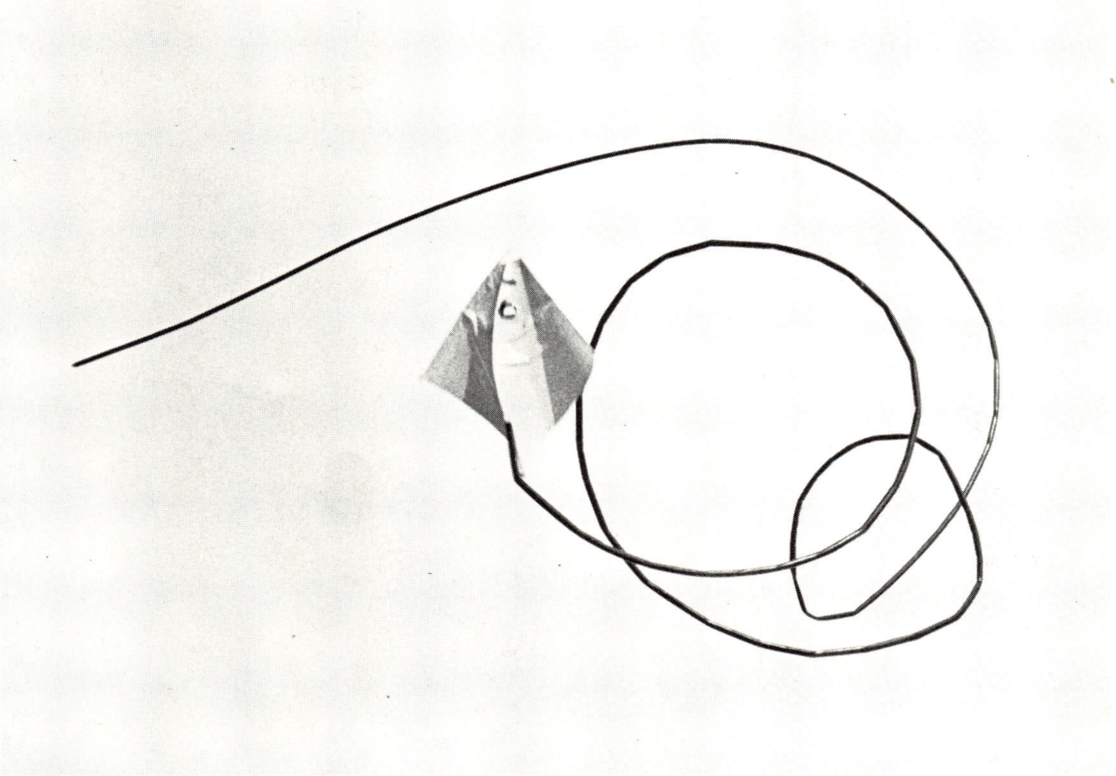

Sky-Rider-Fesseldrachen im Flug

Skite, Sky-Rider, Aerobat, Red Arrow, Sky-Cat, Ace, Aero-Kite-Gloster etc.

Es war unvermeidlich, daß der Erfolg des Powell-Drachens Konkurrenten mit ähnlichen Modellen auf den Plan rief, von denen der Skite von der Frisbee Co Ltd. einer ist. Kleiner, mit einer Spannweite von 104 cm und einer Länge von 106 cm hat der Skite ebenfalls ein Aluminiumgestänge mit einem tiefliegenden, gebogenen Mittelstab und einer Waagenanordnung wie der Cleveland-Glite. Er besitzt keinen Schwanz. Er ist in einer stabilen Röhre mit Tragegriff verpackt und so sehr bequem zu transportieren.
Sein Flugbild ist das eines typischen Rogallos. Da er leichter und kleiner (0,48 m^2) ist, hat er keine Querversteifung, sondern nur ein robustes Stahldrahtsystem in dem Verbindungsteil der 3 Stäbe an der Spitze.
Andere Entwicklungen zum gleichen Thema sind der Sky-Rider und der Aerobat und mit noch mehr „Pfiff" der Red Arrow. Der erstere, hergestellt von Sky Sports Ltd. in London, war vielleicht der wendigste aller Drachen bei dem am 2. Mai 1976 von der britischen KFA veranstalteten Drachenfestival in Old Warden. Dieses Modell hat einen biegsameren Rahmen als die meisten Konkurrenzprodukte, und die Stäbe sind nach außen gebogen. Er hat einen 22 m langen Schweif. Der Aerobat ist 122 cm lang und hat eine Spannweite von 106 cm sowie eine Querverspannung aus Draht, um stärkere Winde aushalten zu können. Die Red Arrows sind durch eine vorgepfeilte Nase gekennzeichnet sowie durch eine mit Leuchtfarbe aufgedruckte Silhouette einer Red-Arrow-Mücke. Unzählige Variationen in Aufbau, Form und Bemalung

sind im Lauf der Zeit erschienen (vgl. Kapitel 6). Der originellste davon ist der Flexifoil, wahrscheinlich der wendigste von allen.

Der Mettoy Barnstormer

Unter der Handelsmarke „Wembley" sollen mehr Drachen von der Mettoy Playcraft Co. verkauft worden sein als von den meisten anderen britischen Firmen. Deshalb war es nur die logische Weiterentwicklung des Verkaufsprogramms, 1976 den ersten Wembley-Kunstflugdrachen herauszubringen. Er benutzt zwar das für den Glite geschaffene Waagensystem, aber die Anwendung ist völlig verschieden. Er wurde „Barnstormer" genannt, trägt auf dem transparenten Segel eine Silhouette des „Pitts-Special"-Kunstflug-Doppeldeckers, läßt sich mit dem Mettoy-Playcraft-Regenschirm-System aufspannen und hat dann die Form eines malaiischen Drachens mit V-Form. Ein neuartiger Kunststoffbeschlag, der auf dem Mittelstab verschiebbar angeordnet ist, spreizt beim Nach-vorne-Schieben die beiden Querstäbe rechtwinklig nach außen, wo sie in die kunststoffverstärkten Flügelspitzen eingesteckt werden. Gleichzeitig schiebt sich die Waage aus Nylon durch verstärkte Öffnungen in Position, so daß das Aufspannen des Barnstormer nur eine Sache von Sekunden ist. Mitgeliefert werden zwei Handgriffe und eine Rolle Kunststoff-Folienband, das zu einem Schwanz in Form eines Rauch-Streifens aus dem Auspuff ausgerollt werden kann.
Es sei Ihnen verziehen, wenn Sie meinen, daß ein malaiischer Drachen mit flachem Mittelstab und geraden, wenn auch mit etwas V-Form ver-

Kunstflug in Formation, geflogen von Tom Chapman mit einem Gespann von Barnstormer-Drachen, die er für Mettoy Plycraft entwarf. Die Drachen sind mit ihren Waagen gekoppelt.

Abb. 59: Barnstormer Formation

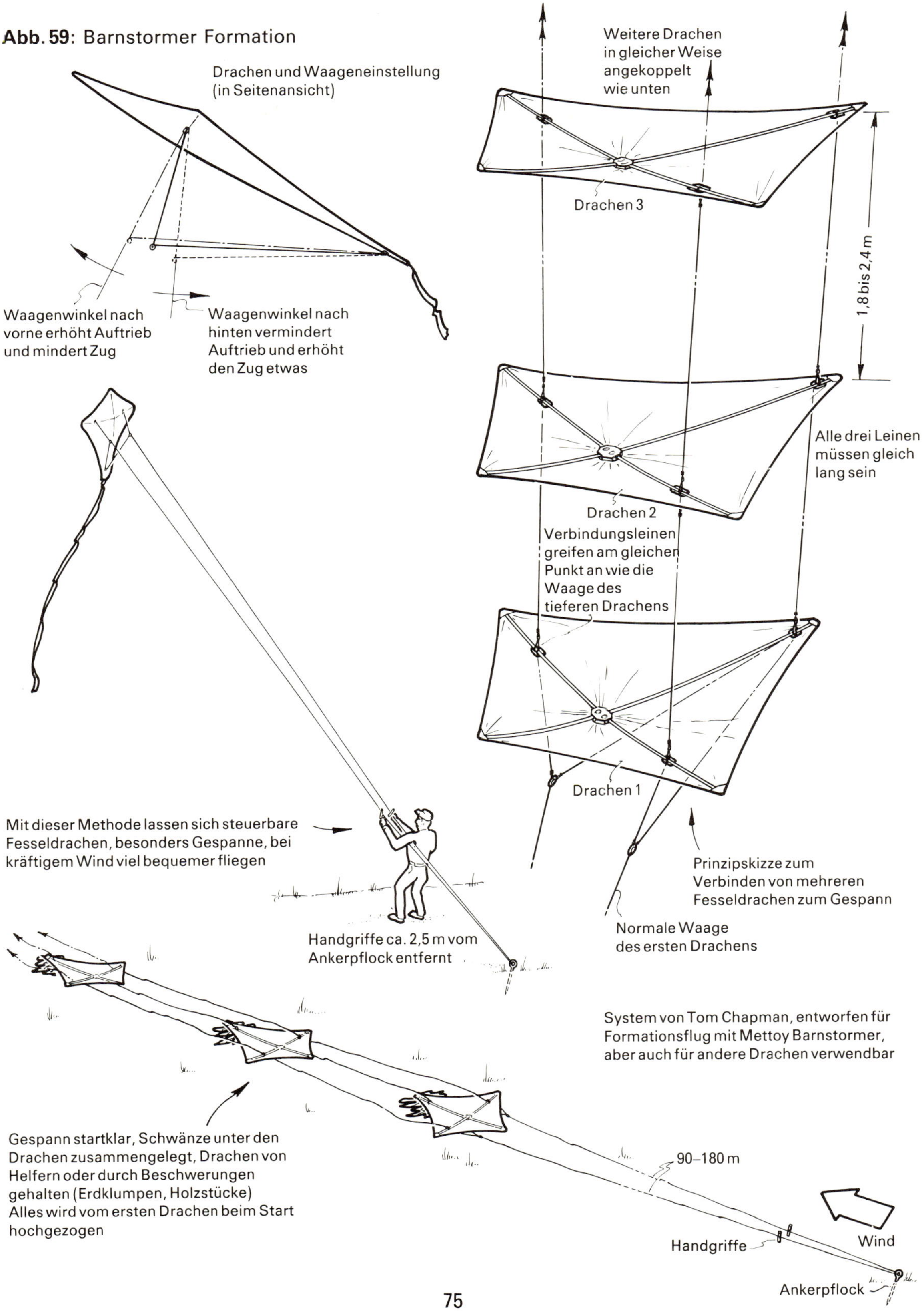

sehenen Querstäben kaum ein erfolgreicher Kunstflugdrachen sein könne. Doch ein Flug damit, und alle Zweifel sind zerstreut. Die Zwei-Leinen-Steuerung macht aus diesem sonst recht einfachen Entwurf einen Kunstflieger, der ein ganz besonderes Fluggefühl vermittelt. Er dreht rasch, läßt sich gut aus einem Sturzflug abfangen und schreibt mit seinem langen Schweif Spiralen in den Himmel. Sein Bewegungshalbkreis mag vielleicht nicht ganz so weit reichen wie der seiner aerodynamisch höher entwickelten Brüder, aber als Erzeugnis einer Firma mit hohem Marktanteil, komplett in einer farbenfrohen Geschenkschachtel geliefert, hat er viel zur Einführung des Zwei-Leinen-Drachenkunstflugs beigetragen (Abb. 59).

Das Fliegen von Lenkdrachen

Jeder der in diesem Kapitel beschriebenen Drachen fliegt nach dem Prinzip, daß durch Veränderung der Druckverteilung am Drachen die Steuerung nach verschiedenen Richtungen erfolgt. Die Waagen sind mit Abstand angehängt, entweder in unabhängigen Zügen oder, wo es die Konstruktion erfordert (wie beim Dunford oder Cambridge), an einer Steuer- oder Tragestange zusammengefaßt. Bei Unterschieden im Leinenzug wird der Drachen schräg gestellt. Zug an der linken Leine bewegt den Drachen nach links. Um diese Bewegung zu beenden, zieht man rechts wieder an und hält die Spannung. So ist es einfach, horizontale Bewegungen auszuführen. Nutzen Sie die volle Spannweite der Arme, und halten Sie beide Leinen gleich straff. Überkreuzte Nylonleinen gleiten leicht aneinander entlang. Es macht gar nichts, wenn Sie schon 12 Rechtsdrehungen in den Leinen haben, ohne sie durch 12 Linksdrehungen wieder ausgleichen zu können: Steuern können Sie immer noch. Soll der Drachen steigen, dann heben Sie die Arme in einer natürlichen Bewegung über den Kopf. Nach einer Weile geht das völlig unbewußt. Übung macht den Meister, und der Start ohne Helfer oder Landung und erneuter Start sind Beweise für die Meisterschaft im Drachen-Fesselflug.

Jeder der beschriebenen Drachen hat ein anderes Verhalten, was man sofort fühlen kann. Der aerodynamisch ausgefeilte Dunford kann aufgrund seiner Konstruktion eine viel größere Halbkugel in Windrichtung bestreichen als jeder andere. Er fliegt auch mit konstanterer Geschwindigkeit. Der flache Cambridge huscht wie ein geistesgestörter Zwerg hin und her und dreht sich wie ein Kreisel, genauso wie der Mettoy Barnstormer oder Skyrider, wenn er an nur einer Leine hängt. Dazwischen liegt das Trio der Rogallos, der Glite, der Skite und der Powell, die präzisen Kunstflug bieten und in manchen Figuren unglaublich schnell sind. Hier noch vom Geräusch eines Drachens zu reden, mag ein wenig abwegig klingen, aber die Kunststoffsegel eines Rogallos sind ziemlich laut, und das zusätzliche Rauschen des langen Schlauchschweifs vergrößert noch das Vergnügen.

Richtig	**Falsch**
Offenes Gelände wählen	Rücksichtslos fliegen
Leinen getrennt auslegen	Nachgebende Leinen verwenden
Leinen gleichlang machen	Normale Einleinendrachen angreifen
Vor dem Start alle Verbindungen überprüfen	Mit Slipknoten anbinden
Drehschäkel und Messingringe verwenden	Vieh erschrecken
	Herumlaufen, anstatt an Ort und Stelle zu bleiben
	Leinen länger als 60 m benutzen.

6

Drachen von der Stange

Im folgenden stelle ich eine Auswahl der im Handel befindlichen Drachen aus Europa und Amerika vor, die aber keineswegs als vollständig angesehen werden kann. Es werden Grundtypen und neue Entwicklungen beschrieben. Aber es ist unmöglich, die ganze Vielfalt des Sortiments zu beschreiben. Die Adressen der hier vorgestellten Firmen finden Sie im Anhang, soweit sie mir bekannt sind. Viele Drachen ausländischer Firmen kann man in Deutschland über Spezialversender beziehen.

Großbritannien

Albatross

Diese in St. Albans gelegene Fabrik ist ein ehemaliger Bauernhof und deshalb wohl eine der wenigen, wo die hergestellten Drachen an Ort und Stelle geflogen werden können. Hergestellt wird eine Reihe von hochwertigen Drachen aus Spinnaker-Nylon. Im wesentlichen sind es Kastendrachen mit Seitenflügeln, dazu noch zwei Sondermodelle.

Ariel

Ariel führte 1977 drei Typen von Fessel-Kunstflugdrachen moderner Ausführung ein: *Sky Lark, Sky Weaver* und *Sky Rider* (siehe auch unter *Sky Sport* weiter hinten) werden für eine Abteilung der London Rubber Industrie hergestellt.

Brookite

Brookite ist einer der ältesten Drachenhersteller und wird von S. N. Harrison geleitet, Tufnell Park, London N 19. Gegründet 1906 von Thomas und Walter Brooke, die die berühmten Tragedrachen für Marconis Antennen bauten, führt die Firma die alte Tradition der Bespannung mit porösem Baumwolltuch bei all ihren Drachen fort. Etwa 16 Modelle werden seitdem unverändert neben moderneren Entwürfen gebaut.

Die amerikanische Drachenfliegervereinigung AKA erklärte den großen Deltadrachen zum Symbol der 200-Jahr-Feier 1976, und aus diesem Anlaß brachte Brookite einen 224-cm-Riesendrachen heraus, ebenso ein Gespann malaiischer Bogendrachen.

Das Programm von Brookite umfaßt 50 verschiedene Stoffdrachen in vielen Farben. Alle sind zusammenlegbar. Fesseldrachen sind zur Einführung vorgesehen, einer davon mit besonderer Form!

Delta: der Riesen-Deltadrachen mit 224 cm Spannweite, besonderes Kennzeichen eine Bugtasche ohne festen Rand. Er sieht wie ein Hängegleiter mit Kielflosse aus und fliegt mit sehr großem Leinenwinkel (Abb. 60).

Cutter: traditioneller Zwei-Stab-Drachen in 7 verschiedenen Größen; stoffbespannt mit Stoff-Kiel, den Brookite Flosse nennt, sowie Schwanz.

Sie brauchen mindestens 16 km/h Windgeschwindigkeit, und die Schwänze neigen zum Verwirren. Abmessungen des größten 120 × 147 cm (Abb. 61).

Bluebird: eine Brookite-Spezialität in zwei Größen mit bogenförmigen Flächen über einem dreieckigen Mittelkasten. Abmessungen des größten Typs: 78 × 96 cm (Abb. 62).

Box: vier Größen im Brookite-Stil, zusammenlegbar, mit Kreuzstreben. Anleitung für den Zusammenbau genau beachten! Dies sind die robustesten Drachen, die im Handel erhältlich sind. Abmessungen des größten Modells: 117 cm lang, 47 cm breit (Abb. 63).
Master: vier Größen, Doppel-Kastenform mit Seitenflügeln, der Stolz der Firma! Der größte hat die Abmessungen 263 × 254 cm und ist der teuerste und majestätischste aller Brookite-Drachen. Die Bauausführung ist ausgezeichnet, und er dürfte viele Jahre Fliegerei überdauern. Er steht nur bei relativ steilem Leinenwinkel und starkem Leinenzug (Abb. 64).
Bat: drei Schwarze-Fledermaus-Deltas mit zentralem Kasten, Maximalgröße 86 × 187 cm. Sie neigen zum Kreiseln, sind aber sehr eindrucksvoll und leicht zusammenlegbar (Abb. 65).
Zubehör: Wie von einem führenden Hersteller, der hauptsächlich die eigentlichen Drachenflieger versorgt, zu erwarten, wird auch eine ganze Serie von Leinen und Winden angeboten. Leinen gibt es aus Hanf, Flachs oder geflochtenem Nylon mit Zugfestigkeiten von 5,5 kg bis 44 kg.

Cambridge Leisure
Hersteller der in Kapitel 5 beschriebenen Fesseldrachen (Abb. 55).

Unterseite eines Atlanta-Sechsecks (76 cm) mit PVC-Bespannung. Hersteller: Sprinko's

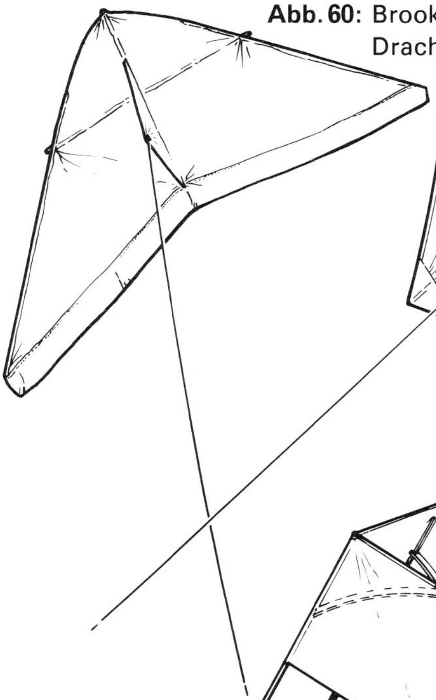

Abb. 60: Brookite-Delta-Wing-Drachen

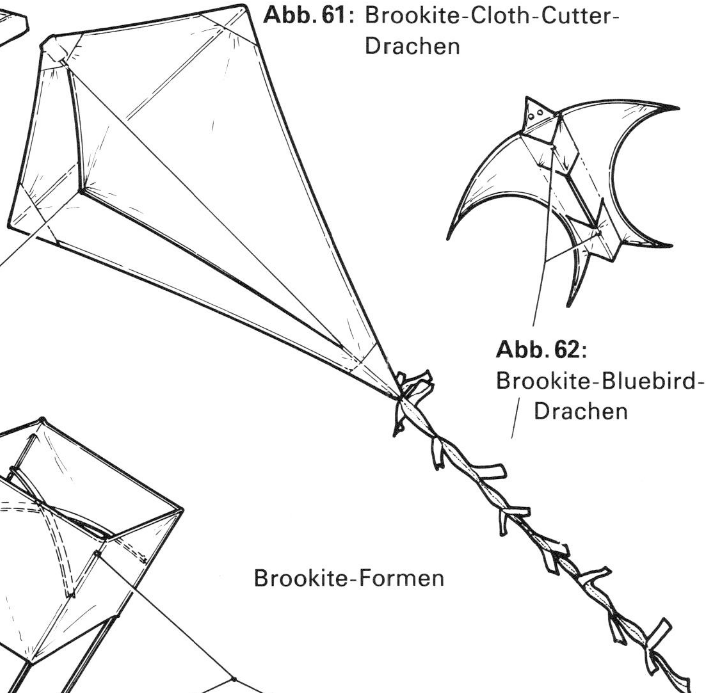

Abb. 61: Brookite-Cloth-Cutter-Drachen

Abb. 62: Brookite-Bluebird-Drachen

Brookite-Formen

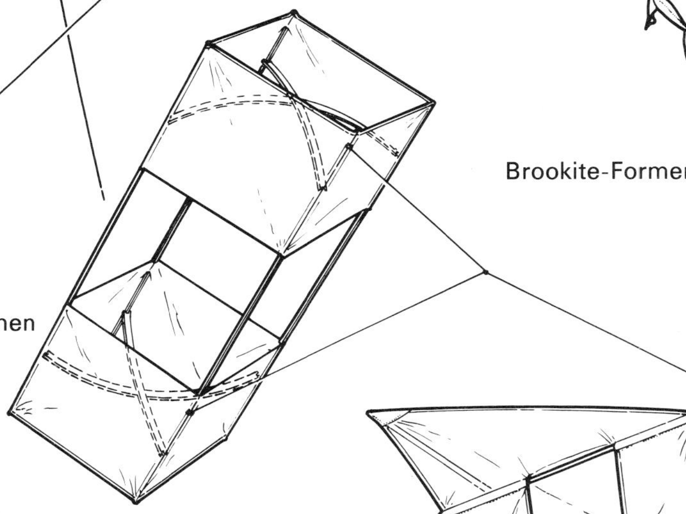

Abb. 63: Brookite-Kastendrachen

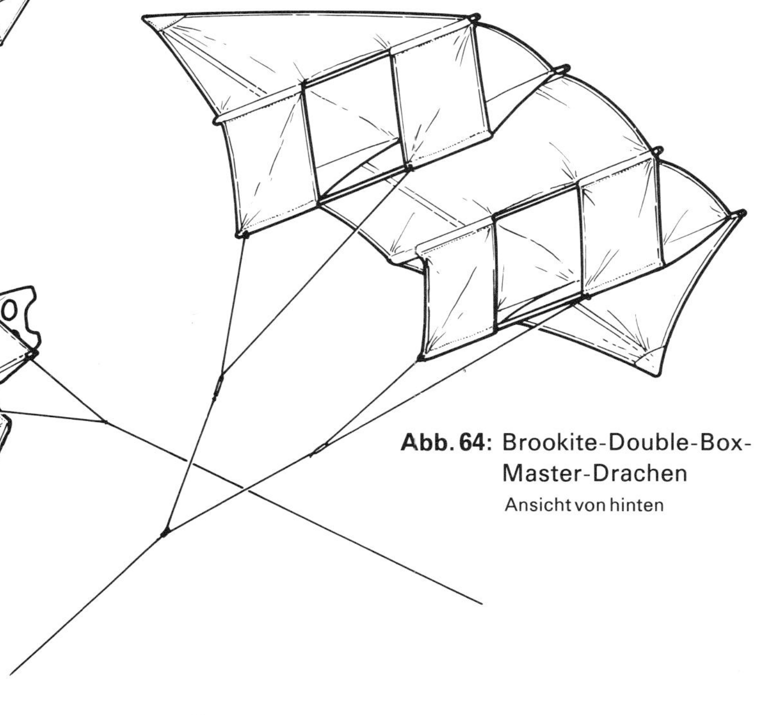

Abb. 64: Brookite-Double-Box-Master-Drachen
Ansicht von hinten

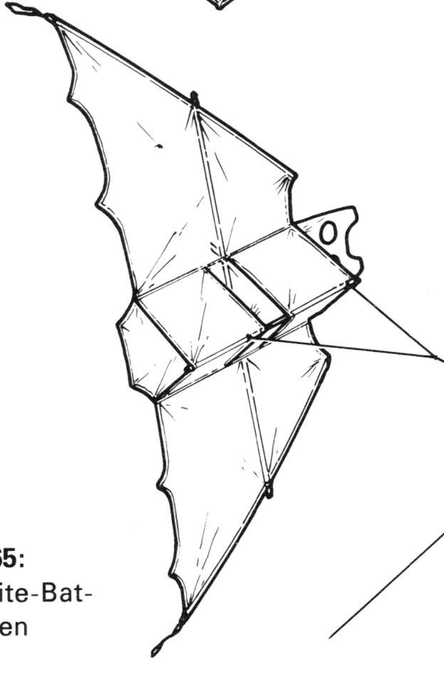

Abb. 65: Brookite-Bat-Drachen

W. R. Davies
Southend, Essex, ist ein Zentrum der Drachenfliegerei, wo in den Parks regelmäßig geflogen wird. Einer der dort ansässigen Hersteller ist W. R. Davies, der die Sharon-Lee-Produkte, einschließlich Drachen (auch ein aufblasbares Modell), fabriziert.

Don Dunford
Don Dunford, dessen Erzeugnisse von Cochranes in Oxford vertrieben werden, wurde schon in Kapitel 5 bei den steuerbaren Drachen vorgestellt.
Flying Machine: drei Größen mit 100 cm, 125 cm und 150 cm Spannweite mit dem besonderen Dunford-Tuch, einem Segeltuch, bespannte Fesseldrachen mit Zwei-Leinen-Steuerung. Dieser teuerste und äußerst präzise gefertigte Drachen ist der Rolls-Royce im Drachenhandel. Das ursprünglich etwas schwache Holzgestänge ist heute durch ein Glasfaser-Polyester-Gestänge mit dreieckigem Querschnitt ersetzt worden. Einmal geflogen – nie vergessen! (Abb. 31 und 56)
Flying Fighter: Schürzenförmiger, malaiischer Drachen mit Zwei-Leinen-Steuerung. Die Bespannung wird von vier Ösen gehalten, die an den Stäben eingehängt werden. Sie ist damit leicht austauschbar. Als Besonderheit für den Export wird eine frei drehende Luftschraube (mit Schutzbügel) an der Spitze und einem Fahrwerk mit Rädern geliefert, deren Achse gleichzeitig als Steuerbalken dient. Der Fighter ist voll kunstflugtauglich (Abb. 66).
Flying Dixie: einfachere Ausführung ohne Luftschraube oder Fahrgestell, aber auch nicht so steuerbar. Die zwei Leinen sind an einer Waage befestigt, welche mit allen Spitzen verbunden ist. Dazu dienen besondere Klampen an den Ösen der Bespannung, ein ganz raffiniertes Detail (Abb. 66).

Dy
Manche Drachen werden nicht für das Hobby, sondern zum praktischen Einsatz hergestellt, wie der Dy von Stirling Clothing Co in Oldham, der für das Gebirgs-Rettungswesen bestimmt ist.
Dy Kite: ein Signaldrachen in Eddy-Bogenform, der einen gefederten dritten Waagenschenkel zur selbständigen Einstellung des günstigsten Anstellwinkels besitzt. Er wird auch in metallisierter Form geliefert zur Reflexion von Radarstrahlen bei Suchaktionen im Rettungswesen. Einen solchen benutzte der Bergsteiger Chris Bonington bei seiner Annapurna- und Everest-Expedition.
Die Nylon-Bespannungen sind in der internationalen Sicherheitsfarbe Orange für gute Erkennbarkeit gehalten. Größen: 76 cm und 92 cm, Aluminiumgestänge (Abb. 67).

Frisbee
Die Frisbee Co. ist weitbekannt für ihre aus Amerika kommenden Wurfscheiben, auch fliegende Untertassen genannt. Ihr Drachenprogramm enthält mehrere Typen.

Gloster
Origineller Fessel-Kunstflugdrachen, malaiische Form mit Glasfaser-Polyester-Gestänge, rasch zusammenlegbar, verschiedene Dekors, 1977 herausgekommen.

Hammoco
Einige Drachen gibt es nicht als Fertigprodukte, sondern als Baukästen. Hammoco in Solihull bietet zwei Drachen in dieser Form an. Es sind indische Kampfdrachen, die Bauanleitung und das Material sind vollständig.

Kite Workshop
Diese Londoner Spezialfirma stellt verschiedene Spezialdrachen her, so zum Beispiel:
Flexifoil: eine „Luftmatratze“ mit 183 cm Spannweite, die sich durch die vorn einströmende Luft aufbläht. Ihre Zellen haben Tragflächenprofil, und die Tragkraft ist hoch. In der Eintrittskante befindet sich ein Glasfaser-Polyester-Stab als einziges starres Teil. Dieser biegt sich im Flug unter dem Zug der an seinen Enden befestigten zwei Steuerleinen. Im Sturzflug oder beim Kreisen entwickelt dieser Nurflügel beachtliche Geschwindigkeiten.
Der „Flexifoil“ läßt sich um seinen Steuergriff wickeln und ist leicht zu transportieren. Paßt genau in Gepäckfach der Boeing 747! (Abb. 144).

Abb. 66:
Dunford „Flying Dixie"
Muster zum silbernen Jubiläum der Königin auf dem Plastikbezug

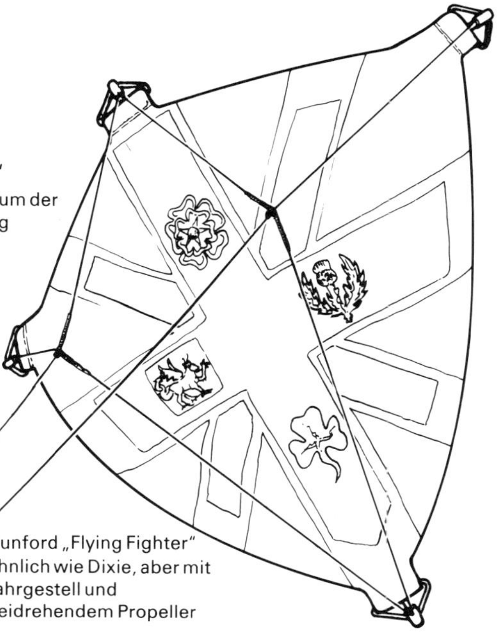

Dunford „Flying Fighter"
Ähnlich wie Dixie, aber mit Fahrgestell und freidrehendem Propeller

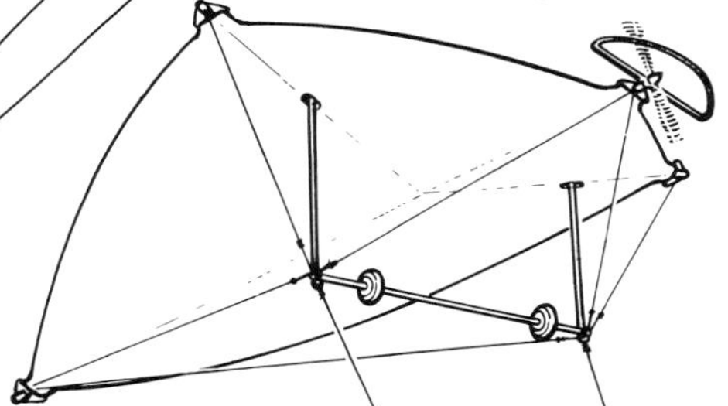

Abb. 67:
Walter Young D. Y. Sportsman
Berg-Rettungsdrachen

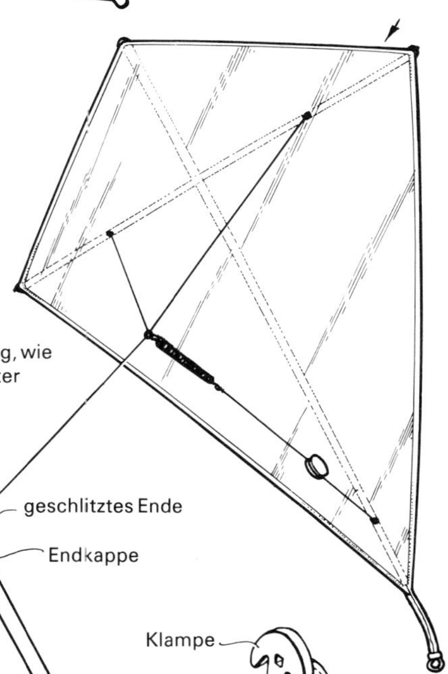

Zwei Ansichten der Spannvorrichtung, wie sie ursprünglich beim Dixie und Fighter benutzt wurden (eine pro Ecke).

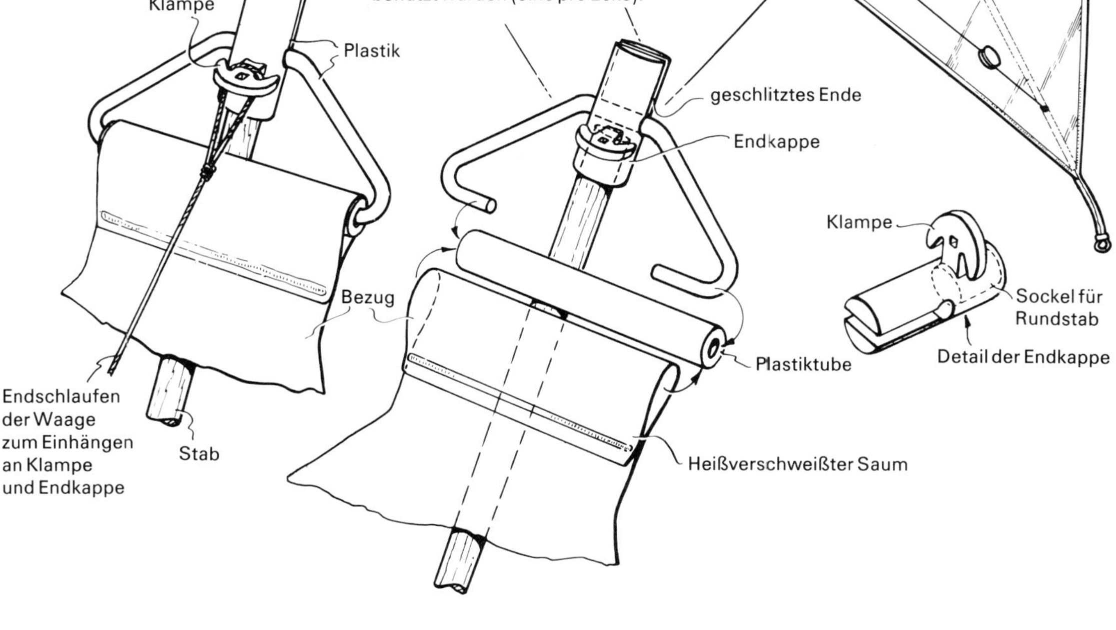

Ambrose Lloyd

Manchmal gelingt es Leuten, aus ihrem Hobby einen Beruf zu machen. So hat sich Ambrose Lloyd aus London auf Schlittendrachen spezialisiert. Er entwarf den Standard-Drachen für den Schul-Wettbewerb der British Standards Institution 1974, und ein ähnlicher Typ wurde von Condor hergestellt. (Siehe auch dort).

Zammo: ein flexibler verzierter Schlittendrachen mit zwei Bambusstäben, preiswert und leicht zu fliegen bei allen Windstärken. Abmessungen des Mittelfeldes 91 × 43 cm, drei Luftöffnungen. (Abb. 68).

Mettoy Playcraft (Wembley)

Die Mettoy-Playcraft Co. verkauft wahrscheinlich in Großbritannien, wenn nicht gar in ganz Europa, die größte Anzahl an Drachen. Ihr Warenzeichen ist „Corgi", für Drachen „Wembley". Besonderheit ihrer Drachen ist ein Aufspannsystem wie bei einem Regenschirm. Auf dem Mittelstab wird ein Plastikteil verschoben und damit werden die Gestänge ausgespreizt und arretiert, an denen die Bespannung befestigt ist. Es entsteht ein Eddy-Drachen hoher Festigkeit mit V-Form und vergrößerter Fläche durch Wölbung der unteren Flächenteile.

Barnstormer: gesteuerter Eddy-Drachen für Kunstflug, wie in Kap. 5 beschrieben. 18 m langer, flacher Folienschwanz. Spannweite: 86 cm, Länge 76 cm. Äußerst preiswert, präzise steuerbar in relativ kleinem Bereich, Leinen und Steuergriffe werden mitgeliefert (Abb. 58), siehe auch Kapitel 5.

Red Arrow: ein Rogallo mit Zwei-Leinen-Steuerung für Kunstflug. Entworfen von Schofield

Die Figur ist auf transparente Kunststoffolie gedruckt, der Drachen wird wie ein Regenschirm aufgespannt („Wembley Skydiver").

Abb. 70: Powell
Bis zu 20 m lang kann der Schlauchschwanz sein, der am Mittelstab (oder am Kreuzungspunkt der Stäbe) befestigt wird.

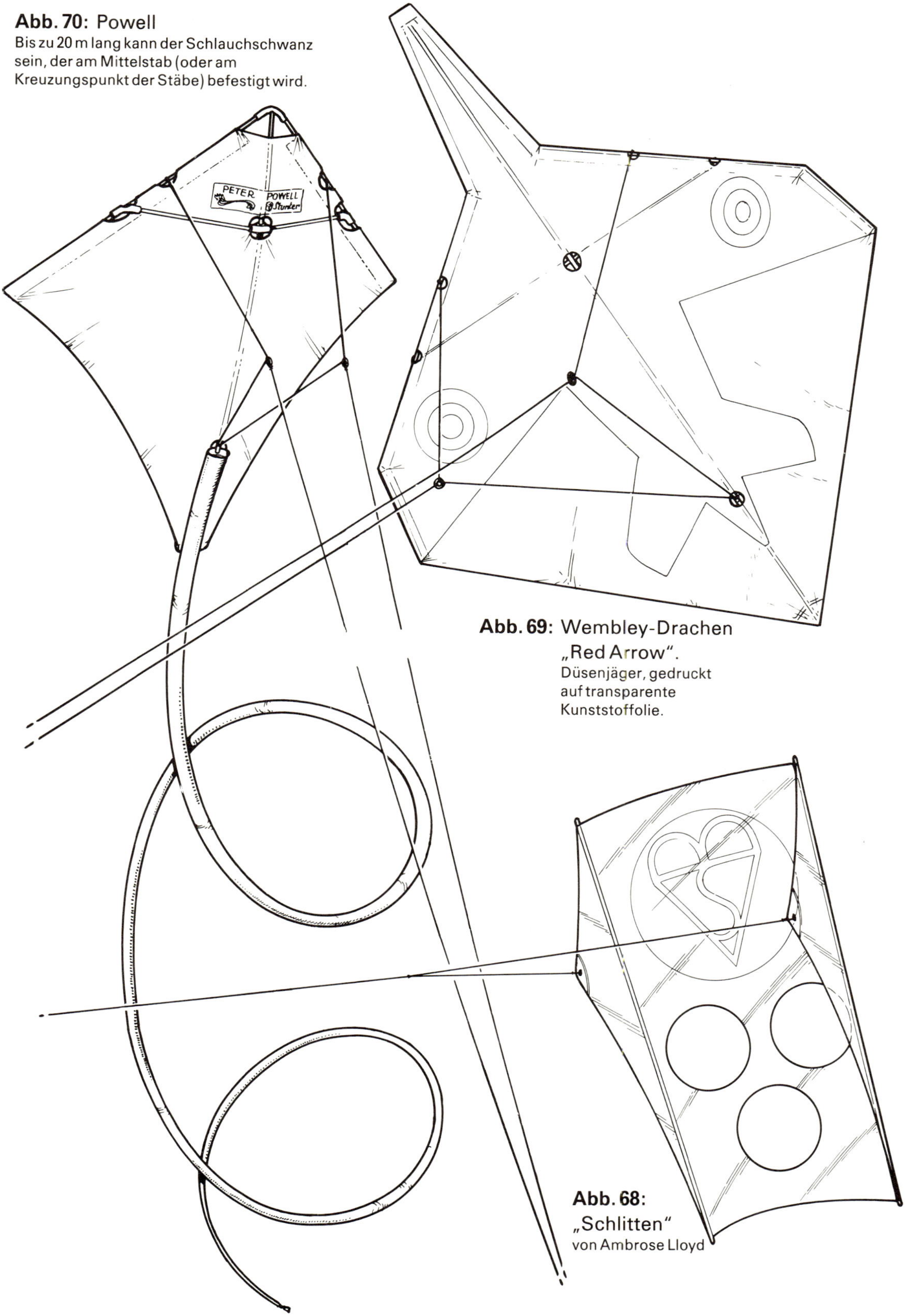

Abb. 69: Wembley-Drachen „Red Arrow".
Düsenjäger, gedruckt auf transparente Kunststoffolie.

Abb. 68: „Schlitten"
von Ambrose Lloyd

mit vorstehender dreieckiger Nase und einer mit Leuchtfarbe aufgedruckten Silhouette eines „Red-Arrow"-Gnat-Düsentrainer: Die „Red Arrows" sind eine Kunstflugstaffel der Royal Air Force auf der durchsichtigen Folienbespannung. Er wurde im dreifachen Gespann vorgeführt, ist flächenmäßig etwas größer als die meisten anderen Kunstflugdrachen und hat gewölbte Hinterkanten. Wembley Kite (Mettoy) übernahm das Modell 1977 und behielt den Namen bei (Abb. 69).

Peter Powell
Keiner hat wohl in den siebziger Jahren soviel für die Publizität der Drachen getan wie Peter Powell aus Cheltenham. Seine Rogallo-Drachen mit geringer Wölbung und Zwei-Leinen-Steuerung und die Verbindung mehrerer Drachen mit langen Schlauchschweifen verschiedener Farbe zu Kunstflugformationen erregten im Fernsehen auf der ganzen Welt mehr Aufmerksamkeit als andere bekannte Drachen.
Stunter (siehe auch Freedom *Stunter*): ein steuerbarer Rogallo mit geringer Wölbung mit Stahldraht-Torsionsstab. Ursprünglich mit Aluminiumstäben ausgerüstet, wird er heute mit Glasfaser-Polyester-Gestänge geliefert. Spannweite: 117 cm, Länge 122 cm, 20 m Schlauchschwanz. Benötigt mindestens 16 km/h Windgeschwindigkeit. Für Kunstflug bei Leichtwind ist eine Leinenlänge von 30–38 m zu empfehlen. Ausgezeichnete Qualität, stark und elastisch. Ein echtes Erlebnis, schnell im Sturzflug, wendig, leicht zerlegbar und transportierbar (Abb. 70).

Multiflite
Die in Nordengland beheimatete Firma Multiflite ließ an der Universität of Newcastle eine Variante des Rogallo-Drachens für gesteuerten Flug entwickeln. Das Ergebnis:
Concorde: ein Gestänge aus Glasfaser-Polyester mit vogelähnlicher Form. Er hat ein hohes Seitenverhältnis, das in einen schmalen Schwanzteil ausläuft. Vorn dient ein Rohr in der Eintrittskante als Stabilisator. Die Befestigung des Waage ist schlecht beschrieben. Sie müßte tiefer im Bereich des Druckmittelpunktes liegen (Abb. 71).

Merriam
Riesendrachen faszinieren, und Merriam hat sich in Großbritannien auf diese Art spezialisiert.
Nimbus: ein Delta mit 188 cm Spannweite und verlängertem Schwanz. Silberglänzendes Spinnakernylon auf schwarz eloxiertem Aluminiumgestänge. Merriam liefert dafür oder für andere Drachen eine Luftpfeife!

Sampson
Ein anderer Hersteller in Southend ist Sampson mit einem Programm, das in etwa dem von Brookite gleichkommt, aber die Mehrzahl der Drachen ist mit Kunststoffolie bespannt. Möglicherweise werden mehr stoffbespannte Drachen folgen, nachdem der Tuch-Drachen *Giant Eagle*, der auch einer meiner Lieblinge wegen seiner Zuverlässigkeit ist, so erfolgreich war.
Stunt Flyer und *Giant Eagle* (Abb. 72): zwei außergewöhnliche Drachen mit großer Spannweite, bedruckt. Eddy Form mit starker V-Form und großer Schürze. Spannweite: 122 cm. Länge 58 cm. Auch als *The Wombles Flying Carpet* erhältlich. Doppelstäbe im Zentrum als Verstärkung.
Giant Eagle: (nicht zu verwechseln mit dem gleichnamigen Plastik-Drachen, der oben vorgestellt wurde) ein Baumwolldrachen mit 122 cm Spannweite, zwei Querstäben und dreieckigen Mittelkästen. Der Siebdruck eines Adlers ist von ausgezeichneter Qualität, und man kann kaum einen anderen Drachen finden, der so tadellos aufsteigt, steht und gut aussieht. Sampson nennt ihn den „Drachen des Jahrhunderts", was zwar etwas übertrieben ist, aber er kann wirklich empfohlen werden! (Abb. 72)
Zubehör: Sampson stellt auch Rollen und Winden her und vertreibt Leinen und Kunstseide auf Spulen.

Scale Craft
Werbung auf Drachen ist nicht neu. Auf dem Kontinent wurden Werbesprüche oft auf Drachen angebracht. Eine Firma, die in Großbritannien Werbedrachen herausbringt, ist Scale Craft. Ihre Spezialität sind Drachen zur Werbung für Fußballmannschaften. Sie sind in den

Abb. 72: Sampson Giant Eagle
(Plastikbespannung)

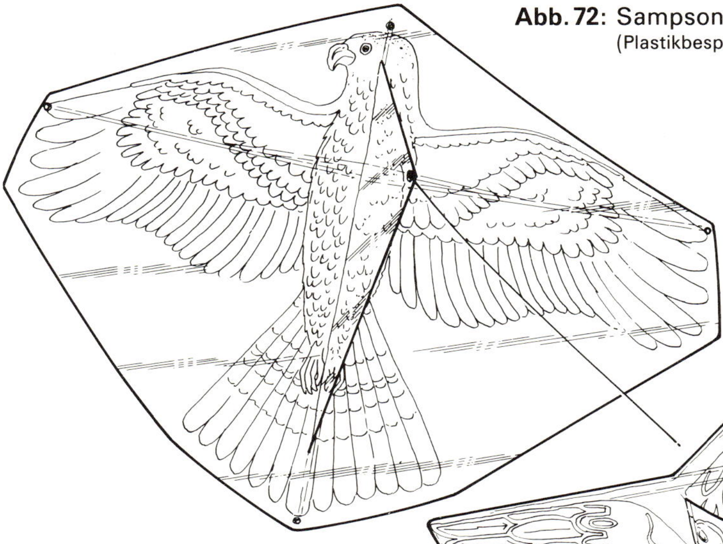

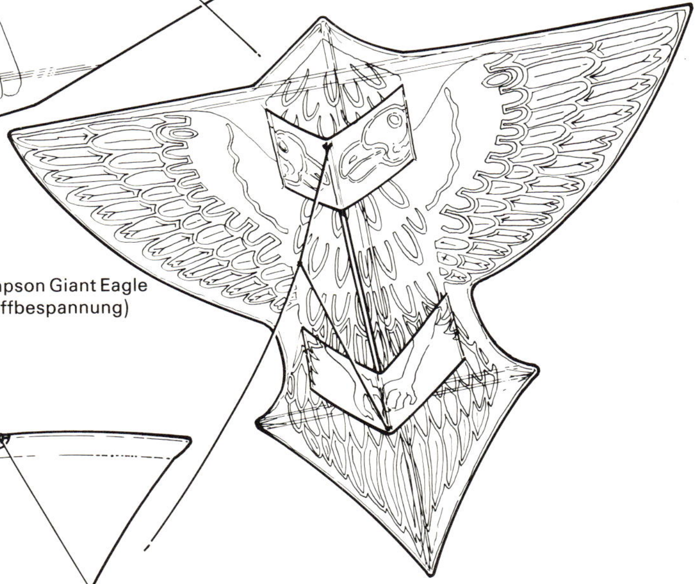

Sampson Giant Eagle
(Stoffbespannung)

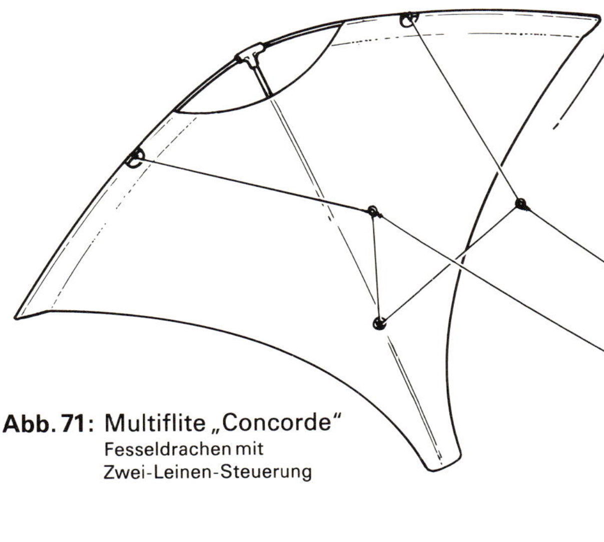

Abb. 71: Multiflite „Concorde"
Fesseldrachen mit
Zwei-Leinen-Steuerung

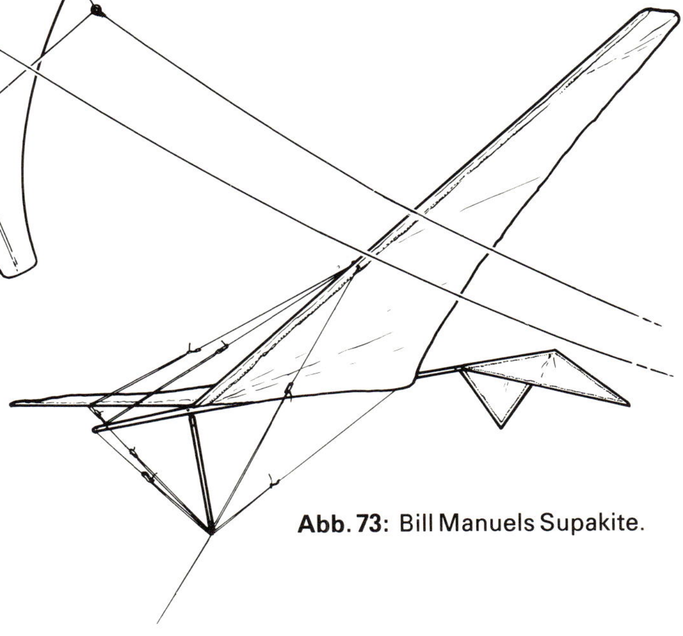

Abb. 73: Bill Manuels Supakite.

Teamfarben gehalten, und mitgeliefert werden selbstklebende Buchstaben, die man unter dem Slogan „Ich bin für . . ." aufkleben kann.

Seamer Products
Eine alteingesessene Drachenbau-Firma in Hull ist Seamer Products mit der Handelsmarke Leprechaun.

Sky Cat
Sky Cat führte in jüngster Zeit eine Reihe von Kunstflugdrachen ein. Sie haben gezogene PVC-Rohre als Gerüst.

Sky Sport
Sky-Rider: Kunstflugdrachen in Rogallo-Form mit drei Stäben. Er besitzt eine sogenannte Superflex-Konstruktion mit einer Schnapp-Nase. Zwei Steuerleinen aus Polyester an Doppelwaage, 23 m Bandschwanz, am hinteren Waagepunkt befestigt. Dieser Drachen ist bemerkenswert manövrierfähig und kann rasch rotieren oder abgefangen werden. Normalerweise ist der Bezug gelb und der Schwanz schwarz. (Siehe ARIEL Drachen.)

Pläne oder Einzelanfertigungen
Außer den Seriendrachen der genannten Hersteller gibt es eine Anzahl von Drachen-Spezialisten, die Drachenpläne oder Drachen in Einzelanfertigung liefern. Die Pläne sind meistens Spezialtypen wie Alex Pearson's *Roller* (Abb. 147), Bill Manuels *Supakite* (Abb. 73) oder die Vogeldrachen vom Kensington-Garden-Typ, wie sie in Kapitel 7 abgebildet sind.

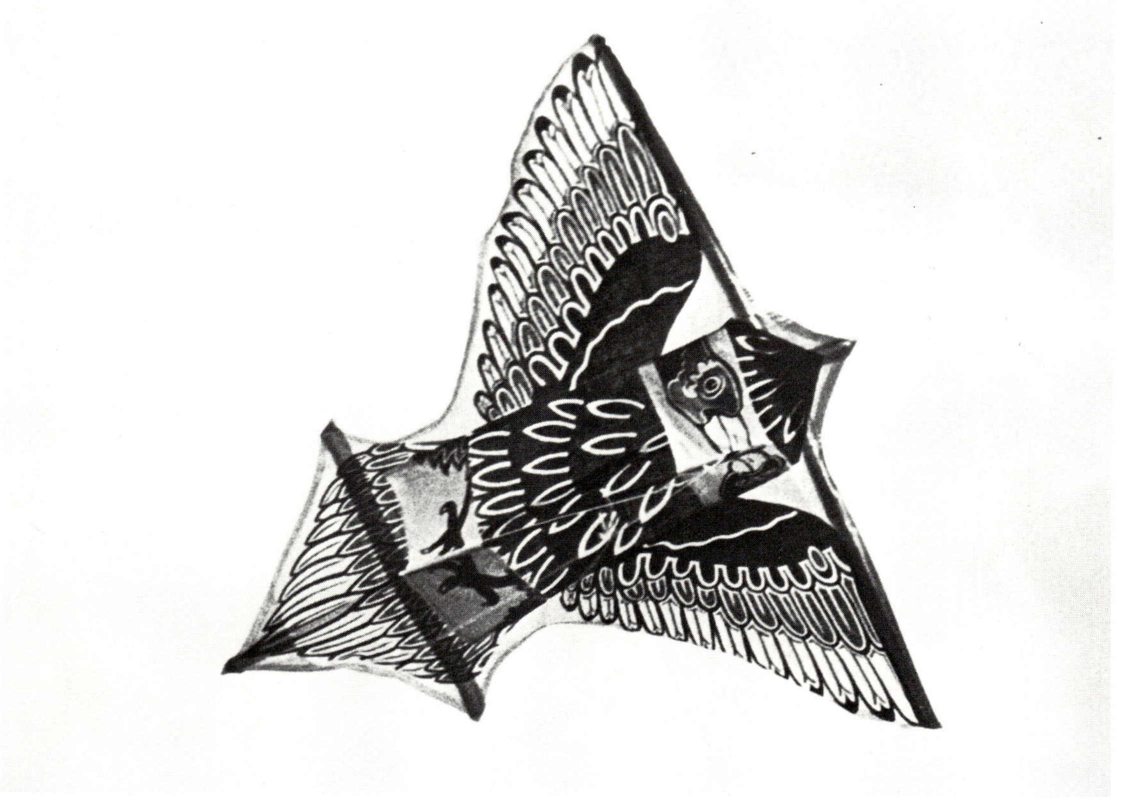

Sampsons Giant Eagle (stoffbespannt), ein sehr hübsches Drachenmodell, das bei allen Windstärken gut fliegt.

Bietet sich Ihnen eine solche Gelegenheit zum Kauf, so ist es eine gute Investition, einen solchen ausgezeichnet gebauten Drachen zu erwerben. Sie können ein Leben lang halten und werden oft für wenig mehr als die Materialkosten weitergegeben.

Deutschland und Holland

Ein reiches Drachenangebot findet man seltsamerweise in Europa nur in Holland und in der Bundesrepublik Deutschland. Auch die Entwicklung scheint zu stagnieren. Fast alle Fabriken stellen auffaltbare Schürzendrachen und Eddy-Drachen mit Bespannungen aus bedruckter Transparentfolie her. Das geht so weit, daß ein Drachen mit langem Schwanz auf der Nürnberger Spielwarenmesse angekündigt wurde, der als „die neue Drachen-Generation" beschrieben wurde. Dabei handelt es sich um ein jahrhundertealtes Modell, nicht nur in Malaysia, sondern auch in Deutschland seit langem bekannt. Die folgende Liste in alphabetischer Reihenfolge ist nur repräsentativ, aber nicht vollständig.

Conacord

Conacord ist ein deutscher Drachenhersteller, der 15 verschieden bedruckte Ausführungen eines Foliendrachens in Zweistab-(malaiischer) Form herstellt. Typischerweise ist mehr als die Hälfte davon mit Raubvogelformen bedruckt, dazu noch andere Vögel, Schmetterlinge, Flugzeuge und Indianerköpfe.
Alle diese Zweistab-Schürzendrachen haben Bespannungen aus durchsichtiger oder transparenter weißer Plastikfolie und zweischenkligen Waagen. Holzstäbe sind durch Plastikteile verbunden.

Drako

Eine Firma, die Drachen außerhalb der Standard-Form produziert und den Malaysischen Dragon wiedererweckt hat.

Dux

Dux ist eine für ihre fertigen Flugmodelle bekannte Firma. Eine Erfindung ihrer Konstrukteure ist der 1974 herausgebrachte Helikopterdrachen, während mir die anderen Drachen des Programms nicht bekannt sind.
Rotokite: ist vollständig aus Kunststoff hergestellt und besitzt einen fünfeckigen Rotor, der von fünf Windschaufeln angetrieben wird, die an den Enden der Stäbe sitzen. Die rotierende Fläche sitzt über einem gespritzten Kunststoffrumpf mit Flugzeugleitwerk. Die Flächenbelastung ist hoch, und er kann nur bei kräftigem Wind fliegen.
Der beste Einfall dabei ist die Benutzung durchsichtiger Folie, auf die Rotorflügel aufgedruckt sind, wodurch der Eindruck eines Helikopters wirklichkeitsgetreu entsteht (Abb. 74).

Paul Günther

Die Produkte von Paul Günther, einer Spezialfirma für Spielzeug für Freizeit und Hobby, sind die herausragenden Ausnahmen unter den sonst so eintönigen Drachen in Europa. Günther führte als erster die Drachenbespannung mit Transparentfolie und aufgedruckten Flugzeugen ein, und er führt neben den normalen Drachen eine Anzahl von bemerkenswert originellen Entwürfen, alle in Kunststoff.
Turbino: ein Drehflügeldrachen mit entzückend einfacher Konstruktion, der sich zu einem winzig kleinen Bündel, zusammen mit Leine und Rolle, zusammenfalten läßt. Der Drehflügel ist ein Quadrat von 38 cm Seitenlänge mit roten, gelben und blauen Spiralen zur Erhöhung des bunten Flugbildes. Der Rotor wird von vier Stäben gespreizt, an deren Enden gefederte Endstücke mit Windradschaufeln sitzen. Der Rumpf ist ein Stab, der ein Leitwerk aus grünem Kunststoff und eine gelbe Folienflosse als Waage trägt. Eine brillante Konstruktion, die ein erstaunliches Gewicht tragen kann und trotz ihrer kleinen Abmessungen gut zum Heben des Läufers (Fähre) geeignet ist (Abb. 75).
Deltaplan: der echteste aller Rogallo-Drachen. Das Modell eines Hängegleiters mit 1 m Spannweite und darunter hängender Pilotenfigur. Man kann den Gleiter als Drachen stehenlassen oder von der Leine lösen und als Gleitflugzeug herunterfliegen lassen. Farbige Streifen und kluge Konstruktion machten ihn zum Star der Nürnberger Spielwarenmesse 1976.

Günther Deltaplan beim waagrechten Start. Fliegt nach Ausklinken als Gleiter herab.

Komet: eine Beschreibung als quadratischen Kopfdrachen für einen 10 m langen Schlangenschwanz trifft zwar zu, ist aber trotzdem nicht ausreichend für diese brillante Konstruktion eines Kleindrachens. Er wird in einem Plastikbeutel mit Leinenspule geliefert und kann in wenigen Minuten zusammengesetzt werden. Sogar die Waage ist aus Kunststoff. Für Kinder ist er ideal und bei allen Windstärken leicht zu fliegen, obwohl der Kopf nur 45 × 45 cm groß ist.

Fähre: kein Drachen, sondern der einzig im Handel erhältliche Läufer, den ich kenne. Er läuft auf einer Leine bis in große Höhen hinauf, klappt seine beiden Plastiksegel zusammen und kommt wieder herunter zum Piloten. Er läuft eigentlich nur mit seinem Propeller rauf und runter, kann aber auch zum Transport und Abwurf von Fallschirmen oder dergleichen umgebaut werden. (Siehe Kapitel 4.)

Superfly: Neueinführung (1977) eines Hängegleiters, 75 × 120 cm groß.

Akrobat: neue Version eines malaiischen Schürzendrachens.

Knoop

In Holland ist der Name Knoop gleichbedeutend mit Drachen, und man stellt dort eine große Anzahl malaysischer, bedruckter Schürzendrachen in Zweistab-Form mit Plastikbespannung her. Für Werbezwecke produziert man auch Stoffdrachen. Die Namen dafür stammen vom Verfasser, der Katalog des Herstellers enthält nur Nummern:

Butterfly: 53 × 42 cm, *Düsenjäger:* 53 × 66 cm, *Vogel:* 80 × 50 cm, sind die kleineren Knoop-Drachen, auch mit Farbmuster in echt malaysischer Form erhältlich. Die ganze Serie gleicht der unter Conacord beschriebenen, auch die größeren Modelle Batman, Falke, Schmetterling, Eule und Zaunkönig sowie die ganz großen Typen Skyraider, Adler, Kondor, Steinadler und Fischadler (Abb. 76).

Cloth Cutter: stoffbespannter Cutter-Drachen mit Zentralkasten in Dreiecksform, Zwei-Leinen-Waage, in vielen Farben erhältlich, Spannweiten 76 cm, 100 cm und 110 cm (Abb. 77).

Pax

Unter dem Markenzeichen Pax erzeugt die Firma Schmohl in Göppingen alle Arten von Flugmodellen, vom Schleudersegler bis zum Gummimotormodell. Natürlich haben sie auch Drachen im Programm.

Roto Pax: ein ungewöhnlicher Entwurf mit Drehflügeln über Stäben, die Auftrieb erzeugen. Wird mit Leine und Spule geliefert. Spannweite: 50 cm.

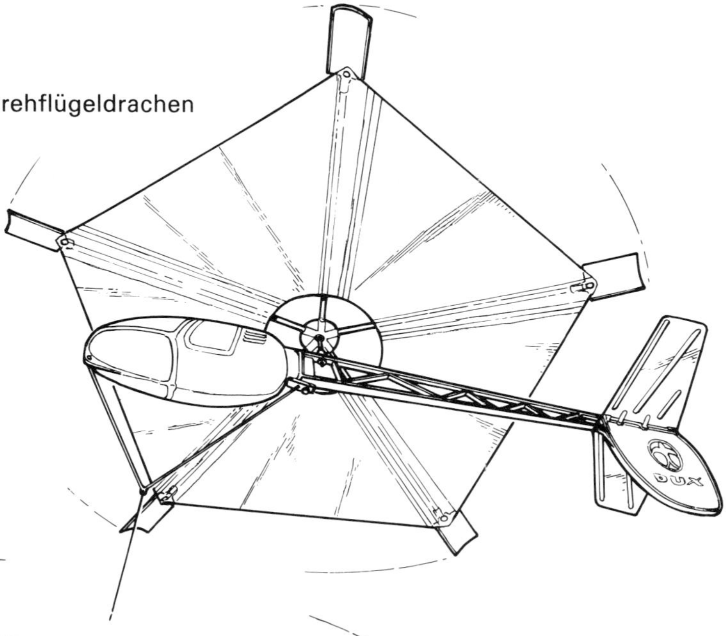

Abb. 74: Drehflügeldrachen

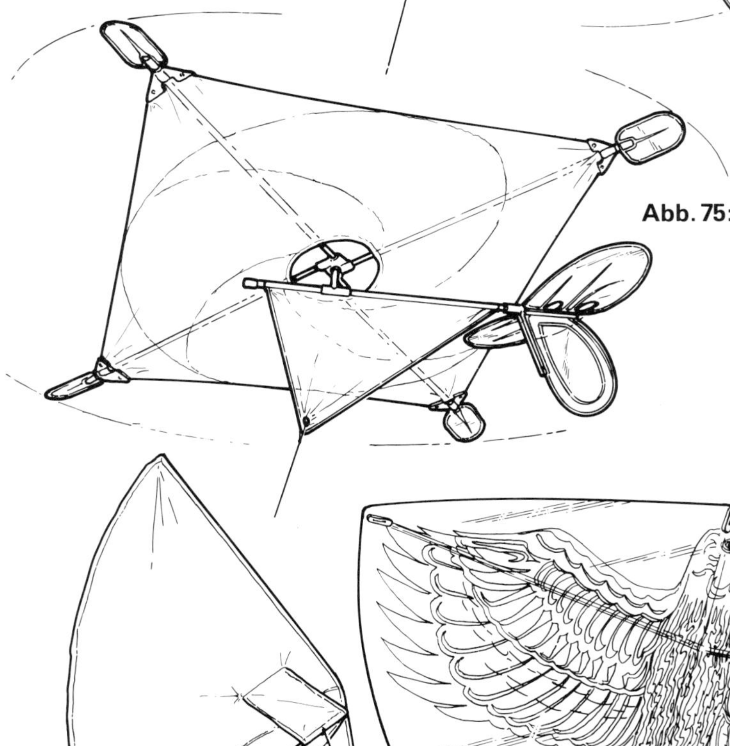

Abb. 75: Drehflügeldrachen

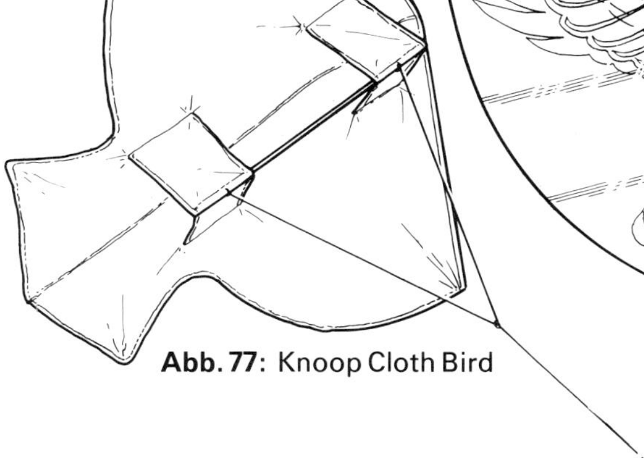

Abb. 77: Knoop Cloth Bird

Abb. 76: Knoop Golden Eagle

Flimmy: ein Drachen im Dragon-Stil, ebenso Tilly, beide mit einem langen Schwanz.
Jungmeister: Ein gerader Eddy-Drachen mit V-förmigen Querstäben und einer zweischenkeligen Waage mit eng beieinander liegenden Fußpunkten. Die Abmessungen sind 87 × 91 cm. Es gibt auch eine Kunstflugversion mit Zwei-Leinen-Steuerung. 1977 führte Pax eine Zwei-Leinen-Kunststoffversion des *Habichts* (in der Größe 75 × 91 cm) ein.
Eule: ein großer, flatternder Schürzendrachen, 67 × 76 cm.
Bussard: etwa gleich groß wie die *Eule*, aber konventioneller in seiner Form.
Schwarzer Milan: ein vergrößerter *Habicht* mit 106 cm Spannweite und 75 cm Länge.
Schmetterling: 54 × 59 cm groß, mit geschlitzten Hinterkanten.
Fallschirmspringer: 65 × 83 cm, einfacher malaysischer Zweistab-Drachen.
Lucky: 77 × 96 cm, ein Taschendrachen aus Plastic, stabilisiert durch aufgeschweißte Düsen.
Zubehör: Pax-Spulen sind vielleicht die brauchbarsten und besitzen Leinenführungen. Es gibt zwei klug konstruierte Spulen und eine Winde im Angelrutenstil.

Der Pax Jungmeister, ein sehr populärer Drachen aus Deutschland.

Tosta

Tosta ist eine Firma, die sich nicht völlig dem malaysischen Drachentyp mit vergrößerter Schürze ergeben hat. Sie stellt auch noch diamantförmige malaysische Drachen mit geraden Kanten her. Doch auch dort bedruckt man mit den üblichen Raubvögeln, Indianerköpfen, Flugzeugen etc.

Wepa

Eine weitere holländische Firma, die für ihre Drachen bekannt ist, ist Wepa, und obwohl sich das Programm auf insgesamt 10 Grundgrößen und Dekors beschränkt, stellt die Firma auch viele andere Drachen für Spezialzwecke und die Werbung her. Alle Gestänge sind durch Kunststoffbeschläge verbunden. Alle Wepa-Drachen haben zweischenkelige Waagen und fliegen gut, aber die Bespannung reißt leicht an den Kunststoffbeschlägen, in die Stäbe eingesteckt werden, ein, weshalb sich eine Verstärkung gleich zu Anfang empfiehlt.

Adler: Der erste und größte Drachen des Programms mit den Abmessungen 116 × 75 cm ist ein malaysischer Schürzendrachen mit mehr als üblicher Vergrößerung der Fläche, die dadurch fast eine Rogallo-Wölbung im Flug einnimmt, was stabilisiert und gut aussieht (Abb. 78).

Bussard, Javellin, Fallschirmspringer und *Harlekin:* Die größte Abmessung eines jeden ist 80 cm, aber die Formen sind sehr verschieden. Jeder fliegt gut, aber der beste ist Nr. 5, der Harlekin, ein quadratischer Schürzendrachen, der beinahe nicht herunterkommen will. Javellin ist ein Schürzendrachen mit angesetzter Nase und mit dem bekannten Javellin-Delta-Jäger der Royal Air Force (RAF) bedruckt.

Italien

Quercetti

Italien ist nicht besonders bekannt für Drachenkonstruktionen. Quercetti stellt dort ein Programm mit Spannweiten von 55 cm, 68 cm und 107 cm her. Ungewöhnlich sind bei diesen Plastik-Deltadrachen die gepfeilten Gestänge.

Japan

Ein Besuch in einem japanischen Drachengeschäft ist ein fesselndes Erlebnis. Der *TAKO* oder *DAKO* ist ein derartiges Objekt nationaler Würde und Tradition, daß Konstruktion, Material und Ausschmückung seit Jahrhunderten nur wenig geändert wurden. Sie werden von Hand aus ausgesuchtem Bambusrohr hergestellt, das mit gekonnten Schlägen mit einem langen Messer, ähnlich einem Metzgermesser, gespalten wird. Die Bambus-„Gerippe" werden zusammengebunden und rahmenförmig gebogen. Bezogen wird mit handgeschöpftem Papier, und anschließend wird von Hand bemalt. Drachen von der Stange hängen in langen bunten Girlanden in Läden wie Bingoya (69, Wakamatsu-cho, Shinjuku-Ku, Tokyo), wo man all die berühmten traditionsreichen Formen kaufen kann. Man kann die ganze Vielfalt unmöglich beschreiben, denn die Variationen jedes einzelnen Drachenbauartisten und die örtlichen Abwandlungen ergeben eine ungeheure Auswahl. Die übliche Größe ist 56 × 46 cm, und alle Drachen sind flach. Sie haben starre Umrandungen und sind deshalb nicht zusammenlegbar. Waagen sind nicht immer angebracht, und die Befestigungspunkte dafür auch nicht angezeichnet, aber es gibt ausgezeichnete Literatur mit vielen Abbildungen, um dem Besucher aus dem Westen diese uralte orientalische Kunst verständlich zu machen. Kann man keines dieser Bücher zu Rate ziehen, so ist es das beste, eine vier- oder fünfschenkelige Waage an allen Ecken anzuknüpfen und den Drachen damit auf einen Anstellwinkel von 18 bis 20 Grad einzustellen. Hier nur einige Modelle:

Manugu: rechteckig mit verlängertem Mittelstab, benötigt vierschenklige Waage. Das schwarz-weiße Gesicht hat ganz große Augen als Schmuck. Dies ist der einfachste der japanischen Drachen; er hat nur sechs Bambusstäbchen, fünf quer und einen längs (Abb. 80).

Suruga hat zwei Diagonalstäbe, um die unteren Ecken dreieckförmig auszuweiten. Der mit leuchtenden Farben aufgemalte Kopf eines Kabuki-Schauspielers macht diesen Drachen sehr auffällig. Er benötigt eine vierschenkelige Waage und fliegt bei stetigem Wind sehr stabil.

Machi-Jirushi, eine Kleinausgabe des gigantischen Hamamatsu-Kampfdrachens.

Der „Suruga"-Drachen ist sehr robust durch seinen starren Vollrahmen, und der verlängerte Mittelstab erlaubt, dort einen Schwanz anzubinden, wenn das die Windbedingungen erfordern sollten (Abb. 81).

Sanjo: ein sechseckiger Drachen mit einer quadratischen Grundform von 46 cm Seitenlänge mit dreieckigen Spitzen vorn und hinten. Da diese Drachen aber nur mit den zwei Querstäben verkauft werden, gleichen sie eher einem quergestellten Schlittendrachen, den man so gar nicht fliegen kann. Man würde in dieser flexiblen Form sogar die meist von Künstlerhand stammende Bemalung, oft sogar signiert, zerstören. Mein Rat ist, den offensichtlich vorgesehenen Mittelstab einzubauen, womit der Sanjo an einer vierschenkeligen Waage ganz entzückend zu fliegen ist (Abb. 82).

Machi-Jirushi oder *Hamatsu*-Kampfdrachen: quadratisch mit nur 38 cm Seitenlänge, aber mit einem Mittelstab doppelter Länge. Verklei-

Japanischer Drachen-Laden in Kawada Cho, Tokio

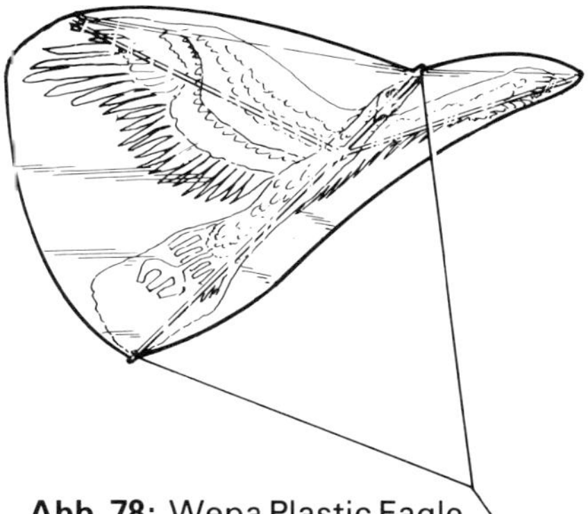

Abb. 78: Wepa Plastic Eagle

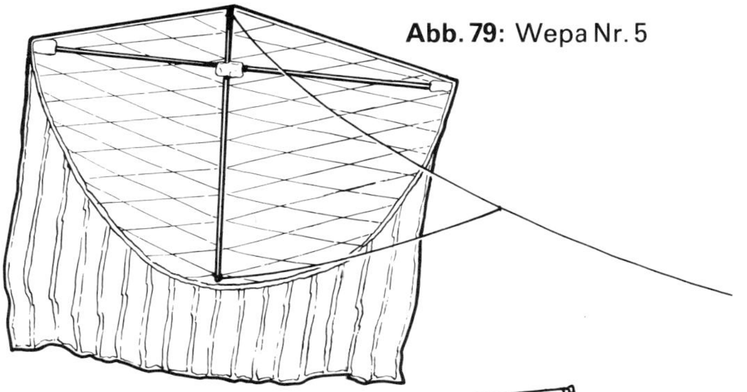

Abb. 79: Wepa Nr. 5

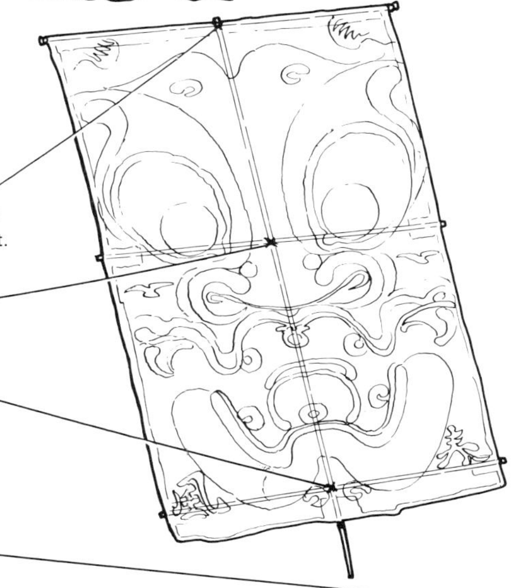

Abb. 80: Japanischer Musha
mit weißen Augen bemalt.

Abb. 81: Japanischer Suruga

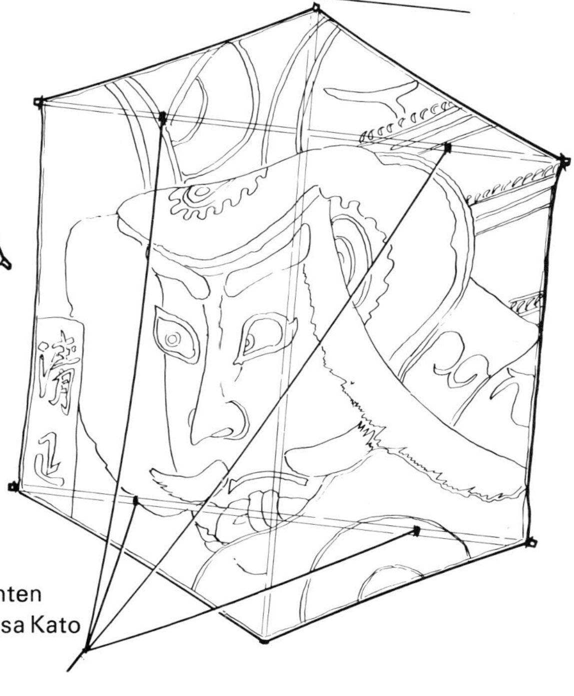

Abb. 82: Kopf des berühmten
Kriegers Kiyomasa Kato

nertes Modell der gigantischen Zeremoniendrachen, die beim jährlichen Drachenfest im Mai geflogen werden.

Einfachere Drachen

In japanischen Importgeschäften findet man neben Kunst- und Gebrauchsgegenständen manchmal auch einfache Drachen. Gedruckte Adler oder Schmetterlinge auf kräftigem Papier mit Kielflossen als Waagen, Spannweite etwa 1 m, oder vielscheibige Tausendfüßlerdrachen sind beispielsweise zu finden. Aber die meisten davon können nicht als repräsentativ für die alte Kunst der japanischen Drachenbauer in Aichi, Fukuoka, Nagasaki, Shizioka und Akita angesehen werden.

Hiness Kite Kit

Dieser Drachenbaukasten ist eine Entwicklung, welche die Hiness Co. 1975 herausbrachte. Es ist ein Semi-Scale-Flugzeugmodell mit 150 cm Spannweite, das als „Willow Trainer" oder als „Boeing Kadett" bemalt werden kann. Es wiegt 1,25 kg, weil alle tragenden Flächen aus lackiertem Wellkarton gefertigt sind. Stabile Kiefernleisten bilden die kreuzförmigen Verstrebungen der zwei Tragflächen, ebenso das Fahrgestell. Zum Transport braucht man bei diesem aus einem Stück bestehenden Drachen einen Lieferwagen oder einen sehr großen Caravan. Empfohlen wird eine lange, zweischenklige Waage zu einem Verbindungsstab, an dem die Leine befestigt wird. Besser ist wohl die in Kapitel 6 beschriebene Methode. Dieser Drachen ist zwar sehr eindrucksvoll, aber allein zum Bau braucht man zehn Stunden, und die damit verbundenen Transportprobleme dürften das Interesse an ihm ziemlich dämpfen. Hiness stellt auch einen Autogiro-Typ her, der schwer zu fliegen ist, es sei denn, man besitzt die nötigen Fachkenntnisse für diese Art von Flugzeug.

Ein reiner Schmuckdrachen, der kaum fliegen dürfte.

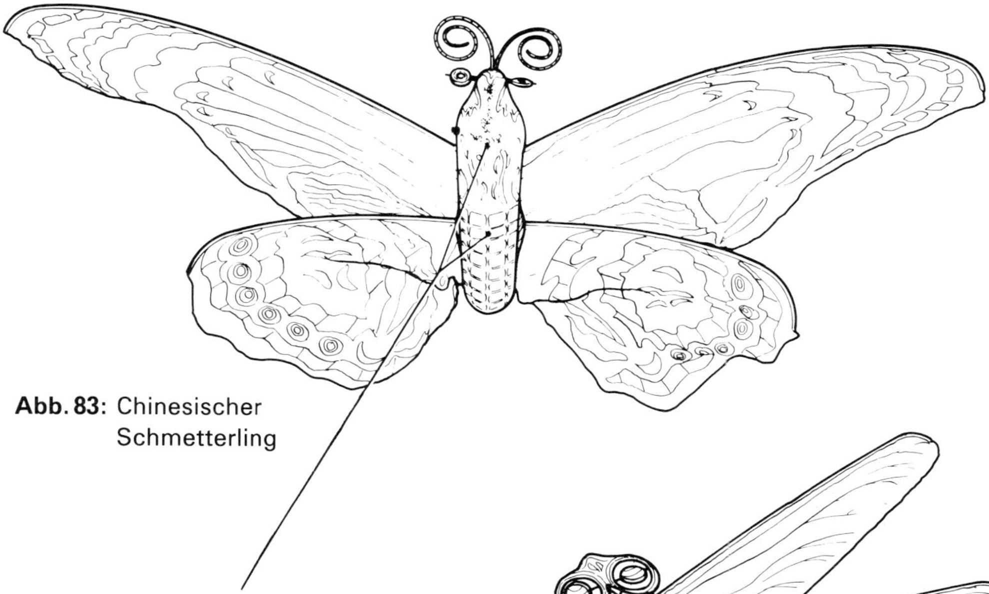

Abb. 83: Chinesischer Schmetterling

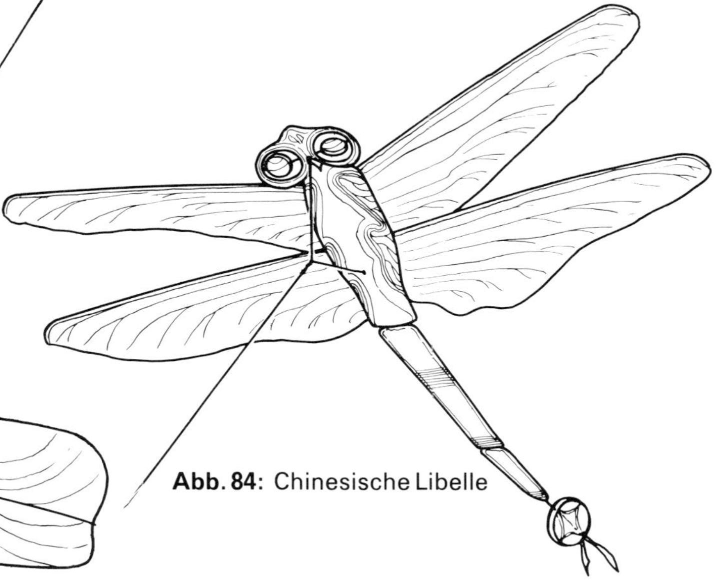

Abb. 84: Chinesische Libelle

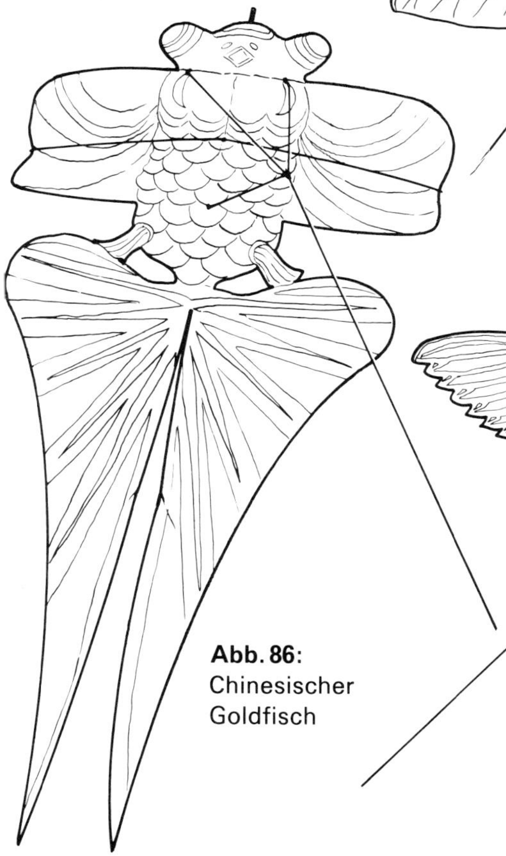

Abb. 86: Chinesischer Goldfisch

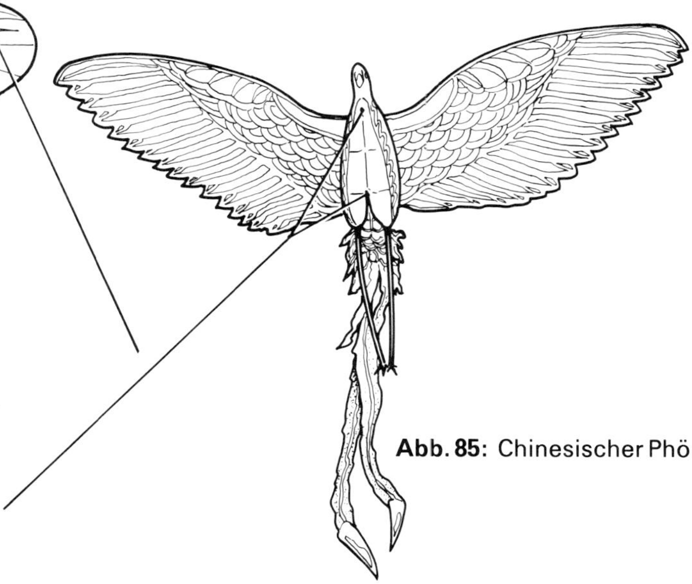

Abb. 85: Chinesischer Phönix

Chinesischer Drachen-Laden in Kowloon, Hongkong.

China

Während in Japan die Drachen von der Stange einen starren Rahmen haben, sind die aus China halbflexibel und kunstvoll zusammenlegbar. Die aus verstärktem Papier handgefertigten und -bedruckten chinesischen Vogel- und Insektendrachen sind wahre Kunstwerke. Früher gab es sie auch in Seidenausführung. Ich hatte das Glück, ein solches Exemplar noch 1974 im Chinese Arts and Crafts Store in Kowloo, Hongkong, kaufen zu können. Er hat Schmetterlingsform (Abb. 83), ist perfekt bemalt und wird zusammengesetzt, indem fünf Bambusstäbchen in das Mittelteil gesteckt werden. Im Flug flattern die Flügel wie die eines echten Schmetterlings.

Abb. Tafel I/1:
Oben: Schöner chinesischer Seidenschmetterling.
Abb. Tafel I/2:
Chinesischer Phönix und Libelle. Es handelt sich um Papierdrachen, die gut in einer leichten Brise fliegen; diese beiden befinden sich an getrennten Leinen und werden geflogen von dem Sohn des Autors.

Abb. Tafel II/1:
Oben: 3-m-Version von S. F. Codys 70 Jahre altem Entwurf eines manntragenden Gespanns.
Abb. Tafel II/2:
Tom Van Sants Clown
Abb. Tafel II/3:
Der bunte Günther Turbino mit Windschaufeln und rotierendem Kunststoffbezug.

Abb. I/1

Abb. I/2

Abb. II/1

Abb. II/2

Abb. II/3

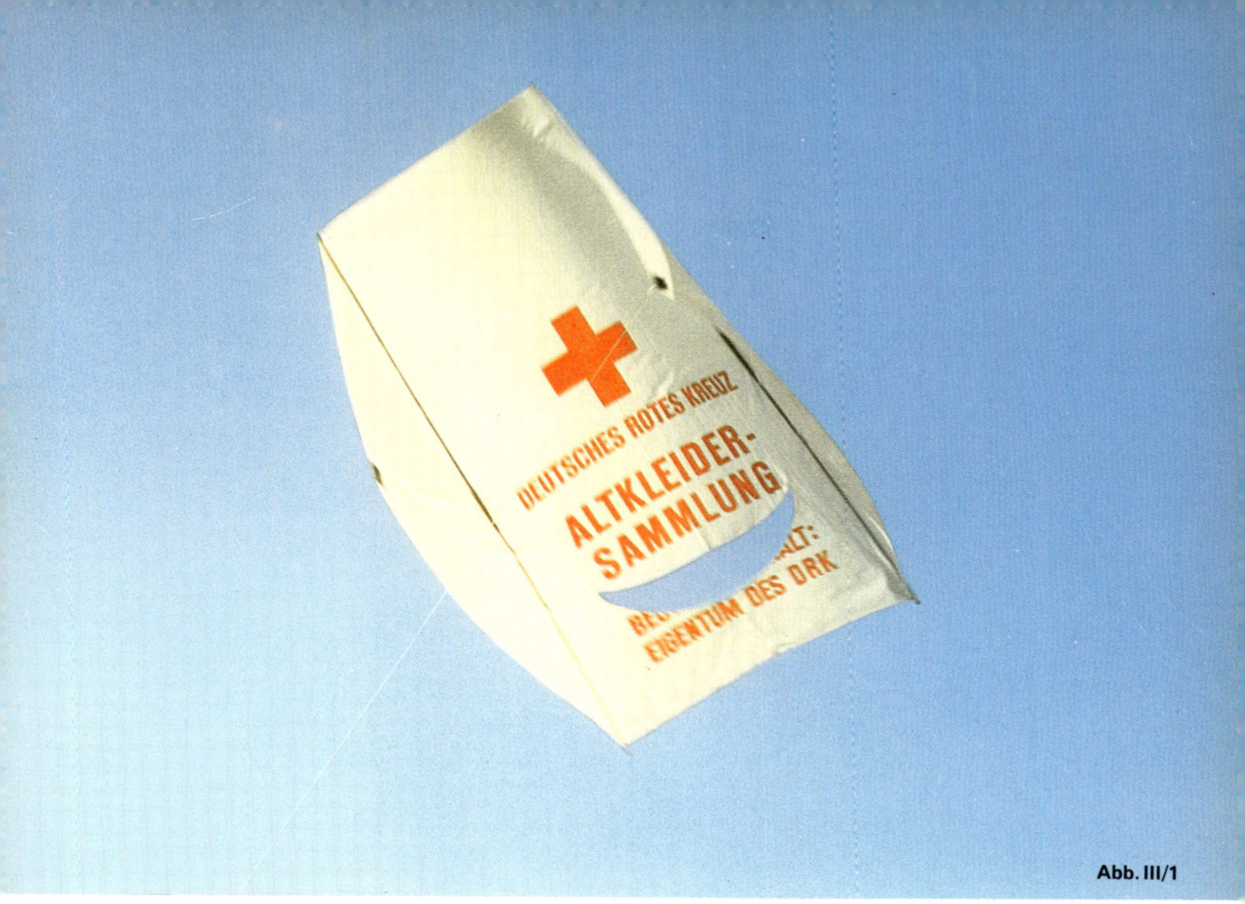

Abb. III/1

Abb. III/2

Abb. IV/1

Abb. IV/2

Abb. IV/3

Abb. IV/4

Abb. Tafel III/1:
Ein selbstgebauter Schlittendrachen nach dem Schnittmuster auf Seite 142 (Abb. 130).
Abb. Tafel III/2:
Der „Pocket Sled" aus Rip-Stop-Nylon hat keinerlei Gerüst. Zwei Luftkanäle auf der Oberseite stabilisieren den Schlittendrachen, wenn sie durch den Winddruck aufgeblasen werden.

Abb. Tafel IV/1:
„Prof. Waldof's Box" von Peter Wadron, eine der auffälligsten Neuschöpfungen der letzten Jahre. Die Kristallform hat einen Durchmesser von 145 bzw. 185 cm. Prof. Waldof's Box braucht kräftigen Wind.
Abb. Tafel IV/2:
Peter Powells „Stunter" im Formationsflug; die langen Schlauchschwänze zeichnen alle Manöver sehr deutlich nach.
Abb. Tafel IV/3:
„ACE 2" in Zweierformation.
Abb. Tafel IV/4:
Peter Powell präsentiert seinen „Stunter", der in England als Spielzeug des Jahres ausgezeichnet worden ist.

Alle Drachen haben die gleiche Standardkonstruktion mit einfachem oder Doppelflügel, und die Mehrzahl der Vogeldrachen hat die Form, wie für den Phönix (Abb. 85) aufgezeichnet, mit gebogener Eintrittskante. In allen Fällen besteht der Rumpf aus einem Rahmenwerk aus Bambus, und die Hinterkanten der Flügel können frei flattern. Diese rahmenlosen Papierdrachen sollte man nicht bei feuchtem Wetter oder böigen Winden fliegen, weil sie im feuchten Zustand zerreißen.
Nicht alle chinesischen Exportdrachen sind Flatterdrachen. Es gibt auch einen Schmetterlingsdrachen mit festem Rahmen und geknicktem Mittelflügel, der Tragflächenprofil annehmen kann. Ein sehr attraktives Modell, das einen starren Rahmen mit einem flexiblen riesigen Schwanz verbindet, ist der „Fisch" (Abb. 86), über 2 m lang, und er ist bei kräftigem Wind ein rechtes Stück Arbeit, bis man ihn oben hat. Er ist in der Luft sehr eindrucksvoll und könnte als aerodynamisch gelungen bezeichnet werden, wegen der Art und Weise seiner Auftriebserzeugung und der Stabilisierung durch den Schwanz.

Chinesischer Schmetterlingsdrachen aus Seide, der schönste von allen.

Chinesischer Schmetterlingsdrachen mit starrer Umrandung und Quastenschwanz.

USA

Die Amerikaner sind erfinderische Leute, was auch mit dem breiten Angebot verschiedenster Drachen bewiesen wird. Es reicht vom einfachen Schlittendrachen zum Tetrahedral und vom fliegenden Klipper bis zu den vogelähnlichen Blackhawks. Bei dieser nun folgenden Übersicht über das Angebot an Drachen von der Stange in Amerika muß ich mich gleich wieder für alle unabsichtlichen Auslassungen entschuldigen, aber ich kann nur solche Entwürfe anführen, die mir bekannt sind.

Airplane Kite Co.

Ray Holland jr. gründete 1948 seine Airplane Kite Co. Als Luftfahrtingenieur erhielt er schon 1938 sein erstes Drachenpatent, dem später viele weitere folgen sollten. In den frühen fünfziger Jahren fabrizierte er einen Kunstflugdrachen aus Papier, stellte dann auf Kunststoff um und brachte 1965 den *Blackhawk* heraus, ein Name, den er als Handelsmarke schützen ließ. Frank Scott entwarf für ihn 1967 einen Schlittendrachen, und seitdem ist auch der Name *Scott-Schlitten* für die Firma von Ray Holland eingetragen, heute fast gleichbedeutend mit dem flexiblen Sackdrachen überall in der Welt. Auch alle späteren Entwürfe in der Art des *Black Hawk* wurden patentiert, und jeder wurde auf aerodynamischer Grundlage mit dem Fachwissen von Ray Holland entwickelt. Mehrere gemeinsame Konstruktionsmerkmale sind bei ihnen zu finden. Als Gestänge werden hölzerne Rundstäbe verwendet, an besonders beanspruchten Stellen als Doppelstäbe, horizontal nebeneinander, mit einem achtförmigen Querschnitt. Sie sind am Bug verspannt. Bei den *Black-Hawk*-Vogeldrachen ist die Verspannung entlang des Umfangs verstellbar, um die Nase für besten Flug trimmen zu können. Waagen sind unnötig, die Leinen greifen direkt am Kiel oder Gestänge an. Die Anstellwinkel sind immer flach. Die meisten kann man vom Boden hochziehen, und zur Stabilisierung ist kein Schwanz nötig. Bespannmaterial ist in einigen Fällen Du Pont Tyvek, sonst Polythen.

Black Hawk: Dieser Entwurf ist, wie der später erwähnte *Brazilian Papagaio,* eine schwarze Vogelsilhouette, aus Vollmaterial ausgeschnitten (nicht auf transparentem Material gedruckt) und mit einer verstellbaren Umrandung versehen, über einem Gestänge aus zwei gebogenen Stäben, dem Quer- und dem Längsstab. Spannweite 117 cm, stellt sich auf jede Windstärke ein und fliegt bemerkenswert stabil und zuverlässig. Dieser Drachen ist sicherlich empfehlenswert (Abb. 87).

Skyscraper (Wolkenkratzer): ein 92 cm langer Kastendrachen mit je einer schmalen, schwarzen und weißen Zelle. Man kann sechs bis acht nebeneinander zusammenbauen zu einem großen Drachen, ähnlich wie ein meteorologischer Instrumentendrachen (Abb. 88).

Skyhook: ein Eddy-Bogendrachen mit Kielflosse in extremer Leichtbauweise mit weit vorn sitzendem Leinenbefestigungspunkt. Farbe Orange mit blauer Flosse, Spannweite und Länge 92 cm. Bemerkenswert gutes Flugverhalten bei leichtem Wind, wenn andere nicht hochkommen. Steht sehr senkrecht bei stärkerem Wind und ist sehr stabil (Abb. 89).

Wind Wizard (Zauberer): ein kleiner, flexibler Schlitten, 46 × 69 cm, zum Transport zusammenrollbar, fliegt überall und ist völlig narrensicher. Nur durch zu viel Fliegen kaputtzukriegen. Hat keine Luftöffnungen und wird in vielen Farben geliefert (Abb. 90).

Sky Sail: ein wogender, roter Polythen-Schlitten, 68 × 100 cm, leicht zusammenrollbar, rasch zu starten, steht an angepflockter Leine den ganzen Tag sicher am Himmel.

Vampir: ein Profildrachen in Vampirform, mit gleicher Größe wie der Spitfire, mit zwei gebogenen Querstäben (Abb. 91).

Sky Lark (Himmelslerche): ein gemalter Entwurf auf lerchenförmigem Bezug, 98 cm Spannweite, 68 cm lang, zwei parallele Querstäbe (Abb. 92). Man beachte hier die detaillierte Darstellung der Verstelleinrichtung.

Gayla Industries

Obwohl größter aller Drachenhersteller in den USA, ist Gayla Industries in Houston, Texas, in Europa fast unbekannt. Hergestellt werden Deltas mit Kielflosse, bedruckte, bunte Kunststoffbespannungen, Gestänge aus Kunststoffprofilen mit quadratischem Querschnitt. Die Grund-

Drachen der Airplane Kite Company.

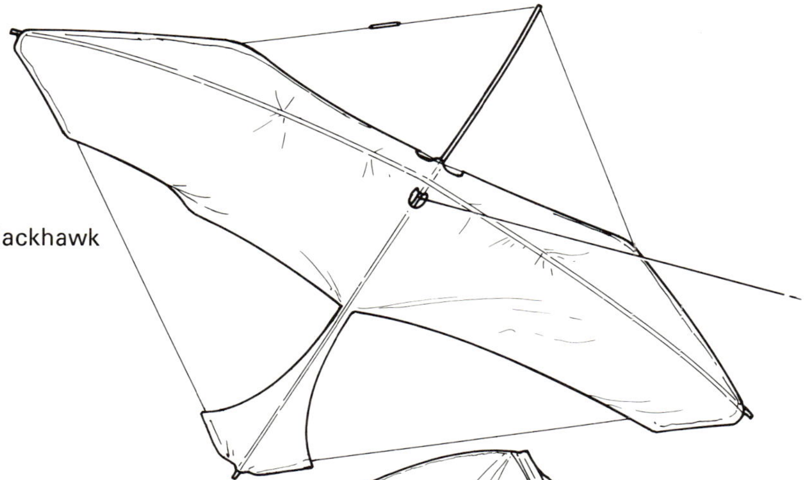

Abb. 87: Blackhawk

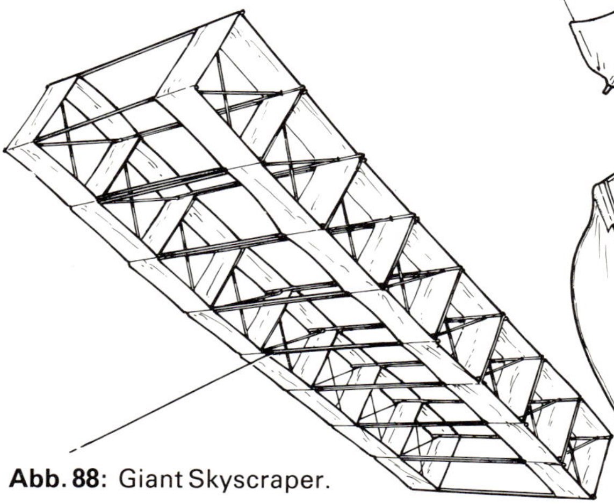

Abb. 88: Giant Skyscraper.

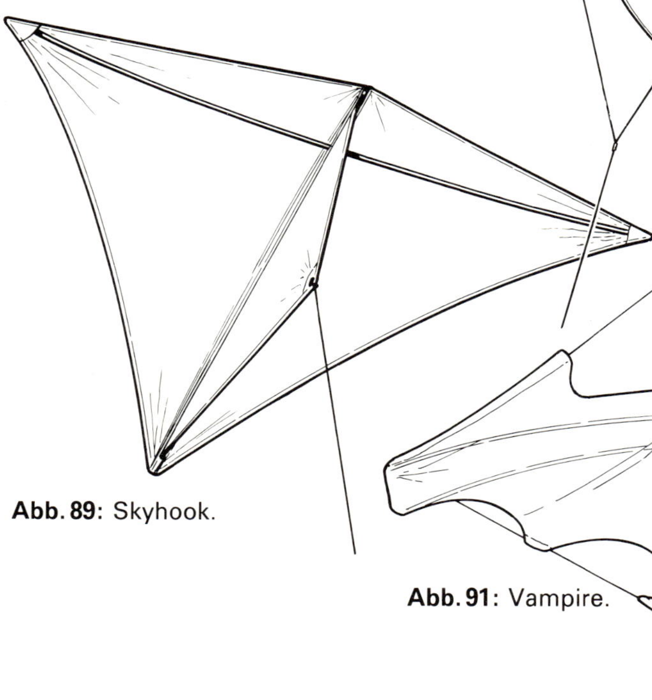

Abb. 89: Skyhook.

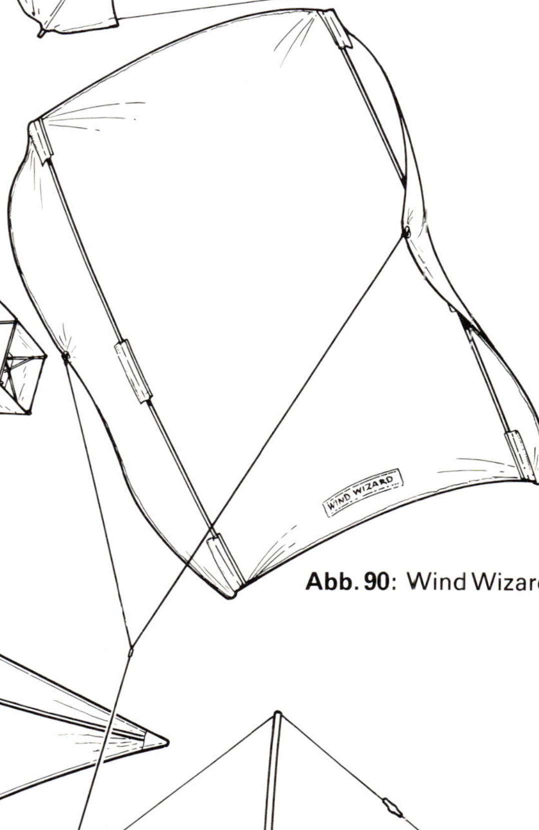

Abb. 90: Wind Wizard.

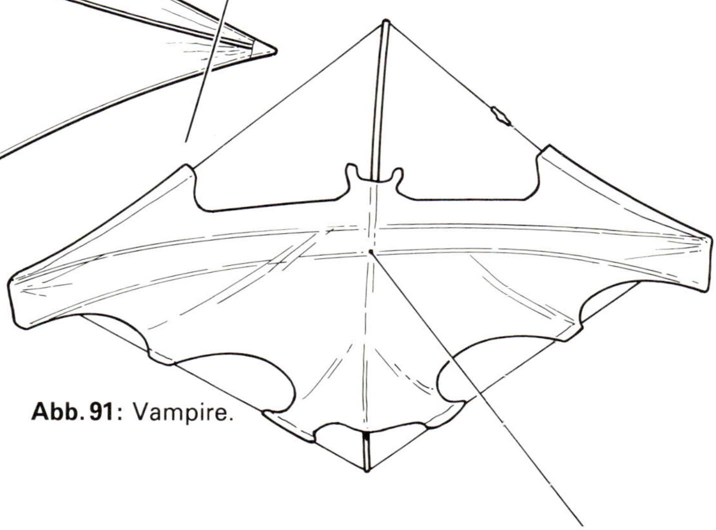

Abb. 91: Vampire.

form ist ähnlich, und nur Dekors und Spannweiten sind unterschiedlich.

Hi-Flier
Hi-Flier in Decatur (Damon Industries) hat die gleiche Schnellverbindungsart für Drachen, die in Europa üblich ist, und nennt sie *Flexhydral*-Verbindung.
Hustler: ein Eddy-Bogendrachen mit regenschirmähnlicher Aufspannvorrichtung, bedruckter Mylarbezug, Einpunktbefestigung der Leine.
Keelkite: ein gedruckter Adler auf einem 122-cm-Delta mit langer Bauchflosse am Mittelstab hinter einer flügelförmigen Eintrittskante.
Kung-Flew (Namensanklang an „Kung Fu"): 71 cm lang, mit Gestänge aus gezogenem Kunststoff mit quadratischem Querschnitt in der Eintrittskante, einem Längsstab, mit Kunststoffklammern befestigte Querstäbe. Doppelschwanz, 10 m lang. Einpunktbefestigung der Leine, fliegt bei allen Windstärken gut, verziert mit einem Kuligesicht, dessen Schnurrbartspitzen die Schwänze sind.

Kite Factory
In Seattle an der Westküste Amerikas gibt es einen stillen Drachenfreund, Dave Checkley, der die Kite Factory betreibt und auf originelle und individuelle Entwürfe spezialisiert ist, die niemand sonst vertreibt. Man könnte sagen, er liefert „Drachen nach Maß" von der Stange, zur Freude für die andern!
Parafoil: ein Original-Jalbert-Entwurf mit dreifachem Kiel, ohne starre Verstärkungen, Material Spinnakernylon. Dieser Typ ähnelt einem Fallschirm mit Profilwölbung an der Oberfläche. Hohe Tragkraft, für verschiedene wissenschaftliche Versuche eingesetzt (Abb. 93).
Minifoil: Eine „Westentaschen-Version" des großen Parafoil; dazu ein Schlittendrachen und ein Offener-Kiel-Drachen.
Zubehör: Auch das von der Kite Factory gelieferte Zubehör ist ungewöhnlich, aber sehr nützlich; unter anderem ein „Drachenträger", eine große Nylontasche mit Handgriffen und Reißverschluß (13 × 125 cm), oder eine Drachenleinen-Aufspulvorrichtung mit besonders hoher Geschwindigkeit.

Lee Custom Kite
Lee Custom Kite hat sich, wie schon der Name sagt, auf Sonderanfertigungen im Einzelauftrag spezialisiert, besonders von stoffbespannten Drachen. Alle sind mit einem besonderen Tuch bespannt (77% Dacron, 23% Baumwolle) und nicht gerade als klein zu bezeichnen. Auch kräftige Leinenwinden gehören zum Programm.

Marblehead Kite Co.
Für die USA ungewöhnliche Drachen stellt die Marblehead Kite Co. in Massachusetts her. Sie werden in traditioneller malaysischer Form mit Stoff bezogen, auf den bunte Muster aufgenäht sind.

Nantucket Kiteman
Nantucket Kiteman oder Mr. Harting ist ein für seine Deltaentwürfe bekannter Hersteller an der Ostküste.

North Pacific
In Bend in Oregon, im Nordwesten der USA, ist die sehr produktive Drachenbaufirma North Pacific beheimatet, die die weltberühmten „Glite"-Drachen baut. In Kapitel 5 habe ich schon den Glite als den ersten Kunstflugdrachen mit Zwei-Leinen-Steuerung vorgestellt, der auch wegen seiner Einfachheit und guten Flugeigenschaften vorbildlich ist. Die Beliebtheit des Glite in der ganzen Welt ist verdient, denn er besitzt einen einmaligen Zuverlässigkeitsstandard. Jeder Glite ist genau wie der andere, Form und Trimm sind völlig gleich, wie sonst nirgends zu finden.
„Glite": ein Dreistab-Rogallo mit V-Form und leichter konischer Wölbung; zwei Größen von 85 cm und 100 cm Länge, am Mittelstab gemessen. An diesem werden bandförmige Schwänze aus Kunststoffolie befestigt (Abb. 94). 9 verschiedene Bedruckungen werden angeboten. Die größeren sind *Pretty Bird*, *Skydiver* und *Roter Baron* (Abb. 96), die kleineren *Bug Off*, *Eagle*, *Arrow*, *Bionic Buzzard*, *Aqua Lady* und *Dragonfly*. Am beliebtesten ist *Red Baron*, gefolgt von *Bug Off*. Der *Jumbo Glite* ist ein Doppeldrachen mit zwei Dekors, *Spy Eye* (Spionenauge) und *Tandemtiger*.

Mittelstabende in zentraler Stellung, gebogen. Beim Verschieben nach links (A) wird die rechte Flügelspitze angehoben, nach rechts (B) die linke

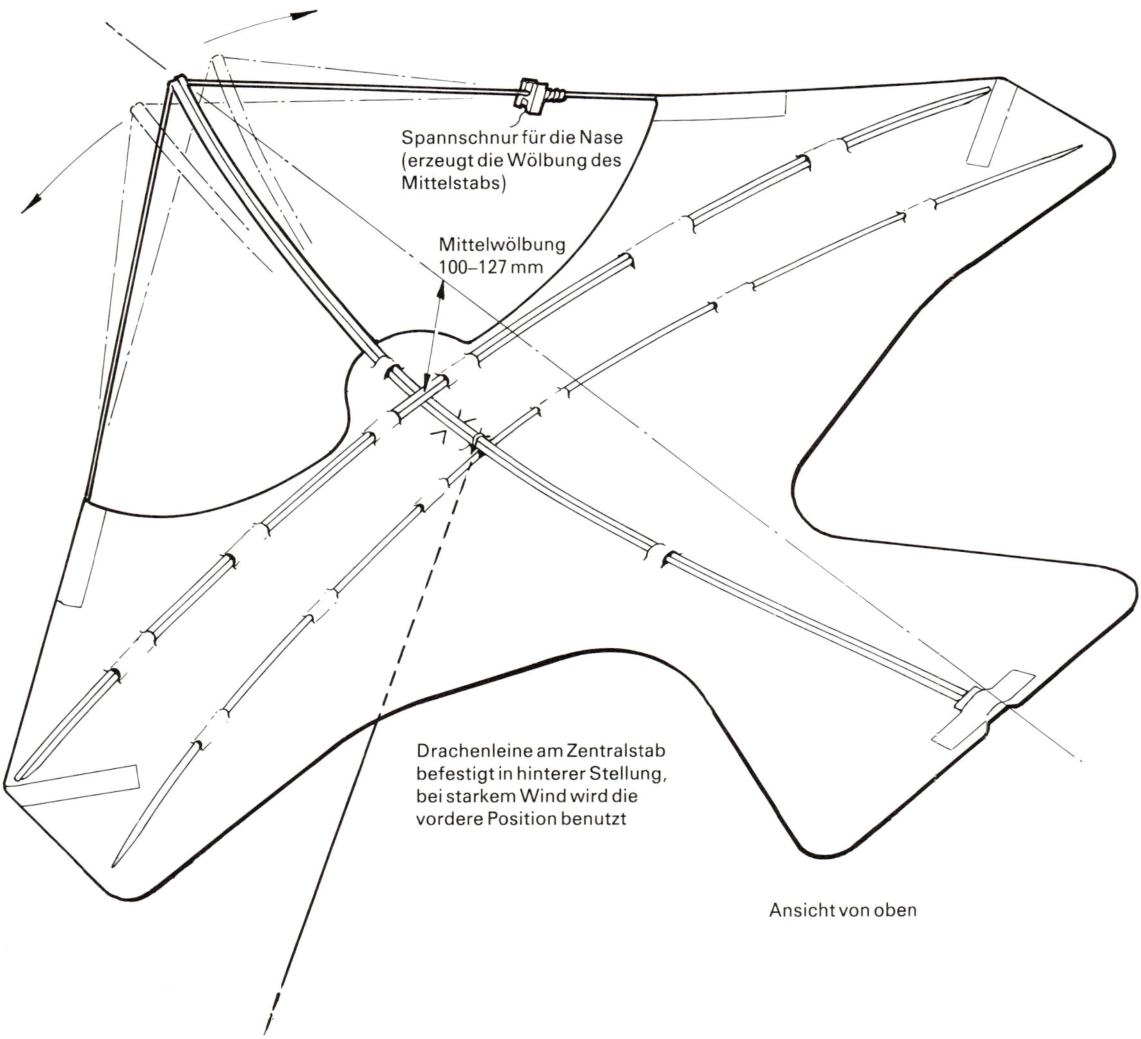

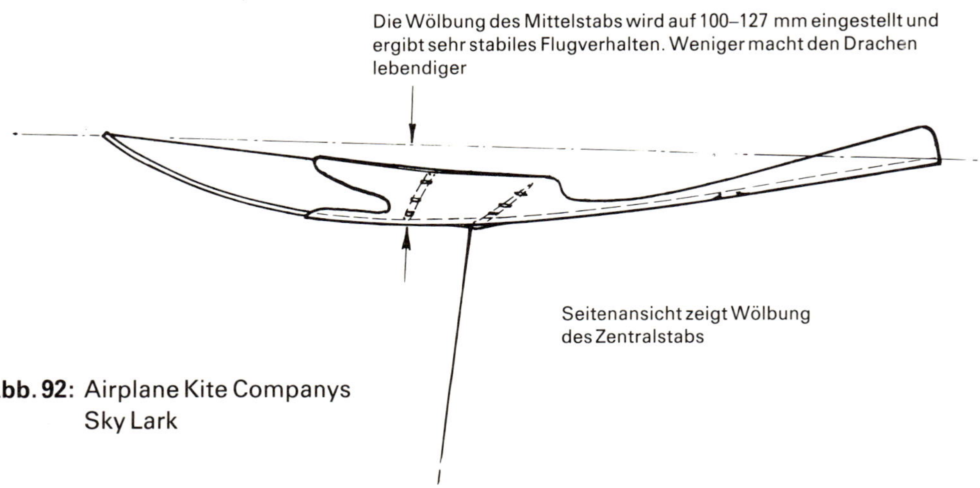

Abb. 92: Airplane Kite Companys Sky Lark

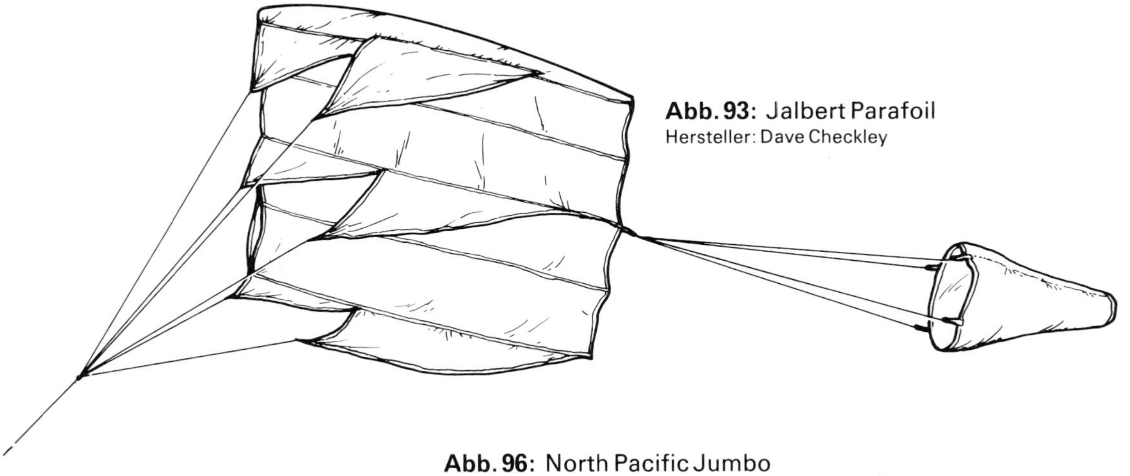

Abb. 93: Jalbert Parafoil
Hersteller: Dave Checkley

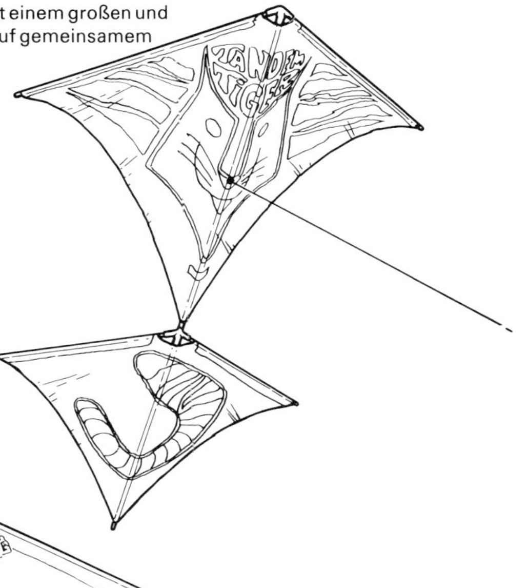

Abb. 96: North Pacific Jumbo
Tandem-Drachen mit einem großen und einem kleinen Glite auf gemeinsamem Mittelstab.

Abb. 94: North Pacific Glite
Dekor Feuerball mit Schwanzbänder

Abb. 95: North Pacific Glite
Größere Version mit „Rotem Baron“, ohne Schwanz.

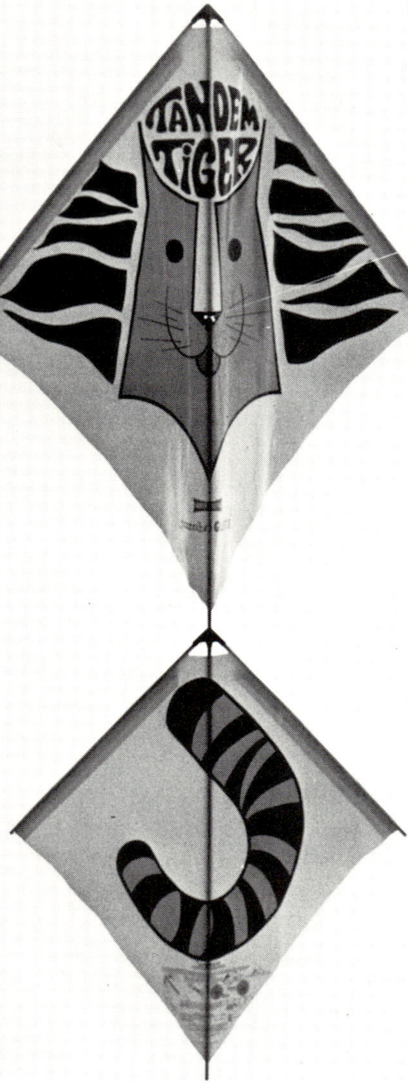

Jumbo Glite Tandem Tiger. Keine Schwanzbänder nötig.

Gesamtlänge der zwei auf einem Mittelstab befestigten Drachen 152 cm. Der Jumbo braucht keinen Schwanz und fliegt gut (Abb. 96 + 104). Alle Glites steigen schon bei leichtem Wind, vertragen aber auch kräftige Brisen. Die Gebrauchsanweisung ist aufgedruckt, und Waagen sind nicht nötig. Diese Drachen kann man auch zu Gespannen zusammenstellen. Ihre stabile Flugcharakteristik ist immer eindrucksvoll.

Rogallo Flexikites

Ich habe des öfteren, beim Glite und anderen Drachen, vom Rogallo-Typ gesprochen. Genaugenommen meine ich damit nur das Dreistab-Gestänge, das am Bug verbunden ist, und einen dreieckigen Flügel mit zwei flexiblen Hinterkanten. Beim Aufwölben gleichen diese Formen aber nicht ganz den Prinzipien, die Francis M. Rogallo, ebenfalls ein Drachenhersteller, aufgestellt hat. Sein Firmensitz ist Kitty Hawk, der Geburtsort des angetriebenen Menschenflugs.

Flexikite: 38 cm Spannweite mit 56 cm Kiellänge, vierschenkelige Waage für Einleinenflug, auch als Kunstflugdrachen mit Zwei-Leinen-Steuerung angeboten.

Die tiefe, konische Wölbung der Flächen ist die echte patentierte Rogalloform. Lieferbar als Baukasten oder flugfertig.

Stratton Air Engineering

Die Spezialität von Stratton Air Engineering sind Drachenbaukästen für Squadron-Drachen. Craig A. Stratton entwarf eine Serie von Drachen in Flugzeugprofilform. Sie bestehen aus Fichtenleisten, welche mit raffinierten Kunststoffbeschlägen verbunden sind. Bespannt wird mit vorgedrucktem *Silkspan*, einem Flugmodell-Bespannpapier. Alle Drachen haben Tragflächen, Rumpf und Leitwerk. Es gibt drei verschiedene Doppeldecker, einen Dreidecker, einen Vierdecker und ein superbes Klipper-Schiff. Weitere Modelle sind geplant.

Das Grundprinzip der Squadron-Drachen sind tragende Flügel mit starren Vorderkanten und ein Leitwerk mit stark negativem Einstellwinkel zur Stabilisierung. Der Rumpf bildet eine ausgezeichnete, breite Kielfläche, und das Ganze ist durch den Aufbau aus Fichtenleisten auf Baldachinstreben eine sehr flexible Konstruktion. Zu starker Wind kann Zerstörungen anrichten, aber mein *Sopwith Camel* flog viele Stunden, bevor etwas zerbrach; und das war mit Material aus dem Modellbaugeschäft schnell wieder repariert. Der Bau eines Squadron-Drachens hat Ähnlichkeit mit dem Bau eines Flugmodells, nur daß dieses profilierte Tragflächen hat anstelle eines Kastens. Der Rumpf ist beidseitig mit vorgedrucktem Material bespannt.

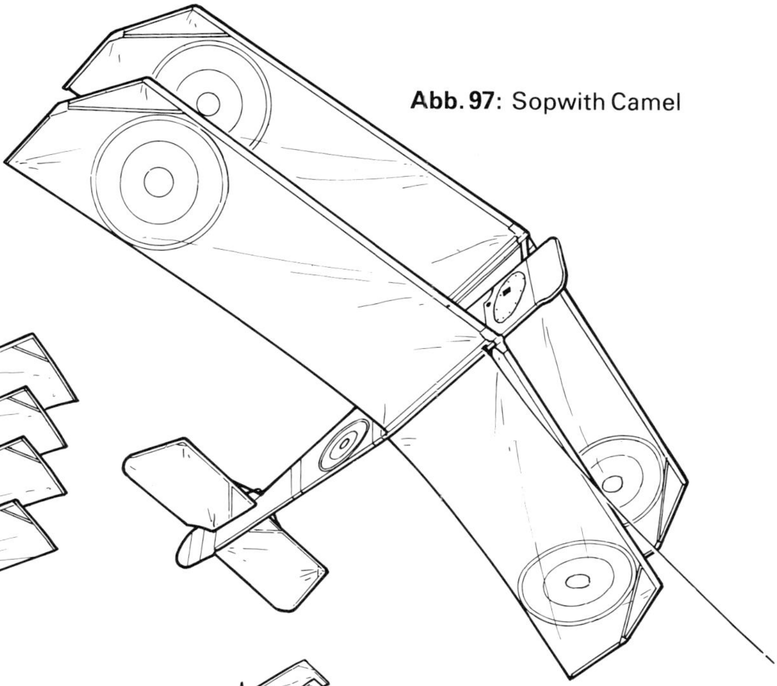

Abb. 97: Sopwith Camel

Abb. 98: Four Dekker

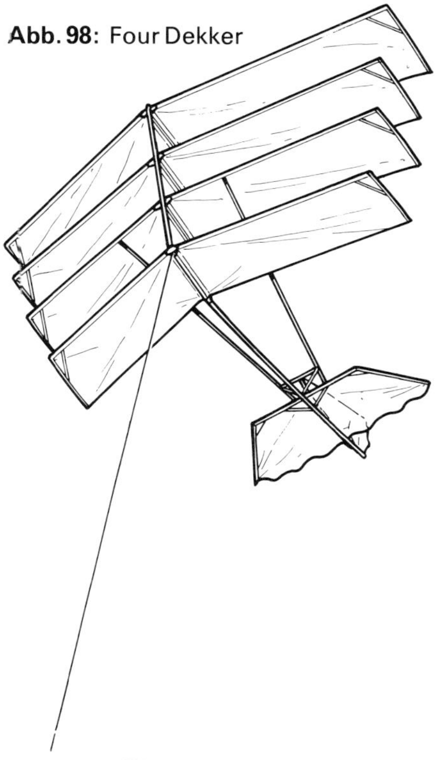

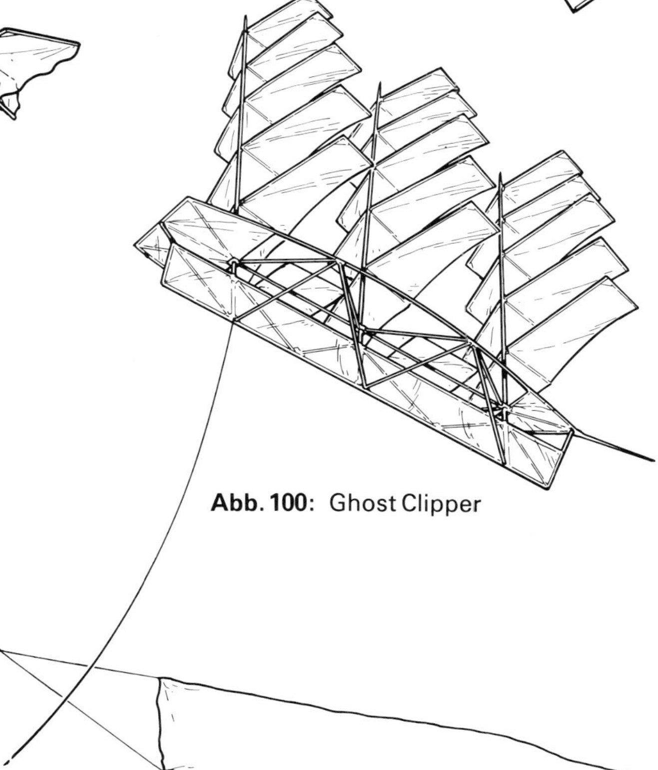

Abb. 100: Ghost Clipper

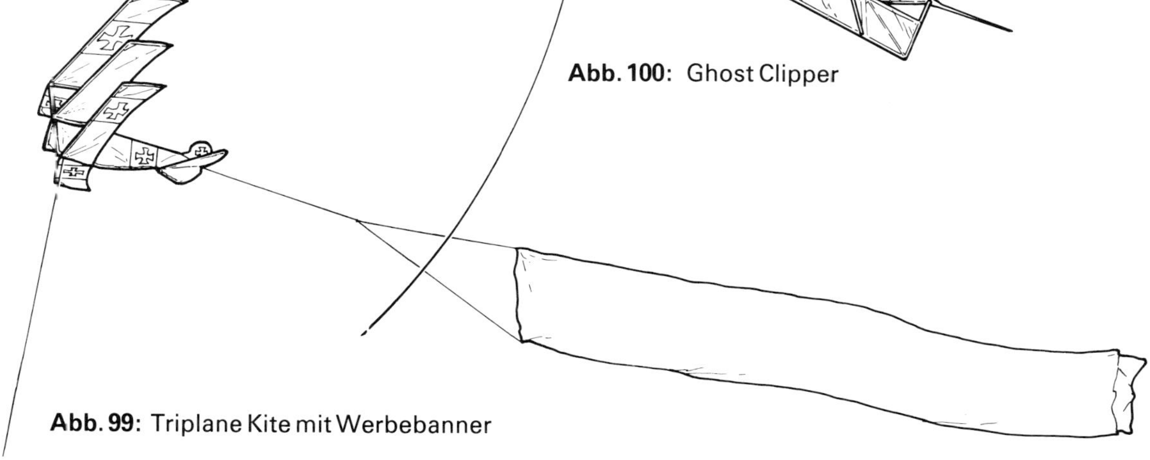

Abb. 99: Triplane Kite mit Werbebanner

Sopwith Camel, Fun Star, F3F-2 Helldiver: Diese Doppeldecker ähnlicher Form haben 122 cm Spannweite, doch jeder hat eine andere Farbe und Kennzeichnung. Sie fliegen ausgezeichnet und können nach Belieben gesteuert und gelandet werden; Einpunktbefestigung der Leine, keine Waage (Abb. 97).

Vierdecker: ein Vierdecker mit 122 cm Spannweite, 92 cm Länge und 0,73 m^2 tragender Fläche bei nur 142 g Gewicht. Steht bei Thermik senkrecht über dem Piloten (Abb. 98).

Fokker Dreidecker: Kopie des *Roten Dreidekkers,* den Baron von Richthofen im Ersten Weltkrieg flog (Abb.99).

Capitän Nemos Dreidecker: kleinere, einfachere Variante.

Ghost Clipper: das Flaggschiff der Flotte (Abb. 100 und Bild)! Ein großes, schweres Dreimast-Klipperschiff mit 5 Segeln pro Mast; 152 cm lang, 122 cm hoch. Ein verblüffend origineller Entwurf. Der *Ghost Clipper* braucht mindestens 10 km/h Windstärke und viel Ballast (170 g bei 566 g Gesamtgewicht) im Kiel zur Aufrechterhaltung des Gleichgewichts. Der Klipper sieht in der Luft wie ein fliegendes Segelschiff aus. Bei zu starkem Wind werden die Topsegel weggenommen, und man fliegt nur mit den Hauptsegeln. Er ist zum Transport zerlegbar. Sollte die Leine reißen, so segelt er auf ebenem Kiel herunter.

L. G. Striegel

Ein amerikanischer Kastendrachen mit Seitenflügeln ist etwas Ungewöhnliches. Hergestellt wird er von L. G. Striegel in Louisville, Kentukky, als einziges Modell.

Superkite: Ein großer War-Kite-Kastendrachen, 102 × 102 cm, mit Seitenflügeln und Ty-

Squadron Kites Sopwith Camel im Flug

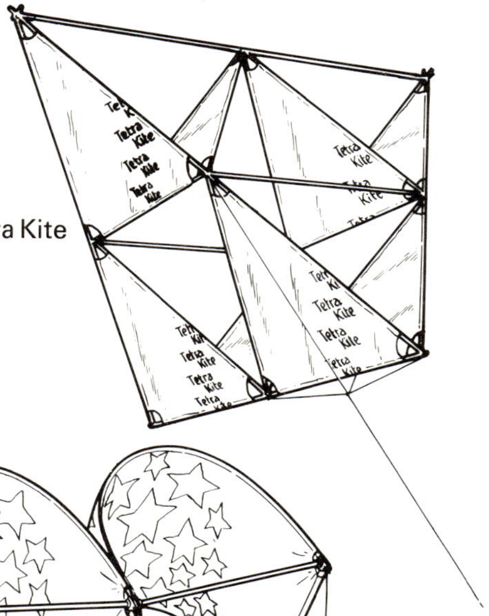

Abb. 101: Tetra Kite

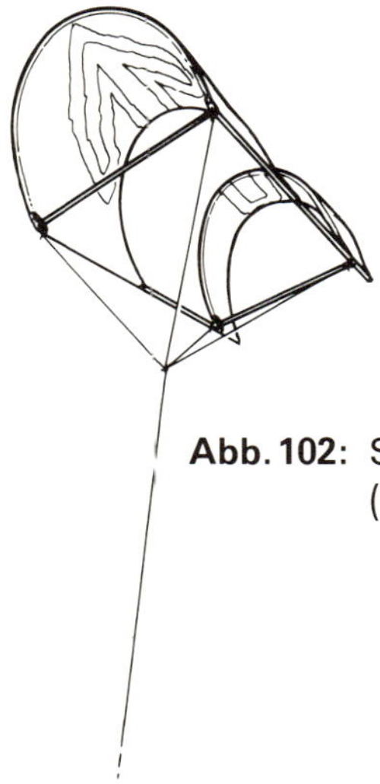

Abb. 102: Single Air Scoop (Treibhaus)

Synestructics-Drachen

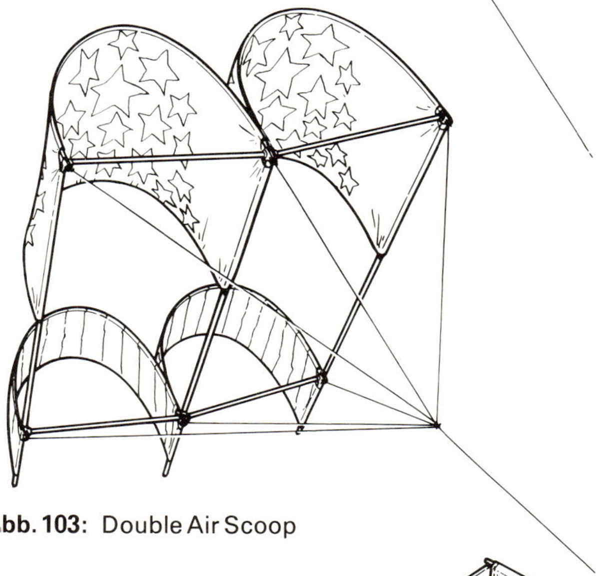

Abb. 103: Double Air Scoop

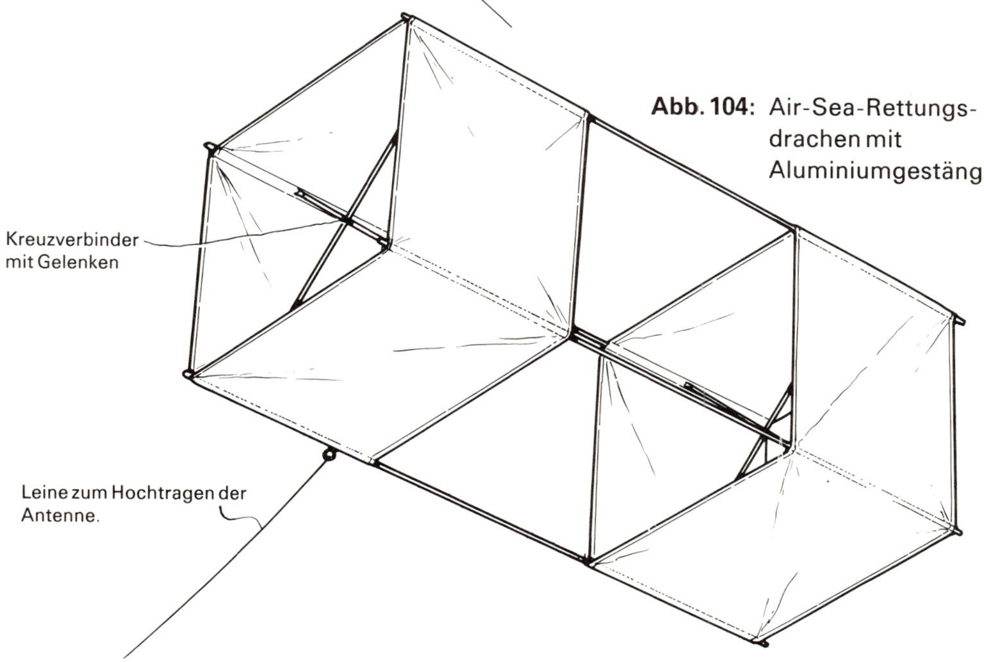

Abb. 104: Air-Sea-Rettungsdrachen mit Aluminiumgestänge

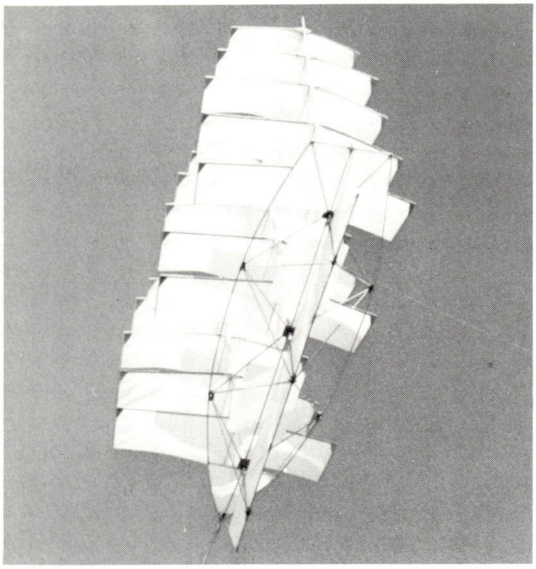

Ghost Clipper von Squadron Kites – ein begeisternder Anblick

vek-Bespannung. Kann außer zum Vergnügen auch zum Hochtragen von Antennen geflogen werden. Eine Leine mit 18 kg Zugfestigkeit und mindestens 60 m Anfangslänge ist in der Gebrauchsanweisung vorgeschlagen.

Synestructics

Alexander Bells Experimente mit Tetraederdrachen gaben das Vorbild für Synestructics ab zur Herstellung zusammensteckbarer Kunststoffkonstruktionen als moderne Nachahmungen. Das führte dann noch weiter zu drei anderen, erfrischend modernen Entwicklungen, alle auf der Basis zusammensteckbarer Grundelemente, die sich zu verschiedenen Konstruktionen vereinigen lassen. Der Entwurf stammt von Toby Cowan.

Tetra Kite 4-Sail Unit: besteht aus vier V-förmigen Teilen von 84 cm Höhe über Eck, fliegt ohne Waage und Schwanz (Abb. 101).

16-Sail Quad Super Unit: eine Kombination von 16 Einheiten, 168 cm hoch, rote Flächen und gelbes Gerüst.

Skylinks: eine Weiterentwicklung des Tetraederprinzips mit viereckigen Flächenteilen, ausgenommen die Schwanzteile.

One Unit: eine Grundeinheit des *Skylinks* als Drachen.

Skylinks 4: Verbindung von vier Grundeinheiten zu einem großen Drachen.

Skylinks 10: 10 verschiedene Kombinationen von 10 Grundeinheiten sind möglich. Kann auch mit Zwei-Leinen-Steuerung, als Gespann oder im Tandem geflogen werden.

Air Scoop: eine Art „fliegendes Treibhaus" mit drei verschiedenen Dekors: *Stars and Stripes, Arrow* und *Schachbrett* (Abb. 102).

Kunststoffrohre sind zu einer Art gewölbtem Halb-Kastendrachen von beachtlicher Flexibilität verbunden. In kühleren Regionen sollte man die Teile verkleben, weil sie sonst dauernd auseinanderfallen. Fliegt an einer vierschenkeligen Waage wie ein halbstarrer Schlitten.

A Double Unit: zwei „Treibhäuser" nebeneinander (Abb. 103).

Zubehör: Para Launcher ist eine sehr einfache Konstruktion zum Fallschirmabwurf, die mit den Synestructic-Drachen angeboten wird. Auch für andere Drachen geeignet.

Drachengeschäfte

Drachen von der Stange gibt es fast überall; sucht man aber etwas Bestimmtes, so ist das recht mühsam. Während es in den USA in allen größeren Städten eine Anzahl von Drachengeschäften gibt, warten wir in Europa immer noch auf solche Einkaufsmöglichkeiten. Im Anhang finden Sie einige Adressen für Holland und Großbritannien.

Der erste Drachenladen in Britannien wurde in Clifton bei Bristol unter dem Namen „Windcraft" von David Turner eröffnet, der sich auf Importe und britische Erzeugnisse spezialisiert. Bald danach kam Eric Gibson of Kites in der Neal Street 69 in London WC 1 und Sean Rawnsley's Rawnsley Kiting in Norwich, weitere werden folgen, denn das Interesse wächst. Das Drachengeschäft verläuft wellenförmig, großer Begeisterung folgt wieder Ebbe. Die Erzeugnisse, die in den Drachengeschäften vertrieben werden, wechseln rasch. Die Vorführungen im Fernsehen haben viel Popularität gebracht.

7

Neuheiten

Nichts in der Drachenwelt könnte man konventionell nennen. Die Freiheit des Geistes drückt sich in der Vielzahl der Formen und der symbolischen Ausdruckskraft, je nach Geschmack des Piloten, aus. Typisch für die Vielfalt sind die gemalten japanischen Drachen, die einem Kondor ähnlichen Formen der südamerikanischen Papagaios, die Flaggen tragenden Eddy-Drachen in New York, Bells Tetraeder, die chinesischen Insekten und Tausendfüßler (Abb. 105), die nüchternen britischen Kastendrachen und die malaiische Schlange (Abb. 106). Wir möchten nun noch ausgefallenere Drachen vorstellen, die regelmäßig geflogen werden.

Kein Drachen übertrifft an Größe die gigantischen Kriegsdrachen (Abb. 107 und Bild), die für die alljährlich stattfindenden Juni-Feste in Japan hergestellt werden. Diese gewaltigen rechteckigen Segel, über einem Gerüst aus Bambusstäben und Waagen, sind 6,7 × 4,8 m groß. Um sie zu fliegen, braucht man eine Mannschaft, alle mit *Happi*-Jacken bekleidet, die diese Monstren am Ufer des Nakanokuchi-Kanals in Shirone im Bezirk Niigata hochzerren. Manche erreichen eine Höhe von 150 m, bevor das Unglück seinen Lauf nimmt und sie ins Wasser hinunterklatschen.

Der Anblick dieser Drachen und der unzähligen kleineren Kampfdrachen beim Shirone Festival ist atemberaubend farbenprächtig. Deshalb ist es kein Wunder, daß diese kleine Stadt einen legendären Ruf als Zentrum östlicher Drachenbegeisterung genießt. Ähnlich kompliziert, aber nicht so groß, sind die zentralamerikanischen Runddrachen in Guatemala. Sternförmige Gestänge tragen die aus vielen Stückchen bestehende Bespannung, die in den buntesten Farben leuchtet, fransenverzierte Kanten hat

Helfer in Happi-Jacken starten einen gigantischen Drachen beim Festival in Shirone.

und in der Mitte einen Flaggenmast trägt. Diese Drachen (Abb. 108) werden im Rahmen von Zeremonien auf dem Friedhof von Santiago de Sacatepeques, 50 km von Guatemala City, an

Abb. 106: Malaiische Schlange

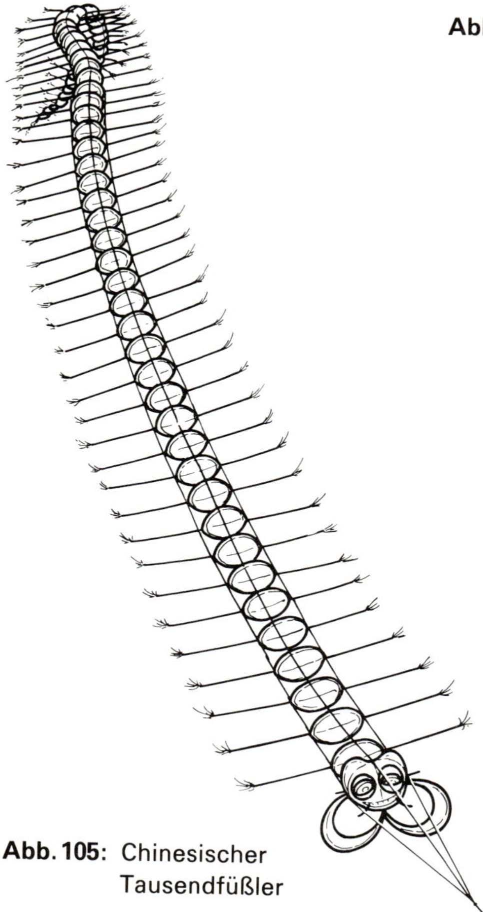

Abb. 105: Chinesischer Tausendfüßler

Abb. 107: Giant War Kite
6,7 m × 4,8 m, Shirone,
Niigata Prefecture, Japan

Die Dekoration dieses Drachens ist eine
Werbung einer Pilzzüchtervereinigung

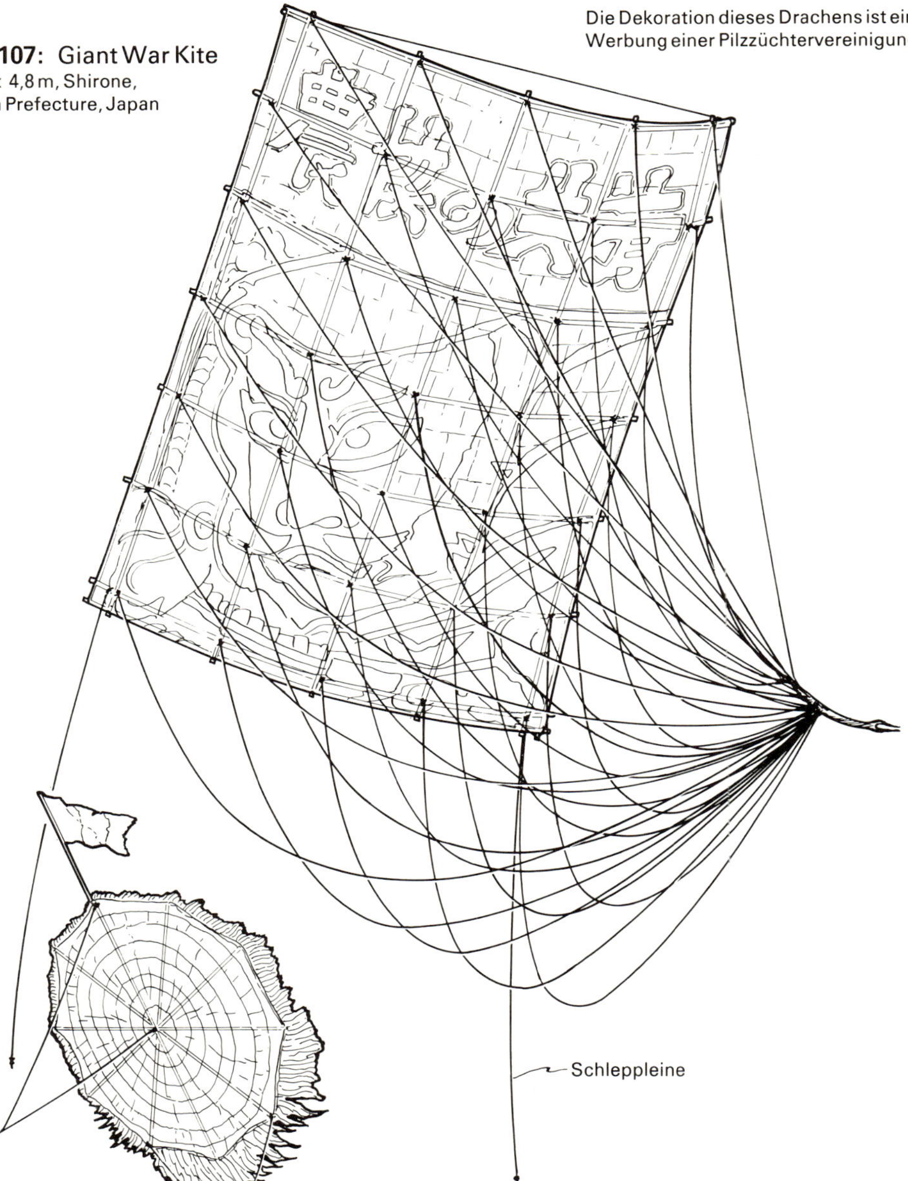

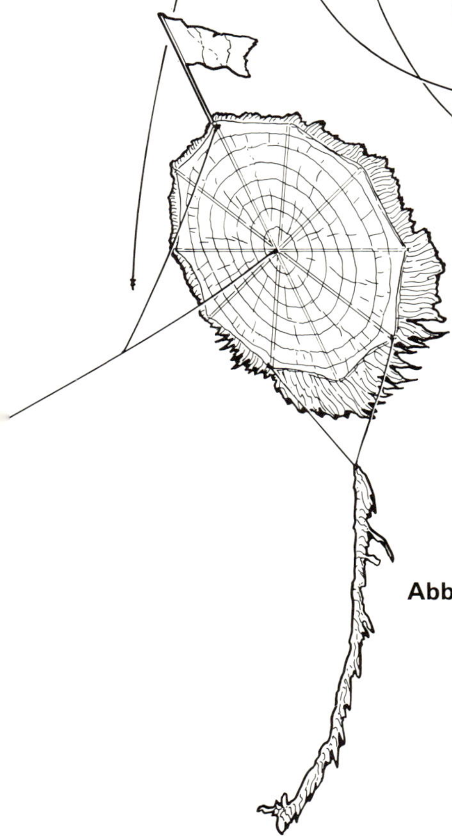

Abb. 108: Cathartic Drachen
Guatemala.

Allerheiligen geflogen. Sie sollen die Geister der Heiligen ehren und den Beginn der Schönwetterperiode feiern. Obwohl ihre Herstellung aus Bambus, Schilf und Papier monatelange Arbeit verlangt, ist ihre Lebensdauer in der Luft doch nur kurz. Nach kaum mehr als 10 Minuten Flug werden sie heruntergeholt und als Opfergaben verbrannt. Ihre Größe schwankt zwischen 3–7,5 m Durchmesser, und um das schwere Gebilde in der Luft zu halten, braucht man bis zu zehn Jungen.

Zeremonien wie diese sind seltene Ereignisse; bemerkenswert ist aber die Ähnlichkeit zwischen den Catheric Kites in Guatemala und den Star-Drachen in Indien, was die Konstruktion anbelangt.

Viel einfacher ist der tetraedersche Eigenbau von Ron Prendergraft mit 64 dreieckigen Balsa-Zellen (Abb. 109). Die Stärke des dafür verwendeten Balsaholzes kann dem Wunsch des Erbauers nach einem Leichtdrachen oder einem schwereren angepaßt werden.

Für einen solchen Tetraederdrachen kann man wahlweise hartes 2 mm starkes Balsaholz oder weicheres 3 mm starkes Balsaholz verwenden, deren Gewichte dann etwa gleich sind. Wir würden das weichere vorziehen, weil es mehr aushält. Der Tetrakite wird aus vier Pyramiden pro Zelle aufgebaut, wie aus der neunstufigen Bauanleitung von Prendergraft ersichtlich ist. 16 Zellen bilden die nächste Einheit, und aus vier solcher Einheiten besteht dann der ganze Drachen.

Versuchen Sie es! Balsaholz ist leicht erhältlich, und alle Verbindungen werden mit Balsa-Kleber hergestellt. Bei sorgfältiger Holzeinteilung mit Hilfe der Metallschablone kann man viele Teile aus einem Brett herausbekommen, wenn man die Pyramiden aus Dreiecken zusammenklebt und nicht, wie Prendergraft be-

Bill Bigge montiert einen seiner Flugzeugdrachen in der Luftschiffhalle in Lakehurst, New Jersey.

Abb. 109: **Tetraederdrachen**

von Ron Prendergraft

(Ron Moulton empfiehlt, mit der Schablone das Balsabrett ohne Verluste und ohne Rücksichtnahme auf die Faserrichtung aufzuteilen und alle Kanten zu verleimen)

1.

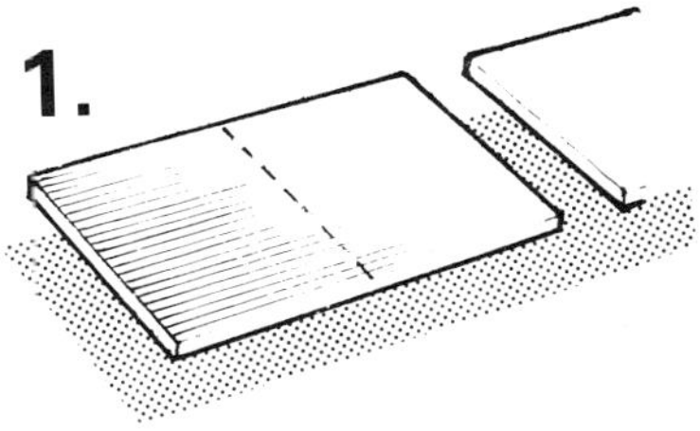

75 mm breites Balsaholz in 150 mm lange Stücke schneiden. Mittellinie anzeichnen.

2.

Anritzen und so falten, daß die Teile noch verbunden bleiben.

3.

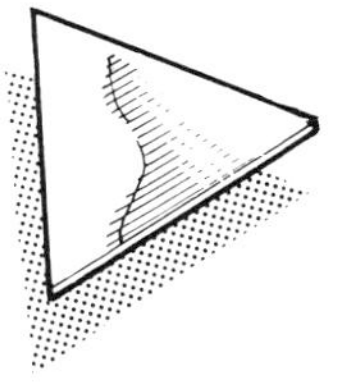

Aus Blech eine Schablone 75 × 75 × 75 mm schneiden.

4.

Schablone an Faltkante auflegen und überflüssige Ecken wegschneiden.

5.

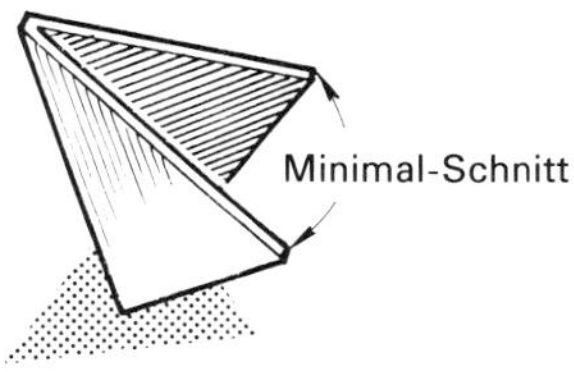

Dies ergibt solche doppelten Dreiecke.

6.

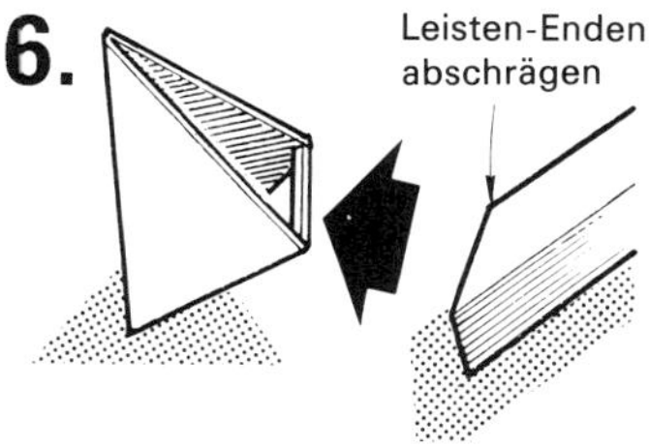

Streben anpassen und in das Dreieck einleimen.

7.

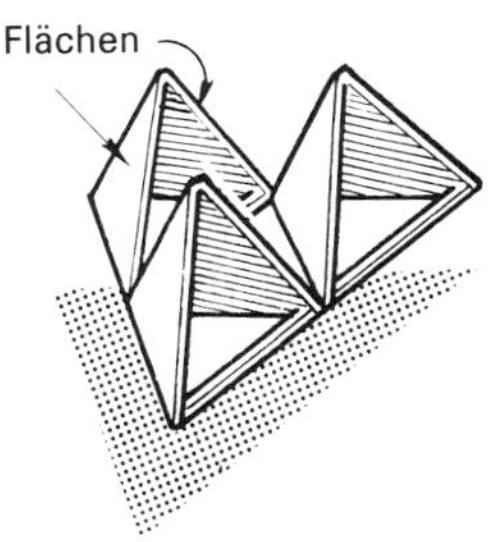

Drei solcher Einheiten zusammensetzen und an den Ecken verleimen. Alle Flächen müssen in der gleichen Richtung stehen.

8.

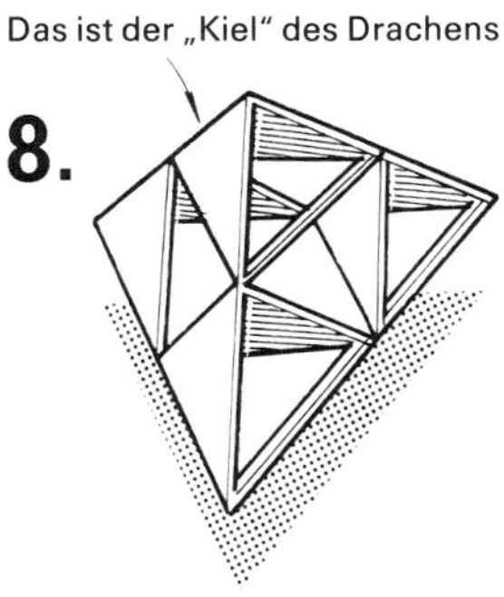

Dies ist die untere Kante des Drachens
Nach Abbinden obendrauf eine weitere Zelle aufleimen, 16 solcher Viererzellen herstellen.

9.

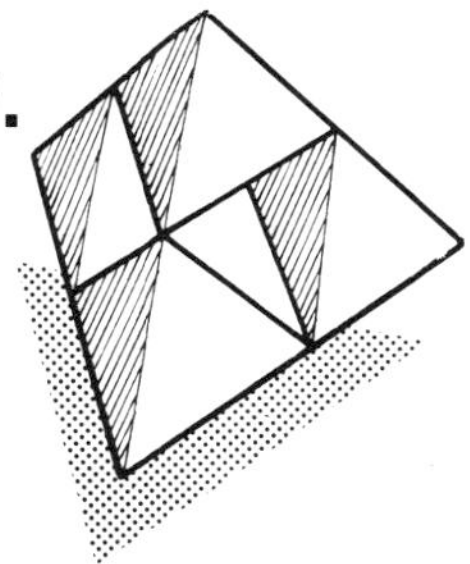

Vier dieser Viererzellen werden genauso verleimt zu einer Sechzehnerzelle, vier Sechzehnerzellen bilden den Drachen.

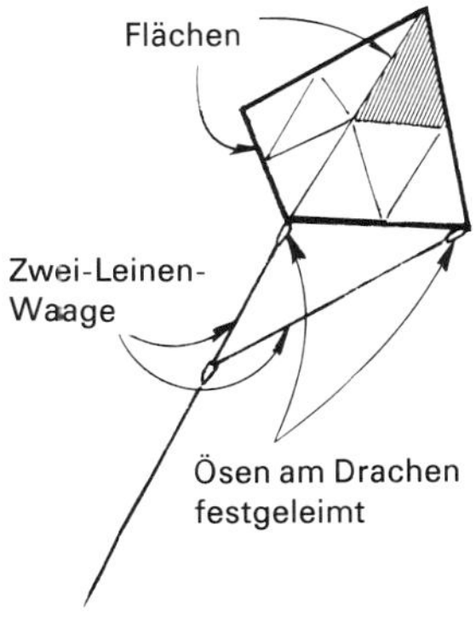

Befestigung der Waage
In die untere Kante des Drachens wird eine Schnur eingeleimt, die vorn und hinten eine Schleife hat. Ein darübergeklebter Balsastab festigt den Kiel. Ein kleiner Schwanz wird an der hinteren Schlaufe befestigt. Er empfiehlt sich bei böigem Wind. Die Leine soll leicht sein. Erster Start über hohem Gras ist zu empfehlen, sonst gibt es leicht Bruch. Einmal in der Luft, steht der Drachen sehr sicher.

Captive Flight Devices Autogyro-Drachen (Foto: Charles E. Brown)

schreibt, durch Falten von Vierecken. Die Faserrichtung spielt bei den Dreiecken keine Rolle.
So ein Tetradrachen ist immer ein besonderer Anblick, der viele Zuschauer herbeilockt. Er ist verhältnismäßig einfach zu transportieren. Bei steifem Wind macht er wegen der durchströmenden Luft ziemlich viel Geräusch.
Ein Entwurf unserer Tage ist, im Gegensatz dazu, der Aeroplane-Drachen von Bill Bigge. Er gleicht nicht den Squadrone-Drachen, die in Kapitel 6 beschrieben wurden (Doppeldecker, Clipper), sondern eher den Saalflugmodellen, die Bigge in Luftschiffhallen fliegt. Ein Rahmenwerk für Tragflächen und Leitwerk ist auf einem langen Stabrumpf befestigt, an dem vorn und hinten noch Vertikalflächen angebracht sind. Die Waage greift ähnlich wie die Schleppleine eines Segelflugzeugmodells an. Mit metallisiertem Mylar bespannt, fliegt dieser Drachen, besonders in 60 m Höhe, ausgezeichnet. Bill Bigge hat sich sehr um einen Drachen, der ohne Wind fliegt, bemüht, und diesen Aeroplane-Drachen kann er in einer Luftschiffhalle beim Gehen fliegen lassen. Doch solche Räumlichkeiten stehen den wenigsten Drachenpiloten zur Verfügung!
Windiges Wetter benötigt jedenfalls eine andere Art von Flugzeugdrachen, der *Autogiro*, erfunden von Juan de la Cierva. Rotierende Flügel, die sich wie Windmühlen drehen, haben viele im Handel erhältliche Drachen. Im Kapitel 6 sind Modelle von Dux und Günther beschrieben, die Kunststoffrotoren und Segel mit Windschaufeln am Ende der Gerüststangen haben. Ein echter Autogiro hat Rotorblätter mit Profil, die vom Wind am nach hinten gehenden Blatt angetrieben werden und mit dem nach vorn gehenden Auftrieb erzeugen.
Solarbo Co. of Lancing brachte eine Voll-Balsa-Version, entworfen von John Sproule, heraus. Sie benötigt viel Wind, wie man ihn an Hängen finden kann, und bietet dort einen tollen Anblick. In den späten 30er Jahren stellte „Captive Flight Devices" in Abington, Pennsylvania, einen Autogyro-Drachen mit 92 cm Rotordurchmesser her (Abb. 110 und Foto). Der auf einer gedrehten Achse sitzende Rotor war kugelgelagert und konnte mit Hilfe eines Kontrollhebels verstellt werden. Die Waage war dabei ein Stab, der direkt zum Rotorlager führte und damit automatisch den Anstellwinkel kontrollierte. Rotor-Drachen fliegen extrem stabil. Bei diesem Autogyro saßen ein Doppelleitwerk sowie Stabilisierungsflügel mit aufwärts geknickten Spitzen am Rumpf. Ihr Nachteil war die massive Konstruktion, bedingt durch die große, rotierende Masse. Die Rotorblätter mußten sehr fest sein, weil sie trotz ihrer Biegung nach oben ab und zu am Rumpf anschlugen, wobei sie nicht kaputtgehen sollten.
Eine andere Kombination von Flugmodell und Drachen ist der Halb-Kastendrachen von Mervyn Buckmaster aus Australien. Buckmaster ist ein begeisterter Freiflug-Modellflieger und suchte nach einer Art Drachen, der bei seinen Wettbewerbsflügen als eine Art Thermik-Detektor über seinem Startplatz stehen könnte. Er entwarf einen Kasten mit Flugzeugprofil und vier nach hinten gehenden Stäben, an denen ein kreuzförmiger Schwanz saß. Diese Konstruktion ähnelt vorn einem Kastendrachen und hinten einem Flugzeug. In Balsabauweise mit Papierbespannung ausgeführt, genau wie ein Flugmodellflügel, flog der Drachen sehr gut und erfüllte alle in ihn gesetzten Erwartungen (siehe Bild). Er könnte auch von Hargrave stammen, was nach Mervin aber nur eine zufällige

Oben: Buckmasters starrer Halbkastendrachen, eingesetzt als Thermikschnüffler.

Unten: Pearson Bird, geflogen in Kensington Gardens, London.
Hängegleiter im Vorbeiflug

Ein Hängegleiter, in der Sitzstellung geflogen

Ähnlichkeit sein und nicht mit der Tatsache zusammenhängen soll, daß auf der australischen 20-Dollar-Note Hargraves Drachen abgebildet sind. Viele von Hargraves frühen Modellen könnten in Balsa und Kunststoff ausgeführt werden.

Kommen wir vom starren zum voll flexiblen Drachen, dem Parafoil. Er ist auf den Flugfeldern noch wenig zu finden. Geschaffen wurde er von dem Kanadier Domina Jalbert und ist nur eine seiner zahlreichen Erfindungen. Jalbert beschäftigt sich mit allem, was mit Wind zusammenhängt, und seit seiner harten Kindheit in St. Michel an der Hudson Bay verbringt er sein Leben mit Segeln und Drachen. Der Parafoil ist ein Drachen ohne starre Teile, der sich selbst durch den Luftstrom in Form hält und eine vielschenklige Waage besitzt. Hergestellt wird er aus Rip-Stop-Tuch, einem heißgewalzten Nylon. Er besitzt Tragflächenwölbung und entwickelt im Wind beträchtlichen Auftrieb. Für sein Gewicht kann er unheimlich viel tragen (Abb. 111).

Obwohl schon in vorhergehenden Kapiteln erwähnt, müssen auch hier in diesem Kapitel über Neuheiten Drachen in Vogelform vorgestellt werden. Der Stroh-Drachen der Papuas (Abb. 112) wird zum Fischen benutzt und ist faszinierend. Er ist schwer, soll aber trotzdem gut fliegen und ist mit einer vernünftigen Waage ausgerüstet. Er kann mit den modernen „Black Hawks" und „Vampiren" verglichen werden, die ebenfalls trimmbare Umrandungsschnüre besitzen; oder mit dem holländischen, stoffbespannten Vogeldrachen von Knoops, ebenfalls einem ausgezeichneten Flieger.

Meiner Erfahrung nach ist aber der Pearson-Vogeldrachen, wie er im Kensington Garden geflogen wird, der hervorragendste. Diese großen Drachen haben zwei Meter Spannweite und verstellbare Flügelenden zum Trimmen. Sie segeln wie Bussarde (Abb. 113 und Foto). Wie wäre es mit einem angetriebenen Drachen? Diese Idee kam mir schon 1961, als der Rogallo-Gleiter in den USA als Landehilfe für Raumkapseln erprobt wurde.

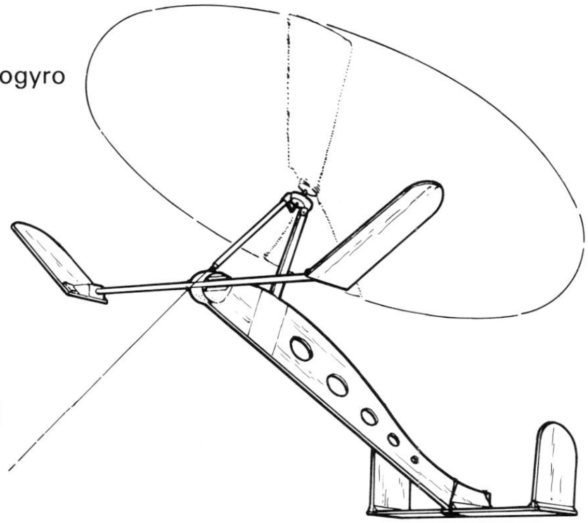

Abb. 110: Autogyro

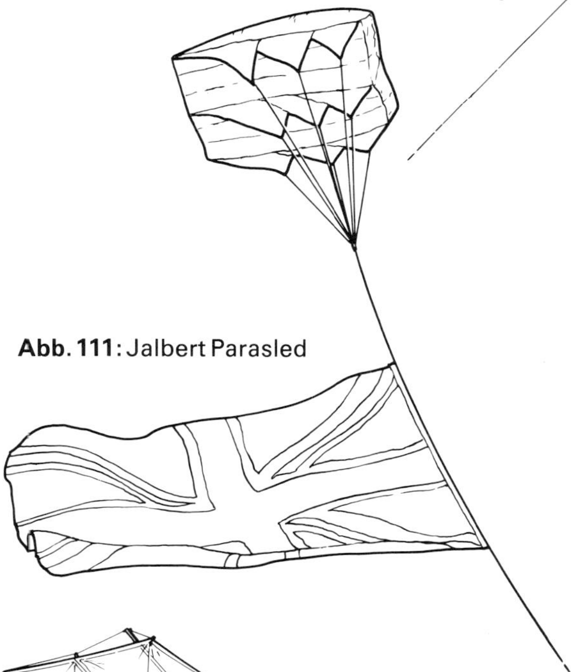

Abb. 111: Jalbert Parasled

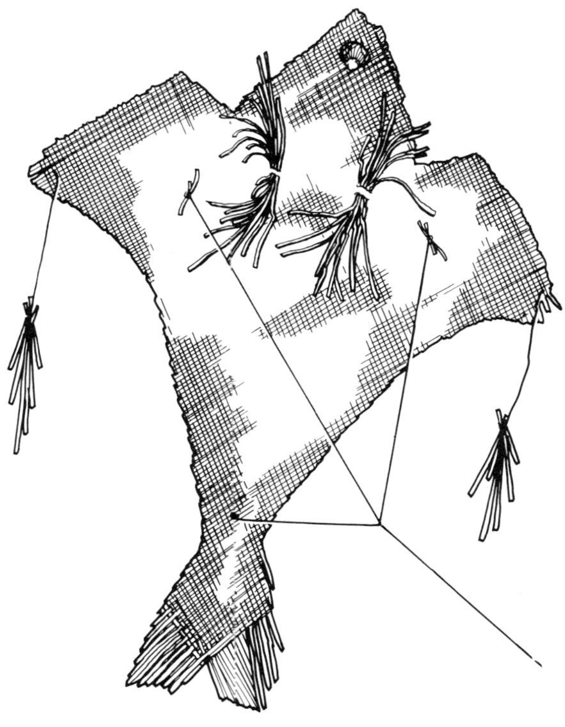

Abb. 112: Strohdrachen der Eingeborenen Papuas

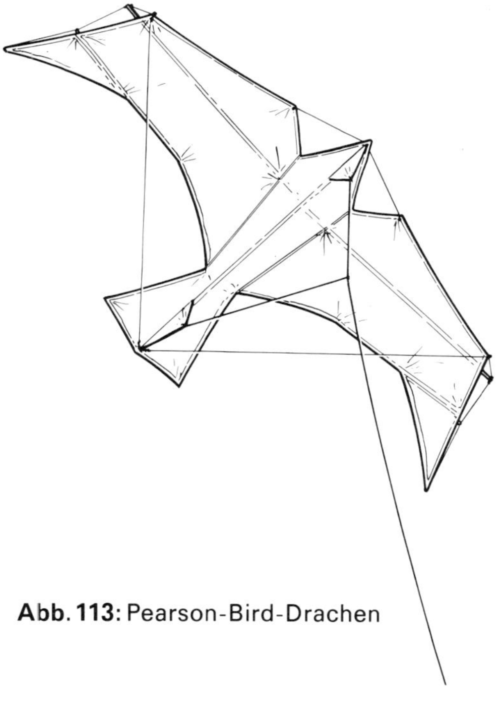

Abb. 113: Pearson-Bird-Drachen

Den Hängegleiter gab es noch nicht, und einige wenige waghalsige Flieger hatten einen manntragenden Rogallo-Schleppdrachen konstruiert. Tom Powell machte bei Flight Dynamics in Raleigh, Northcarolina, Versuche mit einem „Flightsail" genannten Rogallo mit einer darunterhängenden Plattform, auf der er im Autoschlepp bei nur 56 km/h Geschwindigkeit auf einer Landebahn flog! Mit der Beschreibung seines „Flightsails" in *Sport Aviation*, der Zeitschrift der *Experimental Aircraft Association*, löste Powell eine Manie aus. Daraus hat sich eine ganze Industrie entwickelt, und das Verzeichnis der US-Hanggleiter-Vereinigung von 1976 wies schon über 85 verschiedene Modelle auf, die auf dem Markt waren. Dieses Spezialgebiet kann wegen seines Umfangs hier lediglich erwähnt werden.

In allen Ländern mit ausreichender Fliegereierfahrung werden Tausende von Hängegleitern geflogen. Ihre Formen reichen von den einfachen Flächen- und Schwanzkonstruktionen bis zum beliebtesten, dem Delta nach dem Rogalloprinzip. Seine Einfachheit ist seine größte Stärke. Er benötigt keine verwirrende Konstruktion, bietet sich zur Verkleinerung als Modell an und, wie anderswo beschrieben, als Fesseldrachen.

Tom Powells Experimente inspirierten eine Reihe von Flexwing-Modellen. Es gab drei Versionen, die alle den gleichen Tragflügel benutzten, eine mit kleinem Flugmodellmotor, eine mit Gummimotorantrieb und eine als Gleitflugmodell. Die wesentlichste Differenz zu heutigen Entwürfen war das Fehlen von V-Form in den Vorderkanten der Flügel, wodurch stärkere Wölbung erzielt wird als beim echten Rogallo-Flügel. NASA-Berichte empfehlen 15 Grad V-Form und 50 Grad Pfeilung der Tragflächenvorderkanten als ideal. Der Parawing, wie das Projekt Parasol ursprünglich in den USA hieß, benutzte als Material eine Gartenbaufolie, Fablothene genannt. Wie Abb. 114 zeigt, wurden Nasenleistenprofile aus dem Flugmodellbau aus Balsa benutzt, in die das Folienmaterial mit Leisten in den Nuten festgeklemmt wurde. Das ursprüngliche Quadrat von 63,5 cm Seitenlänge wurde auf Deltaform gebracht und die Eintrittskanten um 5 Grad gepfeilt. Dadurch kann das Bespannmaterial sich konisch aufwölben. Der NASA-Bericht erwähnt noch zwei weitere Faktoren als wichtig: Der Schwerpunkt soll bei 45 Prozent der Flügeltiefe von der Spitze gerechnet liegen und 33 Prozent der Flügeltiefe darunter. Bei einem Drachen wird dieser tiefe Schwerpunkt durch die Leine erzielt, aber im Freiflug ist das eine andere Sache, wie viele Flexwing-Flieger erfahren mußten.

Das Projekt Parasol erwies sich als eine anregende Neuheit. Es funktioniert wie ein frei fliegender Drachen mit genau dem gleichen tödlichen Abkippen und nachfolgendem Sturzflug mit flatternden Flächen, aus dem es nur selten ein Abfangen gibt. Abb. 115 liefert die für einen Nachbau nötigen Abmessungen. Um ihn als Drachen zu fliegen, muß man die Leine an der Spitze befestigen (bei der Gummimotorversion). Mit den als Stabilisatoren wirkenden kreuzförmigen Leitwerken am Rumpfende fliegt der Parasol sehr sicher. Leider ist er nicht rasch zerlegbar, und der Flügel muß in einem Stück transportiert werden, nur der Rumpf ist abnehmbar. Diese Unbequemlichkeiten sind rasch vergessen, wenn man die verdutzten Gesichter der Zuschauer beobachten kann, sobald man den Drachen herunterholt, um ihn anschließend als Modell aufsteigen zu lassen. Aufpassen, daß die Tragflächen beim Start immer gut im Wind stehen. Fallschirme wurden in Kapitel 4 erwähnt, aber nur wenige Leute wissen, wie man gute Fallschirme baut. Der Schlüssel zum Erfolg ist, ihn groß zu machen, damit er relativ langsam sinkt. Er braucht nur aus Papier zu sein, mit aufgeklebten Verstärkungsösen für die Schnüre und mit doppelt umgelegtem Saum zur Kantenverstärkung. Sollte der in Abb. 116 gezeigte Fallschirm zu groß sein (ein Meter Durchmesser), so kann man alle Maße halbieren: Das Ergebnis wird aber kaum befriedigend sein. Je größer ein Fallschirm ist, um so leichter läuft er die Drachenleine hinauf und hilft mit, den Läufer anzutreiben. Man benötigt vierzehn Bahnen. Als Material verwendet man am besten schweres Flugmodell-Bespannpapier. Die Bahnen können verschiedene Farben haben, was den Fallschirm erst richtig attraktiv macht. Bei großen Fallschirmen ist die Kombination Rot und Weiß sehr beliebt. Die Schablo-

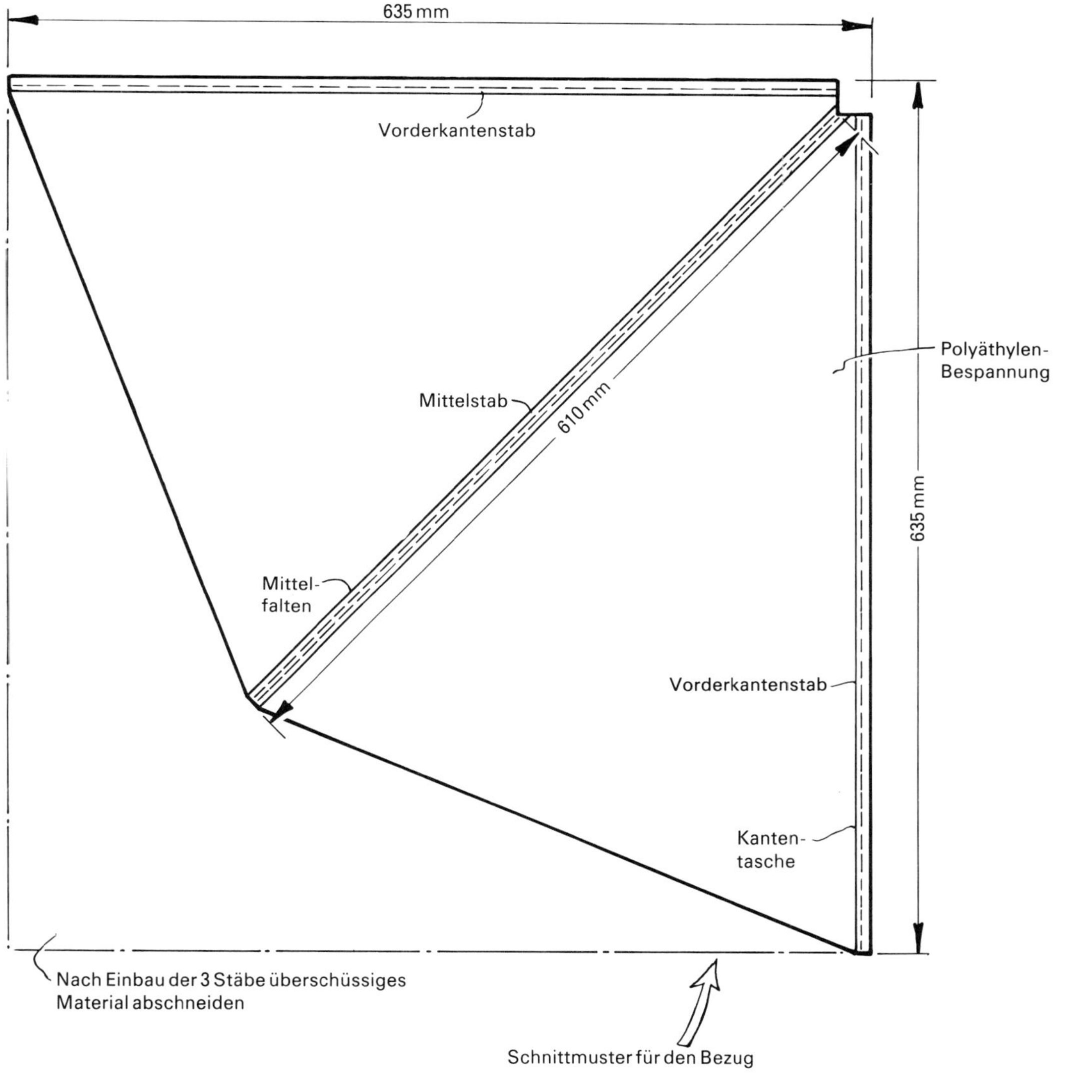

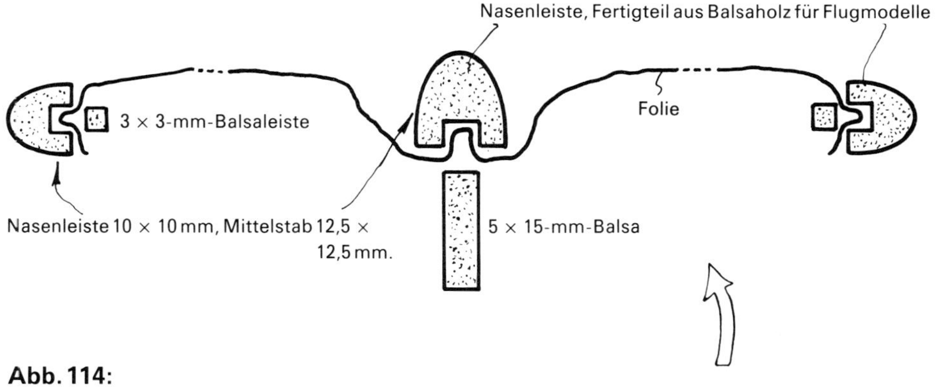

Abb. 114:
Die Zeichnung zeigt, wie Bezug und Stäbe zusammengesetzt werden

ne stellt man sich aus steifem Zeichenkarton her, indem man die angegebenen Maße aufträgt und die Endpunkte mit sauberen Kurven verbindet; etwa 1 cm für die Säume zugeben. Zuerst werden die oberen und unteren Kanten umgebogen und mit Klebestift (Pritt) festgeklebt. Dann werden die Bahnen Stück für Stück aneinandergesetzt (mit überlappenden Säumen) und ebenfalls mit Pritt verklebt. Ist der letzte Saum verklebt und der Schirm geschlossen, dann wird im Mittelpunkt eine Öffnung von 10 cm Durchmesser ausgeschnitten und der Rand mit einem Ring aus Bespannpapier verstärkt. Vierzehn Trageleinen von 112 cm Länge werden dann entsprechend Abb. 116 am Fallschirm befestigt. Dazu sollte man glattes Garn, welches nicht zum Verwickeln neigt, benutzen. Die Ösen werden verstärkt. Das Ballastgewicht muß etwa 10 g betragen, eventuell sogar mehr, je nach der gewünschten Sinkgeschwindigkeit. Eine kleine Pilotfigur ist eine andere Lösungsart. Fallschirme kann man auch als Drachen fliegen lassen.

Wenn man die Trageleinen so trimmt, daß der Fallschirm schräg gegen den Wind steht, kann man unten die Drachenleine befestigen und ihn hochsteigen lassen. Hierfür ist ein Schirm aus leichter Seide, der nach dem gleichen Schema genäht wird, vorzuziehen. Er hält länger und ist viel besser zusammenfaltbar.

Vom Fallschirm ist es nur ein kleiner Schritt zum Ballon. Obwohl er nichts mit dem Drachen zu tun hat, wurde er doch schon seit den Zeiten der Französischen Revolution in Zusammenhang mit Drachen gebracht. Es gibt da kurioserweise gleichgerichtete Interessen, und meiner Erfahrung nach begeistern sich viele Drachenpiloten auch für die Ballonfahrt, ohne aber aktiv zu werden. Hammoco Design, Hersteller des in Kapitel 6 erwähnten Baukastens für zwei indische Kampfdrachen, liefert auch einen Bausatz für einen Heißluftballon, falls der Leser so etwas suchen sollte. Wer selbst einen bauen will, dem sei hier das von Vince Redfern in der Zeitschrift *Aeromodeller* vorgestellte, 2 m hohe Modell empfohlen, das allen, die es gebaut haben, viel Freude bereitet hat.

Alles was man zum Bau braucht, sind 24 Bogen Bespann- oder Seidenpapier, Größe 50 × 75 cm. Als Klebstoff verwendet Redfern PVC-Leim (PONAL), der rasch vom Material aufgenommen wird und damit eine Schnellverbindung ergibt. Ebenso eignet sich aber auch Pritt Allesklebecreme oder Pritt Alleskleber. Für den achteckigen, unteren Rahmen brauchen wir 8 Stücke Balsaleiste 10 × 10 mm von 25 cm Länge, etwas Blumendraht und Wattebäusche, die mit Spiritus getränkt und angezündet werden, um Auftrieb zu liefern. Vince Redfern benützt zum Anheizen eine normale Lötlampe, aber man kann auch einen Butan-Propan-Campingbrenner benutzen. Zum Flug wird mit Spiritus geheizt.

Abb. Tafel V/1:
Ein originelles Drachen-Design von den beiden Londonern Chris White und Simon Morice.
Abb. Tafel V/2:
Dieser Riesenmund wurde mit Acrylfarben auf eine klare Plastikfolie aufgemalt.
Abb. Tafel V/3:
Ein Werbedrachen für die BKFA – die British Kiteflier Association
Abb. Tafel VI/1:
John Fowler's Adlerdrachen aus Seide und Nylon.
Abb. Tafel VI/2:
Neun aneinandergekoppelte Flexifoildrachen mit den Flaggen der EG-Staaten.
Abb. Tafel VI/3:
Kung-Flew-Deltadrachen von Hi-Flier/USA.
Abb. Tafel VII/1:
Zwei Oldtimer-Flugzeuge als Drachenbausätze, zerlegbar und teilweise lenkbar (s. Seite 104).
Abb. Tafel VII/2:
Ein Schlangendrachen mit schönem Dekor.
Abb. Tafel VII/3:
„Rainbow"-Delta mit 185 cm Spannweite.
Abb. Tafel VIII/1:
Der Jalbert Parafoil, 175 × 140 cm groß.
Abb. Tafel VIII/2:
Der Tetraeder-Drachen mit insgesamt sieben Zellen.

Abb. V/1

Abb. V/2

Abb. V/3

Abb. VI/1

Abb. VI/2

Abb. VI/3

Abb. VII/1

Abb. VII/2

Abb. VII/3

Abb. VIII/1

Abb. VIII/2

Abb. 115:

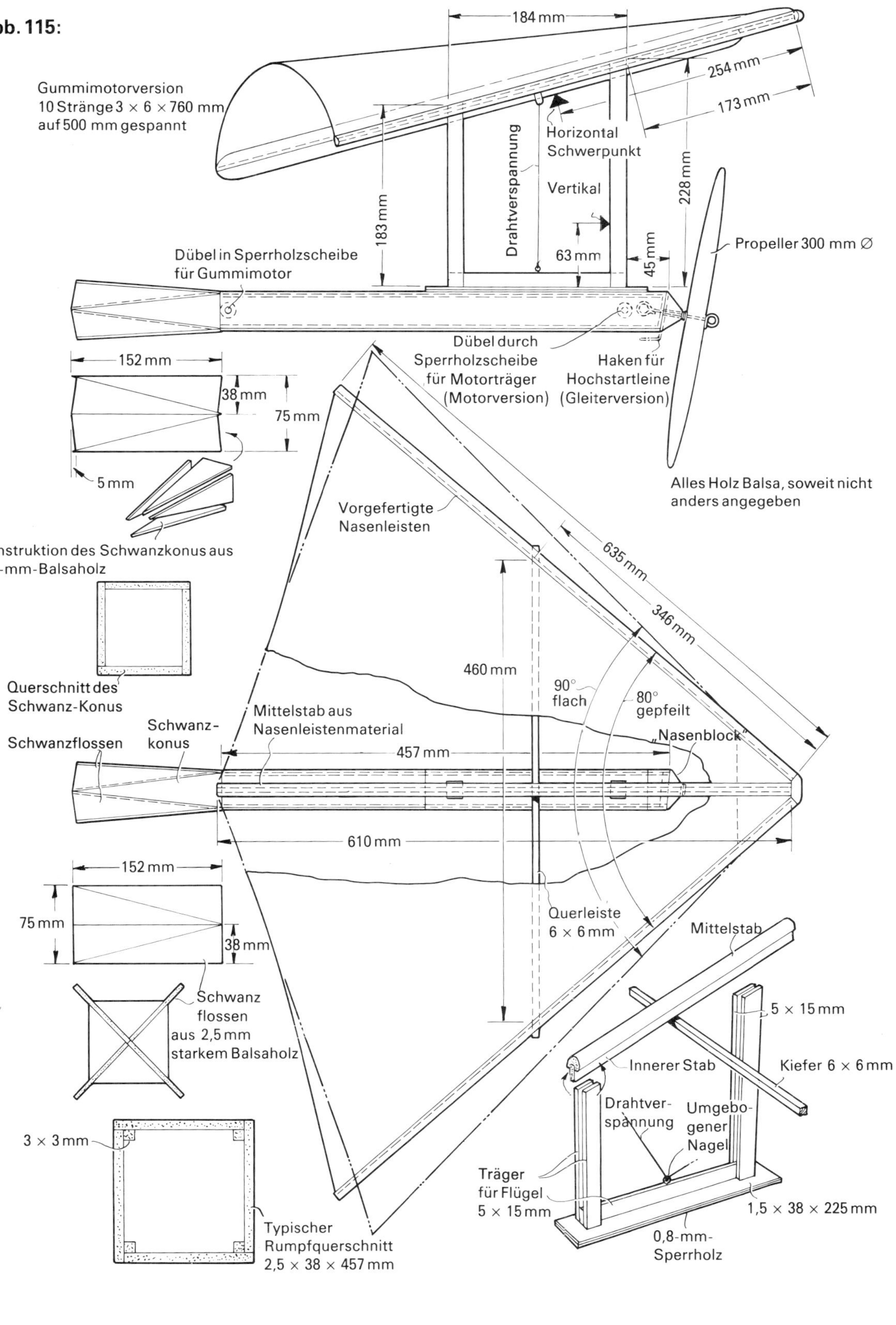

184 mm
254 mm
173 mm
Gummimotorversion
10 Stränge 3 × 6 × 760 mm
auf 500 mm gespannt
Horizontal
Schwerpunkt
Drahtverspannung
Vertikal
228 mm
183 mm
63 mm
45 mm
Propeller 300 mm Ø
Dübel in Sperrholzscheibe
für Gummimotor
Dübel durch
Sperrholzscheibe
für Motorträger
(Motorversion)
Haken für
Hochstartleine
(Gleiterversion)
152 mm
38 mm
75 mm
5 mm
Alles Holz Balsa, soweit nicht
anders angegeben
Vorgefertigte
Nasenleisten
Konstruktion des Schwanzkonus aus
2,5-mm-Balsaholz
635 mm
346 mm
460 mm
Querschnitt des
Schwanz-Konus
90°
flach
80°
gepfeilt
Mittelstab aus
Nasenleistenmaterial
Schwanzflossen
Schwanz-
konus
„Nasenblock"
457 mm
610 mm
152 mm
75 mm
38 mm
Querleiste
6 × 6 mm
Mittelstab
Schwanz
flossen
aus 2,5 mm
starkem Balsaholz
5 × 15 mm
Innerer Stab
Kiefer 6 × 6 mm
3 × 3 mm
Drahtver-
spannung
Umgebo-
gener
Nagel
Träger
für Flügel
5 × 15 mm
1,5 × 38 × 225 mm
0,8-mm-
Sperrholz
Typischer
Rumpfquerschnitt
2,5 × 38 × 457 mm

Abb. 115: Fortsetzung

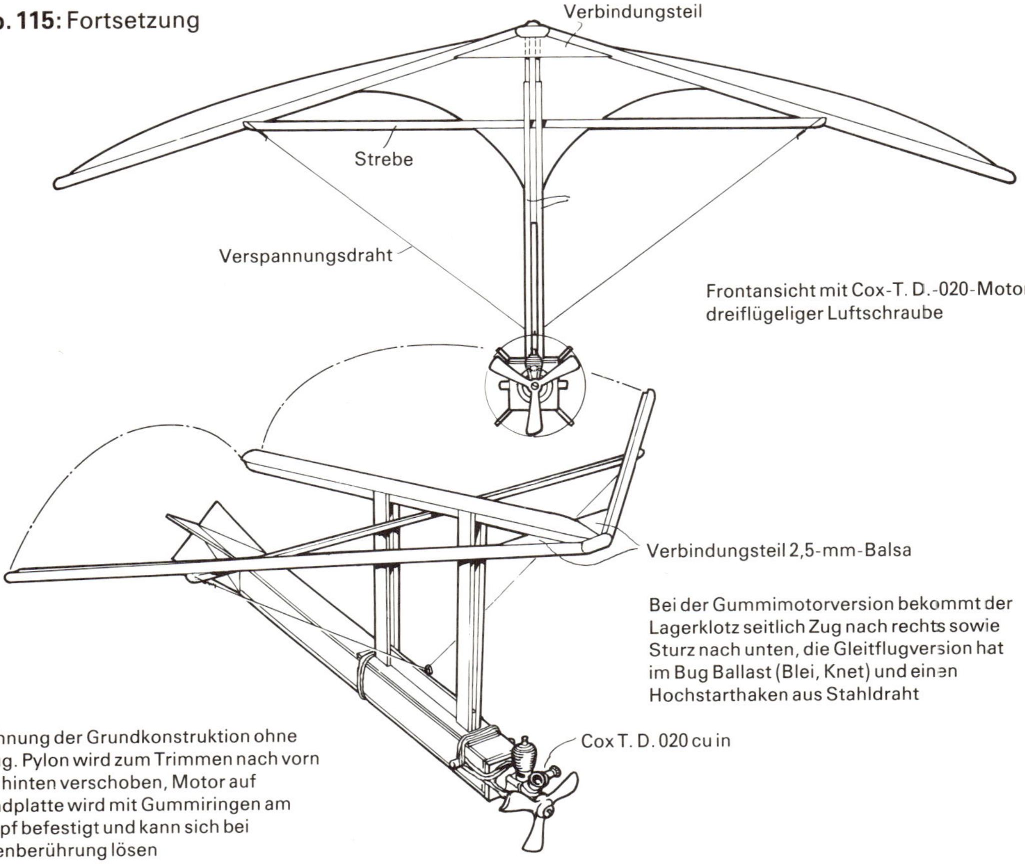

Frontansicht mit Cox-T. D.-020-Motor mit dreiflügeliger Luftschraube

Bei der Gummimotorversion bekommt der Lagerklotz seitlich Zug nach rechts sowie Sturz nach unten, die Gleitflugversion hat im Bug Ballast (Blei, Knet) und einen Hochstarthaken aus Stahldraht

Zeichnung der Grundkonstruktion ohne Bezug. Pylon wird zum Trimmen nach vorn oder hinten verschoben, Motor auf Grundplatte wird mit Gummiringen am Rumpf befestigt und kann sich bei Bodenberührung lösen

Zuerst klebt man acht Bahnen von 50 × 25 cm Größe aus je drei Bogen zusammen, wenn möglich aus je drei verschiedenfarbigen, die an den schmalen Kanten verklebt werden. Man faltet eine zusammen in Längsrichtung und zeichnet darauf nach der Maßskizze den Umriß einer Halbbahn. Vorzuziehen ist aber, sich aus Karton eine Halbschablone herzustellen und nach dieser dann aufzuzeichnen, immer rechts und links von dem Mittelknick (Abb. 117).
Man beachte dabei, daß die Maßzahlen für die volle Breite angegeben sind, für eine Halbschablone also jeweils halbiert werden müssen. Der Abstand der Querlinien beträgt jeweils 100 mm. Die untere Hälfte zwischen der letzten Breitenlinie und der Fußkante hat gerade Seitenkanten, die oberen Punkte werden durch eine saubere Kurve verbunden. Die Bahnen werden ausgeschnitten und übereinandergelegt. Wir empfehlen, die Bahnen einzeln, nicht wie vom Zeichner vorgeschlagen im Block, zu schneiden.
Sie werden übereinandergelegt, und dann beginnt das Zusammenkleben, welches wieder mit den oben erwähnten Klebstoffen erfolgt. Es ist wie beim Herstellen einer Ziehharmonika, immer zwei Kanten werden wechselseitig nach Abbildung 118 verleimt und zuletzt die erste und letzte Kante zur Ballonform vereinigt.
Alle Nähte müssen sorgfältig auf Dichtheit geprüft werden. Keine Aufregung, wenn oben in der Spitze nicht alles zusammenpaßt und ein Flicken aufgesetzt werden muß. Drachenbauer sind keine Maßschneider! Der untere offene Rand muß stabil verstärkt werden. Dazu baut man aus den Balsaholzleisten ein Achteck, das mit Balsa-Hartkleber (Profix Modellbau) verleimt und dann an der Ballonhülle angeklebt wird. Zum Heften der Eckverbindungen der Leisten verwendet man Stecknadeln. Zum Trans-

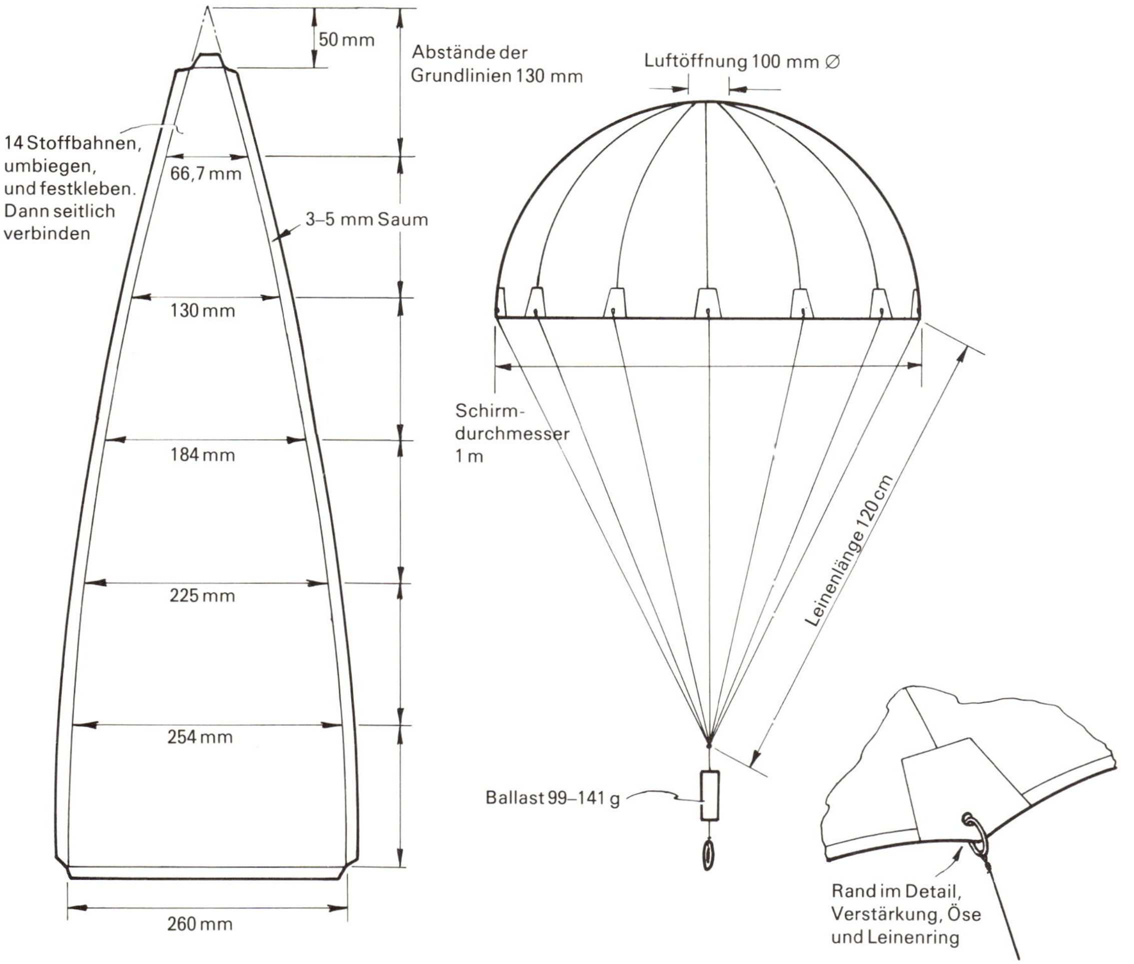

Abb. 116: Fallschirm für Läuferabwurf

port wird der Ballon etwa zu einer Bahngröße zusammengefaltet und aufgerollt, das Achteck muß natürlich frei bleiben. Auf dem Flugfeld rollen wir auf, falten aus und befestigen zwei Drähte in der Achtecköffnung, die sich überkreuzen und an denen der Wattebausch befestigt wird. Man sucht ein paar Helfer, die den Ballon beim Aufheizen halten, das durch die untere Öffnung erfolgt, wie gesagt, am besten mit einem kleinen Campingbrenner. Vorsicht, daß der Ballon kein Feuer fängt. Eine größere Konservendose mit seitlichen Löchern, als Kamin über den Brenner gestülpt (Boden abgeschnitten), leistet hier gute Hilfsdienste. Fühlt sich der ganze Ballon warm an und fühlt man, daß er aufsteigen möchte, gießt man etwas Spiritus über den Wattebausch und entzündet ihn mit einem Streichholz. Man hält noch einen Augenblick fest und läßt dann steigen!

Hier muß darauf hingewiesen werden, daß ein solcher Ballon an einer etwa 30 m langen Leine gefesselt werden sollte. Besser ist es, überhaupt keine brennende Heizquelle mitzuführen, sondern nur mit dem Hitzevorrat des Anheizens aufzusteigen, wenn man frei fliegen lassen möchte. Allenfalls über Schneelandschaft im Winter ist ein beheizter Aufstieg zu verantworten. Immer sollte das Wetter windstill oder windarm sein, und alle Sicherheitsmaßnahmen sind strikt zu beachten. Vor allem muß der Ballon verfolgt und am Boden wieder in Empfang genommen werden.

Aufheizen der Luft mit einem kleinen Campingbrenner. Losgelassen, steigt der Ballon empor.

Abb. 117:
Schnittmuster für einen Heißluftballon

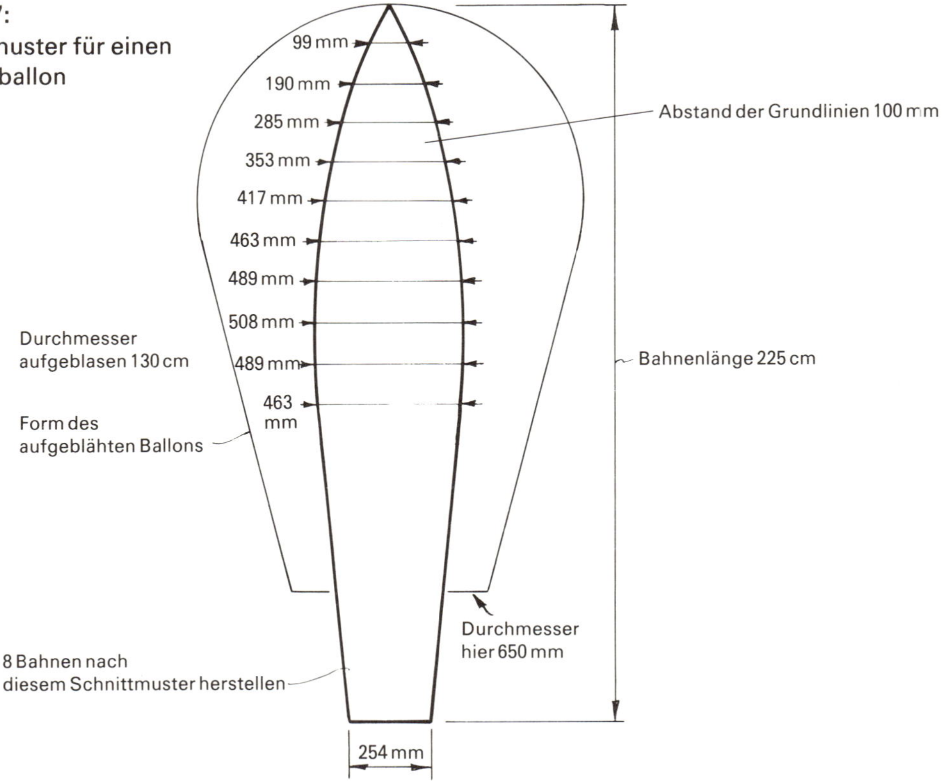

Abb. 118: Ausschneide- und Verklebschema.

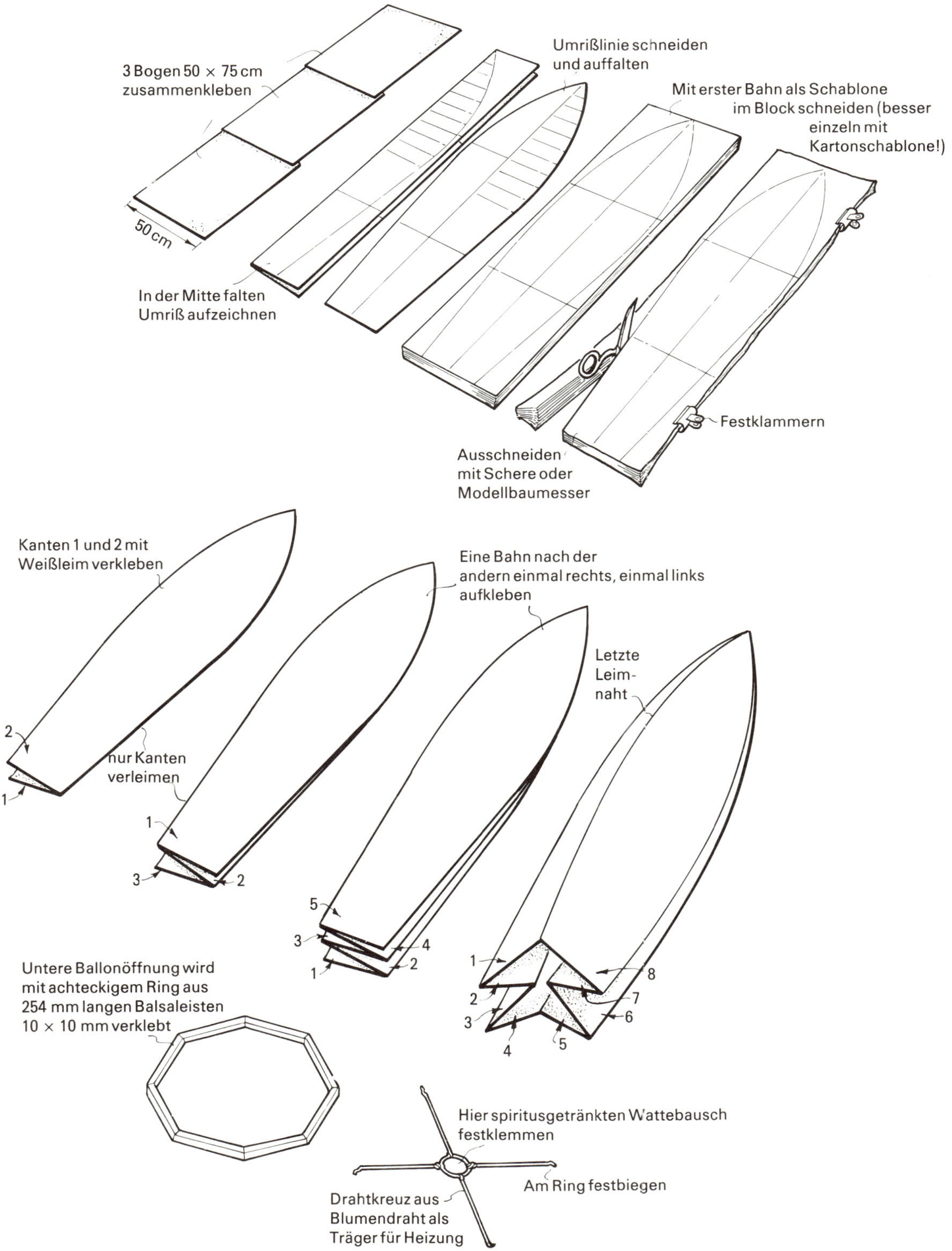

8

Bau deinen eigenen Drachen!

Selbst einen Drachen zu bauen, gibt viel persönliche Befriedigung. Es ist ein unvergeßliches Erlebnis, das Produkt seiner eigenen Anstrengungen hoch oben im Wind fliegen zu sehen. Es hat dazu noch ganz bestimmte Vorteile. Zunächst einmal ist man nicht auf das angewiesen, was im Handel angeboten wird, man kann ganz nach Freude und Geschmack eine beliebige Form, Größe und Ausschmückung wählen. Man kann Neuheiten entwerfen, alle nur möglichen Materialien benutzen und, ganz besonders wichtig, es ist billiger!

Natürlich gibt es dabei auch Nachteile. Die Materialbeschaffung ist für viele ein Problem. Nicht jedes Hobby-Geschäft führt Bambus oder Holzstäbe in den gewünschten Abmessungen. Die Stoffgeschäfte haben nicht immer das benötigte Leichttuch, und nicht alle Hobby-Läden sind Fundgruben für Drachenbaumaterial. Ein zukünftiger Drachenbauer sollte sich aber durch solche Beschränkungen nicht abschrecken lassen. Was wir brauchen, ist schließlich doch relativ einfaches Material, und die Werkzeuge finden sich wirklich in jedem Haushalt. Das benötigte Sondermaterial kann man sich auf jeden Fall in Spezial-Drachengeschäften besorgen oder von dort schicken lassen (siehe Verzeichnis im Anhang).

Werkzeuge

Schere, Stopfnadel, Zange, ein scharfes Messer, ein Hefter und eine kleine Säge genügen zum Drachenbau. Nützlich sind eine Nähmaschine und ein elektrischer Lötkolben zum Heißversiegeln von Plastikfolien.

Als Werkstatt eignet sich jeder Raum mit einem Tisch und Platz auf dem Fußboden. Beim Leimen sollte man Zeitungspapier unterlegen, ganz besonders auch beim Bemalen.

Baumaterial

Die Gestänge für Drachen können aus jedem Material, das leicht und fest genug ist, hergestellt werden. Es muß elastisch sein und soll einen möglichst geringen Querschnitt aufweisen, damit es sich leicht in Taschen einschieben läßt und die gewünschten Wölbungen annimmt. Das beliebteste Material war in London früher das U-Profil, wie es in Regenschirmen Verwendung findet. In einem Brief an den Redakteur der Zeitschrift *Model Engineer* vom 25. November 1909 beschreibt ein Leser, wie man aus 8 zusammengebundenen Regenschirmprofilen einen 130 cm langen und 30 cm breiten Kastendrachen von nur 250 g Gewicht bauen könnte. Es wäre schwierig, mit dem heutigen Baumaterial einen ähnlich leichten und festen Drachen zu bauen. Mit Bambus oder Kiefernleisten ginge das nicht. 1909 konnte man eben noch Ersatzteile für Regenschirme kaufen!

Entsprechend der Größe, der Form und dem Typ des Drachens kann man nach untenstehender Tabelle das Baumaterial auswählen. Zum Zusammenbau wird eine Anzahl Klebstoffe benötigt (z. B. Kontaktkleber wie Pattex, PVC-Kleber wie Profix Weich PVC, Ponal, Profix Modellbau, Profix Textil, Stabilit Ultra, Express oder Rasant etc.). Selbstklebeband kann vielfältig eingesetzt werden, z. B. als Zierstreifen, zum Befestigen der Bespannung an den Gerüsten und Umspannungsschnüren oder zum Flicken von Löchern und Rissen. Zwei Bänder verschiedener Farbe und Breite übereinandergeklebt ergeben oft sehr schöne Zierstreifen. Das Gewicht des Bespannmaterials muß nach der Größe des Drachens ausgewählt werden. Polyäthylenfolie gibt es in verschiedenen Dicken. Man wähle nach Drachengröße und normaler Windgeschwindigkeit am Ort. Meist tut es dünne Folie. Auch die Bespannstoffe gibt es in verschiedenen Gewichtsklassen. Wenn Sie an Spinnaker-Nylon (Rip-stop-Nylon) kommen, ist dies das beste Material für große Drachen; Gewichte 32 und 52 g/m² sind üblich. Manchmal kann man es bei Händlern, die gebrauchte Fallschirme führen, bekommen, auf jeden Fall aber in Drachengeschäften und an der See bei Segelmachern.

„Modelspan" ist ein britisches Flugmodellbespannpapier. In Deutschland gibt es daneben noch andere Markenfabrikate in Flugmodellbaugeschäften zu kaufen. Es ist zäh, verträgt eine gewisse Feuchtigkeit, ohne zu reißen, ist bemalbar und kann mit Flugmodellspannlack gestrafft werden. Dabei muß man aber stark verdünnen, weil die Gerüste meist nicht so stabil sind wie Flugmodelle.

Stoffbespannung empfiehlt sich für alle größeren Drachen; falls diese mehr als 0,75 m² Fläche aufweisen, sollte es porös sein, sonst werden die Kräfte zu groß beim Fliegen. Es gibt heißgewalztes Nylon, das aussieht, als sei es lackiert. Dies ist ein ideales Material.

Haben Sie Zweifel wegen der Materialauswahl und befindet sich in Ihrer Nähe kein Drachengeschäft, dann gehen Sie ruhig in das nächste Modellbaugeschäft, wo man im allgemeinen immer bereit ist, Ihnen gute Ratschläge zu geben.

Man ist dort allerhand Fragen gewöhnt, auch wenn sie scheinbar nichts mit den Eisenbah-

Baumaterial für Drachen

Drachengröße:	**klein**	**mittel**	**groß**
Gestänge	Buchenholzrundstäbe 5 mm ∅ Kiefernleisten 6 × 6 mm Hartholz 6 × 6 mm Obechi 6 × 6 mm Spanisches Rohr	Aluminiumrohr Obechi 10 × 10 mm Rundstäbe 6 mm ∅ Kiefernleisten 6 × 6 mm Kunststoffrohre	Bambusrohr Rundstäbe 10 mm ∅ Glasfaser-Polyesterrohre Angelrutenmaterial kräftige Latten Kunststoffrohre
Bespannmaterial	Modelspan oder ähnliches Flugmodellbespannpapier Packpapier Seide Nylon Poyäthylenfolie	Nylon PVC-Folie Kunstseide Baumwolltuch Melinex-Folie	Nylon Baumwolltuch Tyvek (Polyester-Segeltuch) Spinnakertuch (rip-stop) Heißgewalztes Nylon
Verspannmaterial	Teppichzwirn Nylonleine (glatt), (Angelschnur) Schnur Hanfschnur	geflochtene Nylonschnur Schnur Hanfschnur Kordel	Schnur Hanfschnur Kordel Netzgarn

nen, Flugmodellen oder Schiffsmodellen zu tun haben, die dort angeboten werden. Wollen Sie einen sehr leichten Drachen bauen, können Sie dort Bespann-Nylon in 1-m^2-Stücken bekommen. Dieses Material ist zwar relativ teuer, aber es ist die beste und dünnste Qualität, die es gibt. Es ist porös und muß, anders wie Rip-stop-Nylon, zur Verstärkung umsäumt werden.

Schwänze

Der Schwanz ist der am meisten vernachlässigte Teil des Drachenfliegens. Natürlich, wenn man ihn vermeiden kann, hat das Vorteile, es sei denn, man möchte ihn aus Dekorationszwecken anbringen. Man beginne aber dann nicht gerade mit einem Typ, der zum Verwikkeln prädestiniert ist! Bei Sechseckdrachen und anderen ist es heute üblich, zwei bandförmige Schwänze zu benutzen.
Zwei Schnüre mit eingebundenen, gefalteten Papierquasten sind, in naher Nachbarschaft angebracht, vorprogrammiert für eine „Wuhling", wie man so eine Verwirrung unter Seeleuten nennt. So ein „Schweineschwanz" hat zwar gute Stabilisierungseigenschaften, man muß ihn aber auf jeden Fall richtig herstellen. Die beste Art ist, kräftiges Band (Kleiderband) zu benutzen. Man schneidet aus farbigem Papier Streifen und näht sie in Abständen quer auf der Mittellinie des Bandes fest. Solche Schwänze verwirren sich nur selten. Will man einbinden, dann immer die Leine um die Quasten, nie umgekehrt. Kein Leinenmaterial für den Schwanz verwenden, das sich aufdrillen kann. Schwänze drehen sich im Flug immer; Hanf oder Leinenzwirn verdrillt und verkürzt sich und hält nicht lange. Aus Krepp-Papier kann man einen wirkungsvollen Schwanz fertigen, indem man es wie für eine Papierblume faltet, die Enden zu einer Quaste zerschnippelt und diese dann an das Ende der Schwanzleine bindet. Chinesische Drachen haben manchmal solche Quastenschwänze serienmäßig.
Wichtiger Hinweis: Nicht wasserfestes Material saugt aus der Luft und vom Rasen Feuchtigkeit auf und macht den Drachen schwer. Außerdem schwächt es die Widerstandsfähigkeit.

Indische Leinenspulen, alle gedrechselt

Leinenhalter

Einer der wichtigsten Ausrüstungsgegenstände beim Drachensteigenlassen ist die Leine, vielleicht sogar der wichtigste. Es gibt im Handel Leinenmaterial auf Rollen, die bei 5,5 kg Zugfestigkeit mindestens 60 m enthalten. Der seriöse Drachenpilot sucht weiter, z. B. nach einer traditionellen indischen Seilrolle, welche einem verbreiterten Diabolo ähnelt. Zwei gedrechselte Holzscheiben sind mit einem Gitter aus Weide, Bambus oder sogar Plastik verbunden. Eine zentrale Bohrung dient zur Aufnahme der Achse, und die ganze Rolle rotiert frei zwischen Daumen und Zeigefinger (Abb. 119). Diese Rollen sind für Kampfdrachen ideal.
Größere Rollen, z. B. von US Rayco oder Weathers, tragen bis zu 300 m Leine mit 27 kg Zugfestigkeit. Einige dieser größeren Rollen haben Handgriffe zur Entlastung, andere haben Schlaufen, die man zur Gewichtsentlastung des Arms umhängen kann. Mit der andern Hand kann man aufwinden (Abb. 120).
Für gewöhnliches Drachensteigenlassen genügt ein einfaches Leinenbrett, das aus einem

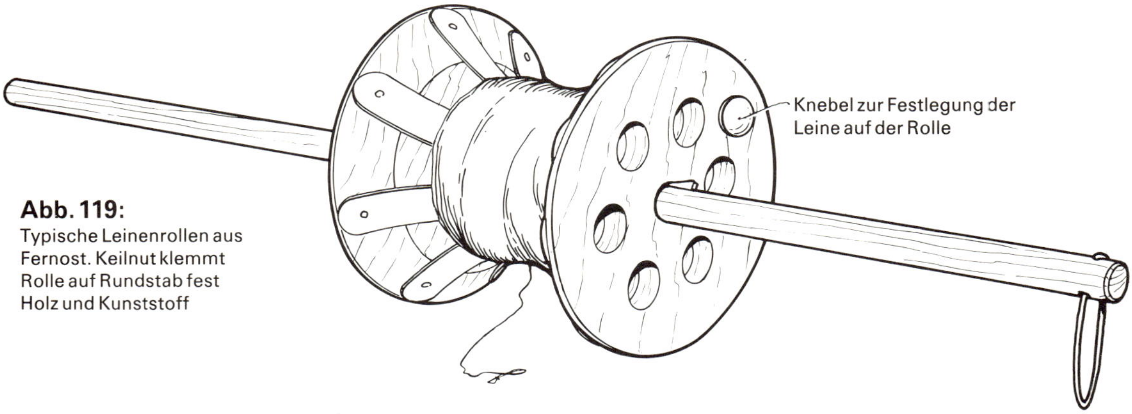

Abb. 119:
Typische Leinenrollen aus Fernost. Keilnut klemmt Rolle auf Rundstab fest
Holz und Kunststoff

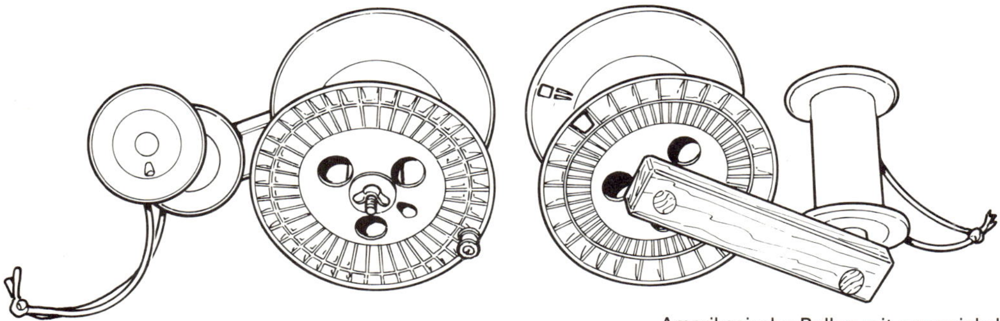

Amerikanische Rollen mit angewinkeltem Handgriff, mit und ohne Bremse

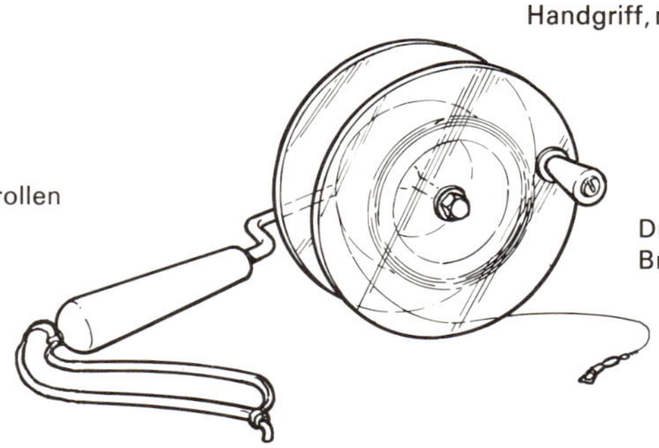

Abb. 120: Amerikanische Leinenrollen

Durchsichtige Seitenteile, Bronzelager

Einfachstes Leinenbrett, Sperrholz oder Kunststoff

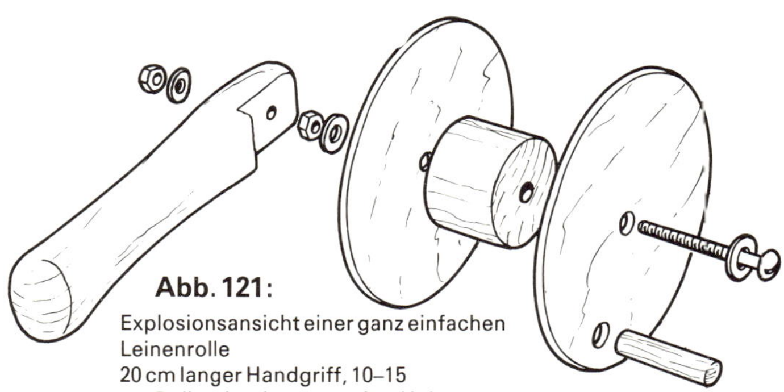

Abb. 121:
Explosionsansicht einer ganz einfachen Leinenrolle
20 cm langer Handgriff, 10–15 cm Rollendurchmesser. Aus Holz, Sperrholz und Besenstiel

Sperrholzrest oder aus Kunststoff angefertigt wird. Es ist schnell fertig und arbeitet rasch. Zwei seitlich eingesteckte Holzdübel dienen als Achse und Handgriff zum Aufwinden oder Ausrollen (Abb. 121). Dort sehen wir auch eine weitere einfache Rolle aus einem alten Hammerstiel, zwei Sperrholzscheiben und einem Zwischenstück (das nicht einmal ganz rund zu sein braucht) sowie einer langen Schloßschraube mit Muttern.
Käufliche Drachen haben Rollen aller Größen und raffinierte mechanische Beschläge. Mit Meccano(Märklin)-Baukastenteilen kann man Winden bauen, Kabeltrommeln, Angelleinenrollen, Winden von Angelruten und Getriebe von Schleifsteinen sind auch schon gesehen worden. Aber im Ernst, Getriebe sind weder nötig noch empfehlenswert.

Kunststoffschlauch

Bevor wir mit dem Bau einiger einfacher Drachen beginnen, wollen wir uns noch etwas damit beschäftigen, wie man alle Teile miteinander verbindet. Binden ist zwar eine verläßliche Sache, aber man kann sie nicht rasch wieder trennen. Oft ist eine Bindung auch nicht flexibel genug. Kommerzielle Drachen haben durchweg Kunststoffverbindungen. Herzstück ist meist ein besonderer gespritzter Bugbeschlag. Solche nützlichen Teile soll man nie wegwerfen, wenn der Drachen kaputt ist. Man sammle alte, weggeworfene Bespannungs- und Gestängeteile, wenn man sie findet. Man weiß nie, wann und wie man sie einmal brauchen kann. Manchmal sind es nur einfache Spitzenbeschläge zur Verbindung von Gestänge und Bespannung. Andere haben raffinierte Spannvorrichtungen für Randschnüre oder doppelte und dreifache Einstecköffnungen für Mittel- und Querstäbe. Man kann sie zerschneiden und passend zurichten. Manche haben breite Fahnen zum Anheften der Bespannung, oder sie werden mit Kontaktkleber (Pattex) aufgeleimt. Da die meisten Beschläge aber für 5 mm starke Holzdübel vorgesehen sind, wird man damit keine großen Drachen bauen können. Hier kommt der Kunststoffschlauch zu Hilfe.

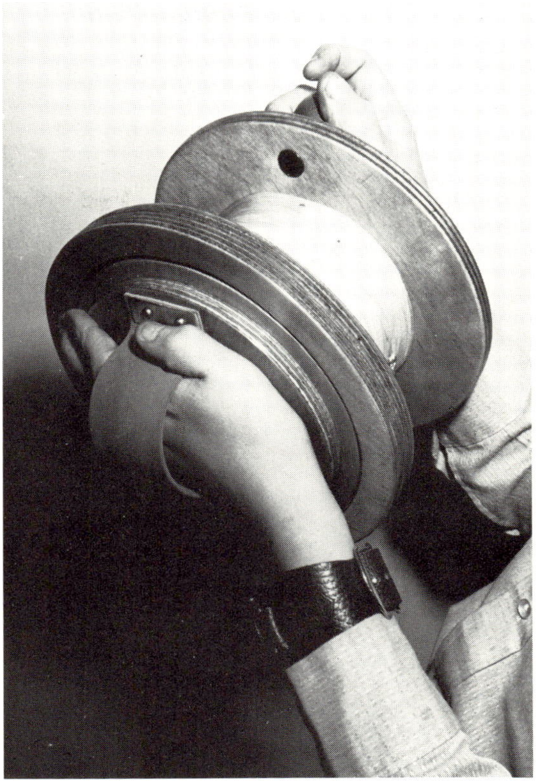

Selbstgebaute Rolle auf der Basis einer Fahrradnabe. Man beachte die Handschlaufe.

Dickwandiger Polyäthylenschlauch oder PVC-Schlauch, wie er in Fahrrad- und Motorradläden angeboten wird, ist flexibel, durchsichtig, sehr stark und damit ein ideales Verbindermaterial für Drachen. Kurze Stücke dienen als Anschläge auf Stäben. Durchbohrt oder ausgeschnitten, werden sie zu Kreuzverbindern für zwei Querstäbe an einem Mittelstab. Einseitig gebohrt, werden daraus T-Stücke; oder am Ende einseitig ausgeschnitten, ergeben sich Schrägverbinder (siehe Abb. 122). Bei den Fesseldrachen von Powell wird Kunststoffschlauch sogar für kommerzielle Drachen wie Skite und Cambridge verwendet. Glasfaserverstärktes, selbstklebendes Band wird für alle dauerhaften Verbindungen zur Befestigung der Schlauchteile empfohlen. Mehr über den Gebrauch von Kunststoffschlauch später bei den einzelnen Bauanleitungen.

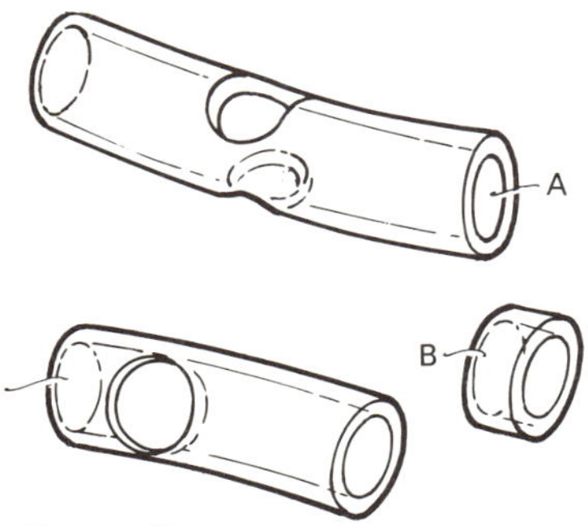

Abb. 122:
Dickwandiger Kunststoffschlauch als Verbindungsteile im Drachenbau

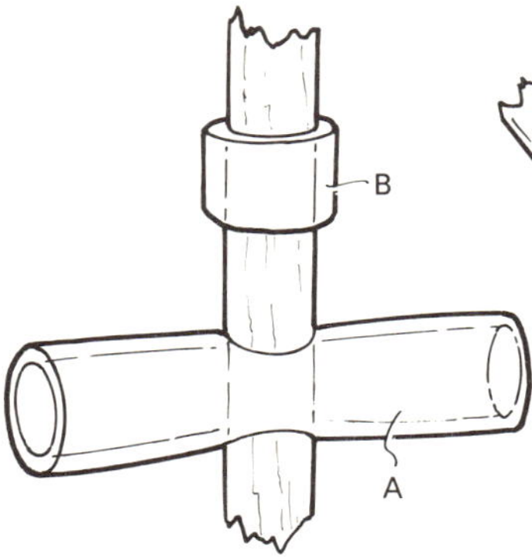

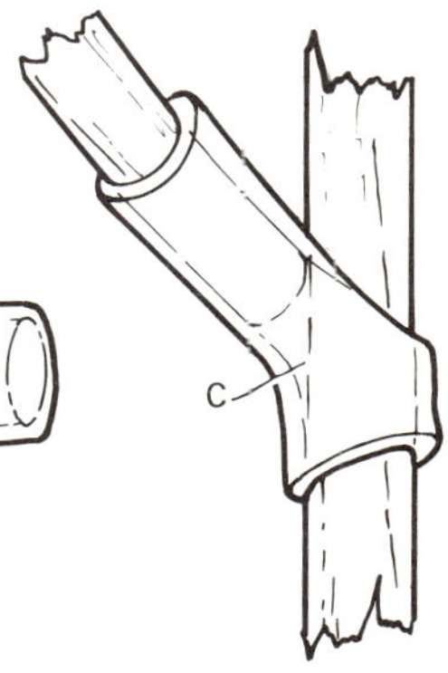

Typische Anwendungen

Malaiischer Zwei-Stab-Drachen (Abb. 123)

Dieser Drachen nützt mit 1 m Länge voll die im Handel übliche Länge von Kiefernleisten oder Rundholzstäben aus (Modellbau-, Hobby-, Gartenbedarfsgeschäfte). Spannweite ist 70 cm. Man verbinde die Stäbe an einem Punkt 35 cm von der Spitze entfernt, womit ein hübsch proportioniertes Spitzendreieck entsteht. Man umwickele mit kräftigem Zwirn oder Blumendraht und achte auf genau rechtwinkeligen Sitz. Mit einem Stück Zwirn werden die Enden aller Stäbe zu einem rautenförmigen Umriß verbunden. Man sägt entweder in jedes Ende einen schmalen Schlitz oder bindet etwa 1 cm vom Ende um den Stab herum; fest anziehen! Die Bespannung wird um die Umrandung herumgeklebt. Verwendet man Stoff, dann klebt man einen Saum mit Kontaktkleber (Pattex) um die Leine herum und vernäht eventuell noch. Für Kunststoffolie nimmt man PVC-Kleber oder verschweißt sie mit einer besonderen Spitze des Lötkolbens. Diese Spitzen haben ovalen Querschnitt und sind als Zusatzteile zu Lötpistolen erhältlich. Beim Überstreichen schmilzt die Plastikfolie. Man muß üben, bis diese Art der Verschweißung klappt. Arbeitet man zu rasch, ist die Verbindung nicht fest, arbeitet man zu langsam, brennt man Löcher hinein. Auch mit einer normalen Lötspitze kann man schweißen, wenn man sie gut glättet. Als Unterlage auf dem Arbeitstisch eignet sich besonders Wachspapier auf Holzfaserplatte.

Der malaiische Zwei-Stab-Drachen kann auch mit braunem Packpapier bespannt werden, das um die Umrandung geklebt wird. Es ist aber nicht so haltbar wie Plastikfolie oder Stoff. Diese Drachen brauchen einen Schwanz von mindestens 3 m Länge, und die Waage muß mit allen vier Spitzen verbunden sein, wie Abb. 123 zeigt. Der zum unteren Ende führende Waagenschenkel kann ein Gummiband als Stoßdämpfer enthalten. Es muß aber so eingestellt sein, daß die Normalstellung der Waage ohne Zug erreicht wird. Ein „Schweineschwanz", wie abgebildet, ist traditionsgemäß für diese Drachen üblich und sehr wirkungsvoll.

Kleiderbügel-Drachen (Abb. 124)

Dies ist ein Nachbau des ältesten in Europa bekannten Drachentyps. Er gleicht weitgehend dem zuvor beschriebenen malaiischen Rautendrachen, aber seine Eintrittskante ist gebogen. Zur Herstellung des Bogens befestigt man auf der Spitze des Mittelstabs eine 3 × 6-mm- oder 5 × 10-mm-Kiefernleiste mit einem kleinen Nagel, biegt sie zu den Enden der Querstäbe und befestigt sie dort ebenso. Als Bespannmaterial wird Stoff empfohlen, Quasten an den seitlichen Spitzen wirken dekorativ. Mit einem 3 m langen Schwanz an einer vierschenkeligen Waage fliegt dieser Drachen gut. Moderne, mit Mustern bedruckte Stoffe, vielleicht Blumen oder dergleichen, eignen sich besonders und geben ein farbiges Bild. Es ist beim Bügeldra-

Abb. 123:

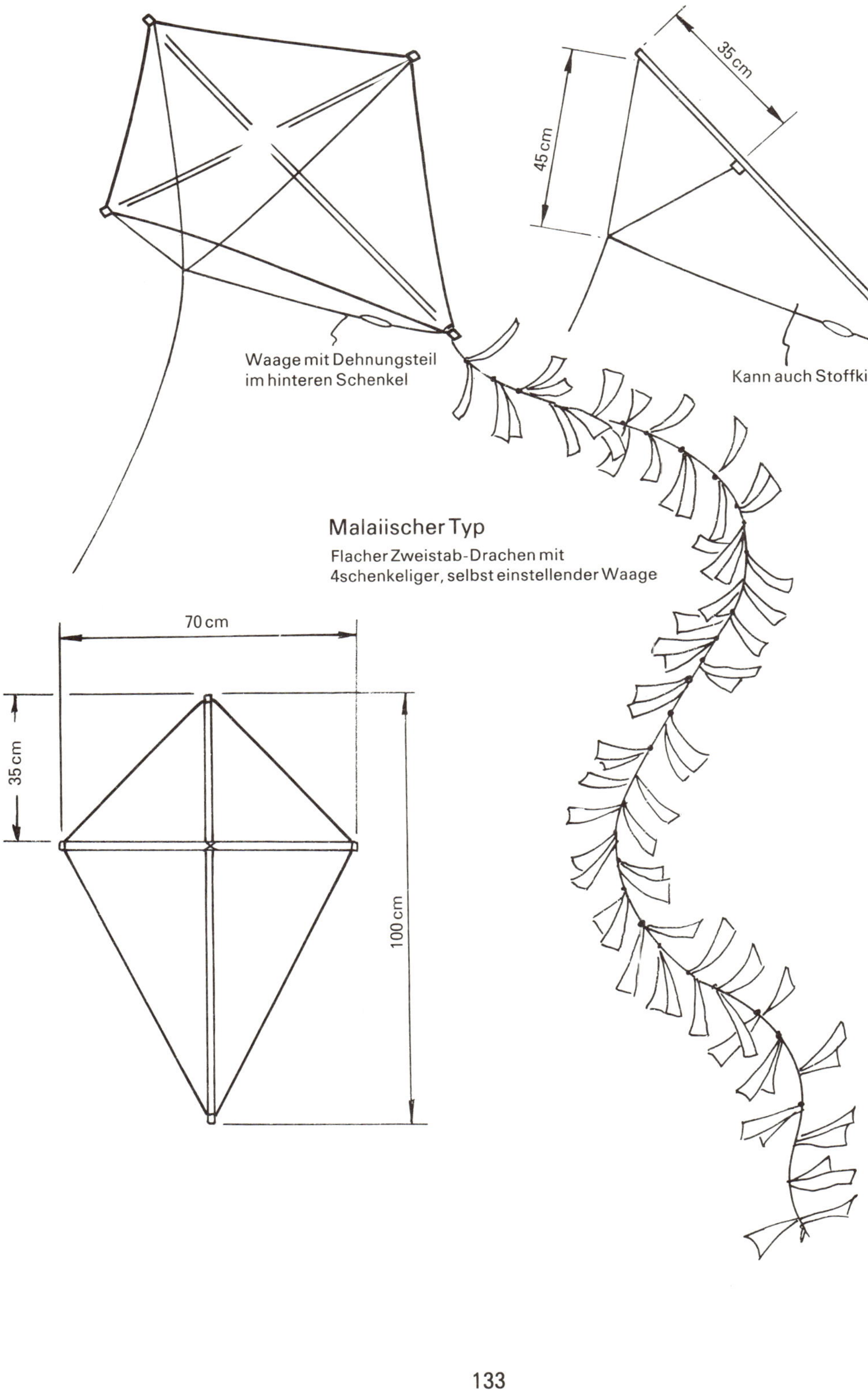
35 cm
45 cm
Waage mit Dehnungsteil
im hinteren Schenkel
Kann auch Stoffkiel haben
Malaiischer Typ
Flacher Zweistab-Drachen mit
4schenkeliger, selbst einstellender Waage
70 cm
35 cm
100 cm

Ein selbstgebauter Kastendrachen mit Fransen an den Hinterkanten, aus einem polnischen Drachenwettbewerb.

chen nicht ganz einfach, die Bespannung faltenfrei aufzubringen. Man muß viele Einschnitte beim Säumen des Bügelteils vorsehen.

Eddy-Drachen (Abb. 125)

Er gleicht ebenfalls dem malaiischen Drachen, nur liegt der Querstab näher am Kopfende des Mittelstabs. Auch er ist ein rechteckiger Drachen mit gleicher Länge und Breite. Zur Umspannung nur schwache Schnur benutzen, weil dieser Drachen sich verformen und wölben soll. Für einen Eddy dieser Größe ist Plastikfolie das beste Bespannmaterial. Für das Gestänge sind Stäbe mit rechteckigem Querschnitt flach zusammengesetzt vorzuziehen, weil diese eine bessere Wölbung erlauben. Beim Anspannen der Umrandungsschnur wölben sich die Stäbe und erzeugen eine Stabilisierung, die einen Schwanz überflüssig macht.

Als Bespannmaterial kann man bunte Tragetaschen mit möglichst hübschem Dekor verwenden. Die zweischenkelige Waage muß so angebracht werden, daß die Drachenleine an einem Punkt, und zwar 30 cm senkrecht unter dem Kreuzungspunkt der Stäbe, ansetzt. Man beachte, daß die Bespannung über den Stäben liegt und deshalb für die Waage ein Loch bekommen muß. Ein bandförmiger Schwanz aus Krepp kann angebracht werden, ist aber nicht notwendig.

Einfacher starrer Kastendrachen (Abb. 126)

Man kann Kastendrachen auf viele Arten herstellen, und das kann, wenn man ihn zusammenlegbar machen will, recht kompliziert werden. Um das Nähen von Stabtaschen zu umgehen, wird unser Ein-Meter-Drachen aus zwei Rahmen aus 6-mm-Rundstäben oder 6 × 6-mm-Kiefernleisten aufgebaut, die verbunden und mit Schnur verspannt werden, bevor die beiden Zellen aus Plastikfolie oder Stoff aufgebracht werden. Plastikfolie ist für leichten Wind vorzuziehen. Nach Verspannen des Gerüstes ist es kräftig genug zum Aufkleben der Bespannung in zwei 30 cm breiten Streifen, 40 cm auseinander. Als rechteckiger Kastendrachen fliegt er flach und braucht deshalb eine vierschenklige Waage. Wir bauen ihn deshalb so, weil dies erlaubt, mit einer ganz einfachen Ergänzung daraus einen Cody-Drachen mit Seitenflügeln zu machen. Man muß lediglich zwei Diagonalstäbe gemäß der Zeichnung als Träger für die Seitenflügel anbringen. Will man es besonders einfach haben, dann baut man den Drachen mit quadratischem Querschnitt und kann ihn dann ohne Waage mit dem Anknüpfpunkt der Leine direkt am Ende des vorderen Kastens an einem Längsstab fliegen. Der Drachen fliegt dann über Eck. Einen Schwanz benötigen Kastendrachen nicht. Man achte aber darauf, sie so leicht wie möglich bei ausreichender Festigkeit zu bauen.

Abb. 124:
Kleiderbügel-Drachen
4schenkelige Waage

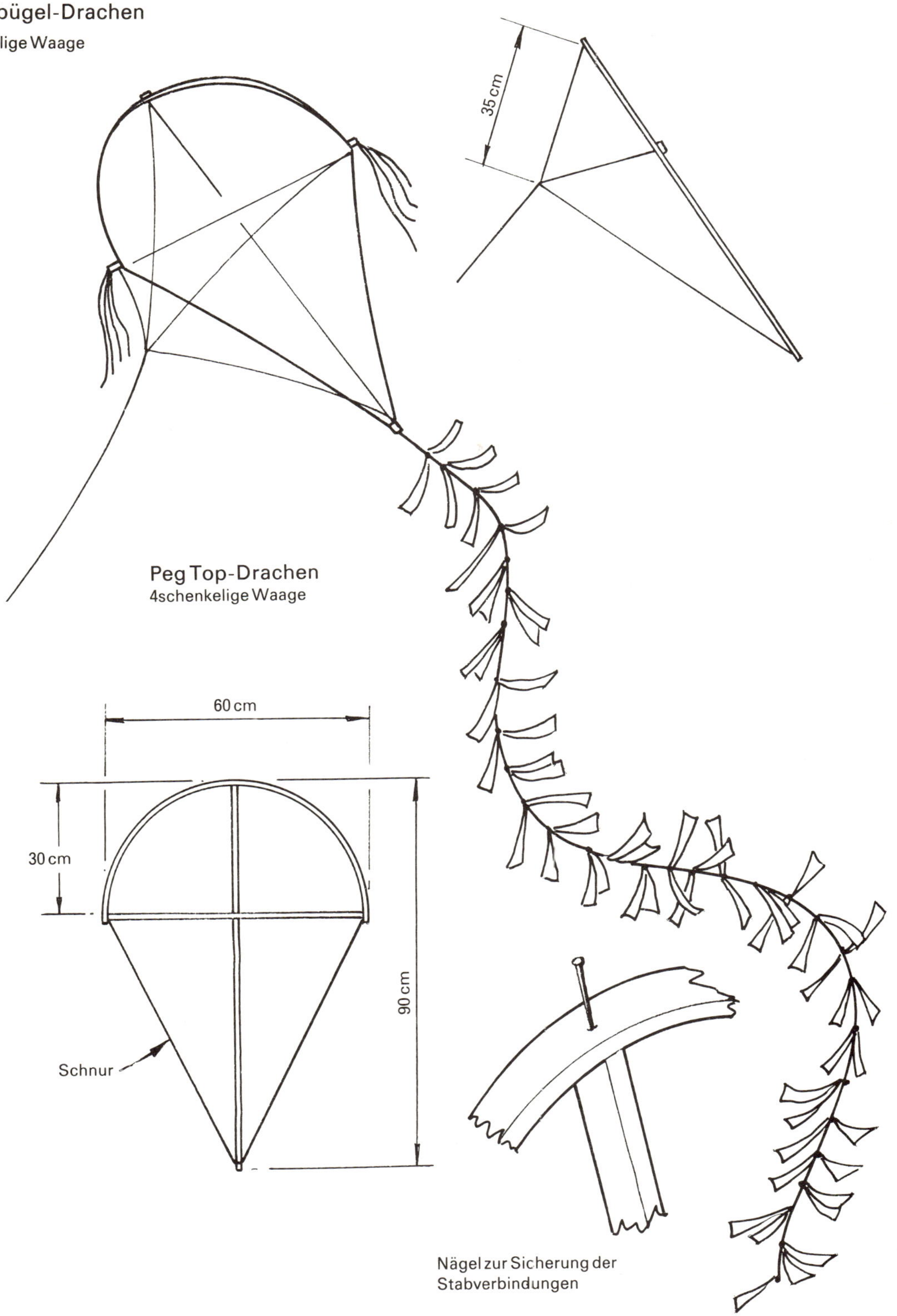

Peg Top-Drachen
4schenkelige Waage

Abb. 125: Eddy-Drachen

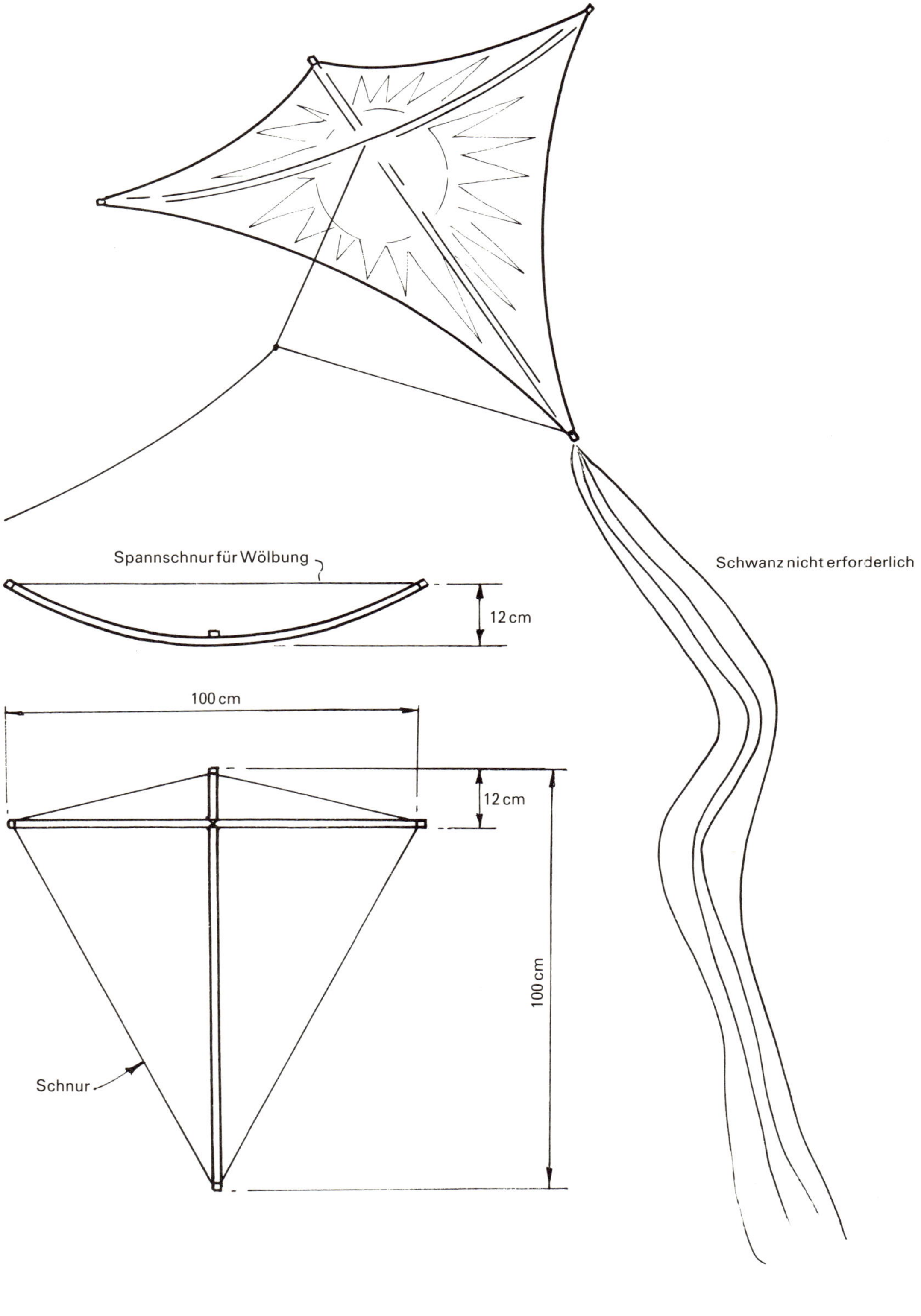

Abb. 126:
Einfacher starrer Kastendrachen

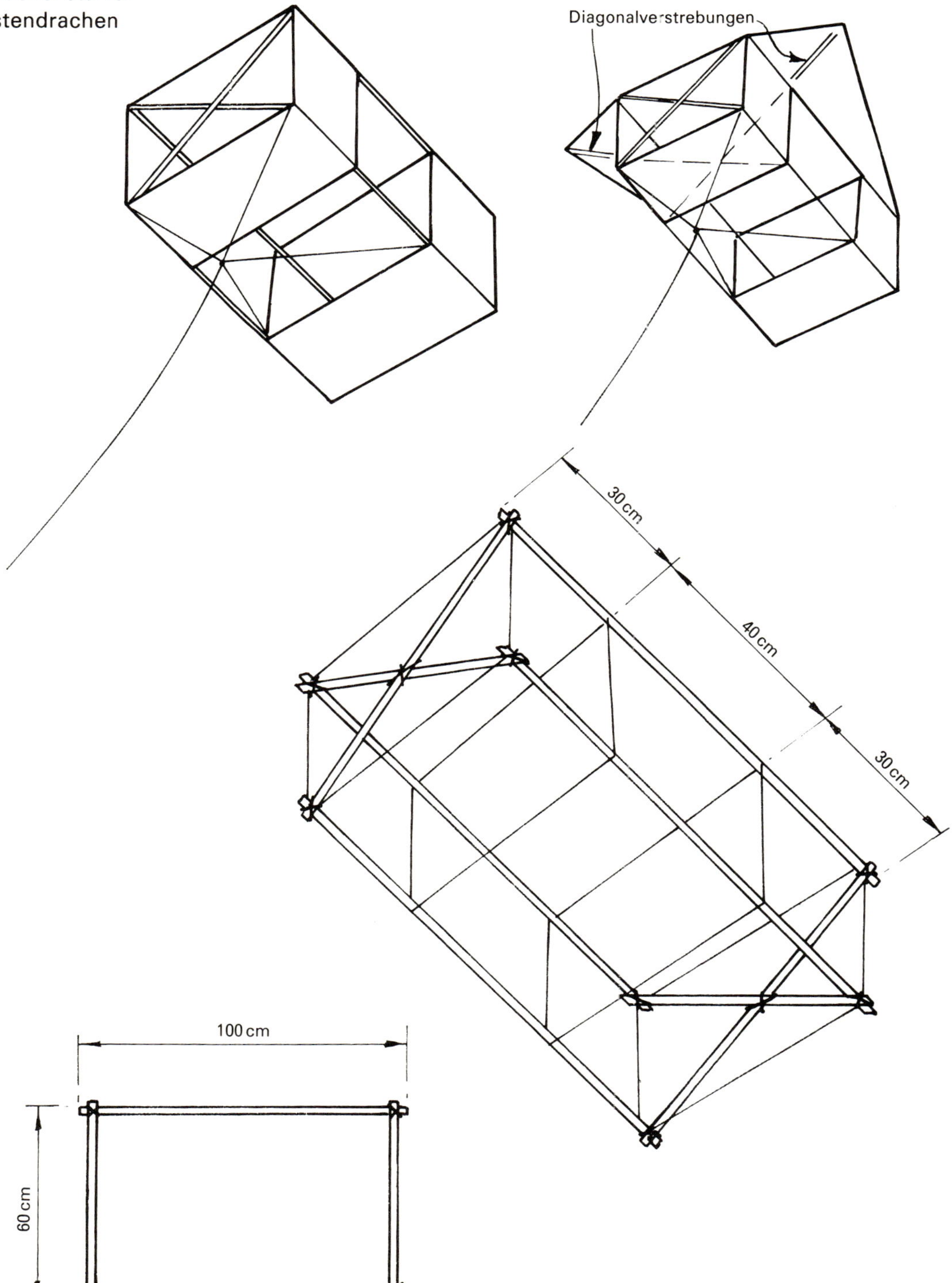

Einfacher Hexagonal-Drachen (Sechseckdrachen, Abb. 127)

Man schneidet drei Kiefernleisten 5 × 5 mm auf 70 cm Länge ab, bohrt genau in der Mitte in alle drei ein 2 mm großes Loch und verbindet sie mit einer 2 mm starken Schraube mit Mutter (mit Draht binden geht auch). An den Enden werden Schlitze eingesägt und eine Schnur lose als Umspannung angebracht. Aus Packpapier wird eine Schablone für die Bespannung aus Papier, Plastikfolie oder Stoff angefertigt und diese mit genügend Saum zugeschnitten. Dann wird dieser als lose Tasche um die Umspannung herumgenäht oder geklebt. Die Schnur muß frei beweglich bleiben und ragt als Schlaufe an jeder Ecke heraus. Die Bespannung wird nun genau mittig angeheftet und dann die Umrandungsschnur gleichmäßig zur Straffung der Bespannung gespannt. Der Drachen muß aber flach bleiben. Sitzt alles faltenfrei, dann wird verknotet. Das Gestänge liegt auf der Oberseite der Bespannung.

Die Waage wird aus drei gleich langen Schnüren hergestellt. Eine geht durch ein Loch zum Kreuzungspunkt, die beiden anderen zu den vorderen Spitzen. Von den entgegengesetzten Spitzen wehen die Schwänze, wie aus der Abbildung ersichtlich. Sie besitzen nun einen Drachen, der Sie durch seine Flugfähigkeit auch bei leichtestem Wind und seine Steuerfähigkeit überraschen wird. Wenn man ihn entsprechend baut, ist er auch zusammenlegbar. Wenn man, wie abgebildet, zwei Schwänze verwendet, sollten sie Streifenform haben und etwa 10 m lang sein. Ein einfacher „Schweineschwanz" sollte ein Mittelband von 102 cm Länge haben und mehrere Querstreifen.

Fliegende Nachteule (Abb. 128)

Für diesen Figur-Drachen sind sehr biegsame Gestänge nötig. Bambusrohr oder ähnlich biegsames Material wird zu drei bogenförmigen Gebilden zusammengebunden. Sehr wichtig ist auch eine gute Verspannung der Flügelspitzen zu den Beinen und zum Rumpf. Das Bespannmaterial muß leicht und flexibel sein und sauber und gleichmäßig auf beiden Hälften sitzen. Weiße Baumwolle ist ideal, sie läßt sich auch gut mit den Eulenfedern bemalen. Nylon läßt sich schlechter bemalen, ist aber leichter; Acryl-Farben sind am farbigsten und leuchtkräftigsten.

Ein solcher Drachen ist erst dann zu empfehlen, wenn man mit einfacheren schon einige Erfahrung gesammelt hat. Man beachte die Ansatzpunkte der Waage, etwa in halber Spannweite und am Rumpfende. Die Streifen an den Füßen sollten aus verschiedenfarbigen schmalen Kreppbändern, Kunststoffolienbändern oder leichten Stoffbändern gefertigt werden. Sie sind zur Stabilisierung nötig und ergeben ein besonders farbenprächtiges Bild.

„Fliegender Fisch" (Abb. 129)

Dies ist eine Variante des Figurendrachens mit geraden Kanten, bei der nur ein kleiner Teil der Außenflügel eine flexible Hinterkante besitzt – hauptsächlich wegen des Aussehens. Für das Gestänge suche man Hartholzleisten aus Obechi oder ähnliches mit 6 × 6 mm Querschnitt aus, die möglichst paarweise gleiches Gewicht haben sollten. Die Kreuzungsstellen werden mit einem Tropfen Leim (Ponal) versehen und fest mit Zwirn gebunden. Der Querstab verhindert ein Zusammenklappen, man darf ihn nicht weglassen!

Die Anbringung der Waage richtet sich hauptsächlich nach der Größe des Schwanzdreiecks. Gleich lange Waagenschenkel von jeder der vier Ecken aus sind ein guter Anfang. Farbige Bänder aus Plastikfilm, befestigt an den Flossen- und Schwanzspitzen, sind sehr wirkungsvoll; will man die Stabilität noch weiter verbessern, so kann man über beide Diagonalen des Rautenteils verspannen und damit eine Wölbung in V-Form und negative Längswölbung erzielen.

Abb. 127: Einfacher Sechseckdrachen

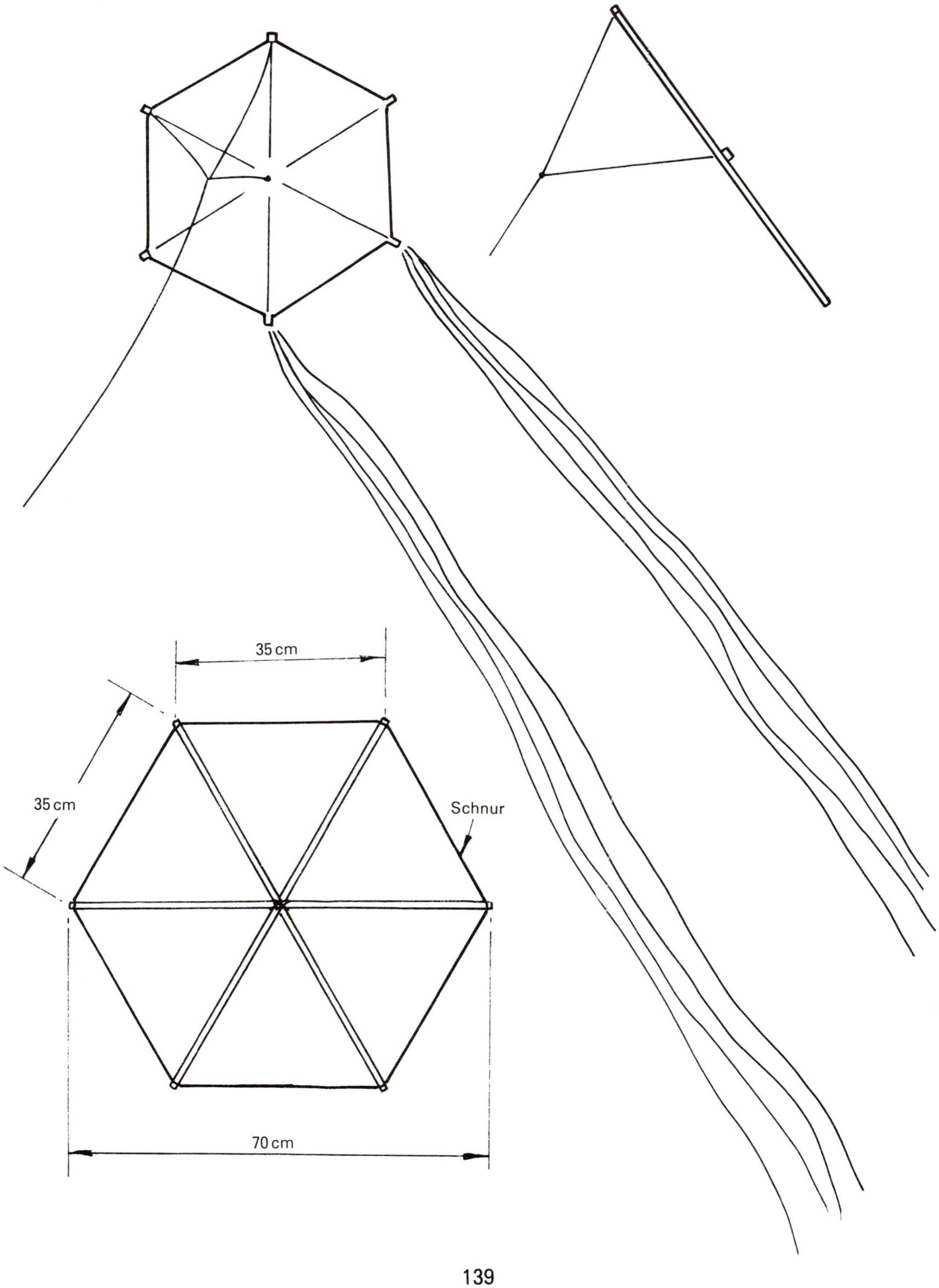

Abb. 128: Die fliegende Nachteule

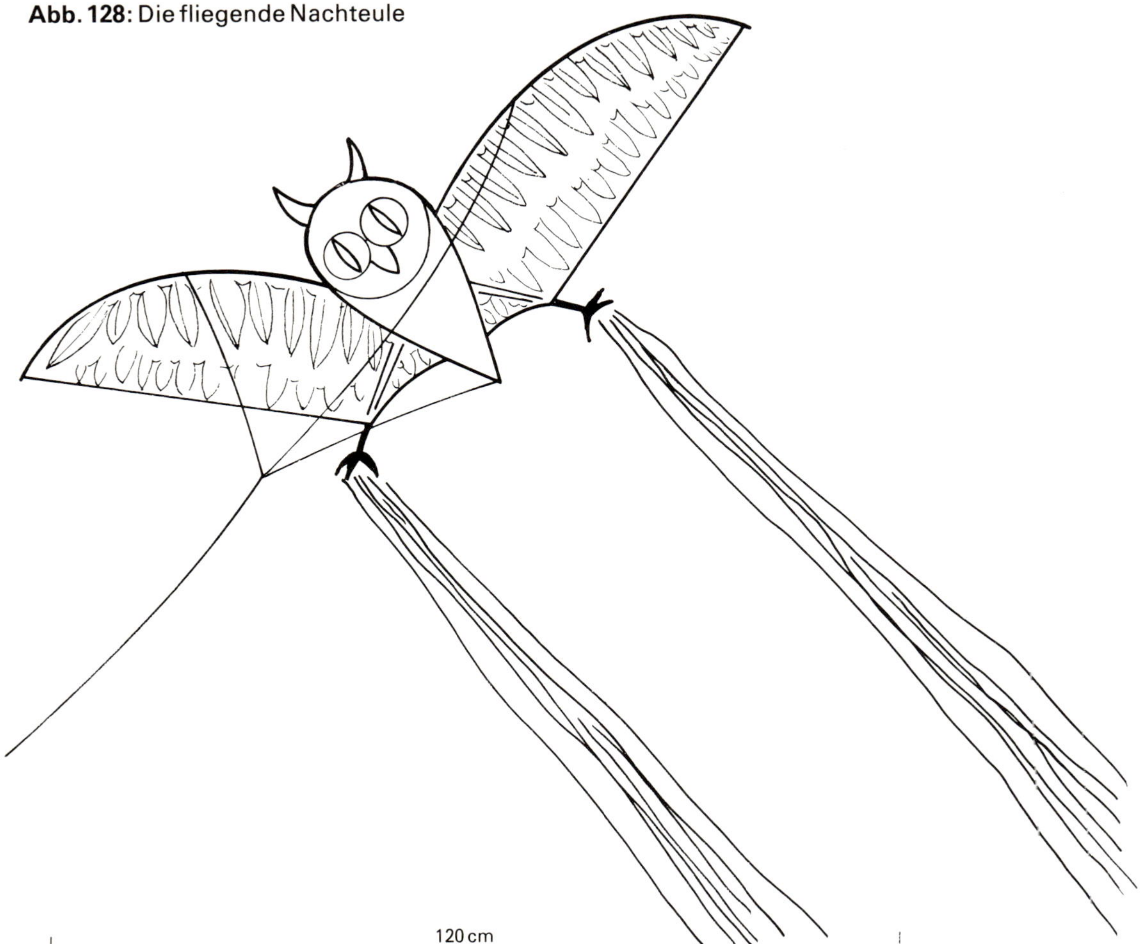

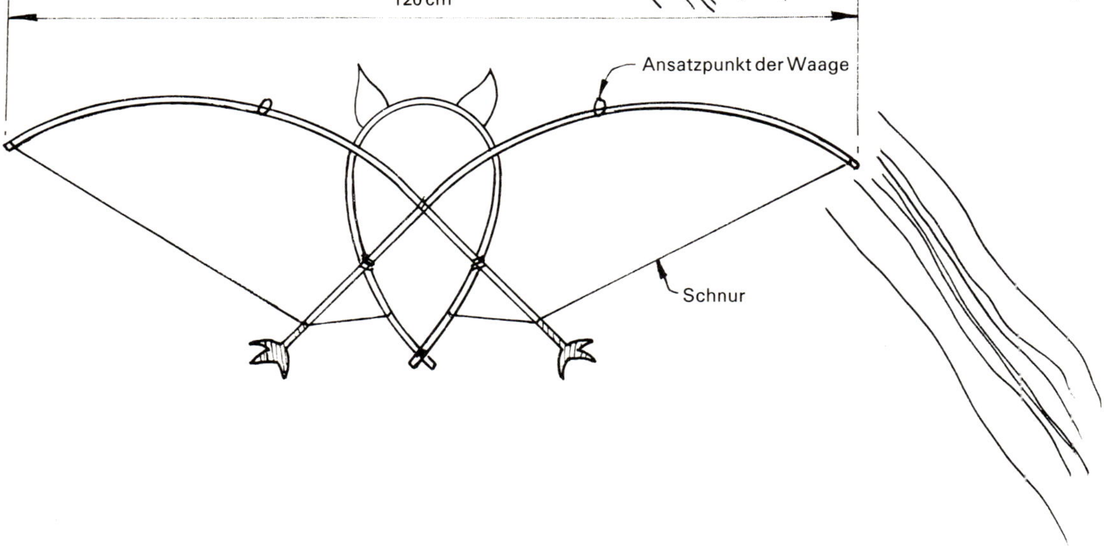

Abb. 129: Fliegender Fisch

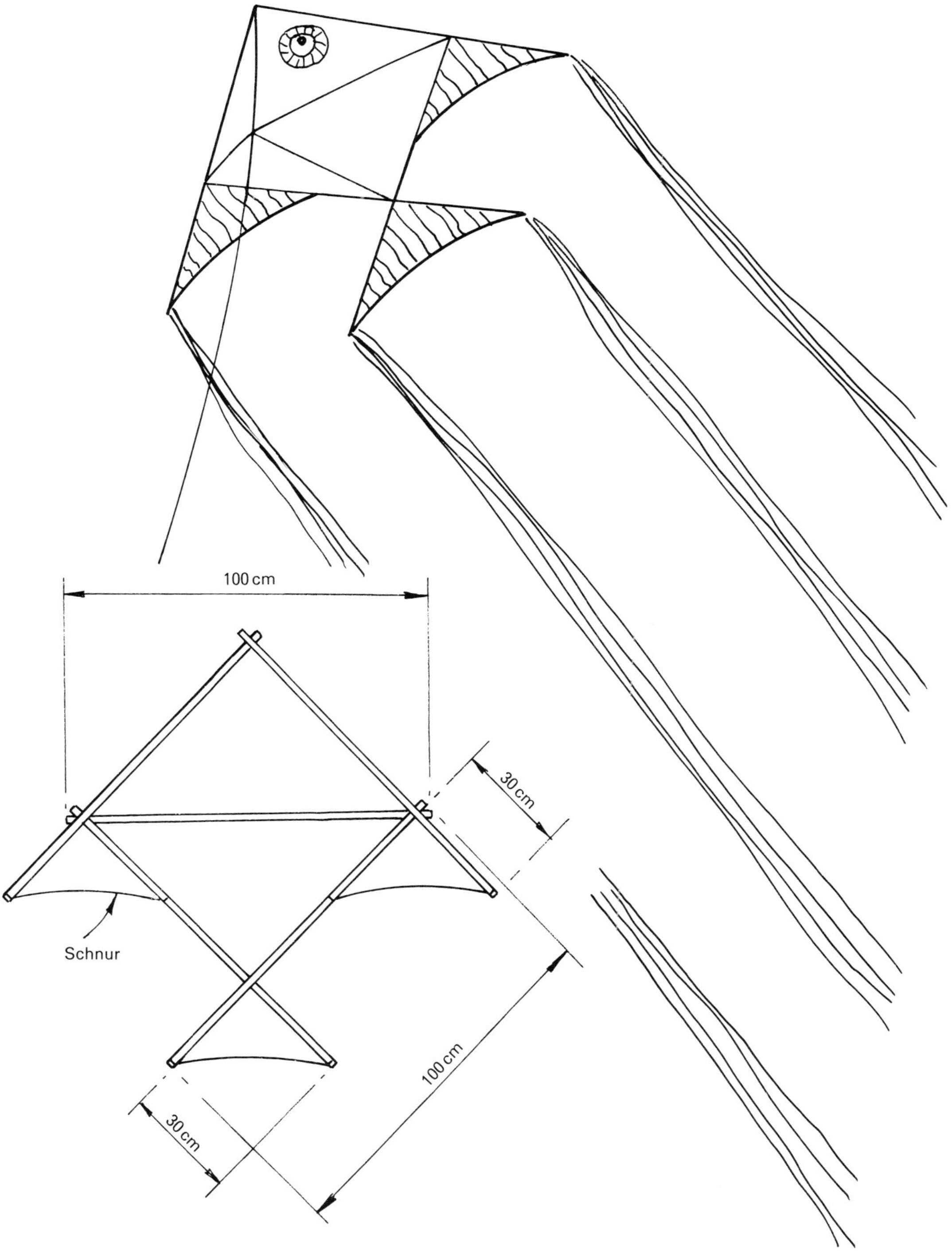

Abb. 130:
Schlittendrachen

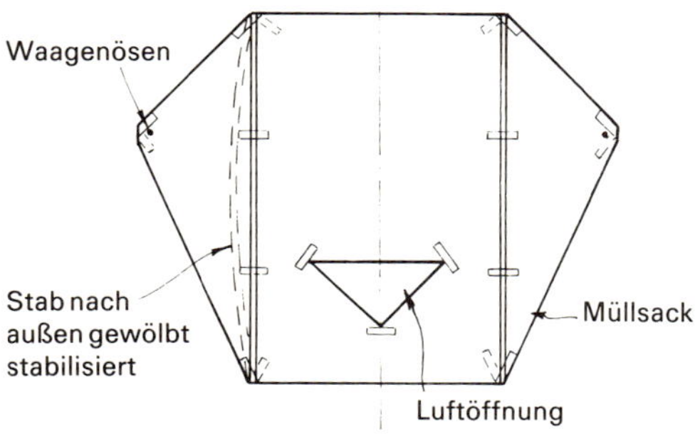

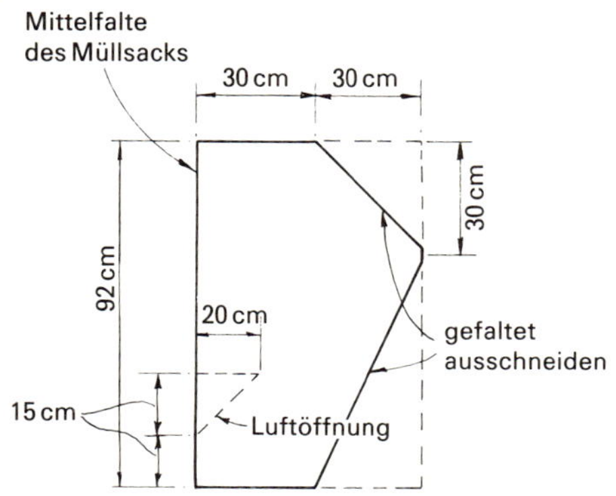

Schlitten (Abb. 130)

Wir verdanken diesen Entwurf Dave Checkly und dem *Sunset* Magazin. Es ist ein Scott-Schlitten aus einem ganz gewöhnlichen Plastik-Müllsack. Wir lassen ihn gefaltet und zeichnen die Maße nach der Skizze auf. An einer Seite wird abgeschnitten, der Boden wird weggeschnitten, die dreieckige Luftöffnung herausgeschnitten und dann aufgefaltet. Die Ecken werden mit kräftigem Klebeband verstärkt, ebenso die Ecken der Luftöffnung. Zwei Bambusstäbe werden so eingesetzt und mit Klebeband gesichert, daß sie etwas nach außen gewölbt sind und dadurch den Schlitten spannen. Dies verhindert ein Zusammenklappen. Die Befestigungspunkte der Waagenschenkel sollte man am besten mit Klebeband verstärken und Ösen einsetzen.

Dies ist die einfachste aller Drachenformen, aber sie fliegt besser als viele weit kompliziertere Drachen. Die Waagenschenkel sollten von der Öse bis zum Verbindungspunkt mit der Drachenleine etwa 2 m lang sein. Die Luftöffnung kann man auch rund oder in Augenform ausführen, es können auch mehrere sein. Die vorgeschlagene dreieckige Öffnung ist lediglich ein bewährtes Grundmuster.

Indischer Kampfdrachen (Abb. 131)

Der traditionelle indische Drachen wurde schon immer mit großer Neugier betrachtet. Mit seiner neutralen Stabilität (Instabilität) ist er auf die konventionelle Art und Weise des Westens nicht zu fliegen. Er erfordert volle Symmetrie der Form und des Gewichtes, was beim Bau besonders beachtet werden muß.
Gebürtige Inder zeigten uns, daß man diese Drachen sogar bei Windstille fliegen kann. Solange genug Leine da ist, um sie nachlassen zu können und dann wieder zu straffen, um den Drachen zu bewegen, fliegt er selbst in Hallen.
Der Bau beginnt mit den beiden Stäben, der Längsstab 61 cm, der Querstab 75 cm lang. Als Material eignet sich am besten 6 mm starkes Bambusrohr. Die Enden des längeren Stabes werden auf den letzten 30 cm zu einer schlanken Spitze durch Bearbeiten mit einer Schabklinge oder Schleifpapier verjüngt. Der Querstab wird, 10 cm vom vorderen Ende des Mittelstabs entfernt, festgebunden und dann in der angezeigten Form mit einer Umrandungsschnur verspannt, wobei der Querstab fast Halbkreisform erhält. Die Verknotungsstellen der Schnur an den Enden werden mit Klebeband gesichert. Dann wird mit leichtem Bespannpapier über alle Umrandungsteile herumgeklebt, wozu sich ein Pritt-Klebestift am besten eignet. Zuletzt fertigen wir noch einen Dreieckschwanz mit aufgeleimten Versteifungen aus Bambus und kleben ihn auf die Unterseite des Drachens. Die Waage ist zweischenkelig und wird nach der Zeichnung angebracht.
Die Technik des Fliegens solcher Drachen wurde in Kapitel 3 vorgestellt. Man denke immer

Abb. 131: Indischer Kampfdrachen

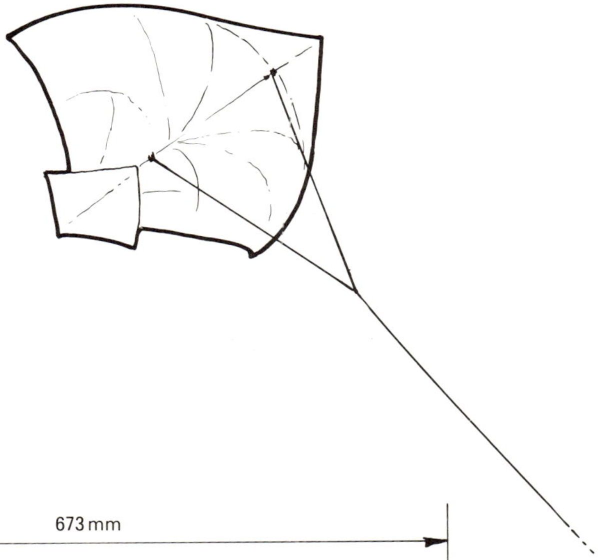

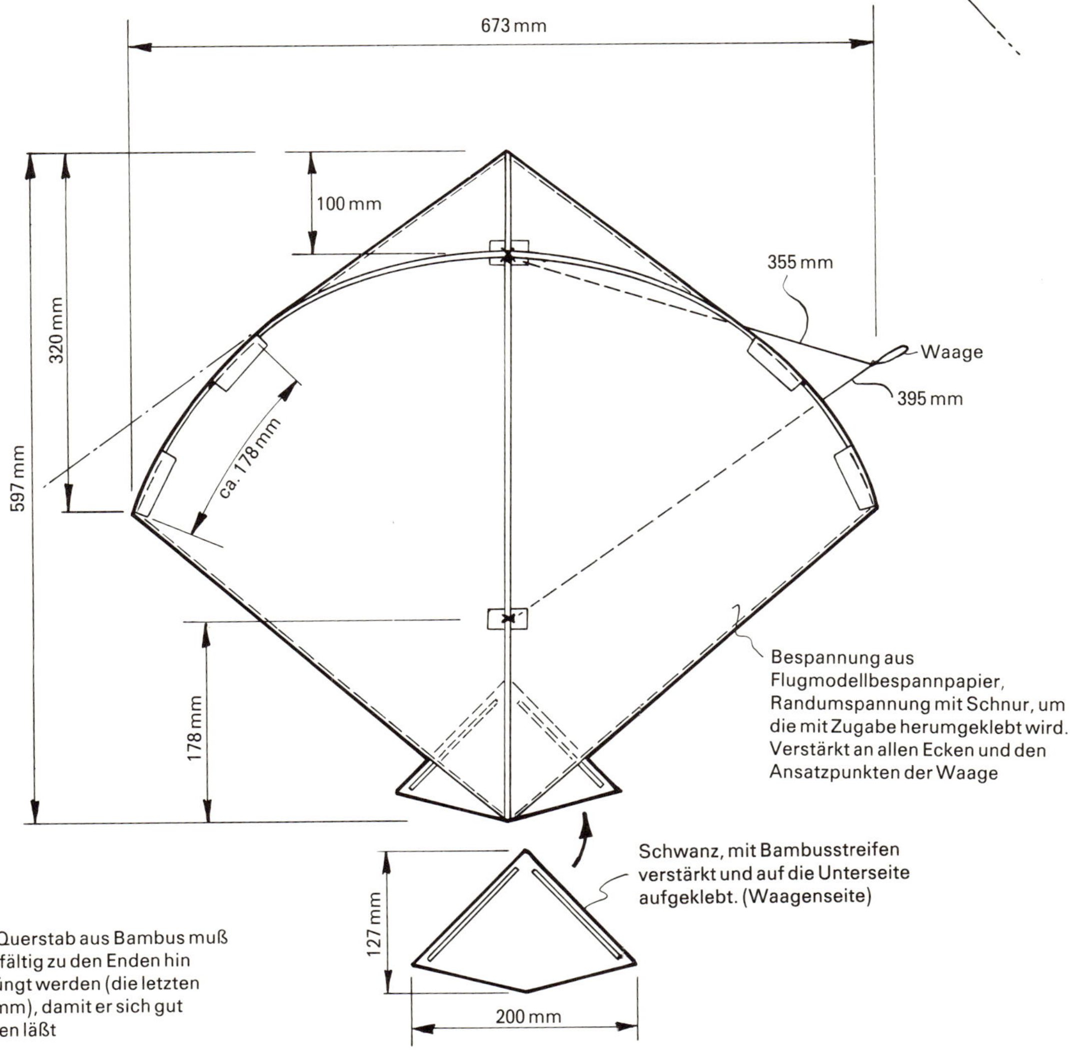

Der Querstab aus Bambus muß sorgfältig zu den Enden hin verjüngt werden (die letzten 200 mm), damit er sich gut biegen läßt daran, daß indische Kampfdrachen nur mit Zug auf der Leine steigen und zu kreiseln beginnen, wenn er nachläßt. Sobald die Leine wieder gestrafft wird, schießt der Drachen in der Richtung los, in die seine Spitze gerade zeigt – und das kann genausogut nach unten sein. Also aufpassen!

Japanischer Kampfdrachen (Abb. 132)

Der japanische Diamant-Kampfdrachen ähnelt mehr dem malaysischen oder Eddy-Drachen, ist aber länglicher und im allgemeinen größer als sein indisches Gegenstück. Der Bau ist prinzipiell gleich, wie dort beschrieben, aber, wie aus Abb. 132 ersichtlich, ist der verjüngte Querstab weniger gebogen, und die Ansatzpunkte der Waage sind anders. Zur Stabilisierung sind an den Spitzen Quasten notwendig. Da Bespannpapier meist nicht in genügend großen Bogen zum Bespannen in einem Stück erhältlich ist, muß man mehrere zusammenkleben, wobei man durch Verwendung verschiedener Farben hübsche Muster erzielen kann.

Westindischer Diamantdrachen (Abb. 133)

Sobald die ersten indischen Kampfdrachen in der Mitte der siebziger Jahre auftauchten, sah man auch Mini-Ausgaben davon fliegen. Diese kamen nicht aus dem Fernen Osten, sondern aus Jamaika und Barbados in Westindien. Eine typische Größe ist 30 × 30 cm. Die Konstruktion ist identisch mit der beim indischen beschriebenen, nur verwenden wir wesentlich dünneres Bambusrohr. Dieser Drachen benötigt aber wegen seiner geringen Größe einen 3 m langen Schwanz, am besten in Bandform mit quer eingebundenen Papierquasten auf dem ersten Meter. Ein stetiger frischer Wind trägt diesen Drachen schnell empor, aber auch genausoschnell wieder herab. Die Kleinheit macht ihn hochempfindlich, wodurch das Fliegen des westindischen Diamantdrachens ein Mordsspaß sein kann.

Bermuda-Drei-Stab-Drachen (Abb. 134)

Der Bermuda-Drachen wirkt durch seine gestreckte Sechseckform sehr vornehm, fliegt sehr stabil und wurde verschiedentlich zu Dauer-Weltrekord-Versuchen eingesetzt. Die Meereswinde der Bermudas wehen stetig und gleichmäßig über lange Zeiträume, was den ortsansässigen Drachenfreunden erlaubt, ihre Drachen den ganzen Tag lang stehen zu lassen. Der Sinn der Übung leuchtet zwar Drachenfreunden, die aktives Fliegen lieben, nicht recht ein, aber wenn Sie störungsfreies Fliegen suchen, dann hat der Drei-Stab-Drachen viel für sich. Das Gerüst aus gespaltenem Bambusrohr, Fichten- oder Buchenholzrundstäben wird mit Zwirn zusammengebunden, wobei die Kreuzungsstelle etwa 22 cm von den Vorderenden der Diagonalstäbe auf der Mitte des Querstabes zu liegen kommt. Die Abmessungen sind nicht kritisch. Hier empfehlen wir 50 cm Breite und 66 cm Länge der Diagonalstäbe, ohne Verlängerungen für einen „Summer".
Der wesentlichste Unterschied zwischen diesem und dem in Abb. 127 beschriebenen Hexagonaldrachen besteht darin, daß der Bermuda nicht zusammenlegbar gebaut wird, was wegen seiner asymmetrischen Form zu schwierig würde. Die Schnurumrandung kann fest angebunden werden. Die Bespannung wird mit Zugabe für den Klebesaum zugeschnitten, um die Umrandungsschnur herumgefaltet und mit Pritt verklebt. Das Bespannpapier sollte etwas kräftiger sein, z. B. buntbedrucktes Geschenkpapier. Die dreischenklige Waage wird an den vorderen Spitzen und durch ein Loch am Kreuzungspunkt befestigt. Die Schenkel sollen etwa 30 cm lang sein. Ein weiteres Stück Schnur wird als Schwanzträger zwischen die hinteren Enden gespannt. Dieser ist unbedingt nötig. Es kann ein Streifenschwanz von mindestens 2 m Länge ohne Querquasten sein.
Den „Summer" fertigen wir aus hartem, dünnem Papier an, das wir um die straff gespannte Vorderleine herumkleben, so daß es frei schwingen kann. Auch bestimmtes Toilettenpapier eignet sich dafür und erzeugt im Flug einen zischenden Dauerton.

Abb. 132: Japanischer Kampfdrachen

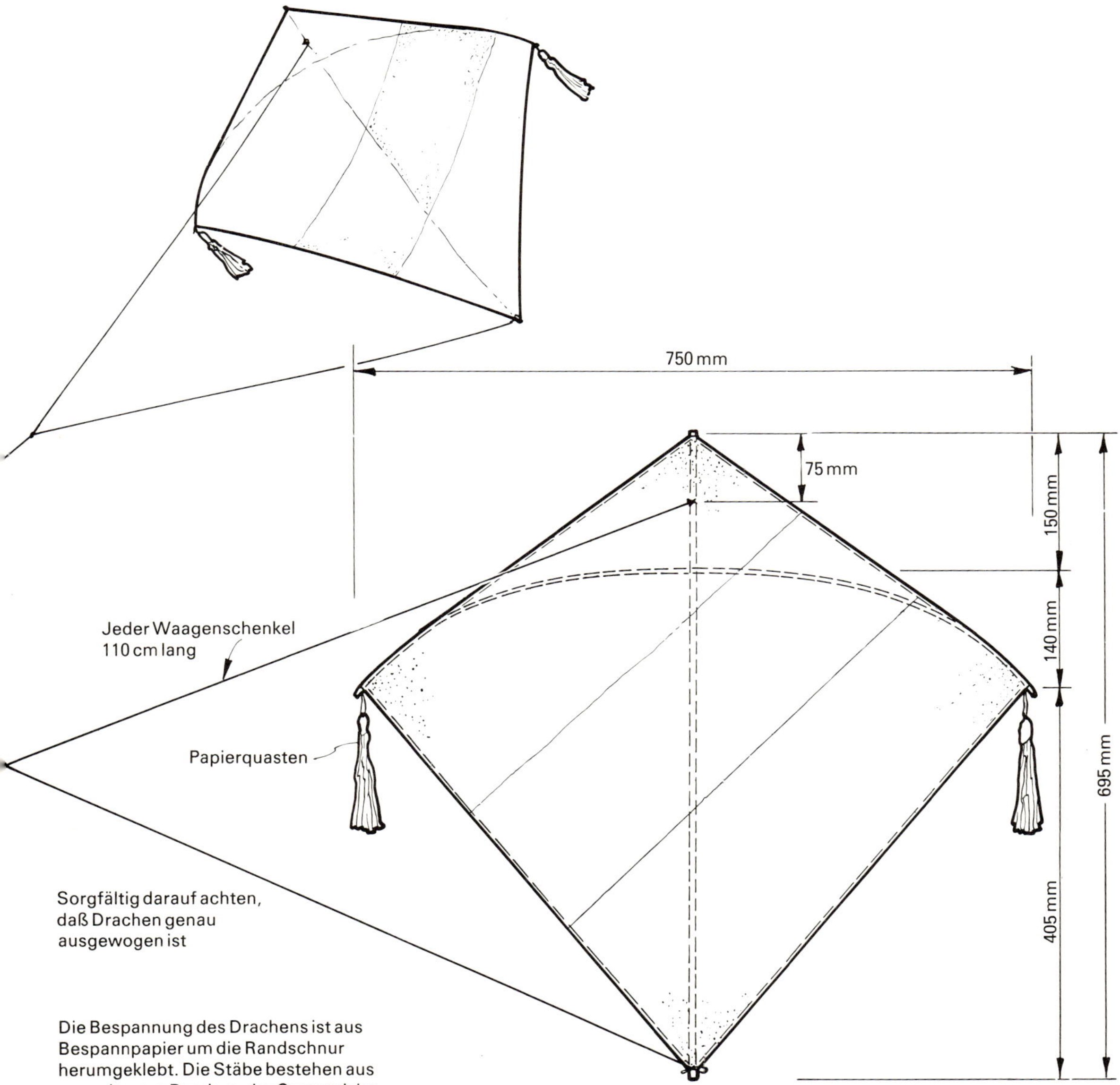

Abb. 133:
Westindischer Diamantdrachen

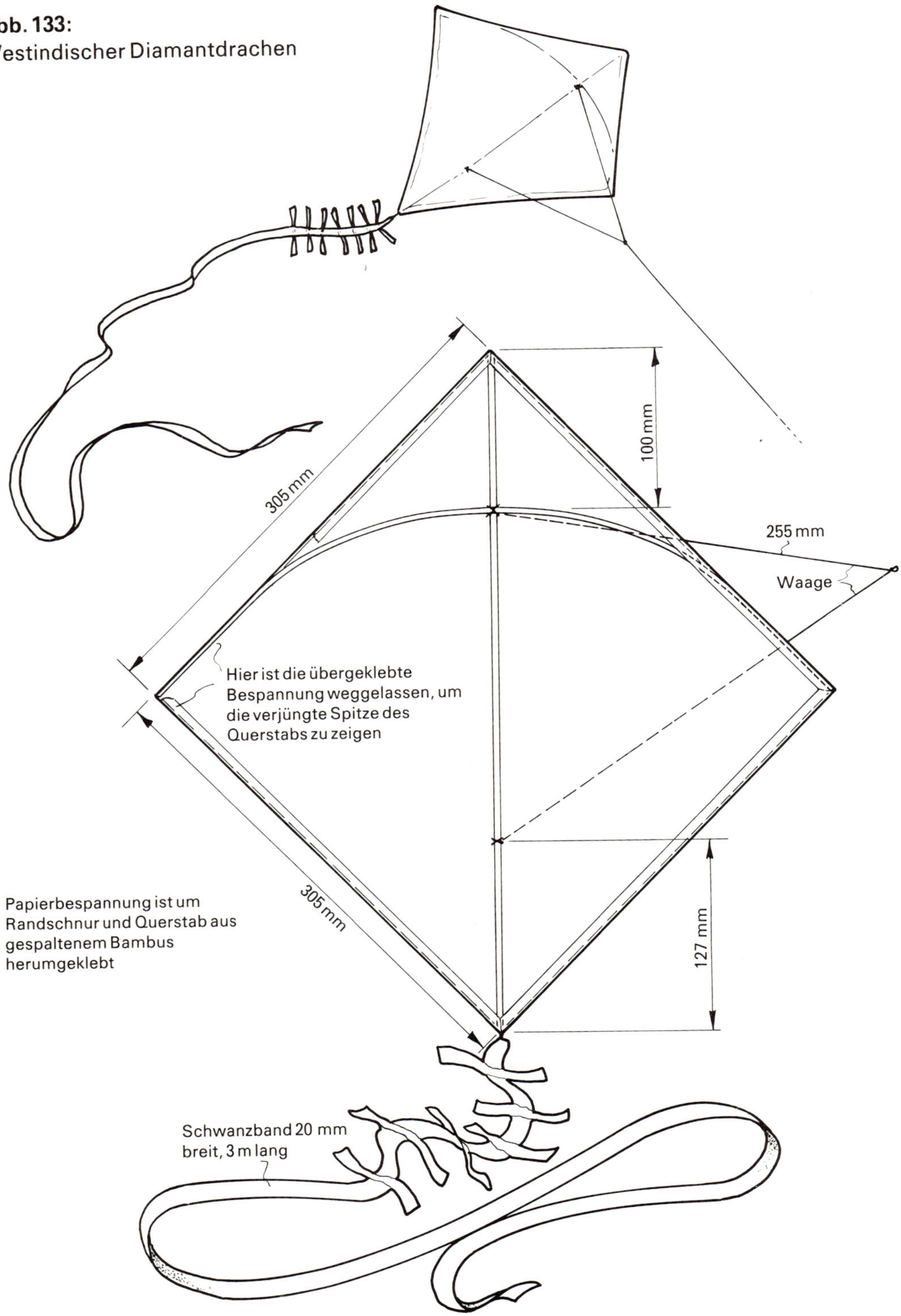

Abb. 134:
Drei-Stab-Drachen
aus Bermuda

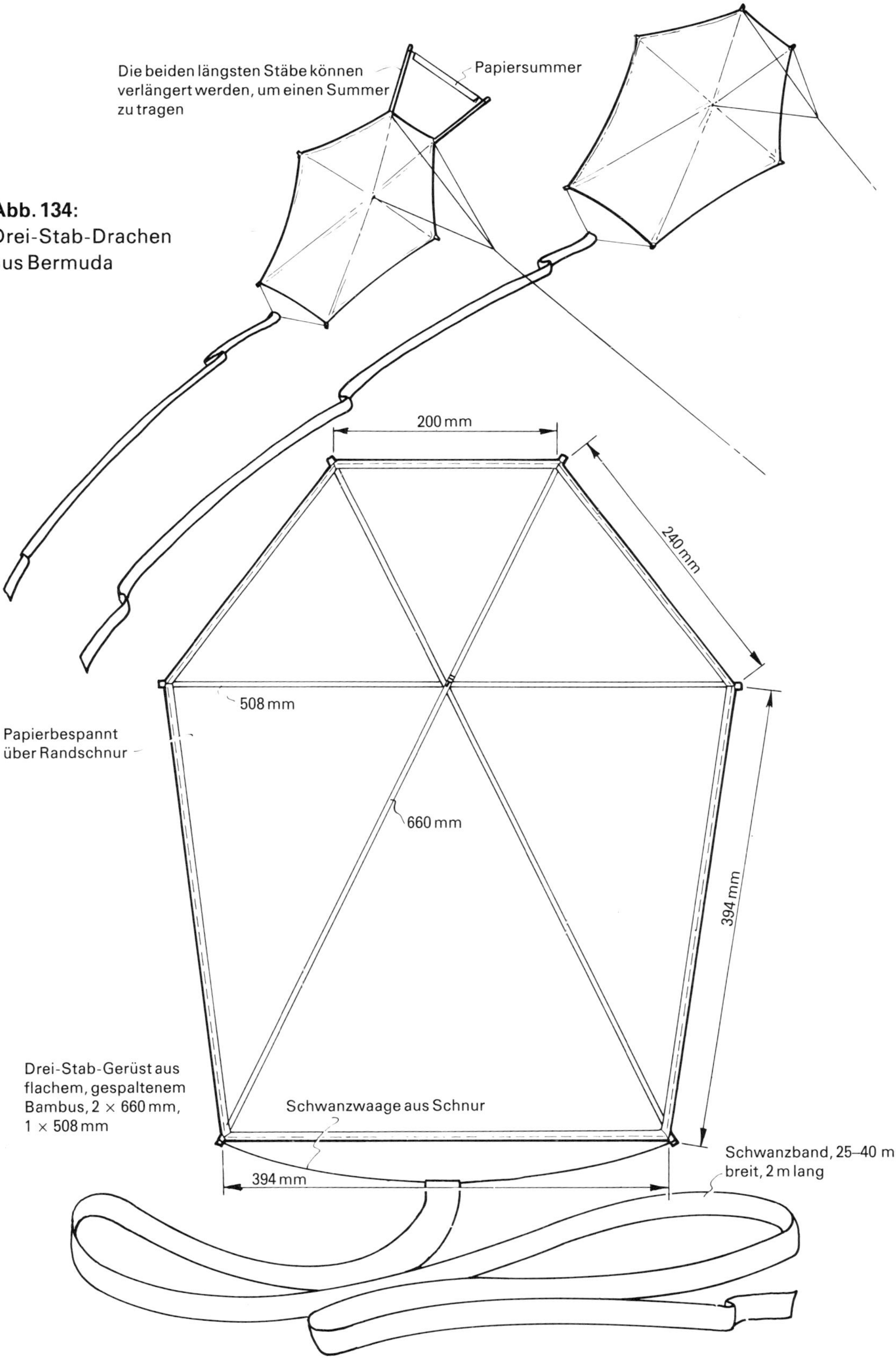

Abb. 135: Östliche Schlangendrachen, auch Thai-Schlange genannt

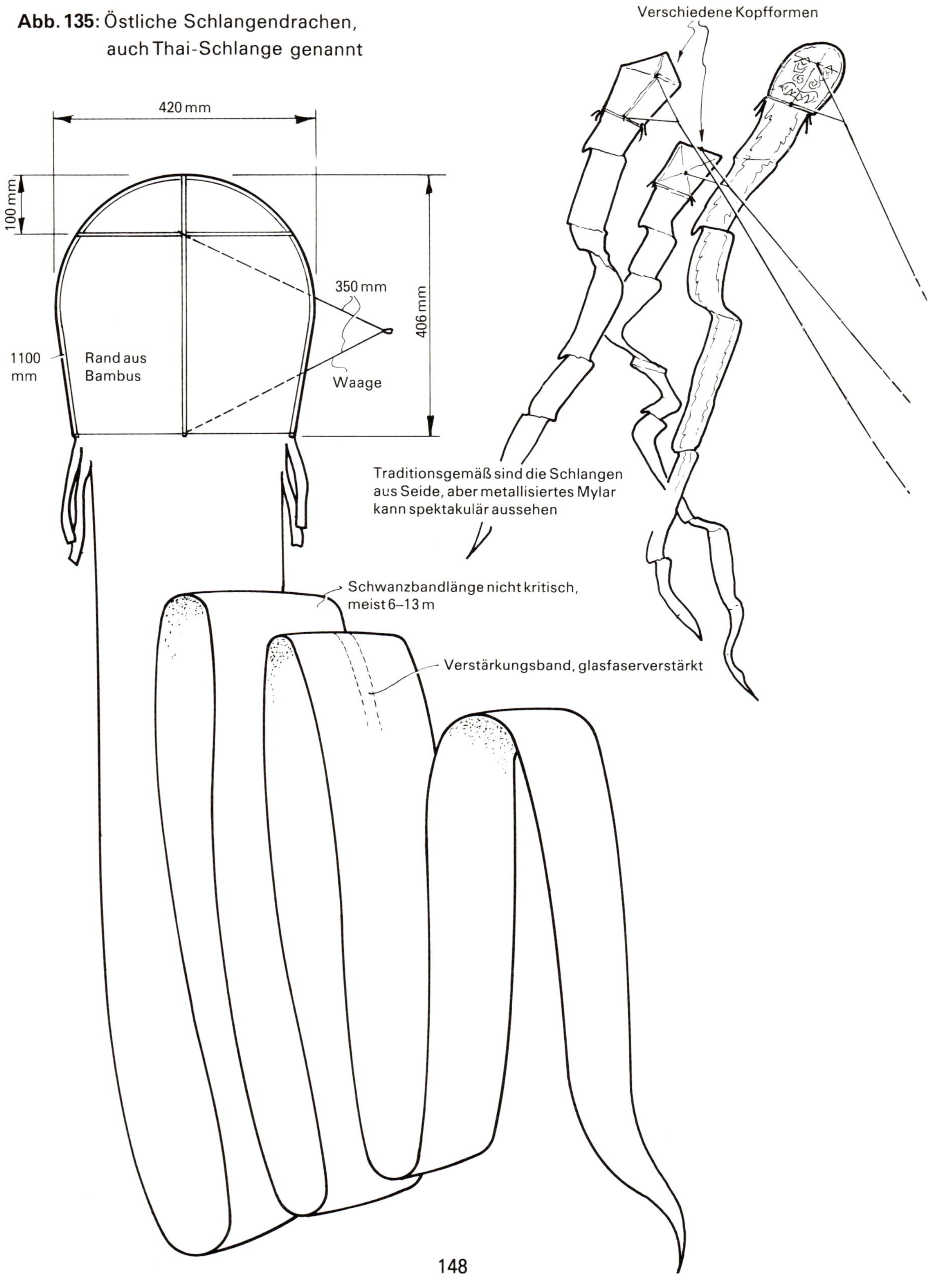

Östlicher Schlangendrachen (Abb. 135)

Der Schlangendrachen ist sehr leicht herzustellen, man braucht dazu lediglich Plastikfolie in langen Bahnen. Um eine vernünftige Schlange zu bauen, braucht man etwa 8 m, besser mehr. Die Folie wird vom etwa 42 cm breiten Anfang aus bis zum Ende geradlinig verschmälert, und als (ratsame) Verstärkung wird auf der Mittellinie ein glasfaserverstärktes, selbstklebendes Verpackungsband aufgebracht. Der Kopf kann rechteckig, fünfeckig sein oder die traditionelle Hufeisenform haben. Dafür nehme man ein 110 cm langes Bambusrohr und biege es in der Kopfform. Auch aus steifem Schilfrohr können eckige Köpfe hergestellt werden. Unabhängig davon, welches Material verwendet wird, ist ein kräftiges Kreuzstück in der Mitte wichtig. Die Enden des gebogenen Stabes und das hintere Ende des Mittelstabes werden mit einer kräftigen Verspannungsschnur verknüpft.
Dieser Punkt und der Kreuzungspunkt sind die Befestigungsstellen für die zweischenkelige Waage. Aus der Bahn werden noch unmittelbar hinter dem Kopf mit der Schere Verzierungsstreifen eingeschnitten, die im Wind flattern und rascheln. Nun bemalen wir den Kopf noch so künstlerisch wie möglich und haben dann einen sehr attraktiven Drachen, der schon im leichtesten Wind steigt. Eine Warnung! Auf keinen Fall metallisierte Plastikfolie verwenden, wenn man in der Nähe von Hochspannungsleitungen fliegen will. Solche Schlangen sehen zwar phantastisch aus, haben aber, wegen der damit verursachten Unfälle, in den USA und Deutschland zum Verbot von Schlangendrachen aus solchem Material geführt. Solche Drachenformen werden auch *DRAGON* oder *SPERMY* genannt.

Chinesische Tausendfüßler-Drachen

So einfach die Schlange ist, so kompliziert und schwierig ist der Tausendfüßler; aber gut geflogen ist er eine Schau! Er ist im Prinzip ein Gespann von vielen scheibenförmigen Drachen auf einer gemeinsamen Leine und bietet im Flug, bei dem sich der Tausendfüßler in Wellen bewegt, einen malerischen Anblick. Das Einstellen der Waage und die Verknüpfung der Einzeldrachen ist aber nichts für Drachenpiloten, die keine Zeit haben. Denn jede dieser Scheiben ist ein Drachen für sich mit eigenen seitlichen Stabilisatoren in Form von Auslegern mit Quasten, Bommeln oder Federn an den Enden, die ihn ausstaffieren.
Tom Van Sant, ein bekannter amerikanischer Bildhauer, war bei einem Aufenthalt im Fernen Osten auf den Drachenbau gekommen und kehrte voll von Ideen nach Kalifornien zurück, wie man mit modernem Baumaterial solche traditionellen Entwürfe ausführen könnte. Eines seiner ersten Werke war ein Tausendfüßler, der bei seiner Ausstellung im *Institute of Contemporary Arts* in London besonderes Aufsehen erregte. Van Sant benutzte glasfaserverstärkte Polyesterrohre, wie sie für Angelruten verwendet werden, als Gestänge, Nylon als Bespannmaterial und Federn als Verzierung seiner modernisierten Tausendfüßler. Wie in den folgenden Baubeschreibungen zu sehen ist, erfand Van Sant viele Anwendungsmöglichkeiten für Glasfaserrohre (Abb. 137, 140, 141, 142 und 143). Toms große Tausendfüßler kosten allein an Material über 500 DM, aber für kleinere Modelle muß man nicht soviel ausgeben.
Spanisches Rohr läßt sich zu Ringen von 28 cm Durchmesser zusammenbinden, wobei die Enden gestoßen, verleimt und mit Klebeband umwickelt werden. Man könnte auch schäften (schräg verleimen). Der 107 cm lange Querstab wird darübergelegt und an den Berührungspunkten mit dem Ring festgebunden, was die Ringform zusätzlich stabilisiert. Eine vertikale Querstrebe vervollständigt das erste Gerüstelement. Auch Glasfaser-Polyesterrohr, gespaltenes Bambusrohr oder ähnlich biegsames Material kommen in Frage. Die Quasten oder Bommeln können aus jedem leichten, hübsch aussehenden Material hergestellt werden. Wichtig ist vor allem, daß sie gleich schwer sind und gleichen Luftwiderstand haben, damit der Stabilisator richtig funktionieren kann. Überzogen wird mit leichtem Bespannpapier. Die An-

Abb. 136: Chinesischer Tausendfüßler-Drachen

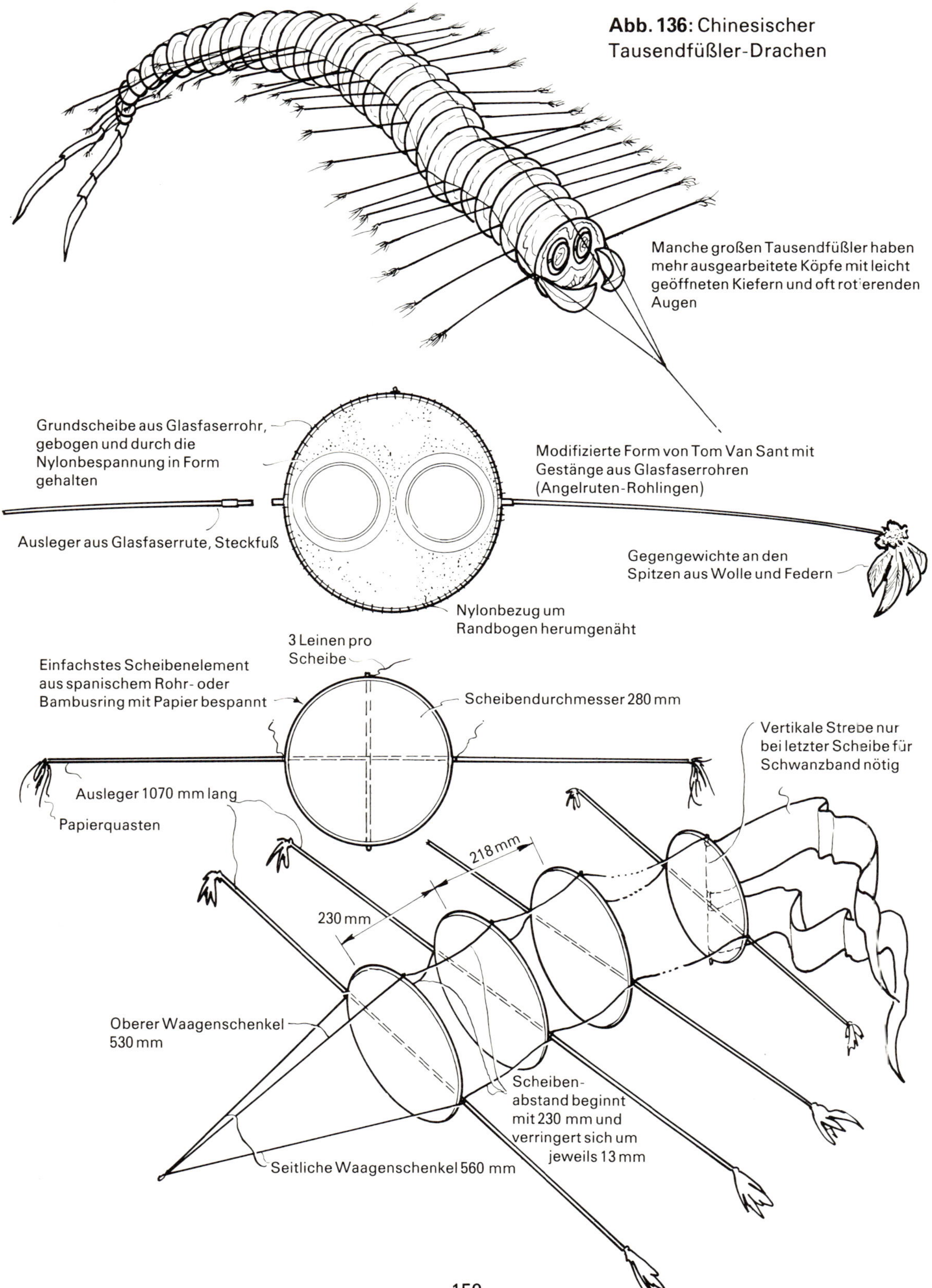

zahl der Elemente ist beliebig. Acht dürften das Minimum sein, und die obere Grenze liegt bei etwa dreißig. Bei einem Scheibendurchmesser von 28 cm sollte man die Abstände, von vorn her gesehen, jeweils um etwa 13 mm verringern. Der Abstand zwischen der ersten und zweiten Scheibe sollte etwa 23 cm betragen und sich auf 13 cm zwischen der siebten und achten Scheibe verringern. Die Schwanzbänder werden an der Querstrebe der letzten Scheibe befestigt. Nur die erste und letzte Scheibe benötigen diese Vertikalstrebe, die anderen nicht.

Einen Tausendfüßler zu fliegen, ist etwas ganz anderes als herkömmliche Drachen. Der extrem lange Hinterkörper hat die Tendenz, höher zu steigen als der Kopf, sinkt dann wieder ab, wobei die vorderen Scheiben den Wind für die hinteren abschirmen. Dadurch sinken diese noch tiefer, bis sie wieder Wind fangen und zu steigen beginnen. So schlängelt der Tausendfüßler andauernd in etwa horizontaler Ebene. Ideal ist ein konstanter, mittlerer Wind.

Delta-Formen (Abb. 137)

Der Delta-Drachen mit flexiblem Vorderkantengestänge, das nicht starr mit dem Mittelstab oder dem Kiel verbunden ist, wurde in den USA von Mr. Hartig und anderen kreiert und ist eine typisch amerikanische Entwicklung. Es gibt ihn in vielen Ausführungen, wovon die Schürzenform des Standardmodells der *American Kitefliers Association* (I in Abb. 137) am beliebtesten ist. Da dies ein großflächiger Stoffdrachen ist, besteht die erste Aufgabe darin, ein leichtes, bunt verziertes Material mit mittlerer Porosität zu finden. Rip-Stop-Nylon ist dafür ausgezeichnet geeignet, da es meist in Breiten über 115 cm zu haben ist, passend für unsere Drachengröße von 115 × 235 cm. Wir schneiden ein Stück dieser Größe zu, falten es hälftig und nähen zuerst mit der Nähmaschine die Tasche für den Mittelstab. Dazu zeichnen wir eine Parallellinie in 6 cm Abstand von der Faltkante an und vernähen sie. In diese noch übergroße Tasche schieben wir den 102 cm langen Mittelstab ein und schieben ihn dann gegen die Naht. Nach Anzeichnen der für eine enge Tasche nötigen Nahtbreite nehmen wir ihn wieder heraus und machen die eigentliche Taschennaht.

Der an der Falte stehengebliebene Doppelsaum wird später zum Annähen der Kielflosse verwendet. Der Mittelstab wird wieder eingeschoben und an beiden Enden durch eine Lasche festgenäht. Dann wird das Tuch flach ausgelegt und die endgültige Form angezeichnet. Für die Saumtaschen geben wir 5 cm zu. In diese kommen die 122 cm langen Vorderkantenstäbe mit 6 mm Durchmesser. Die Taschen enden mit einem Umschlag 28 cm von der Spitze entfernt, und die Stäbe werden in ihnen fest eingenäht.

Die Hinterkante wird so beschnitten, daß ein 12 cm breiter Rand stehenbleibt, ähnlich einem Querruderpaar, das in der Mitte durch ein herausgeschnittenes V-förmiges Stück geteilt wird. Es kann als Ganzes flattern, man kann es aber auch in 25 mm breite Streifen aufteilen und zu einer Fransenreihe einschneiden. Dafür ist eine Zackenschere zu empfehlen, weil sie das Aufgehen des Gewebes verhindert und besser aussehende Schnitte ergibt. Nun bleibt noch die Kielflosse aus Abfallmaterial von der Zurichtung der Vorderkanten herzustellen. Sie wird genau nach der Zeichnung genäht und dort, wo wir die Ösen für die Leine einschlagen wollen, doppelt verstärkt. Diese Ösen müssen fest sitzen und dürfen nicht ausreißen, wenn sie durch Leinenzug belastet werden. An der Oberkante muß ein doppelter Streifen freibleiben, der über den Doppelsaum unter dem Mittelstab geschoben und dort vernäht wird. Damit ist der Drachen im wesentlichen fertig bis auf den sehr wichtigen Spreizstab, der den Mittelstab mit den Kantenstäben verbindet. Beim AKA-Drachen ist er 92 cm lang und berührt die Eintrittskanten 61 cm von der vordersten Spitze entfernt. Die Befestigungsmethode ist Geschmackssache. In Abb. 157 und 158 sind die beliebtesten dargestellt, die auch das Zusammenlegen zum Transport erlauben.

In Abb. 137/II sehen wir einen sogenannten „segelnden" Delta-Drachen. Diesen Typ empfiehlt Will Yolen für Höhenflüge, besonders am Strand. Die Näherei ist die gleiche wie vorstehend beschrieben, aber ohne Kiel, und die Ab-

Abb. 137 I:
AKA Deltadrachen mit Schürze

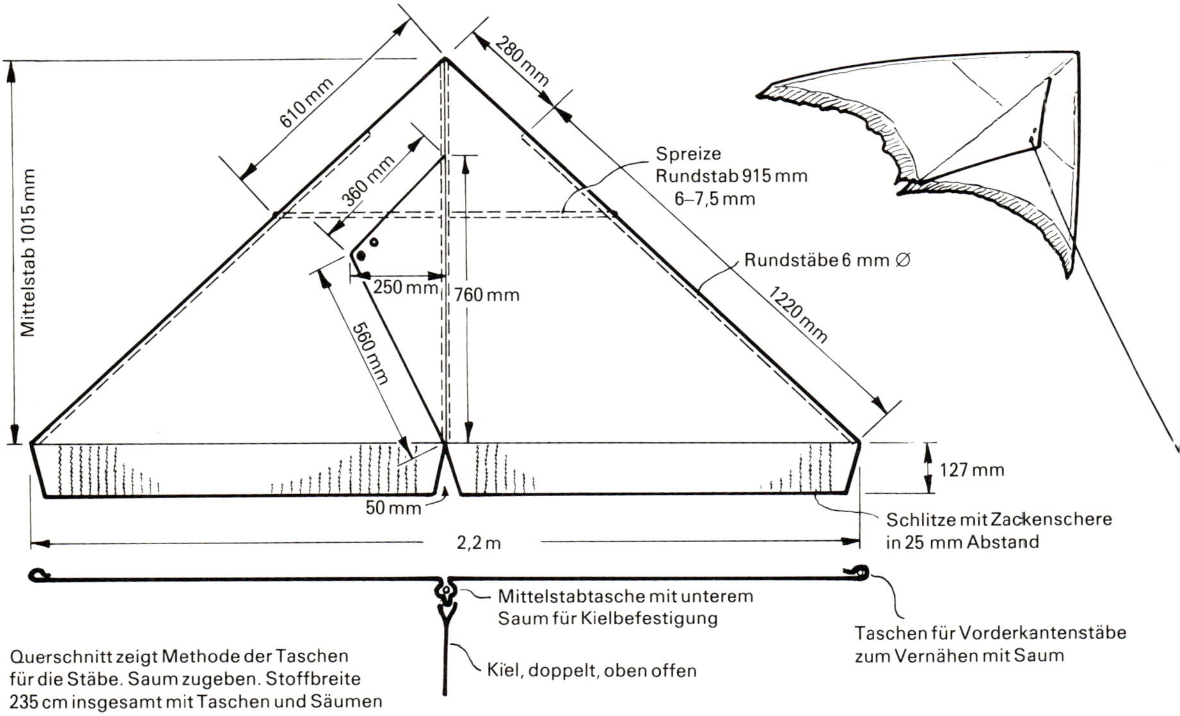

Abb. 137 II:
Will Yolens „segelnder" Deltadrachen

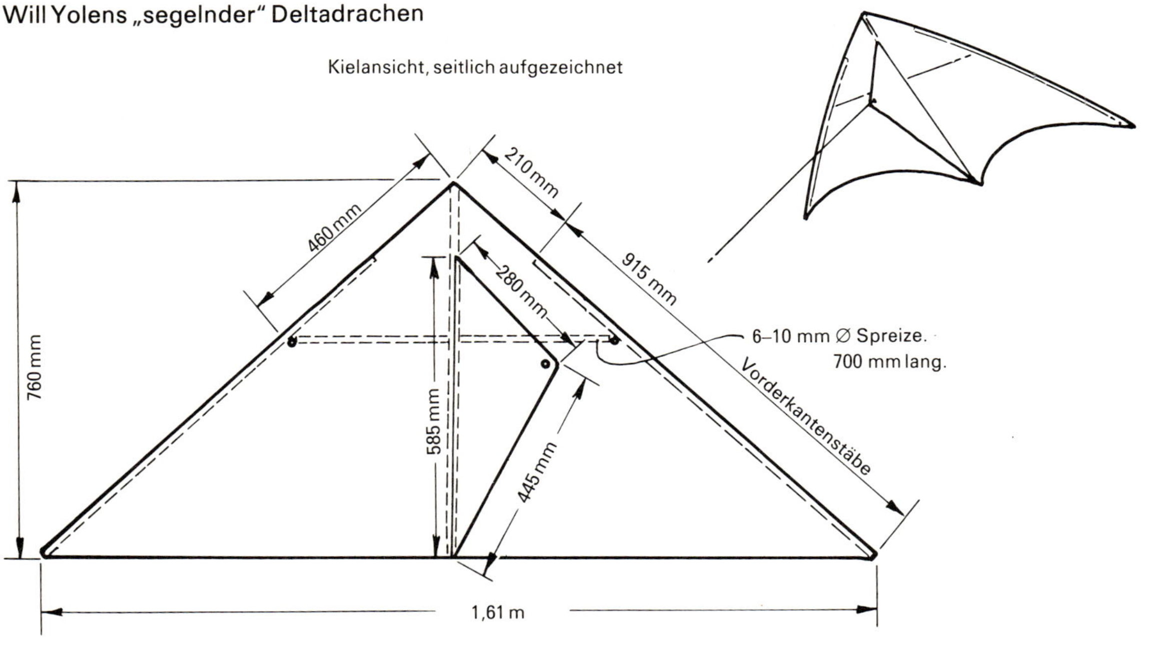

Abb. 137 III + IV:
Tom Van Sants Deltadrachen

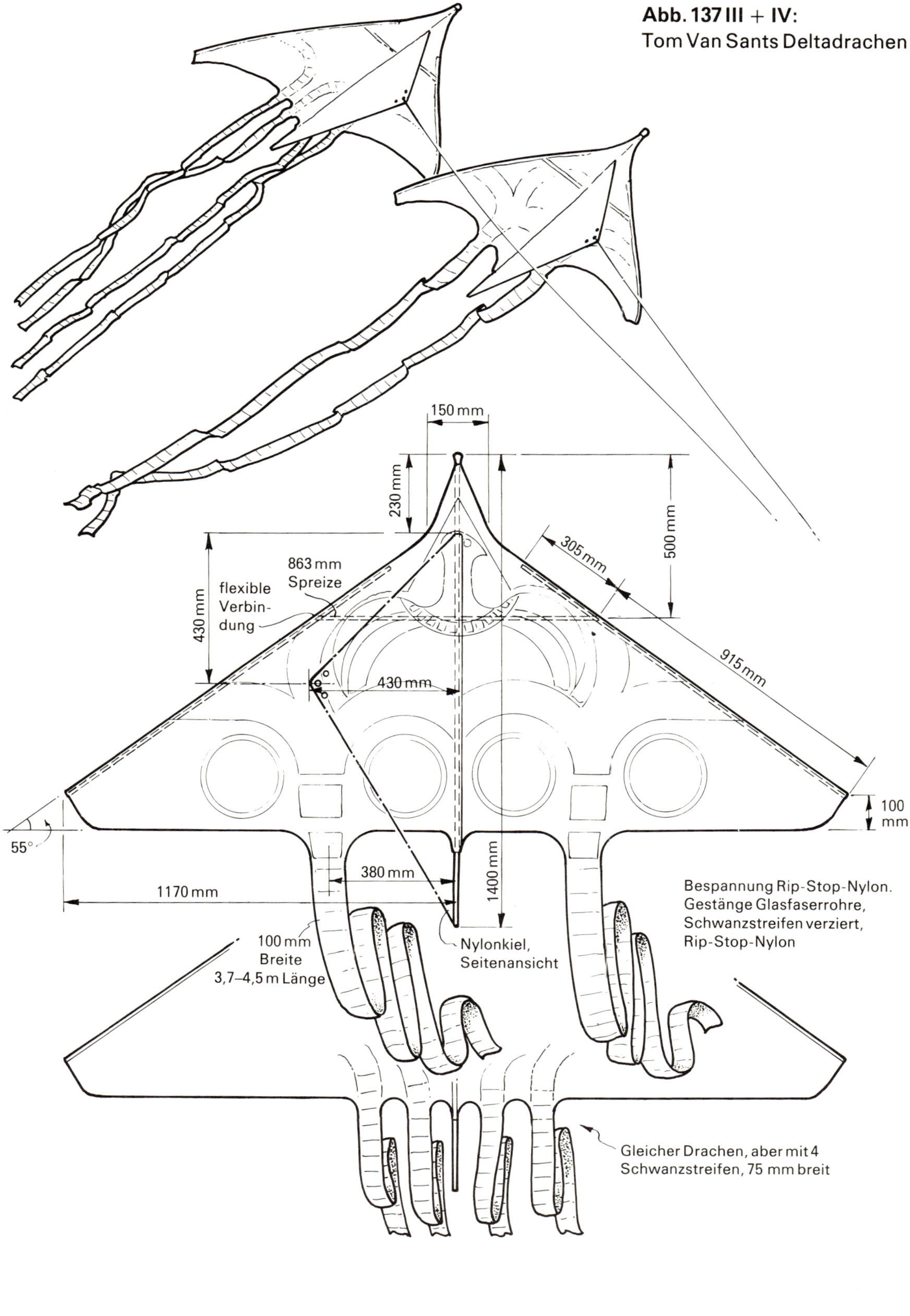

Abb. 137 V:
Tom Van Sants „Concorde“,
Deltadrachen

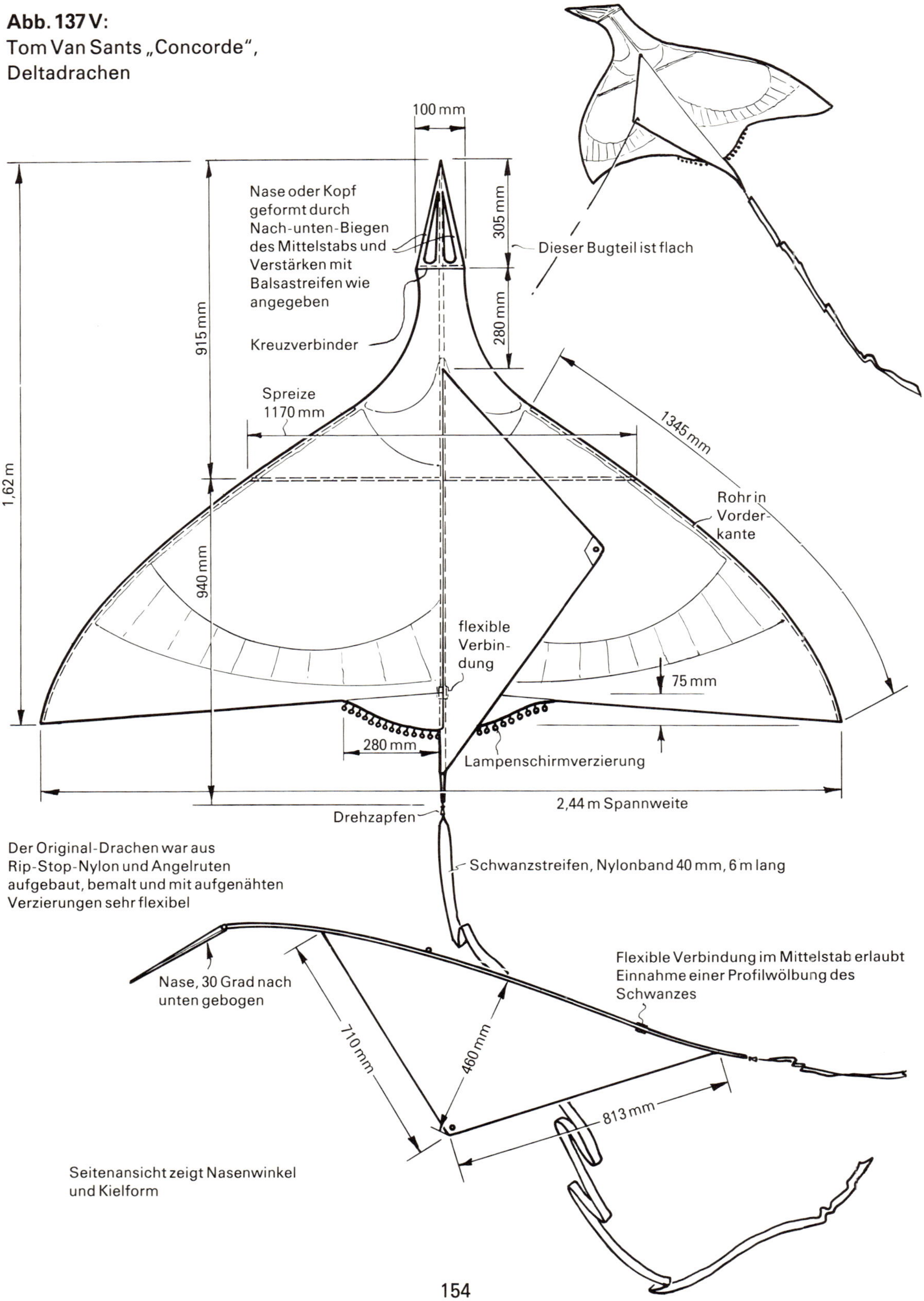

messungen des Yolen-Deltas erlauben, mit schmälerem Material (76 cm) auszukommen. Beim ersten Flug wird rasch klar, weshalb Yolen von einem „segelnden" Delta spricht. Es ist nämlich charakteristisch für diesen amerikanischen Drachentyp, daß sich die beiden Hälften ganz unabhängig voneinander bewegen. Die Vorderkanten drehen sich am Befestigungspunkt des Querstabes und stellen sich dabei oft in unterschiedlichen Anstellwinkeln ein. Die Flächenbelastung ist niedrig und die Form ähnlich, aber nicht identisch, mit dem Rogallo, wodurch der Delta einen höheren Auftriebskoeffizienten als die meisten andern Drachen aufweist. Deshalb ist er auch in der Lage, sehr hoch und mit steilem Leinenwinkel aufzusteigen. Mit undurchlässigen Plastikbespannungen fliegen diese Deltas am besten bei schwachem Wind, wobei man sie ohne Hilfe vom Boden hochziehen kann, da sie auch von Bodenwirbeln kaum beeinflußt werden. Bei mittleren Winden ist der Stoff-Delta vorzuziehen. Abb. 137/III und 137/IV zeigen weitere Tom-Van-Sant-Modelle mit Mehrfachschwänzen, beide mit sehr schönen Verzierungen im aztekischen Stil. Van Sant veränderte die reine Deltaform in Richtung Vogelform durch Verlängerung des Mittelstabes zu einem Schnabel und durch Abrundung der äußeren Enden der Vorderkanten. Als Bespannmaterial verwendete er Rip-Stop-Nylon, das er mit besonderen Kunststoff-Farben bemalte. Das Gestänge bestand aus doppelten Glasfaser-Polyester-Stäben, die paarweise nebeneinander verbunden waren. Es war nur natürlich, daß Van Sant noch weiter ging und die in Abb. 137/V gezeigte *Concorde*-Form entwikkelte, die im Umriß diesem bekannten Flugzeug entspricht und in raffinierter Weise durch die Verspannung des Stoffes diese Form erzielt. Mit diesem einen Beispiel wäre schon deutlich gezeigt, welche Entwurfsmöglichkeiten in diesem Material stecken, aber die Abb. 140, 141, 142 und 143 zeigen, daß noch in mannigfacher Weise Neuheiten möglich sind.
Um Van Sants „Concorde" nachzubauen, braucht man unbedingt biegsame Glasfaser-Polyester-Rohre für die Vorderkantenstäbe. Sie erhalten die Kurvenform durch die entsprechend genähten Taschen und straffen durch ihre Elastizität das Nylontuch. Die *Concorde* ist mit 244 cm Spannweite groß und besitzt einen entsprechend großen Kiel. Dieser besitzt an seiner Oberkante, an der Kante zur Tasche des Mittelstabes, Flugzeugprofilform, in der er angenäht werden muß. Dadurch entsteht ein S-förmiges Profil der Tragfläche mit positiver und negativer Wölbung, was einen gewaltigen Auftrieb erzeugt. Um die Ähnlichkeit mit der Concorde auf die Spitze zu treiben, versah Van Sant die Nase mit einer starren Attrappe der herabklappbaren Bugspitze, des „Schnabels", und fügte am Hinterende einige Fransen an. Auch hier ist alle Näharbeit im Prinzip unter 137/1 beschrieben. Angemalt wird mit Plastikfarben.

Delta-Drachen mit offenem Kiel (Abb. 138 a)

Nach Meinung einiger Leute kann der bewährte Standard-AKA-Delta-Drachen noch durch einen offenen Kiel verbessert werden. Er nennt sich dann OKD-Drachen. Im Prinzip ist es genau der gleiche Drachen, nur bildet die offene doppelte Kielflosse einen Windsack. Die für die Näherei benötigte Zeit ist bei dieser Kielform etwas größer, es sind aber einige Vorteile damit verbunden. Der Tragflügel erhält wieder die Taschen für die vorderen Stäbe und den Mittelstab wie beim AKA-Delta. Der Kiel wird aber rechts und links, im angegebenen Abstand von der Mittellinie, ganz gerade aufgenäht. Dadurch wölbt sich der Drachen beim Leinenzug etwas. Symmetrisch und gerade nähen! Kommerzielle Drachen ähnlicher Art in Plastikfolie kamen 1977 auf. Für dieses Modell empfehle ich leichten Baumwollstoff.
Nach dem OKD nun die Eule von John Loy (Abb. 138 b), die viele Besonderheiten aufweist. Eine große „Schürze", Stäbe über die ganze Länge der Vorderkanten, ohne Kiel, dreischenklige Waage und gewölbtes Mittelstück machen Loys Eule zu einem außergewöhnlichen Delta. Man beachte, daß in der Zeichnung eine Naht angegeben ist, an der die Bespannungsteile aneinanderstoßen. Dies ist dann nötig, wenn man kein Bespannmaterial von 92 × 153 cm Größe

Abb. 138 a: Open-Keel-Delta- oder O.K.D.-Drachen

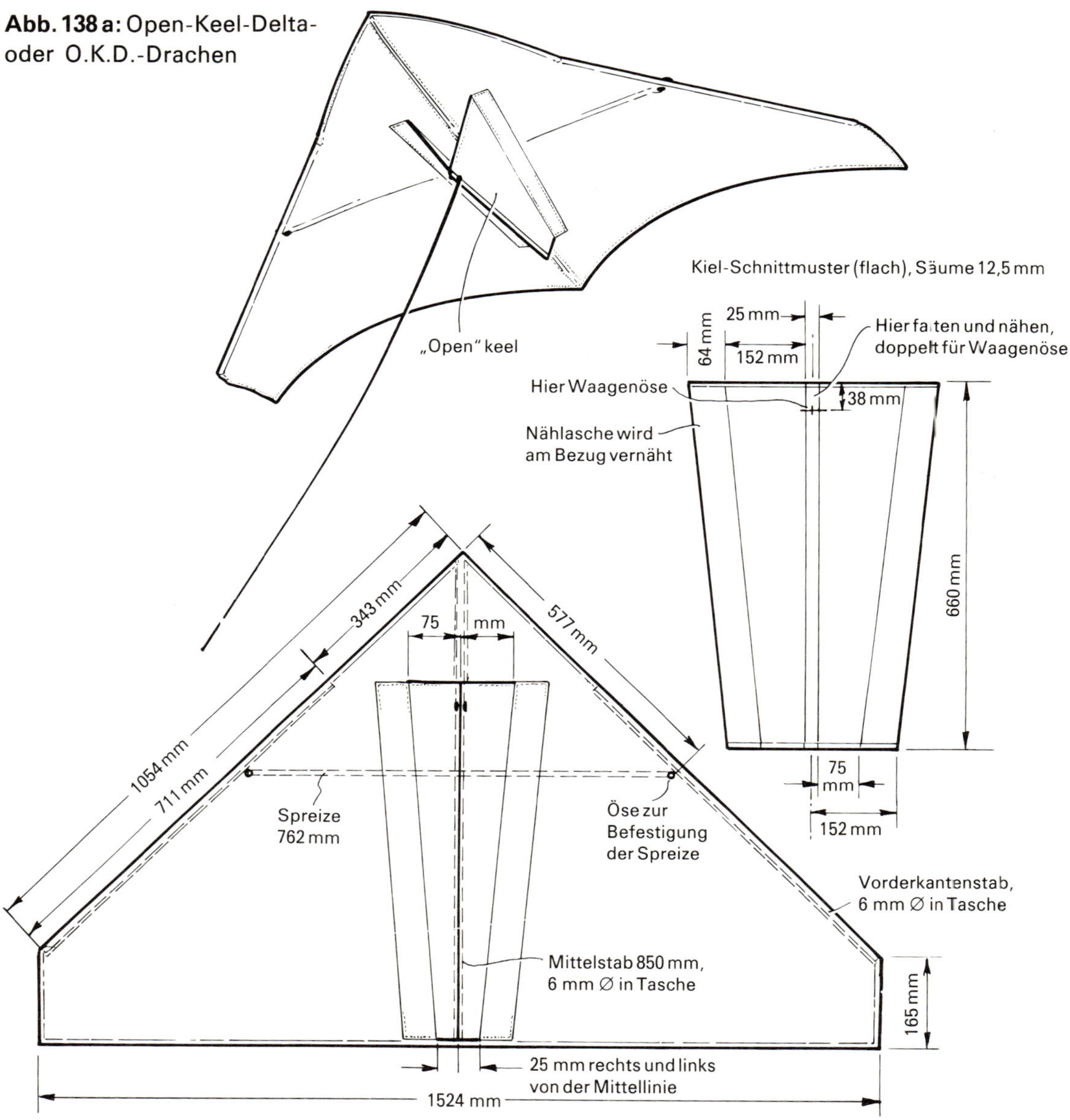

finden kann und mit schmälerem auskommen muß oder wenn man, wie gezeichnet, das Vorderteil aus Plastikfolie, die Seitenteile aus Stoff machen möchte. Randtaschen an den Vorderkanten wie gehabt nähen. Die beiden Längsstäbe sind schwieriger. Man kann Taschen wie für einen Mittelstab einnähen oder sie oben auf der Rückseite anbringen. Am hinteren Ende werden sie verbunden, ebenso an den Kreuzungspunkten mit dem Spreizstab und mit den Vorderkantenstäben. Die Waagenform – siehe Zeichnung – bestimmt dann die endgültige Form der „Eule" im Flug, wobei sich das dreieckige Mittelteil zwischen den Längsstäben hochwölbt und einen zentralen Tunnel bildet, der den Luftstrom wie ein Kiel leitet (soweit das der Querstab zuläßt). Die angegebenen Abmessungen sind bewährt. Man hat zwar schon größere Eulen gebaut, aber bei diesen entsteht auf der Rückseite leicht ein zu großer Sog.

Abb. 138 b: John W. Loys
„OWL Nr. 1" Deltadrachen

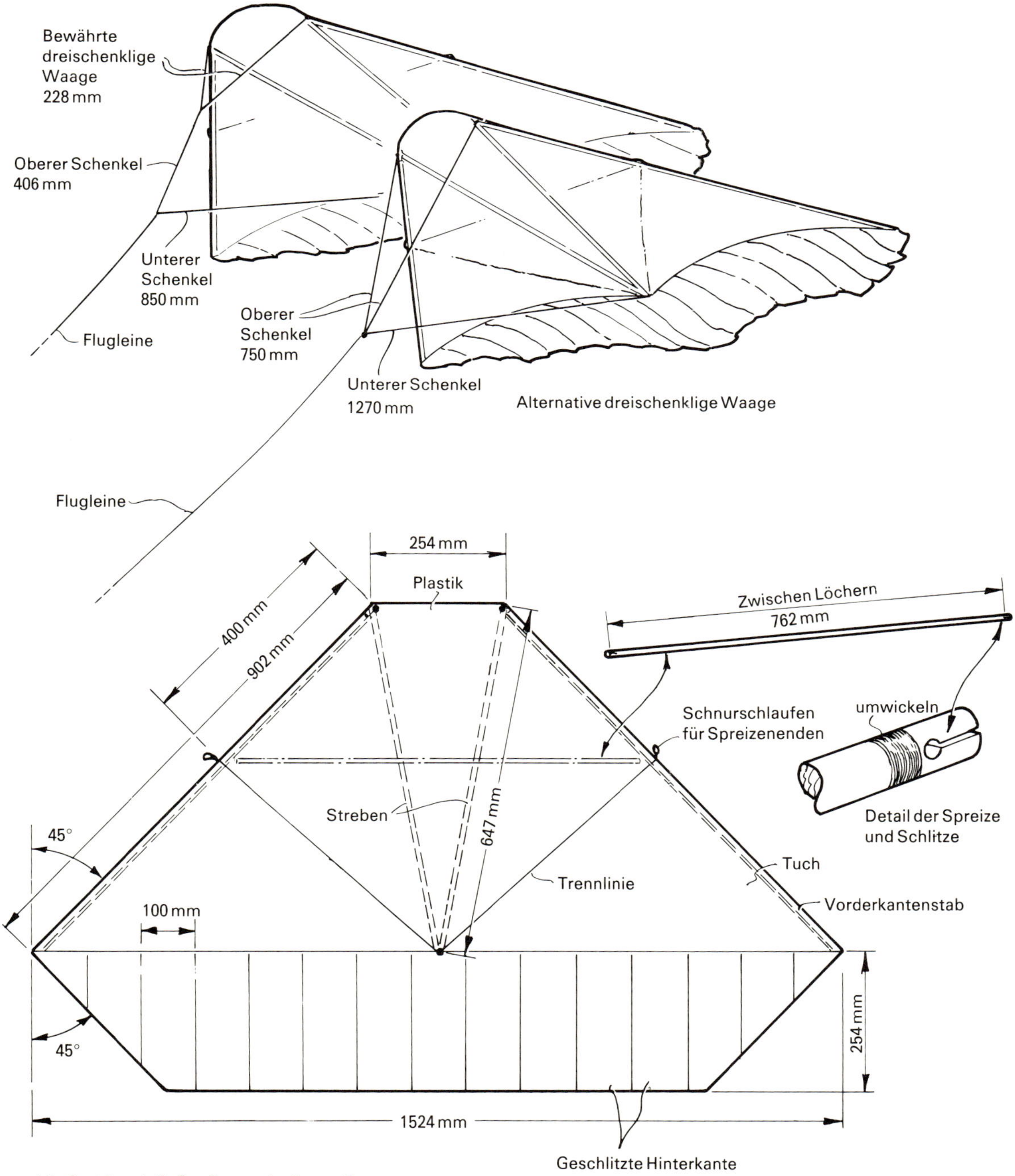

Alle Gestängeteile 5 × 5 mm oder 6 mm ∅

Abb. 139: Ed Grauels Fallschirmdrachen

Die Waage dieses Fallschirmdrachens besteht aus sechs Leinen, die an den entsprechend numerierten Ösen angeknüpft werden. Jede hat eine Mittelschlaufe, die man am besten zuerst knotet. Man mißt dann die angegebene Länge bis zur Öse an beiden Seiten genau ab. Siehe untenstehende Tabelle.

Leine		Gesamtlänge ohne Knoten oder Schlaufen
1 zu 1	800 mm	1600 mm
2 zu 2	838 mm	1676 mm
3 zu 3	775 mm	1550 mm
4 zu 4	775 mm	1550 mm
5 zu 5	876 mm	1752 mm
6 zu 6	876 mm	1752 mm

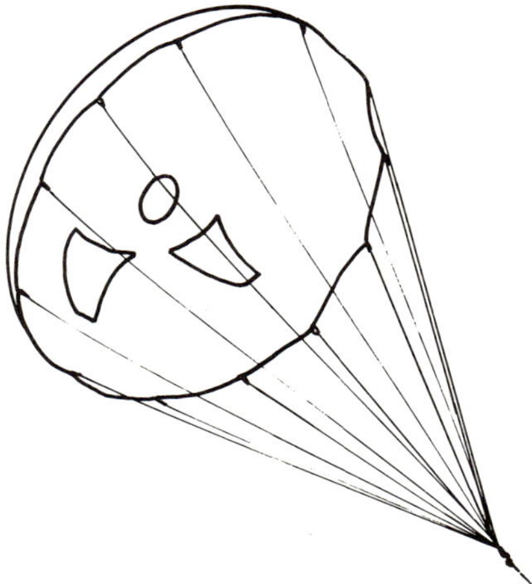

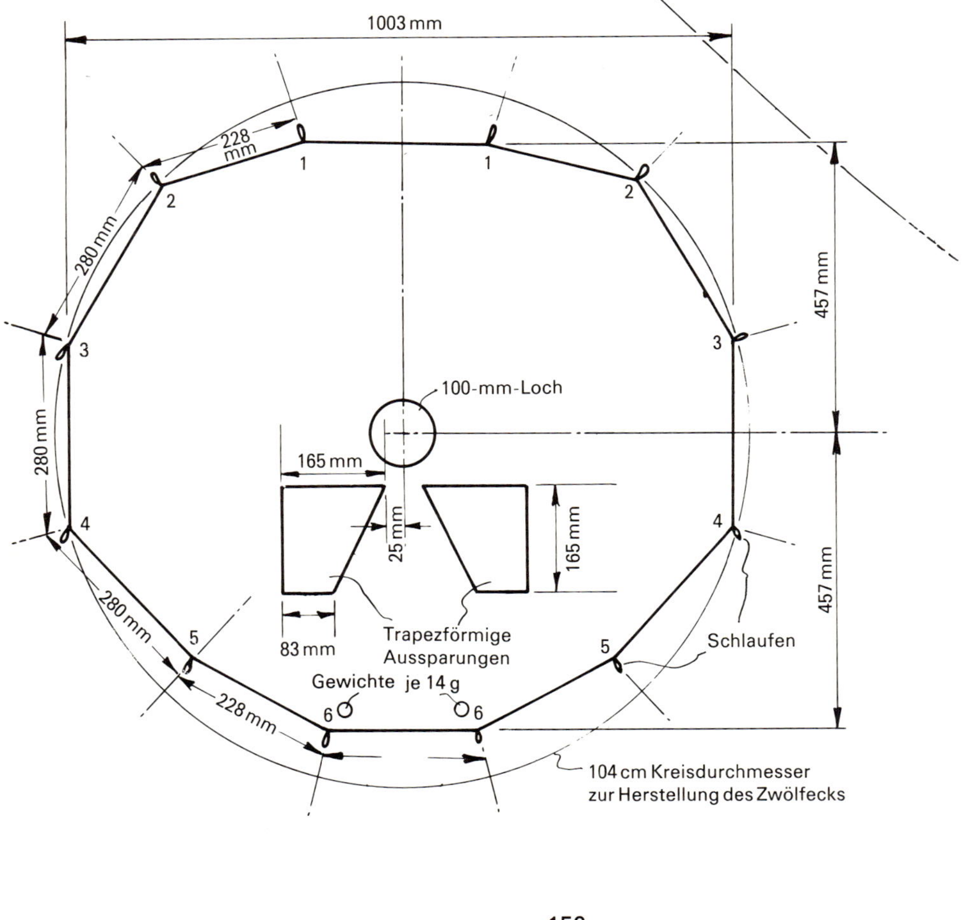

Abb. 140: Tom Van Sants
„Orange Bird"-Drachen

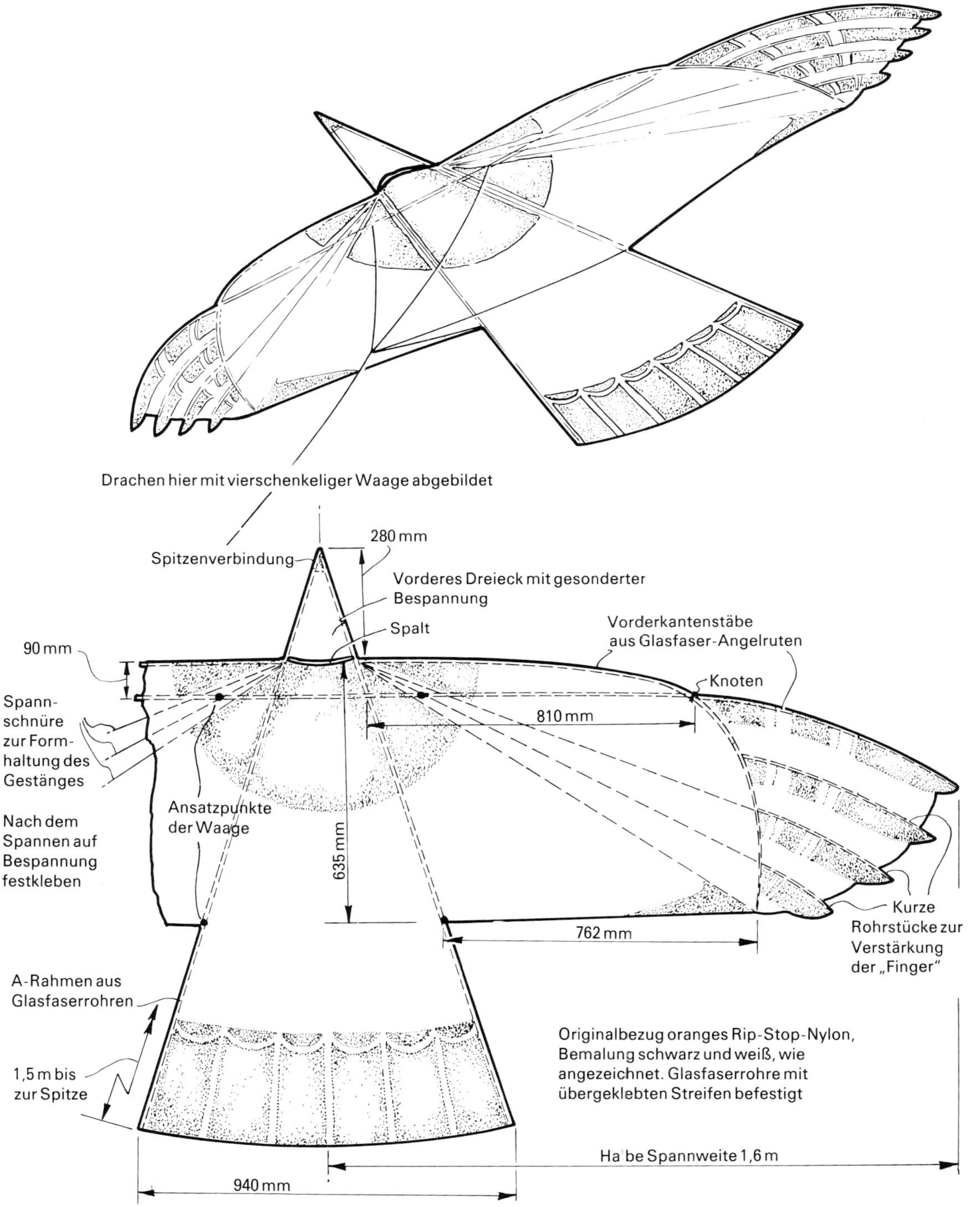

Fallschirmdrachen (Abb. 139)

Die Entwürfe von Ed Grauel, einem Pionier der AKA, zeichnen sich durch besondere Originalität aus, wie dieser Fallschirmdrachen: ein flexibles Modell ohne Gestänge, mit Luftöffnungen zur Stabilisierung. Er fliegt wie ein Landefallschirm. Das Material, Seide oder Nylon, wird ausgelegt und ein Kreis mit 52 cm Durchmesser aufgezeichnet. Dieser wird dann nach der Zeichnung zu einem zwölfeckigen Gebilde aufgeteilt, wozu aber besser eine Papierschablone angefertigt wird. Der springende Punkt des Fallschirmdrachens ist das Arrangement der Leinen, wie sie von Grauel in Abb. 139 angegeben sind. Jeder Eckpunkt an der gesäumten Kante des Schirms erhält eine kräftige Schlaufe, die angenäht wird. Jeder Punkt bekommt eine bestimmte Nummer, und die Leinen werden jeweils mit beiden Enden an die zusammengehörigen Nummern angeknüpft. In der Tabelle sind die Gesamtlängen der Leinen angegeben, außerdem die „halben" Längen, d. h. die Entfernung vom Ansatzpunkt der Drachenleine bis zum Schirmrand.
Die Luftöffnungen sind nötig, um ein Rotieren des Drachens an der Leine zu verhindern. Das Befestigen der Leinen am Schirm ist eine zeitraubende Arbeit, aber danach hat man einen sehr klein zusammenrollbaren Fallschirmdrachen mit guter Flugleistung.

Der Orange-Vogel (Abb. 140)

Dieser Van-Sant-Drachen wird nur vorgestellt, weil er einer der am meisten Aufsehen erregenden Schaustücke bei der Drachenausstellung 1976 in London war. Der *Orange-Vogel* war ein großer Leichtwinddrachen aus Rip-Stop-Spinnakernylon und Glasfaserstäben. Das Mittelstück besteht aus zwei starren Stäben aus Angelruten-Rohlingen. Ein Paar Querstreben geht gerade bis zu den Spitzenfedern, ein zweites Paar ist stark gebogen und wird durch drei auch an der Bespannung befestigte Verspannungen in dieser Form gehalten. Zusätzlich eingesetzte Glasfaserstäbe versteifen weitere Spitzenfedern. Geflogen wird der Vogel mit einer vierschenkligen Waage. Der Bezug ist am Gerüst festgeklebt und vernäht. Er ist selbst Teil der Konstruktion und Form dieses gewaltigen Vogeldrachens mit 3,2 m Spannweite! Bestimmt nicht billig in der Herstellung und alles andere als konventionell, ist dieser Vogel ein Schaustück besonderer Art auf dem heimatlichen Flugfeld. Im übrigen ist er viel zu groß, um ihn vernünftig transportieren zu können.

Der Weiße Flieger (Abb. 141)

Tom Van Sants Symbol eines Flugzeugs mit 2,1 m Spannweite ist ein perfektes Beispiel für heutiges Denken und moderne Materialien, verblüffend in seiner Einfachheit und trotz seines radikalen Aussehens mit ausgezeichneten Flugeigenschaften. Man braucht drei sich verjüngende Glasfaserruten für die Vorderkantenstäbe und eine dickere für den Mittelstab, ein Stück Rohr und Rip-Stop-Spinnakertuch für die Bespannung, dazu ein Knäuel Nylon-Wolle. Der Mittelstab soll 145 cm lang sein, am dickeren Ende 10 mm Durchmesser haben und sich zu einer Spitze verjüngen. Im Abstand von 75 mm und 510 mm vom dicken Ende werden zwei 10 cm lange Verbindungsrohre befestigt (wie in Abb. 149 oder Abb. 150 angegeben). In diese werden die Vorderkantenstäbe der Tragflächen gesteckt, deren Bezug mit Nylon-Wolle festgenäht wird. Der Schnitt der Flügel wird zum Halten der Form der Kantenstäbe benutzt. Das Schneiden des Rip-Stop-Nylons kann mit einem heißen Lötkolben erfolgen, wodurch die Kanten sofort versiegelt sind und keinen Saum benötigen.
Unter dem vorderen Flügel ist ein kombinierter Offen-Vertikal-Kiel (OVK) angenäht, der hinten eine Tasche für den Mittelstab besitzt. Eine Bommel aus Wolle als Stabilisator am hinteren Ende des Mittelstabes vollendet den *Weißen Flieger*.
Im Flug erwies sich dieser Drachen in Bodennähe empfindlich gegen Luftwirbel, in der Höhe stand er aber majestätisch ruhig.

Abb. 141: Van Sant „White Plane"-Drachen

Konstruktion aus Glasfaser-Angelruten. Vorderkanten aus je zwei Stücken, Enden verjüngt, durch Rohrstücke verbunden und verklebt mit Epoxyleim. Dann am Mittelstab ebenfalls gebunden mit Epoxyleim vergossen

Bezug aus Rip-Stop-Nylon, an den Vorderkantenstäben mit Wolle verknotet, wodurch die Straffung und die Formgebung bei großer Flexibilität gewährleistet wird.

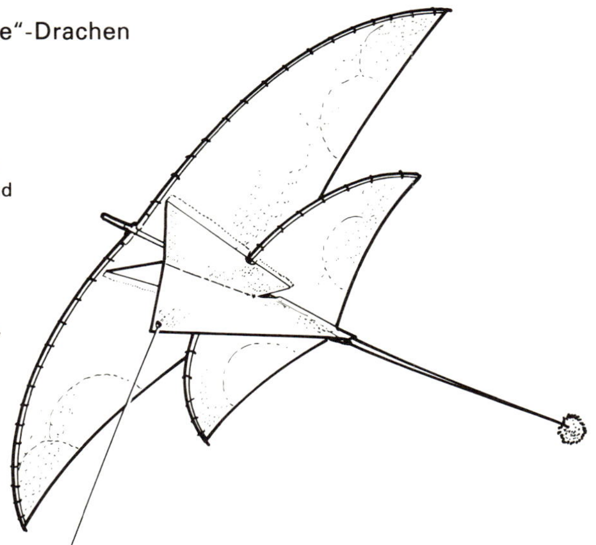

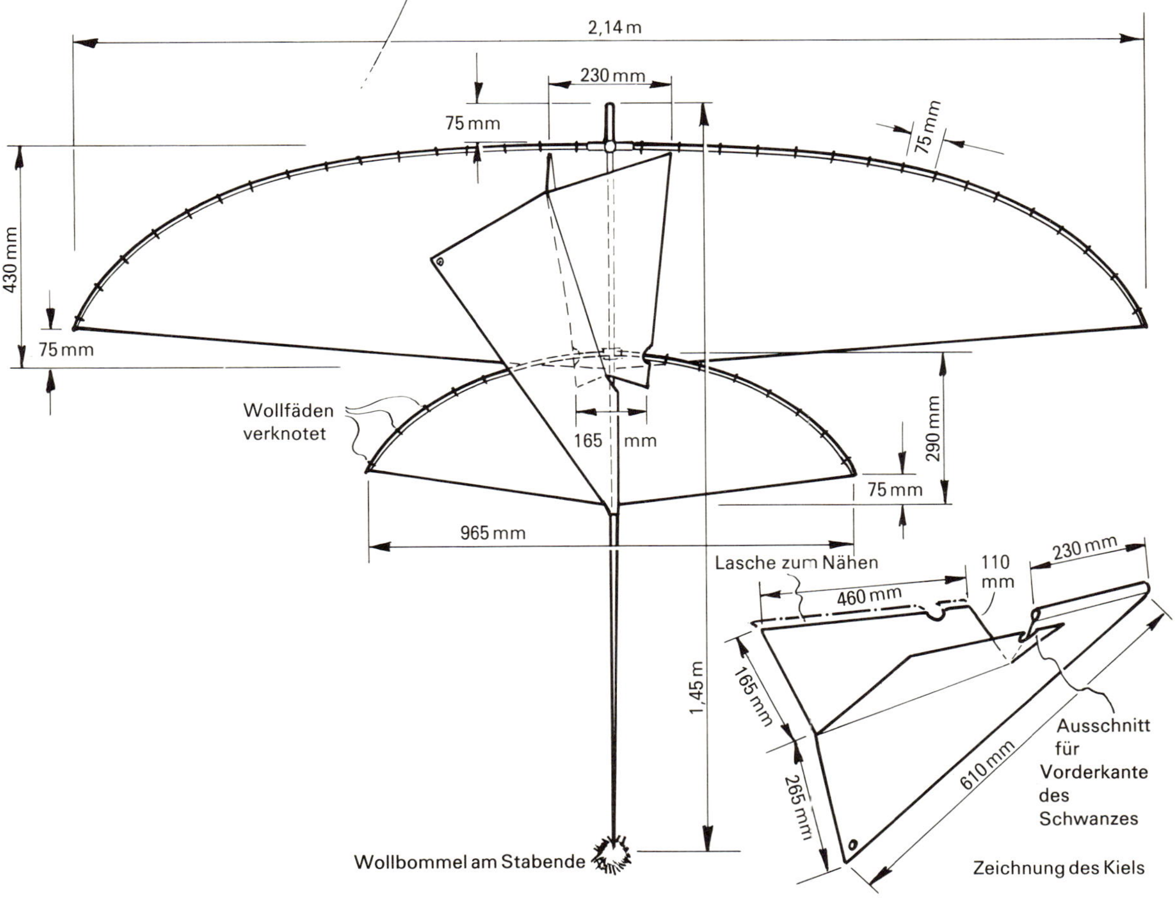

Abb. 142: Tom Van Sants Trampolindrachen

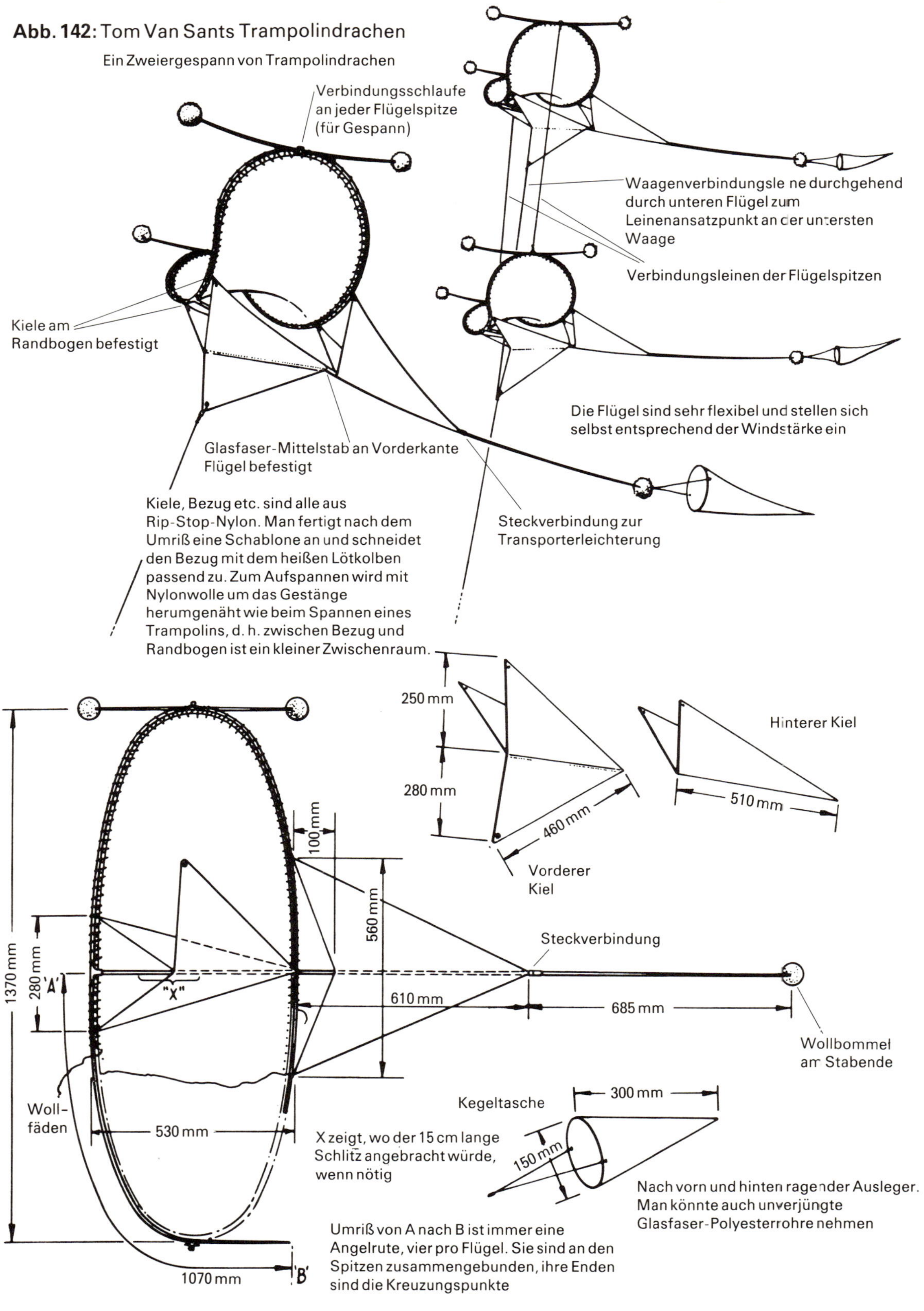

Tom Van Sants Trampolin-Drachen (Abb. 142)

Gegenüber dem Weißen Flieger und dem Orangen-Vogel ist der Trampolin-Drachen in vieler Hinsicht ein Fortschritt. Er hat einen offenen Kiel und ist ein starrer Entwurf mit moderner Formgebung. Die Umrandung besteht aus sich verjüngenden Angelruten-Rohlingen, die sich in den Randbogen überlappen, und am Schwanzende ist eine Wollbommel und ein konusförmiger Beutel als Stabilisator angebracht. Der Mittelstab ist außergewöhnlich lang. Aus mehreren Stücken zusammengesetzt, erreicht er 2 m und trägt am Ende ein dreieckiges Segel, das von der Flächenhinterkante in Taschenform heruntergespannt ist und den Schwanz bildet. Das Ergebnis ist ein leichter robuster Drachen, der Windstöße in ganz ungewohnter Weise abfängt. Bei zunehmender Windstärke verformt sich nämlich die Ellipse, wodurch eine Wölbung im Segel entsteht, die ihm Profilform verleiht. Van Sant verbindet mehrere solcher Trampoline zu einem Gespann, indem er die Flügelspitzen mit Leinen verknüpft und die Hauptleine durch die Bespannung zur unteren Waage durchführt. Die relativ kleine Spannweite macht das Trampolin leichter transportierbar als andere Van-Sant-Entwürfe, doch man braucht viel Gestängematerial.

Clown (Abb. 143)

So benannt wegen seiner ulkigen Form, die einem Pierrot-Kragen gleicht, ist dieser Drachen so ziemlich das ausgefallenste, was sich mit Angelruten-Rohlingen aus Glasfaser-Polyester zusammenbasteln läßt, wenn man sich solch einen Materialaufwand erlauben kann. Tom hatte in seinem Clown 8 Ruten verwendet, die überlappend in der angegebenen Weise zusammengefügt waren.
Bespannt waren die d-förmigen Segmente, während die Zentralzone fast offen blieb. Das Ganze ist auf einem stärkeren Mittelstab montiert, der auch die Kielflosse und Waage trägt. Bei solch einem Drachen richtet sich die Größe allein nach dem erhältlichen Rutenmaterial. Die Länge der Ruten bestimmt die Spannweite. Bei Van Sants Clown betrug diese 2 m, die Länge 3 m.

Flexifoil (Abb. 144)

Genaugenommen ist es irreführend, diesen Entwurf im Selbstbaukapitel zu bringen, denn es ist schon schwierig, nur zu beschreiben, wie man anfangen soll. Die Näharbeit ist sehr schwierig, aber die Konstruktion ist in jedem Fall genauerer Betrachtung wert. Sie wurde von Merry und Jones aufgrund von Unterlagen aus Fallschirmentwicklungen erarbeitet. Dieser Drachen ist luftgefüllt, wobei ein Streifen aus Nylonnetz (Vorhangtüll) in der Vorderkante den Luftzutritt in die Zellen gestattet, deren Seitenwände Tragflächenprofil haben. Unter dem Luftdruck bildet der Drachen eine Tragflächenform aus. Ein Nasenholm aus Glasfaser-Polyester-Rohr nimmt die Windstöße auf und erlaubt ein Durchfedern der Fläche. Mit Zwei-Leinen-Steuerung an den Enden ist der Drachen sogar kunstflugfähig. Weil dieser Fesseldrachen einen überdurchschnittlichen Auftriebskoeffizienten hat, fliegt er bei den Manövern sehr schnell und bietet ein aufregendes Erlebnis.
Auf einfachere Art kann man einen solchen Drachen aus Schaumstoffrippen, überzogen mit Solarfilm-Bespannmaterial, bauen. Dieser wäre aber nicht zusammenrollbar wie der echte Flexifoil, der sich zu einem kleinen Bündel zusammenrollen läßt, wenn der aus zwei Stücken bestehende Nasenholm herausgezogen ist.
Dem Erfindungsgeist ist zur Nachahmung eines solchen Flexifoils mit anderem Material keine Grenze gesetzt!

Ein Drachen aus der Tschechoslowakei (Abb. 145)

Dieser Kastendrachen mit Seitenflügeln ist typisch für Osteuropa. Der Bauaufwand ist groß, aber die Flugleistung ist der Lohn für alle Mühe. Dieser Entwurf hat eine Spannweite von ca.

Abb. 144: „Flexifoil" 1,8 × 5 m

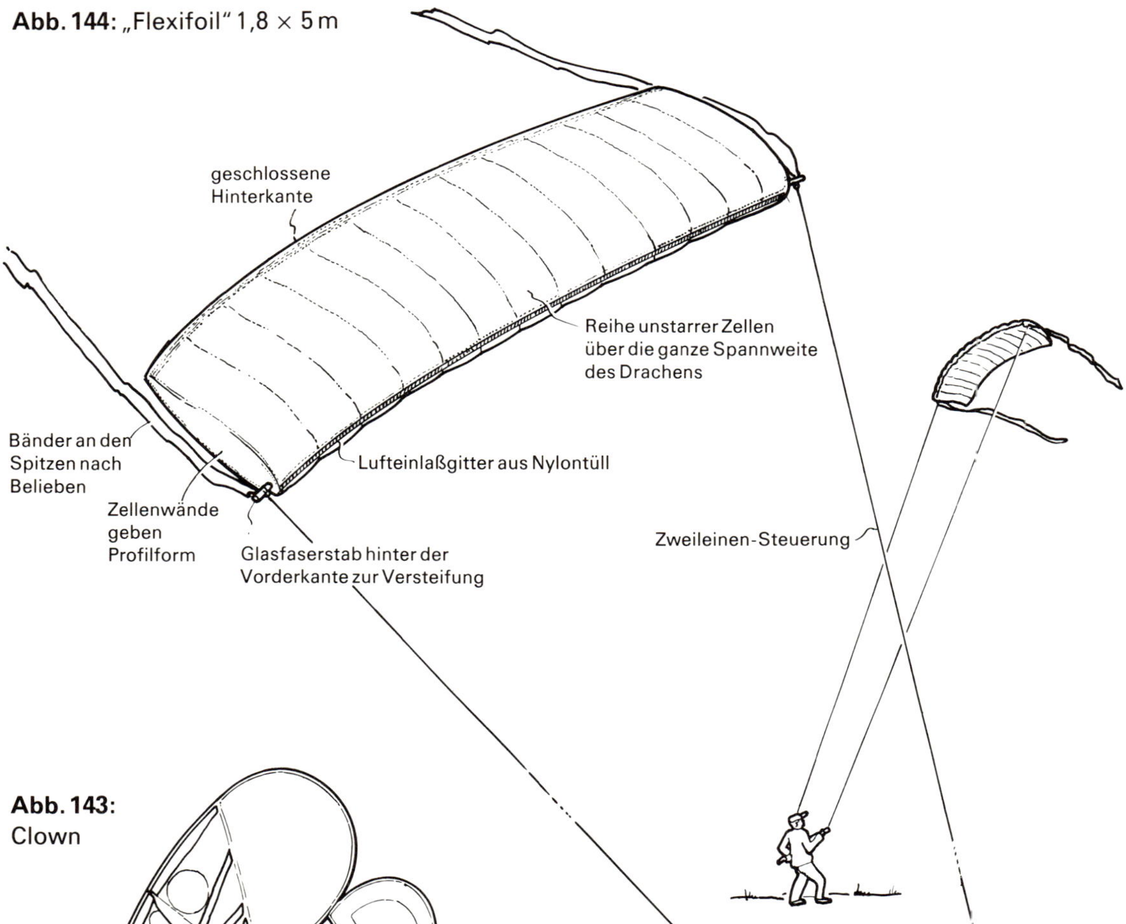

Abb. 143:
Clown

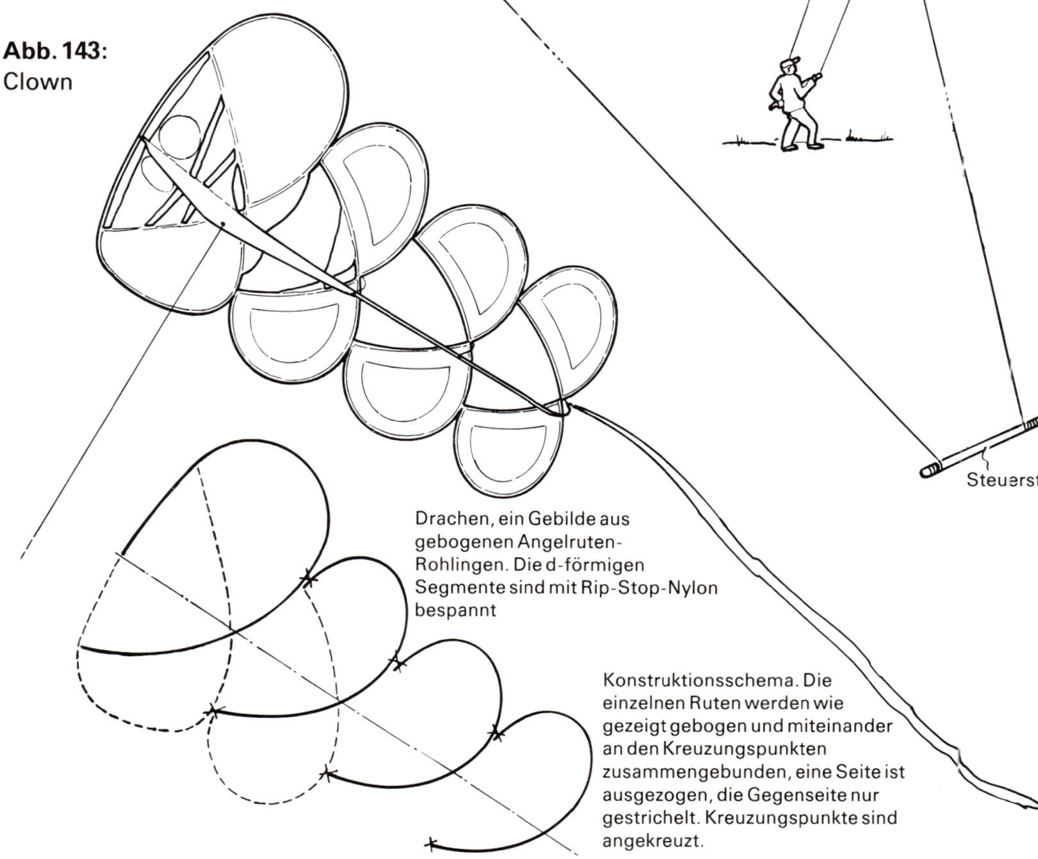

Abb. 145: Tschechoslowakischer Flugzeugdrachen

Beliebte osteuropäische Konstruktion

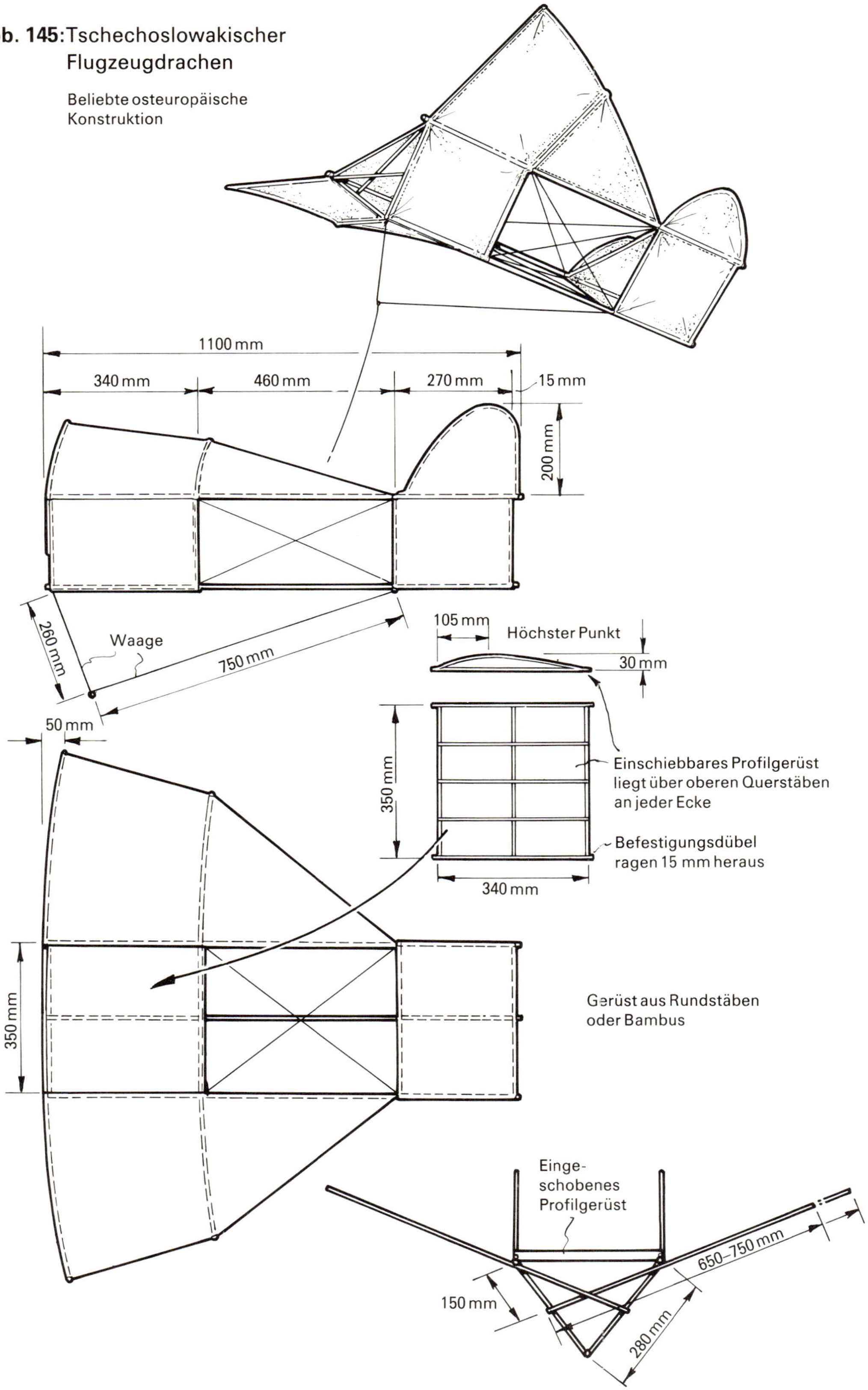

Abb. 146: Starbird-Drachen

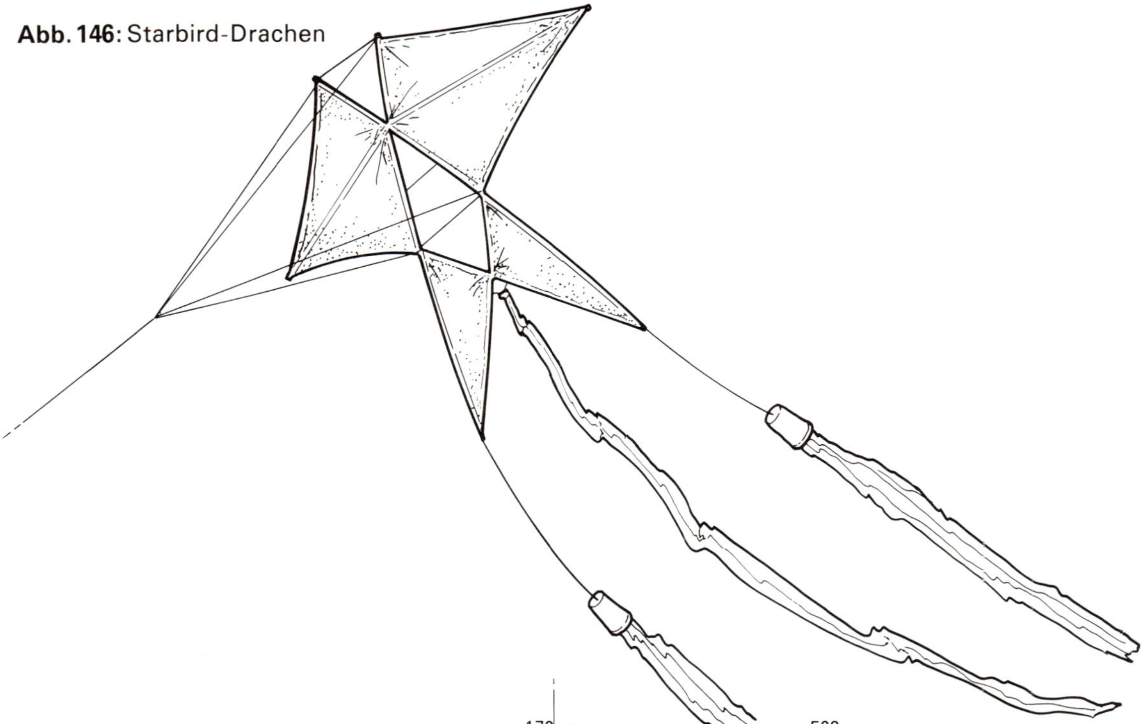

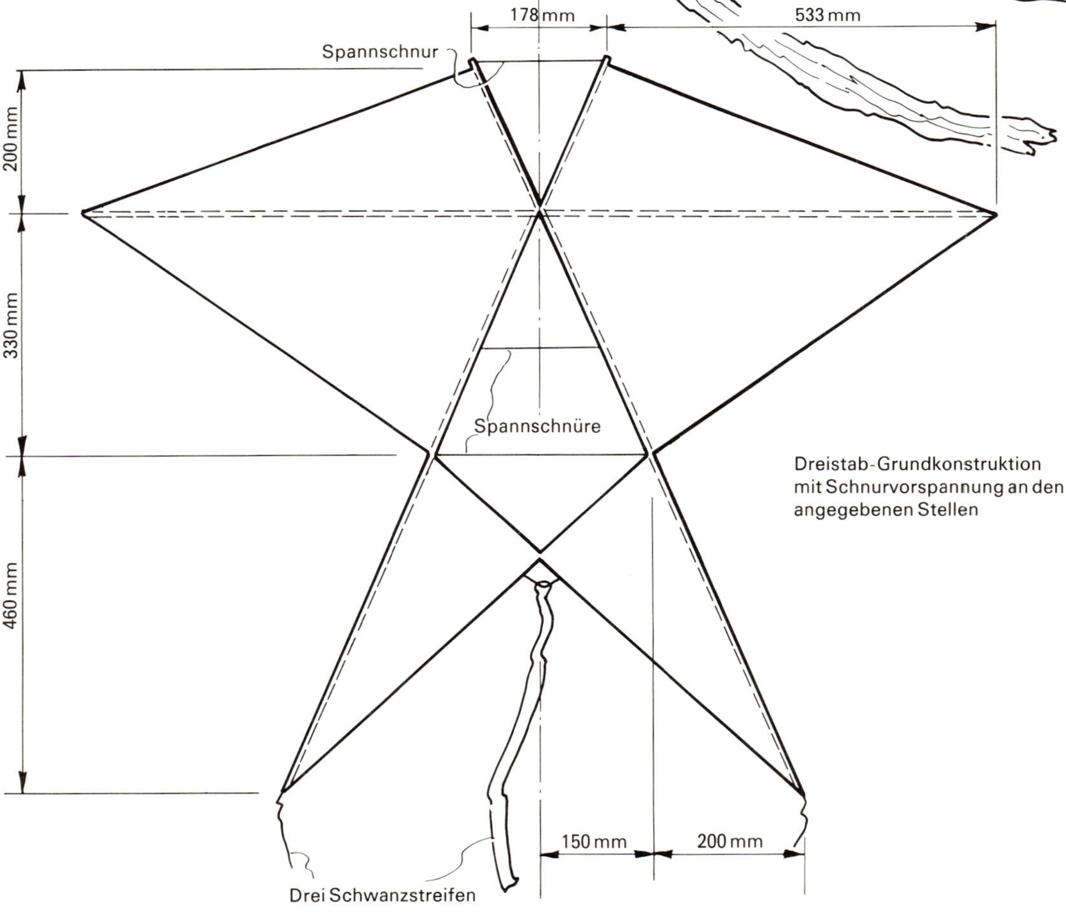

127 cm und ist 110 cm lang, kann aber verkleinert werden, wenn dies aus Transportgründen (starre Konstruktion) nötig erscheint. Baumaterial sind 7 × 7-mm-Kiefernleisten oder 6-mm-Buchenholzrundstäbe, Bespannmaterial ist kräftiges Bespannpapier. Tuchbespannungen sind im übrigen in Europa nicht beliebt, aber dies wäre ein Fall, in dem Nylonbespannung bestimmt vorteilhaft wäre. Dies ist ein dreieckiger Kastendrachen, die Querstreben sind 28 cm lang, die Mitte bleibt offen, und das Ganze wird mit Schnur verspannt. Die obere Fläche des vorderen Kastens kann mit einem herausnehmbaren Einsatz in Profilform gewölbt werden. Zwei Querstäbe bilden die Seitenflügel, und zu guter Letzt erhält der Drachen noch zwei Leitwerkflossen. Je nach Bespannmaterial – Papier oder Tuch – wird die Bespannung aufgeklebt oder genäht, wobei reichlich Material, speziell an der gewölbten Oberfläche, vorgesehen werden muß und feste Säume an den nicht gestützten Kanten der Kästen. Geflogen wird mit zweischenkliger Waage. Mit Zwei-Leinen-Steuerung ist Kunstflug möglich. In diesem Falle werden zwei Waagen von den oberen Stäben ausgehend verwendet.

Starbird (Abb. 146)

Dieser Drachen ist recht einfach und gleicht zwei mit den Spitzen gegeneinander gesetzten malaiischen Drachen mit sich berührenden spitzen Schwänzen. Man benötigt nur drei Stäbe, zwei für die Diagonalen von 107 cm Länge und einen 122 cm langen Querstab. Sie werden am Kreuzungspunkt verbunden und dann mit Schnur umspannt, um die Abstände und Winkel festzulegen. Die Stäbe müssen biegsam genug sein, um unter Winddruck V-Form einnehmen zu können. Der Querstab kann natürlich auch mit einer Sehne gewölbt werden, die an der Rückseite, von Ende zu Ende, gespannt wird. Die Bespannung muß an allen Kanten besäumt werden und wird an den Stäben angeleimt oder vernäht. Zur Verbindung der Schwanzdreiecke wird ein Stück Band aufgenäht, dort wird auch der Schwanz befestigt, der bandförmig ist. Als Besonderheit hat dieser Drachen noch Plastikbecher an den Enden der beiden anderen Schwanzleinen.

Pearson Roller (Abb. 147)

Auch im wechselnden Trend der Drachenmode gibt es zeitlose Modelle. Der Pearson Roller gehört dazu. Alexander Pearson entwarf diesen Drachen, dessen Namen Anklänge an den deutschen *Rollo-Drachen* (Abb. 148) zeigt. Er besteht aus einem großen Segel mit kräftiger V-Form und einem Schlitz vor der dreieckigen Schwanzfläche. Dieser Drachen ist leicht zerlegbar und wird in einer praktischen Rolle zum Transport verstaut. Die kräftigen Rundstäbe, die den Mittelstab und die Querstäbe bilden, sind mit Aluminiumrohren (Abb. 167) verbunden. Die aus Nylon oder dichtem Baumwolltuch gefertigten Bespannungsteile haben breite Säume und werden durch Schnurverbindungen im Schlitz gespannt. Die Schönheit dieses Drachens liegt in seiner Einfachheit bei bester Flugleistung. Er steigt rasch, braucht aber die Stabilisierungsflosse und eine recht lange Waage, um stabil zu fliegen. Die angegebenen Abmessungen sind für 96 cm breiten Bespannstoff richtig. Bei Veränderungen behalte man die Proportionen bei.

Rollo-Drachen (Abb. 148)

Dies ist der traditionelle ostdeutsche Drachen, im Prinzip ähnlich wie der Pearson Roller in Abb. 147, aber größer, komplizierter und mit einem Hintersegel, das größer als das Vordersegel ist. Sein Vorteil liegt in der Art des Zusammenbaus; denn die ostdeutschen Drachenflieger benutzen Rundstäbe und Verbinder aus Aluminiumrohr für die drei Stäbe des Gestänges. Für alle, die die Geduld zum Aufbau einer siebenschenkligen Waage haben, ist dieser Drachen das Richtige. Ich kann mir nicht helfen, aber ich glaube, daß eine Pearson-Flosse und ein kleinerer Hinterflügel die größten Schwierigkeiten beseitigen könnten.

Abb. 147: Pearson Roller

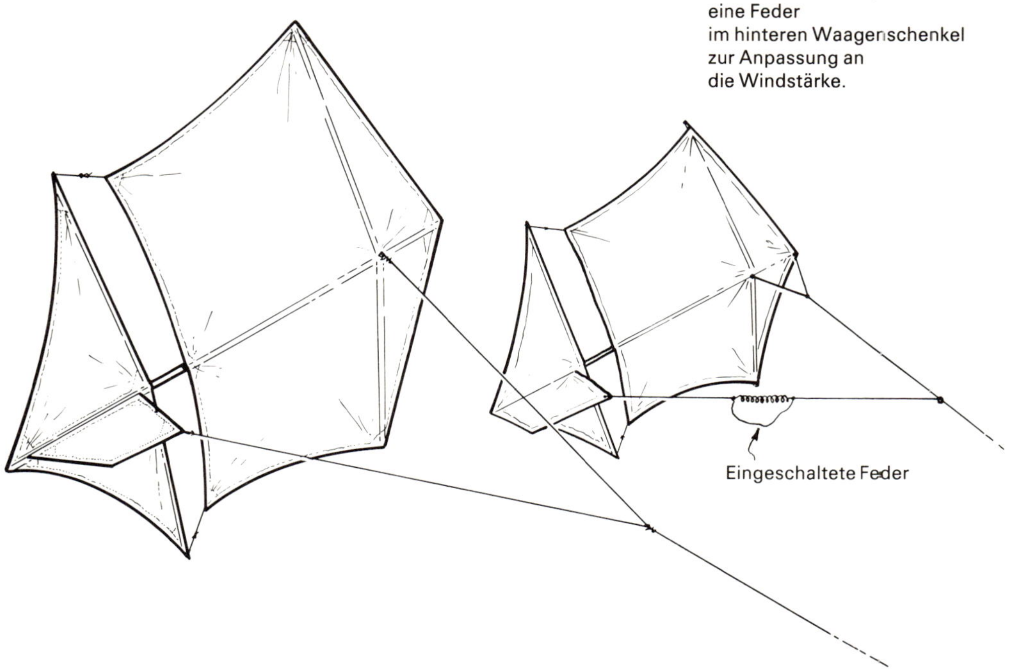

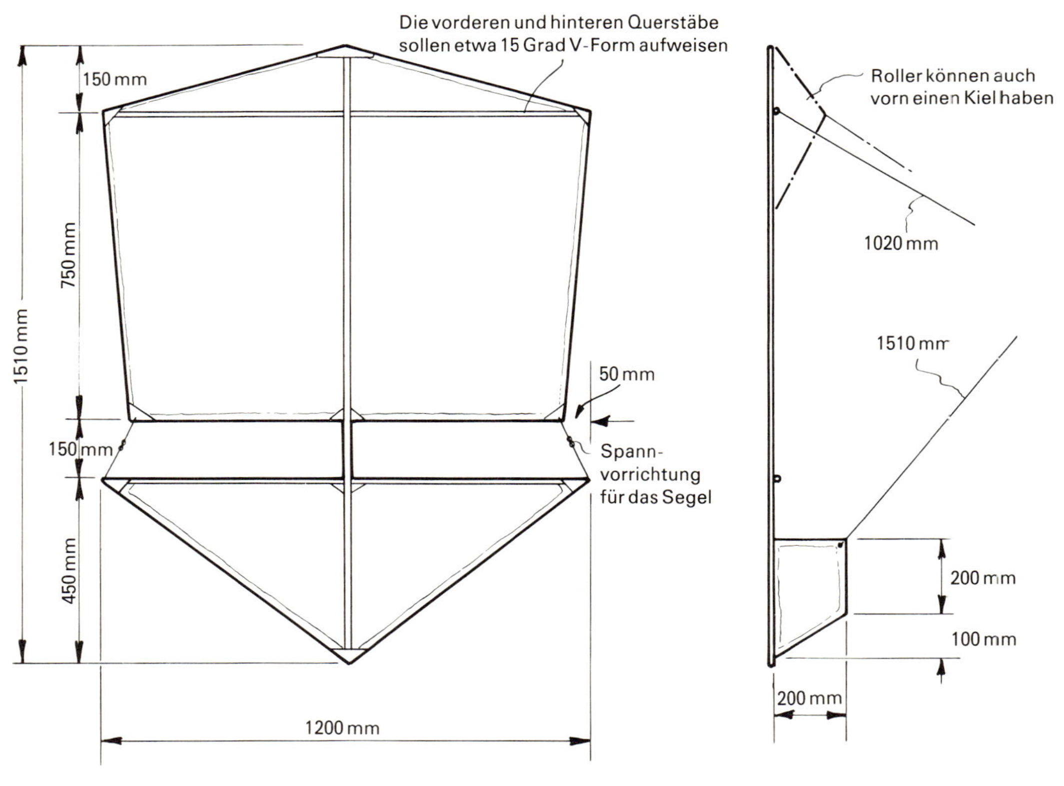

Abb. 148: Deutscher „Rollo-Drachen“

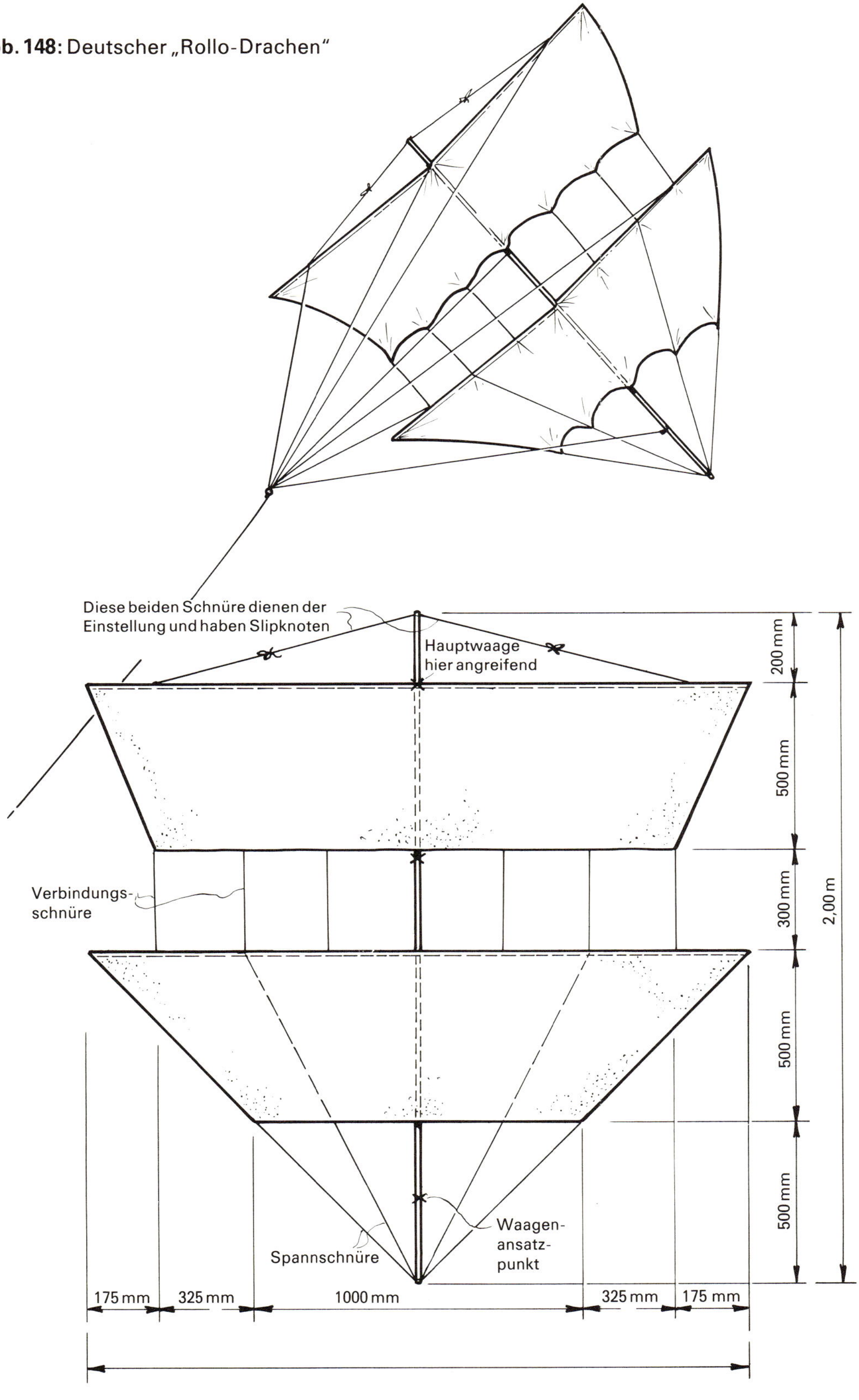

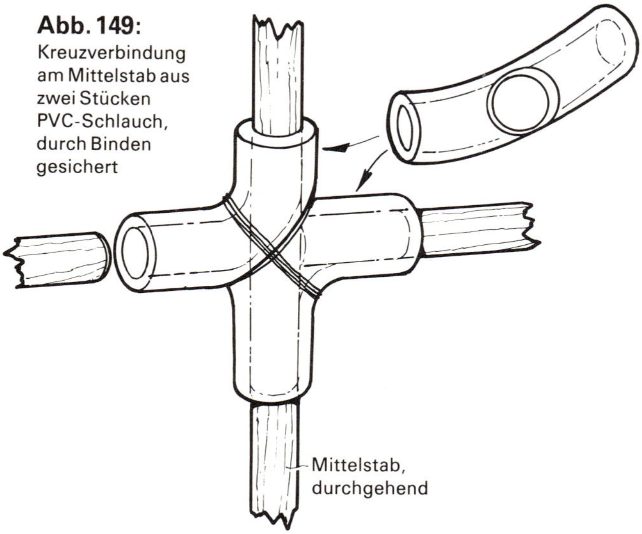

Abb. 149:
Kreuzverbindung am Mittelstab aus zwei Stücken PVC-Schlauch, durch Binden gesichert

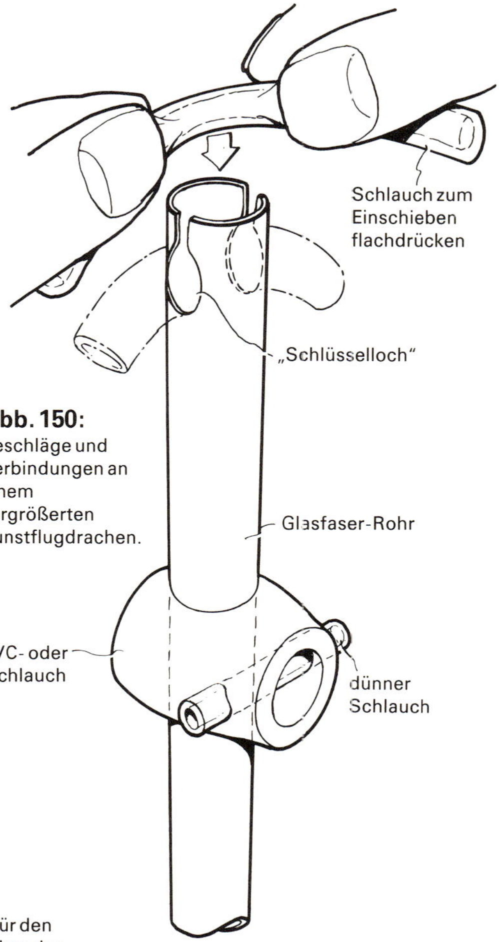

Abb. 150:
Beschläge und Verbindungen an einem vergrößerten Kunstflugdrachen.

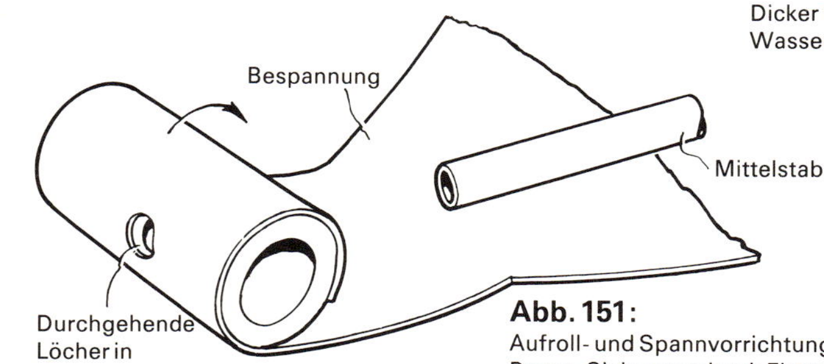

Abb. 151:
Aufroll- und Spannvorrichtung für den Bezug. Sicherung durch Einstecken des Stabes in ein Stück PVC- oder Aluminiumrohr, das in das Bespannmaterial eingerollt ist

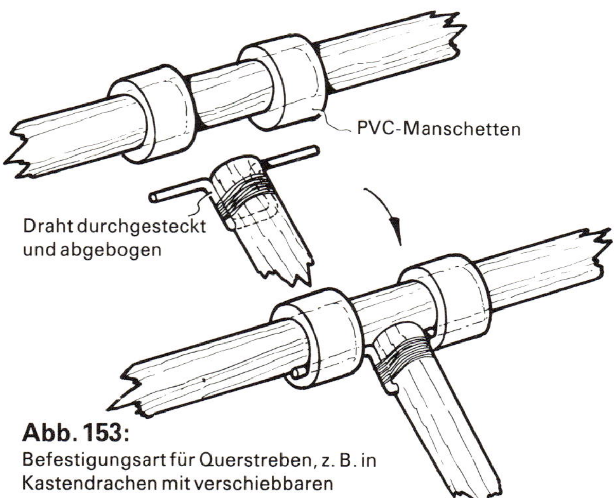

Abb. 153:
Befestigungsart für Querstreben, z. B. in Kastendrachen mit verschiebbaren PVC-Manschetten und Stahldrahtbügel

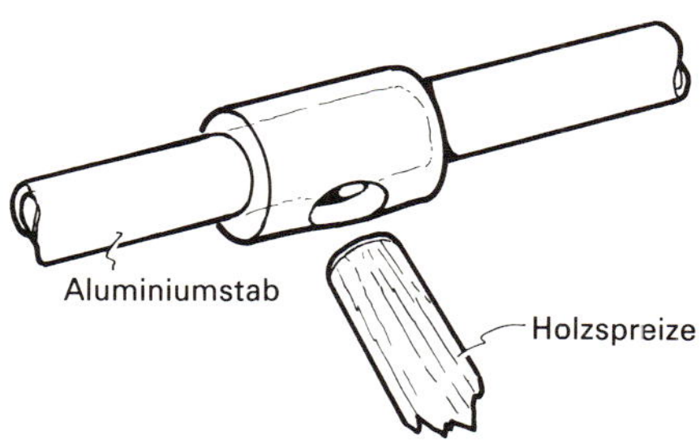

Abb. 152:
PVC-Manschette als einfacher Verbinder verschiedener Materialien.

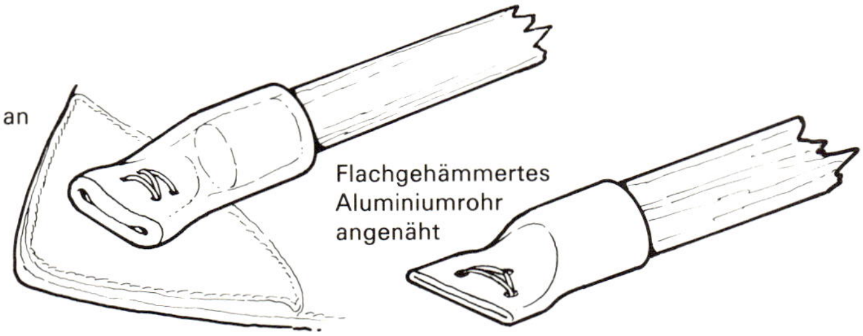

Abb. 154:
Verankerungspunkt für abnehmbare Stäbe.

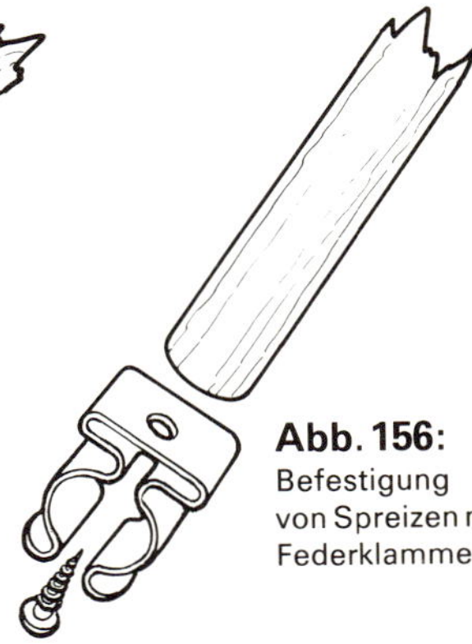

Abb. 156:
Befestigung
von Spreizen mit
Federklammer

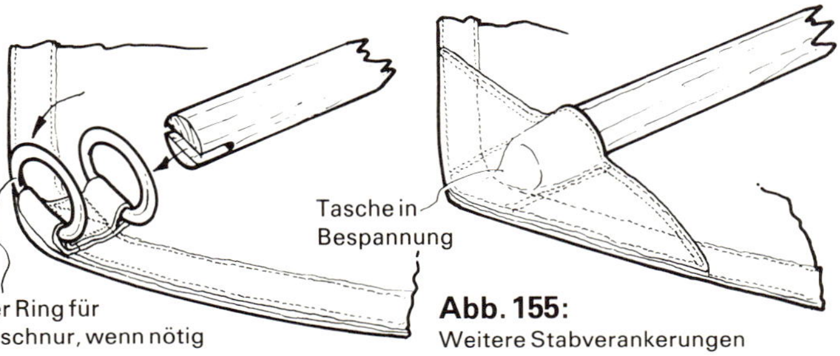

Abb. 155:
Weitere Stabverankerungen

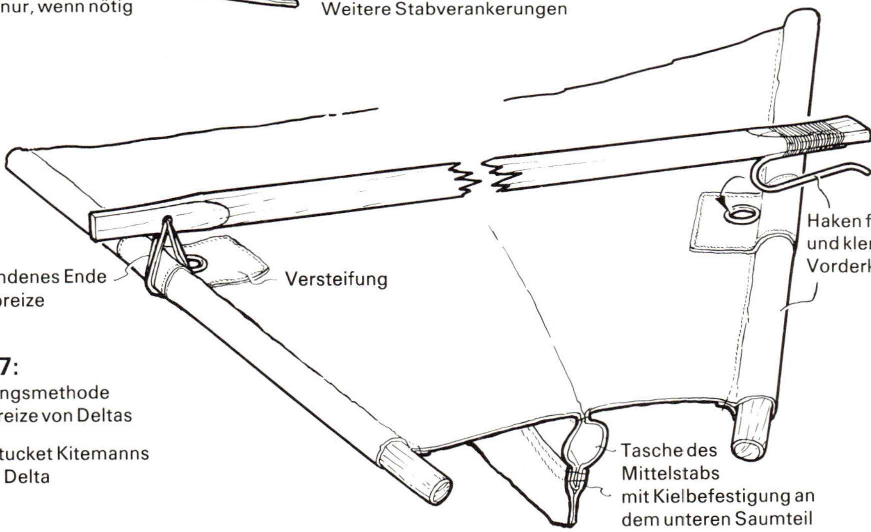

Abb. 157:
Befestigungsmethode
für die Spreize von Deltas

Nach Nantucket Kitemanns
„Valkyrie" Delta

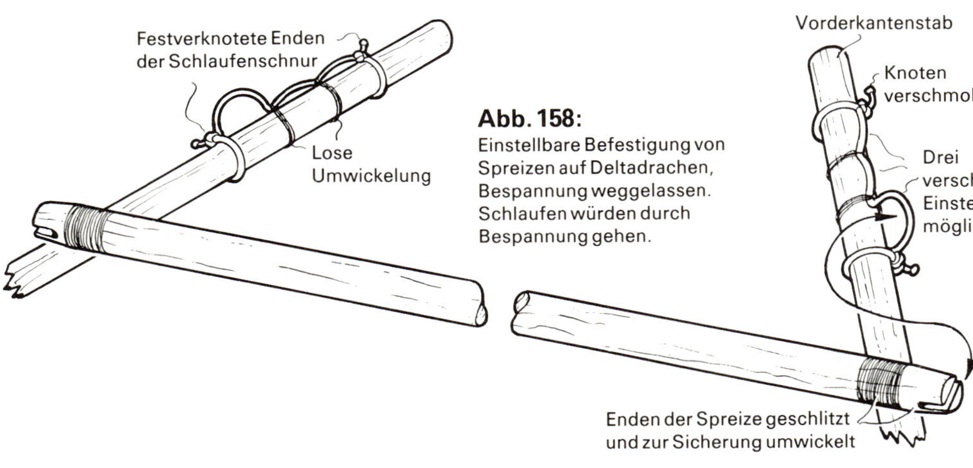

Abb. 158:
Einstellbare Befestigung von
Spreizen auf Deltadrachen,
Bespannung weggelassen.
Schlaufen würden durch
Bespannung gehen.

Praktische Konstruktionshinweise

Für den Drachenbau braucht man einigen Erfindungsreichtum. Abgesehen von einigen Baukästen, muß man sich das Material überall zusammensuchen. Diese Skizzen sollen einige Hinweise geben, wie man Verbindungen mit modernen Materialien herstellt.

Beginnen wir mit Kunststoffschlauch, der in Autozubehör- und Motorradgeschäften erhältlich ist. Dieses dickwandige Polyäthylen- oder PVC-Material ist vielseitig verwendbar, und seine Zähigkeit macht es ideal für Verbindungsteile. Abb. 149 zeigt, wie man zwei gleiche Stücke nach Durchstecken des Mittelstabes zusammenbindet und damit eine Kreuzverbindung zu den Querstäben herstellt. Der Druck der PVC-Elemente gegeneinander biegt sie um 90 Grad nach der Seite, wo die Querstäbe eingesteckt werden können. In Abb. 150 sieht man, wie ein Stück PVC-Schlauch in ein Loch im Mittelstab durch einen Schlitz eingedrückt werden kann. Weiter unten dienen zwei Schlauchstücke mit verschiedenen Durchmessern als Verankerung für eine Drahtverspannung, wie man sie bei Kunstflugdrachen braucht. An den Ecken von Plastikfolien kann ein eingerolltes Stück PVC-Schlauch, gemäß Abb. 151, zur Verankerung und zum Spannen dienen. Die Abbildungen 152 und 153 sind Beispiele für Befestigungen von Verstrebungen, wie man sie in vielen Beispielen dieses Kapitels benötigt.

Es ist bekanntermaßen schwierig, die Querstäbe bei straff verspannten Drachentypen sicher zu verankern. Es ist immer zu empfehlen, die Bespannung zu verstärken, aber zur Aufnahme der Last eines Gestänges sind Stücke aus PVC-Schlauch oder Aluminiumrohr, nach Abb. 154 eingenäht, vorzuziehen. Eine andere Idee ist das Einnähen eines Rings oder einer Tasche in den verstärkten Fleck (Abb. 155). Eine Besenstielklammer nach Abb. 156 ist für zerlegbare Gestänge von Kastendrachen sehr geeignet.

Delta-Drachen benötigen Querspreizen von einer Vorderkante zur andern, die aber flexibel bleiben muß. In Abb. 157 ist die beliebte Nantucket-Drachen-Methode aufgezeichnet. Man beachte in dieser Zeichnung auch ganz besonders die Darstellung der Tasche für den Mittelstab und die Lasche für die Kielflosse. Abb. 158 zeigt eine weitere Idee, bei der die Spreize in zwei Schlaufen eingesetzt wird.

Die Verlängerung von Stäben durch Aneinandersetzen verlangt Hülsenbeschläge. Diese findet man in Angelbedarfsgeschäften (Abb. 159). Man beachte, daß die schwächste Stelle jeder Verbindung immer dort ist, wo sich der Durchmesser schlagartig ändert. Mit Umwicklungen kann man solche Schwachstellen verstärken. Bei Kunstflugdrachen benötigen wir ein Verbindungsstück für drei Stäbe vorn am Bug. Tom Van Sant benutzte Epoxy-Zweikomponenten-Knetmasse (wird für Plastikmodellbaukästen als Füllmaterial hergestellt) als Spitzenball, während die in Abb. 163 gezeigte Stahldrahtkombination beim Skite-Drachen zu finden ist. Das Biegen einer solchen Klammer kann recht mühsam sein. Wie verbindet man Querstreben oder andere Gestängeteile mit den Vorderkantenstäben oder dem Mittelstab? Mit Verschlußringen für Plastiktüten (Abb. 162), O-Ringen (Abb. 163 und 164) oder mit Führungsbeschlägen für Angelleinen geht das sehr einfach. Umwicklungen lackiert man zum Schutz über. Umwickeln bei Schäftungen nach Abb. 166 oder Kreuzverbindungen von Aluminiumrohren nach Abb. 167 ist nützlich. Dort finden wir auch die (etwas schwächere) Verbindung mit einer Schraube. Das Annähen der Segel bei den Van-Sant-Drachen an die Angelruten zeigt Abb. 168. Das Problem ist nur der Preis, selbst wenn es sogenannte Ausschußware ist. Abb. 169 zeigt die Verbindung von drei Flachstäben mit Kupferdraht. Man kann stärkere Leisten auch einlassen, wie es ebenfalls dargestellt ist. Diese Art Schreinerarbeit liegt nicht jedem, aber die Gerüste für Vogeldrachen (Abb. 170) oder Blériot-Flügel-Kastendrachen mit größeren Abmessungen (Abb. 171) lohnen solchen Aufwand. Ein für diese Arbeit unentbehrliches Werkzeug ist eine kleine Feinsäge, wie es sie in Modellbaugeschäften zu kaufen gibt. Eine Verbindung, die oft Schwierigkeiten zu bereiten scheint, ist die einfache Überkreuzung von zwei Rundstäben. Die Verschnürung muß symmetrisch sein. Anschließend verschmiert und vermufft man sie am besten mit Hartkleber (Profix

Abb. 159:
Methode, um längere Stäbe zum Transport verkürzen zu können. Verbindungshülsen aus Fischereibedarfsgeschäften

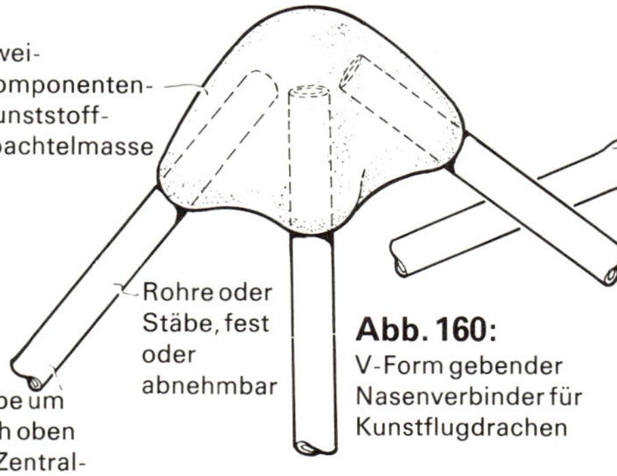

Abb. 160:
V-Form gebender Nasenverbinder für Kunstflugdrachen

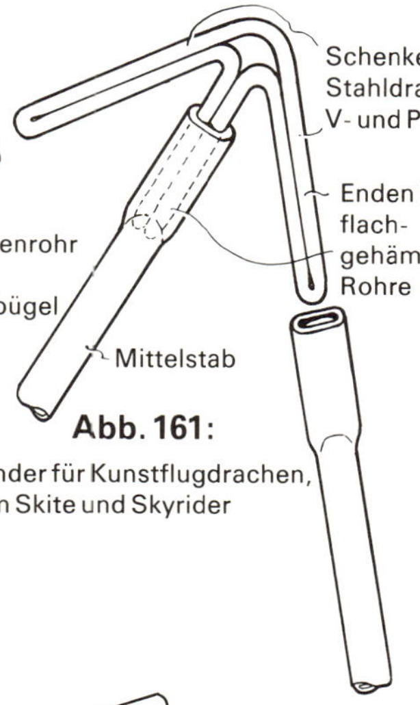

Abb. 161:
Nasenverbinder für Kunstflugdrachen, benutzt beim Skite und Skyrider

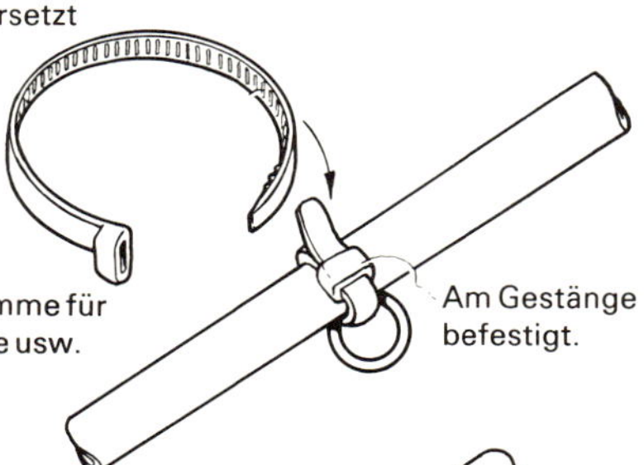

Abb. 162:
Schlauchklemme für Waagenringe usw.

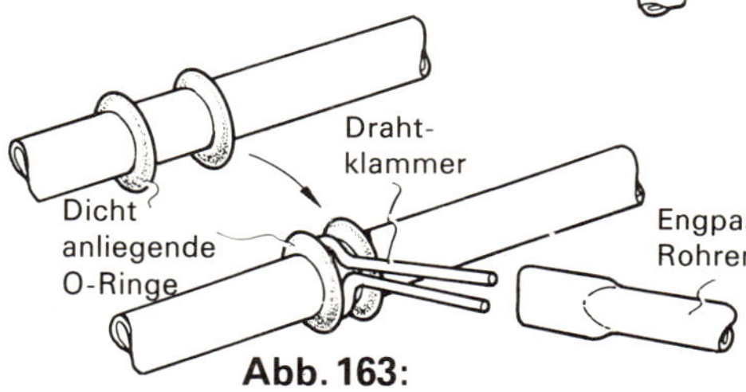

Abb. 163:
Dicht anliegende O-Ringe als Manschetten zur Verankerung von Spreizen

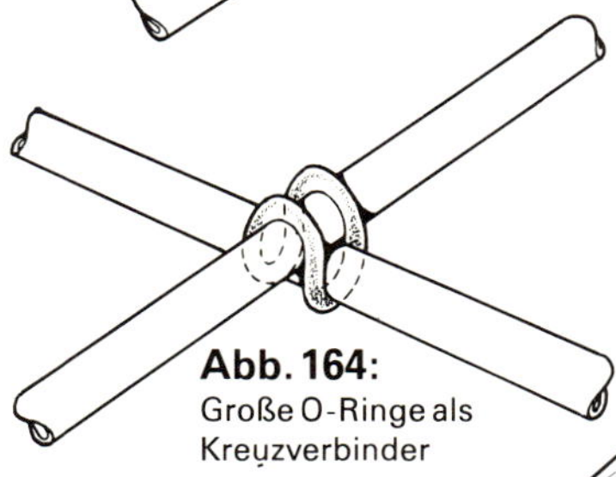

Abb. 164:
Große O-Ringe als Kreuzverbinder

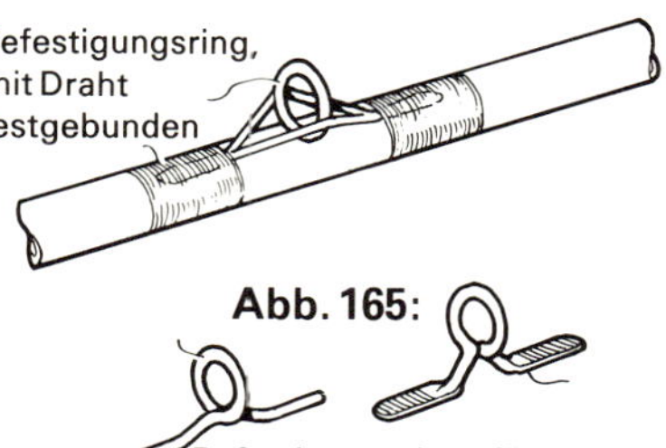

Abb. 165:
Befestigungsringe für Waagen käuflich oder selbst hergestellt

Abb. 166:
Anschäftungen von Holzteilen

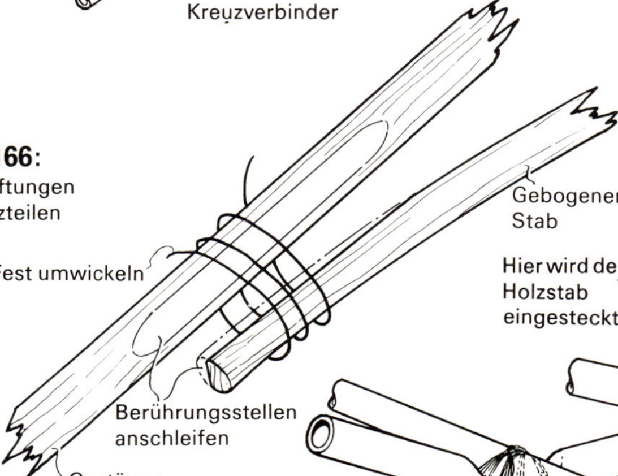

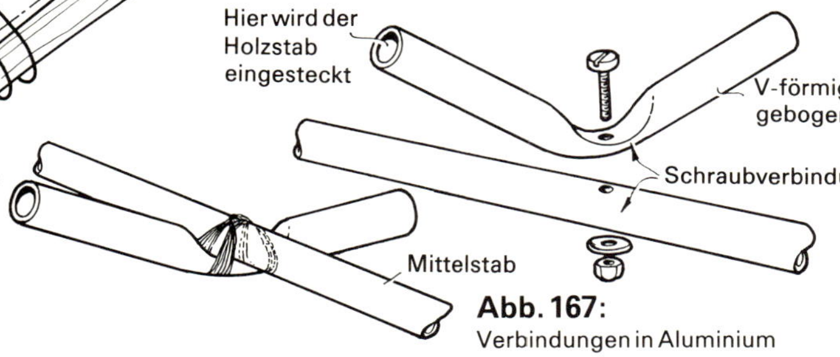

Abb. 167:
Verbindungen in Aluminium

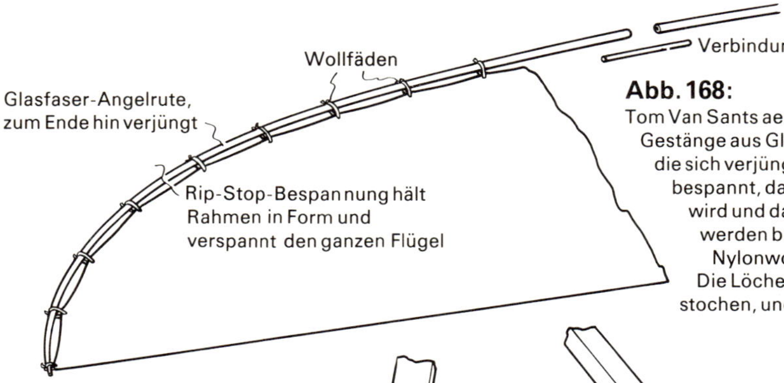

Abb. 168:
Tom Van Sants aerodynamische Drachen besitzen Gestänge aus Glasfaser-Polyester-Angelruten, die sich verjüngen. Die Flügel sind mit Rip-Stop-Nylon bespannt, das mit dem heißen Lötkolben geschnitten wird und dann nicht mehr gesäumt oder umnäht zu werden braucht. Die Umrandungen werden mit Nylonwolle abgenäht und wie ein Trampolin gespannt. Die Löcher werden mit einer heißen Nadel eingestochen, und gleichzeitig wird der Rand versiegelt.

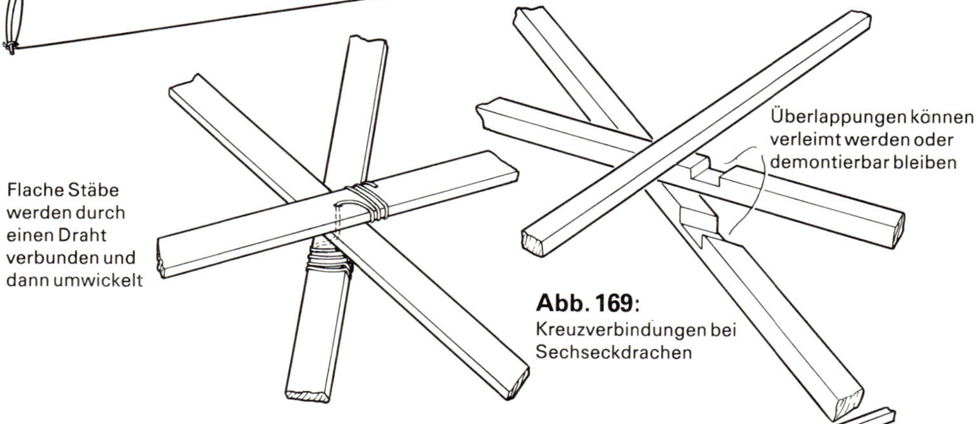

Abb. 169:
Kreuzverbindungen bei Sechseckdrachen

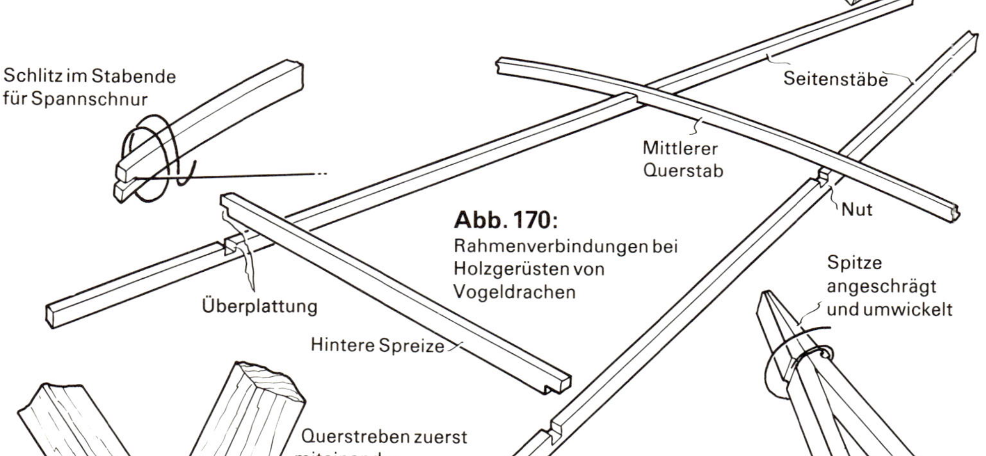

Abb. 170:
Rahmenverbindungen bei Holzgerüsten von Vogeldrachen

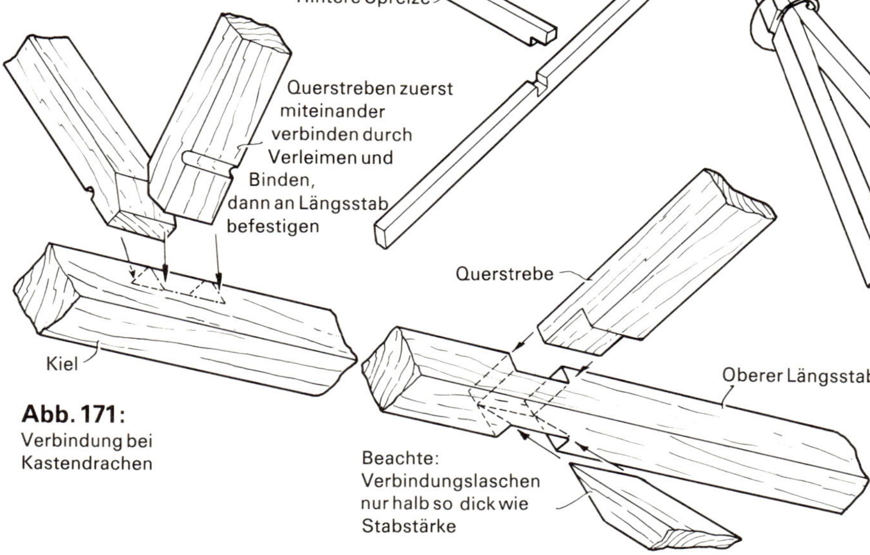

Abb. 171:
Verbindung bei Kastendrachen

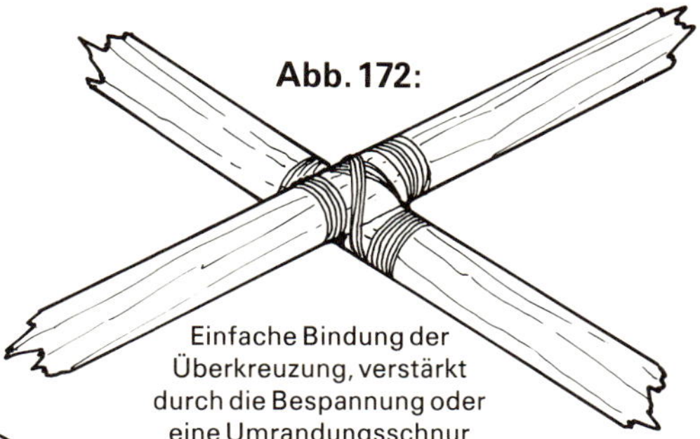

Abb. 172:
Einfache Bindung der Überkreuzung, verstärkt durch die Bespannung oder eine Umrandungsschnur

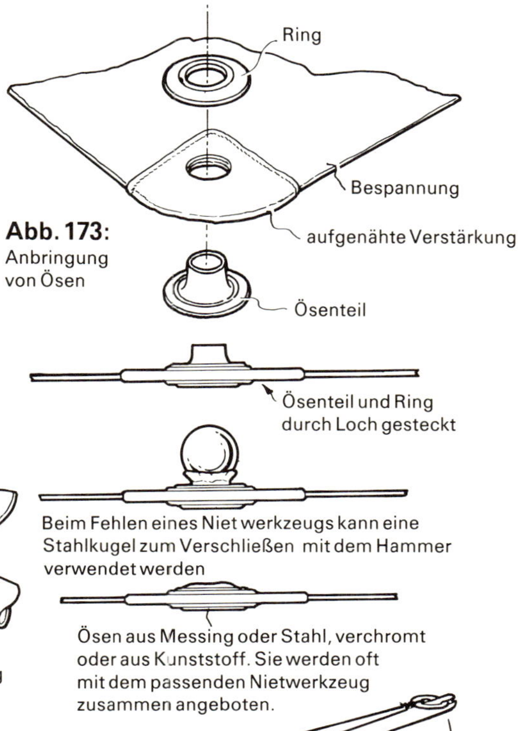

Abb. 173:
Anbringung von Ösen

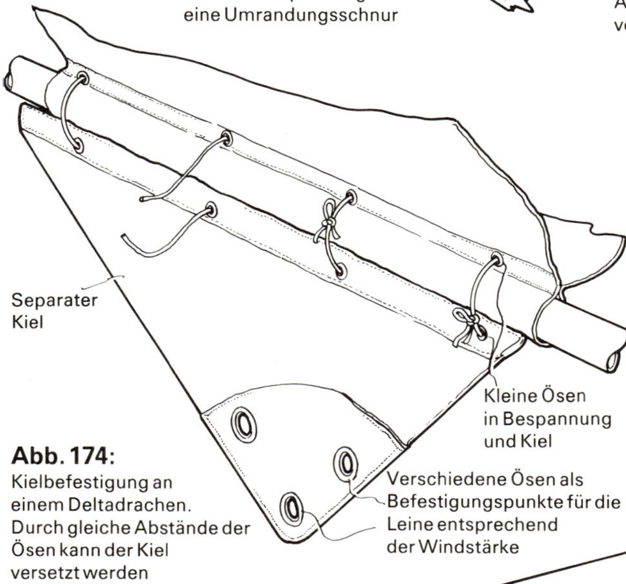

Abb. 174:
Kielbefestigung an einem Deltadrachen. Durch gleiche Abstände der Ösen kann der Kiel versetzt werden

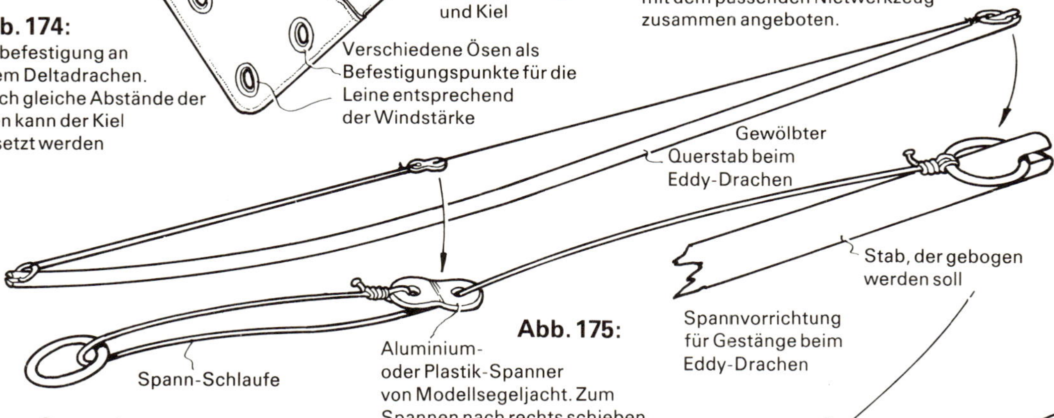

Abb. 175:
Spannvorrichtung für Gestänge beim Eddy-Drachen

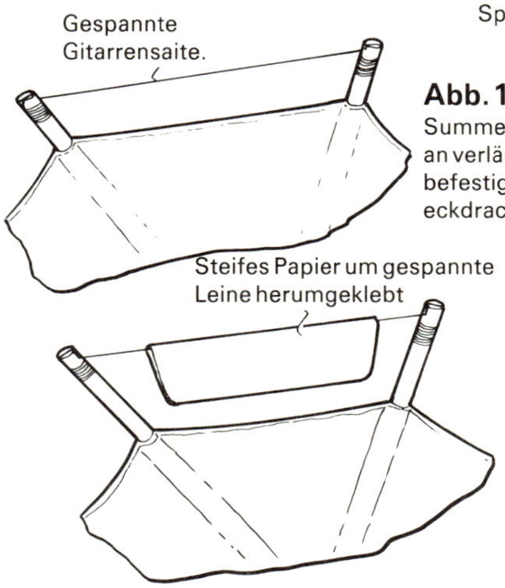

Abb. 176:
Summer oder Schwirrer an verlängerten Stäben befestigt bei Sechseckdrachen.

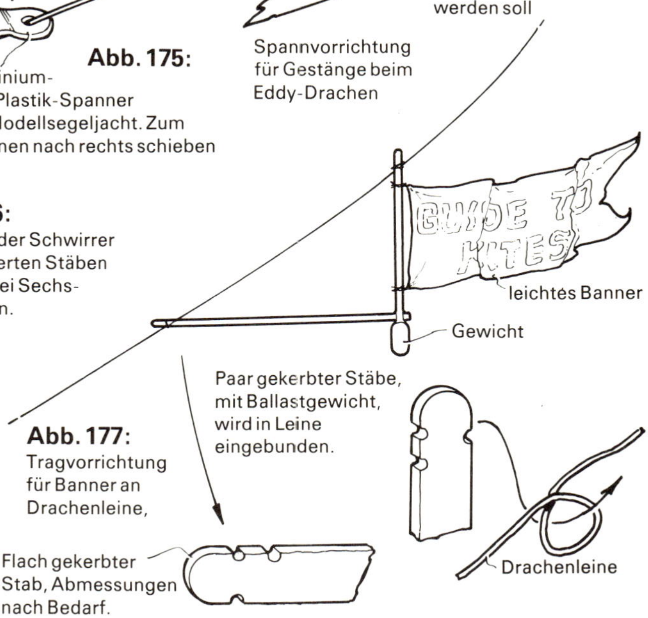

Abb. 177:
Tragvorrichtung für Banner an Drachenleine,

Modellbau), wodurch die Verschnürung noch stärker gestrafft wird; außerdem wird sie so wasserfest.
Ösen schlägt man mit einem besonderen Werkzeug ein, das aber viele Modellbauer nicht besitzen. Man findet es in vielen Nähbedarfsgeschäften als komplettes Set für Ösen verschiedener Durchmesser. Auch Ösenzangen sind in Hobby-Geschäften billig zu haben. Zur Not kann man auch nach Abb. 173 mit einer Kugel aus einem Kugellager die Vernietung vornehmen. Wenn die Öse nicht fest sitzt, hat sie wenig Sinn. Drei Ösen für die Leinenbefestigung am Kiel zeigt Abb. 174. Man beachte auch die Ösenreihen an der Oberkante des Kiels und der Tasche des Mittelstabs, mit deren Hilfe der Kiel abnehmbar und verstellbar gemacht werden kann.
Einen Schnurspanner zur Verspannung von Quer- und Längsstäben beim Eddy-Drachen oder von Querstäben beim malaysischen Drachen zeigt Abb. 175. Dort ist auch der Gebrauch von Ringen am Ende der Spannleine gezeigt, die in Schlitzte in den Stäben eingesetzt werden.
Eine Neuheit ist der in Abb. 176 abgebildete „Summer". Sein Geheimnis ist eine sehr straff gespannte Leine. Nimmt man eine Gitarrensaite, braucht man kein steifes Papierstück. Das Geräusch ist aber nicht weit hörbar, höchstens 30 m nach meiner Erfahrung. Schleppbanner, Werbesprüche oder Dekorationsschwänze kann man am besten von einem Rahmen aus wehen lassen. Abb. 177 zeigt einen einfachen L-Bügel, der leicht an der Leine angehängt werden kann. Das Gewicht muß nur so schwer sein, daß der herunterhängende Stab ruhig steht. Wenn der tragende Drachen ruhig steht und genügend Tragkraft entwickelt, kann man mehrere Spruchbänder oder Fahnen hinauftragen lassen. Es gibt unendlich viele Möglichkeiten, Drachen zu bauen. Diese Auswahl wurde möglichst breit angelegt, um viele praktische Entwürfe zu zeigen.
Versuchen Sie es selbst! Ein Drachen aus eigener Hand macht doppelten Spaß!

9

Wichtige Patente

Es ist nur natürlich, daß jeder Erfinder einer absoluten Neuheit zur Wahrung seiner Rechte Patentschutz für sein geistiges Eigentum beantragt. Drachen waren Objekt unzähliger Patentanmeldungen, manche so bizarr und ungewöhnlich, daß sie kaum erwähnenswert sind, andere wieder wurden zur Grundlage für die kommerzielle Herstellung von Drachen.
Ein Patent zu lesen, ist nicht jedermanns Sache. Die Sprache der Patentanwälte hat ihre eigene Art der Beschreibung, die den Laien oft verwirrt. Besser verständlich sind Zeichnungen, die meist Schlüsselzahlen enthalten, auf welche im Text, oft in immer gleichlautenden Worten, hingewiesen wird, um die für den Schutz wichtigen Dinge zu kennzeichnen.
In diesem Kapitel werden die interessantesten Patente in einer Auswahl vorgestellt. Die Beschreibungen sind vom Autor frei gestaltet, und die Auswahl darf nicht als besondere Empfehlung des einen oder anderen Patentes gewertet werden. Ebensowenig soll damit gesagt sein, daß weggelassene weniger wichtig wären. Auswahlkriterium war lediglich die Originalität. Die angegebenen Daten sind meist, aber nicht immer, die der Anmeldung.
Begonnen wird mit den ältesten Patenten, und die weitere Reihenfolge ist chronologisch.

Ansboro Revolving Kite

(8492) 1890 (Abb. 178) Rotierender Drachen

Diese frühe Erfindung eines rotierenden Drachens nimmt viele nachfolgende ähnliche Entwürfe vorweg. Es ist ein zusammenlegbarer Sechseckdrachen mit einem zentralen Lager auf einem „Bauchband" und einer Waage. Der Drachen hat eine Umspannung, über die der Bezug gezogen ist. An jeder zweiten Ecke befinden sich konische Taschen, in denen sich der Wind fängt und den Drachen auf seiner Achse zum Drehen bringt. Der Beschreibung nach soll der Drachen auf der Vorderseite mit farbigen Spiralen bemalt sein, wodurch die Illusion von Wellenbewegungen entstehen soll. Zum Zusammenfalten werden zwei übereinanderliegende Zentralstäbe getrennt, und durch Zweiteilung der peripheren Umspannung kann der Drachen wie ein Fächer zusammengelegt werden.

Pantcheff Hexagon Kites

(158, 162) 1921 (158, 502) 1921 (158, 600) 1921, (198, 051) 1923, (Abb. 179, 180)

Diese Serie von Patenten, von denen das erste im September 1919 von Sophocles Xenophon Pantcheff beantragt wurde, betrifft eine Methode zur Herstellung sechseckiger Drachen, wobei die Bespannung mit einer peripheren Schnur über das Gerüst gespannt wird. Die Bespannung kann in verschiedenen Arten aufgeteilt sein, und die Zeichnungen illustrieren einige Farbkombinationen für das Papiersegel. Auch ein Schwanz aus dünnen Streifenbündeln an einer Zentralschnur sowie die Befestigung der dreischenkligen Waage für die Schleppleine und einer zweischenkligen für den Schwanz werden gezeigt.

Abb. 178:

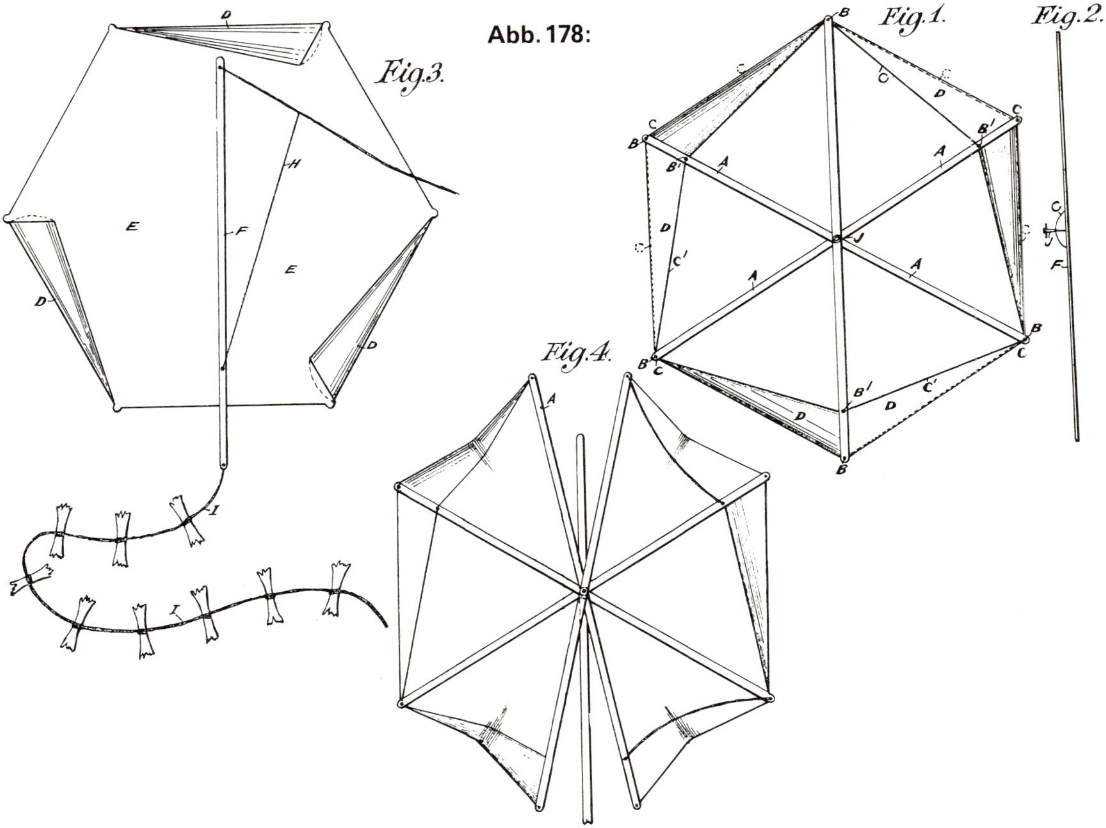

Abb. 179:

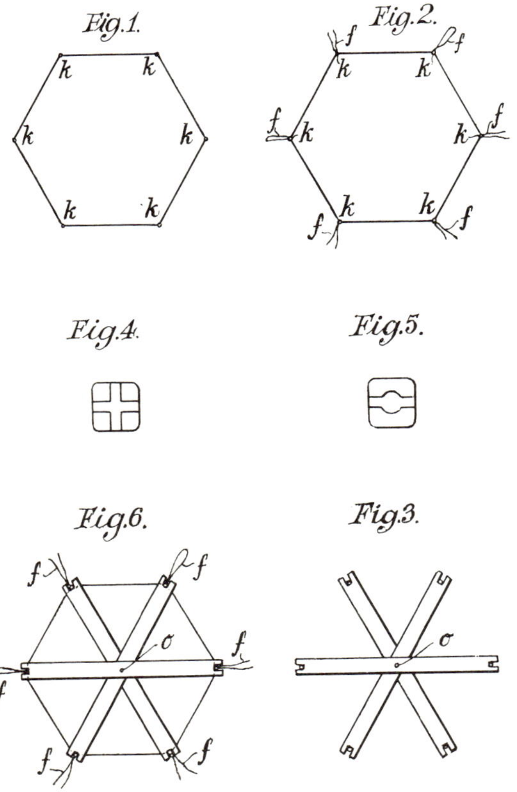

Abb. 180:

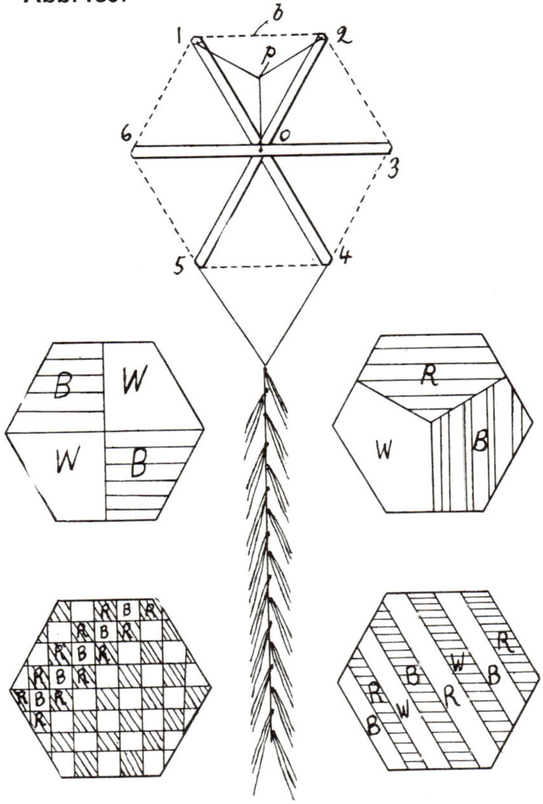

Walter Young Planar Kite

(3.599.909) 1968 (Abb. 181)

Dieser malaysische Drachentyp ist gekennzeichnet durch einen elastischen hinteren Waagenschenkel (12) mit Feder (11) und Einstellschieber (13), wodurch der Drachen in der Lage ist, sich selbst im günstigsten Anstellwinkel für die bestehenden Windbedingungen einzustellen. Der Drachen ist zusammenlegbar, kann zur besseren Radarerfassung metallisiert sein, eine Lampe tragen oder für Rettungszwecke gefärbt sein. Dies ist das Patent des DY-Drachens, wie er bei Himalaja-Expeditionen verwendet wird. Das Gestänge ist aus Aluminium.

Dunford Control-Line Aerobatic Kite

(1.340.047) 1970 (Abb. 182)

In dieser sehr bekannten und bedeutenden Patentschrift finden sich spezifische Beschreibungen und Skizzen des Donald-Dunford-Drachens und seines Steuersystems. Unter anderem heißt es dort: „Das Segel dieses Drachens wurde als besonders wirksam befunden, wenn es aus etwas porösem Tuch bestand" und „Es stellte sich als am günstigsten heraus, daß die Luftöffnung im Segel 16% der Gesamtfläche beträgt." Der Unterschied in Wölbung und relativer Neigung zwischen den Flächen 5 A und 5 B des zentralen V dient zur Stabilisierung des Drachens gegen Stampfen (Nickbewegung). Der Dunford-Drachen wurde in früherem Kapitel beschrieben und wird genau diesem Patent entsprechend gebaut, das im übrigen international gültig ist.
Als nächstes werden einige Patentschriften aus den USA vorgestellt, die teilweise auch international gelten.

Dahl Self-Balancing Kite

(1.632.822) 1926 (Abb. 183)

Conrad Dahl aus Springfield, Ohio, ist der Erfinder sich selbst einstellender flexibler Vorflügel, die sich nach dem Winddruck richten. Damit hat er anscheinend das erfunden, was man das Marconi-Rigg nannte. Er schlug auch Varianten bis zu drei Vorflügeln vor. Ein grundlegender Unterschied liegt aber insofern vor, daß das Patent von Dahl eine Befestigung der Vorsegel auf der ganzen Wurzellänge am Mittelstab vorsieht, während beim Marconi-Rigg die Segel nur am vordersten und hintersten Punkt befestigt sind. Nichtsdestoweniger ist das Dahl-Patent wegen der Benutzung flexibler Vorflügel zum damaligen Anmeldedatum und der Formähnlichkeit mit dem Marconi-Rigg sehr interessant.

Astle Blow-Up Kite (Aufblasbarer Drachen)

(2.208.786) 1938 (Abb. 184 + 185)

Percy Thomas Astle aus Haven, Kansas, beantragte Patentschutz für einen Drachentyp, den er aufblasbar nannte. Aufgeblasen wurde der schlauchförmige Rand sowie der tragende Teil des Schwanzes. Der Bezug war ebenfalls aus Gummi, auf dem der Schlauch befestigt war; zur Formhaltung waren starre Versteifungen vorgesehen. Verschiedene Varianten wurden vorgeschlagen, aber ob solche Drachen je produziert wurden, ist unbekannt.
Ein solcher Drachen könnte für den Einsatz beim Fischen besondere Vorteile bieten oder bei jedem Gebrauch über Wasser, was aber in der Patentschrift nicht erwähnt wird.

Bach Flying Wing Kite

(2.463.135) 1947 (Abb. 186)

Als Vorrichtung zum Drachenfliegen oder als freifliegender Gleiter von Robert F. Bach aus Detroit angemeldet, wurde hier die Verwendung von Rohren als Gestänge, von synthetischem Filmmaterial für die Bespannung und das konische Hochwölben der losen Hinterkante im Flug patentiert. Auch die Verbindung der drei Stäbe an der Spitze mit einem Beschlag, der V-Form verleiht, ist eine Vorwegnahme anderer Drachenkonstruktionen. Hätte die Form eine geringere Flügelstreckung gehabt, so wä-

Abb. 181:

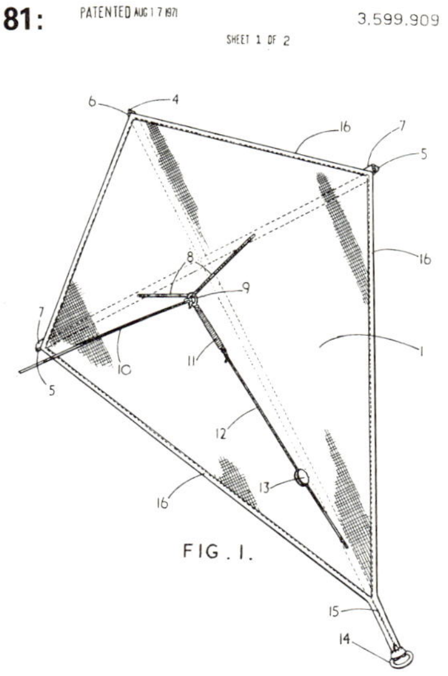

Abb. 182:

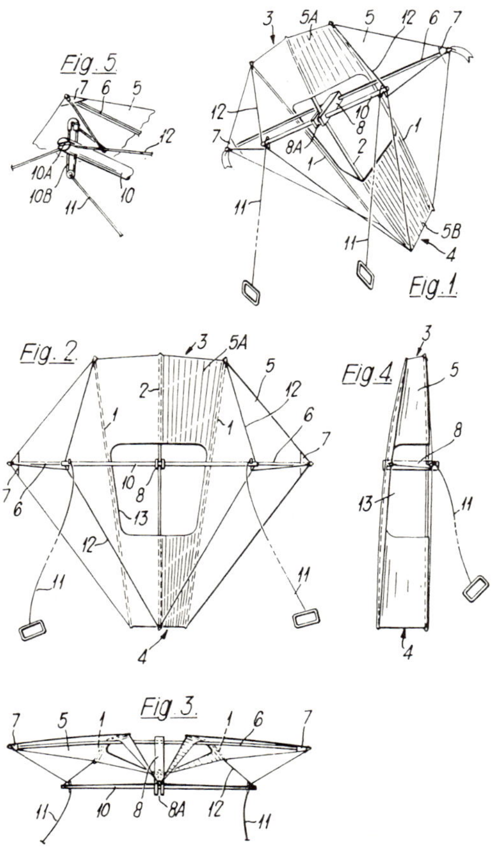

Abb. 183:

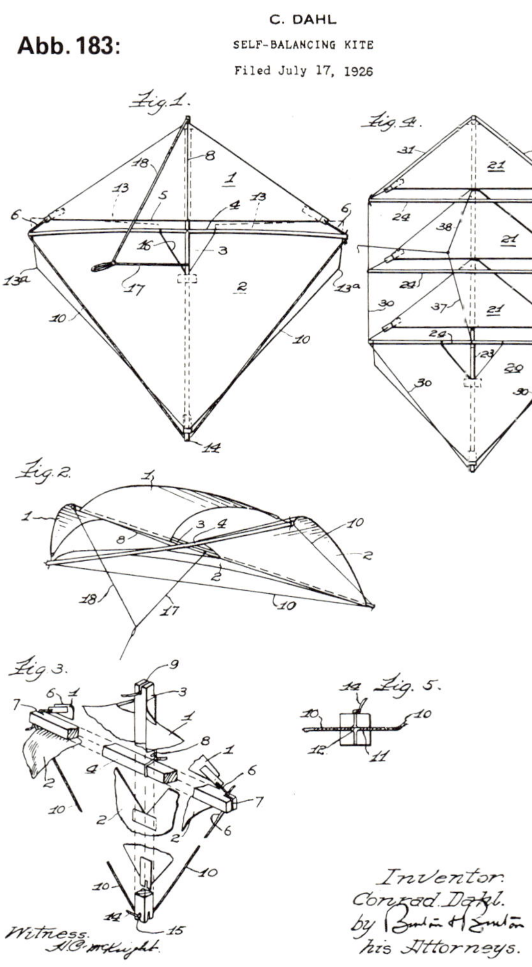

Abb. 184:

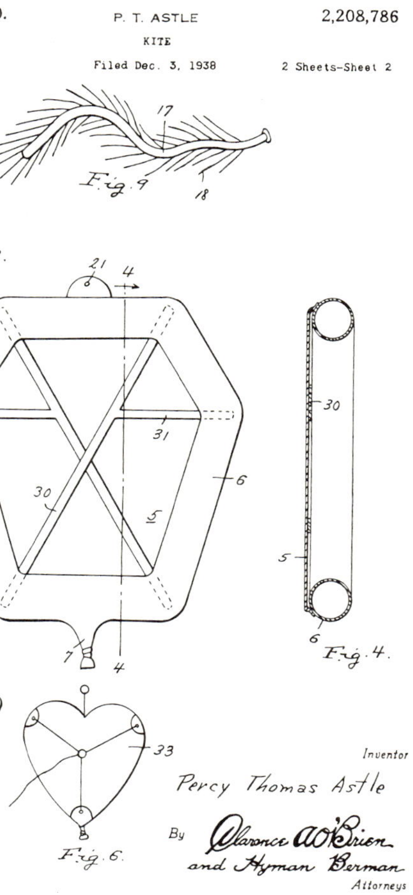

Abb. 185:

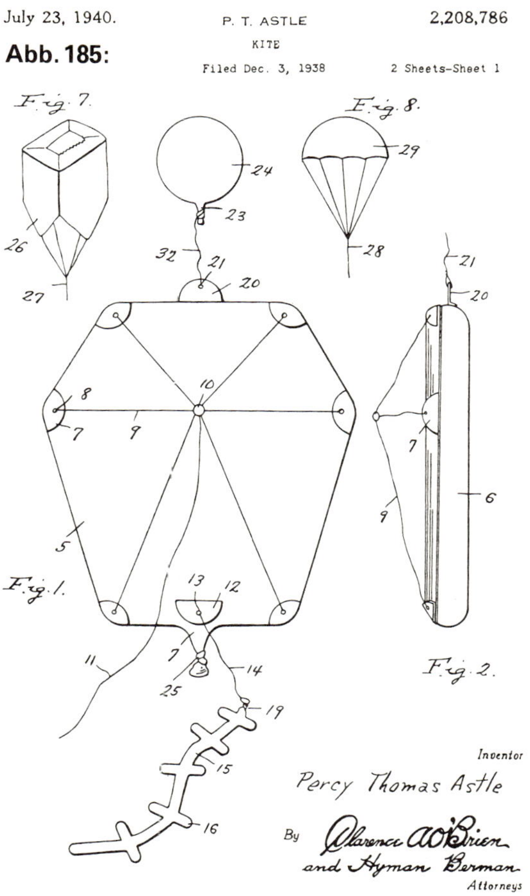

re dieses Patent das erste gewesen, welches die heute übliche Standardform für flexible Drachen aufgewiesen hätte. Es wäre interessant, einmal Bachs Entwurf in moderner Form nachzubauen, um herauszufinden, welche Unterschiede in der Leistung zwischen dieser Flügelform und der Diamantform bestünden.

Wanner Flexible Kite

(2.537.560) 1948 (Abb. 187)

George D. Wanner aus Dayton, Ohio, der Heimatstadt der Brüder Wright, erhielt 1951 dieses Patent, welches das früheste Dokument ist, das ich über den Drachen mit konischen gewölbten Kammern in Diamantform finden konnte. Eine flexible, quadratische Bespannung war an einem Mittelstab befestigt, und zwei seitliche Stäbe waren in Pfeilform und mit V-Form vorgesehen, welche in der Bespannung konische Wölbung erzeugen sollen und in der Vorderkante sitzen. Die Vorderstäbe waren nicht starr verbunden, aber gegen den Mittelstab vom Ende zur Spitze verspannt.

„Der Drachen wird in der üblichen Weise gestartet; sobald die Luft ihn trägt, verschiebt der Druck auf die Bespannung deren Seitenteile nach oben zwischen die Gestänge und gibt ihnen V-Form. Die hinteren Teile bilden eine Art Ruderfläche."

Dieses Zitat beschreibt sämtliche sogenannten Rogallo-Drachen! Man muß erkennen, daß die zweischenklige Waage, gepfeilte Vorderstäbe und unverstrebte Vorderkanten Einzelheiten sind, die aus guten Gründen bei späteren Entwürfen nicht mehr erwähnt werden.

Abb. 186:

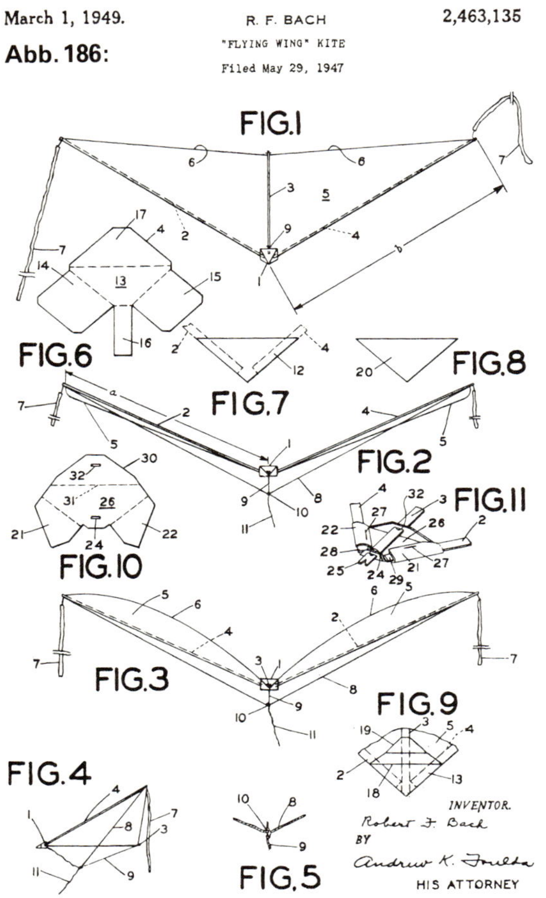

Abb. 187:

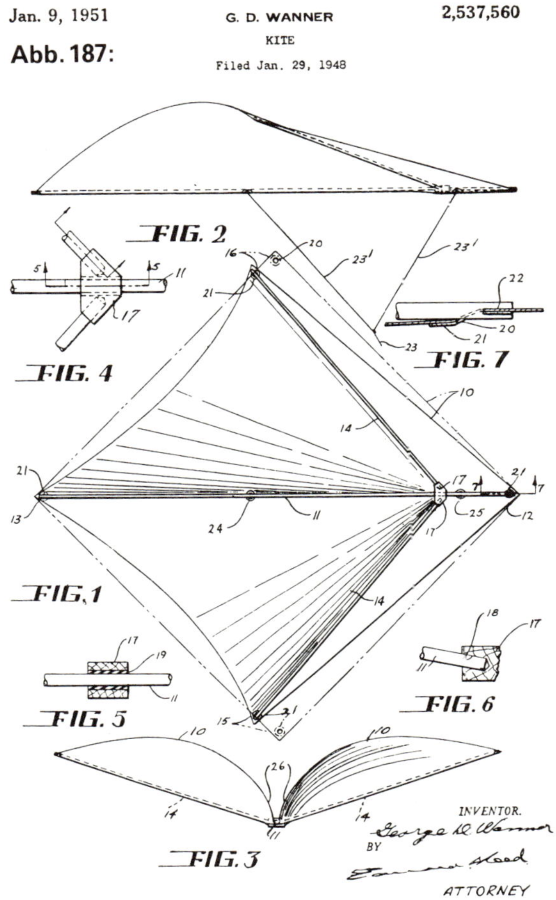

Rogallo Flexible Kite

(2.546.078) 1948 (Abb. 188)

Gertrude Sugden Rogallo und ihr Ehemann Francis Melvin Rogallo erhielten dieses Patent für einen vollflexiblen Drachen, welcher keine Verstärkungselemente benötigte.

Das quadratische Segel wurde mit siebenschenkliger Waage beschrieben, die so getrimmt sein sollte, daß sie die Rogalloform im Wind halten konnte. Eine zweischenklige Verbindung zu einem langen, bandförmigen Schwanz wurde ebenfalls beschrieben und auch die Verbindung mehrerer solcher Drachen zu einem Gespann, jeder mit einem eigenen Schwanz. In den Abbildungen 5 und 6 wird wahlweise auch eine Verstärkung der Vorderkanten und der Mitte mit Stäben vorgesehen, wie es heute üblich ist.

Die Patentschrift enthält mehrere prophetische Feststellungen: „Um die Attraktivität unserer Drachen zu erhöhen, werden wir sie gegebenenfalls aus transparentem Material wie Cellophan herstellen und darauf farbige Abbildungen von Vögeln, Raketen etc. anbringen. Wir glauben, daß dieses Prinzip auch für manntragende Vorrichtungen wie Flugzeuge, Fallschirme und Gleitflugzeuge anwendbar ist . . ."

Dreißig Jahre später gibt es tatsächlich Zehntausende von Hängegleitern des Rogallotyps in der ganzen Welt.

Effinger and Struck Aircraft

(3.153.877) 1962 (Abb. 189)

Bill Effinger und Henry Struck erwähnen in ihrer Patentschrift die Vorpatente von Wanner und Rogallo. Ihre Erfindung wird als angetriebener,

flexibler Flügel beschrieben, der als Drachen und als Propellerflugzeug vorgesehen ist, das nach Ende der Motorlaufzeit zum Gleiter wird. Eine Waage ist wahlweise für den Einsatz als Drachen vorgesehen. Dieses Modell wurde von der Gilbert Company als Parawing hergestellt und geflogen, fand aber wenig Anklang. An der Spitze hatte er einen Delta-Vorflügel, der im Freiflug als Stabilisator wirkte, und für den Motor wurde eine aus Kunststoff gespritzte Halterung geliefert.
Wahrscheinlich war der Entwurf seiner Zeit zu weit voraus. Erst die Hängegleiter erweckten das Interesse an dieser Form.

Hall Flexible Kite

(3.250.500) 1964 (Abb. 190)

Russell S. Hall aus Indianapolis entwarf diese Deltaform in einem rückwärts fliegenden malaysischen Drachengerüst mit zwei konischen Segeln als eine Vorrichtung, die, wie er beanspruchte, größere Tendenz zu geradem Aufstieg und festem Stehen in der Luft über einem Verankerungspunkt besitzen würde. Sie könnte dabei am Querstab Banner mit Werbesprüchen tragen. Obwohl keine Auswertung dieses Patentes bekannt ist, stellt die Verwendung des starren Rahmens eine originelle Art eines Versuches zur Umgehung älterer Patentansprüche dar.

Abb. 188:

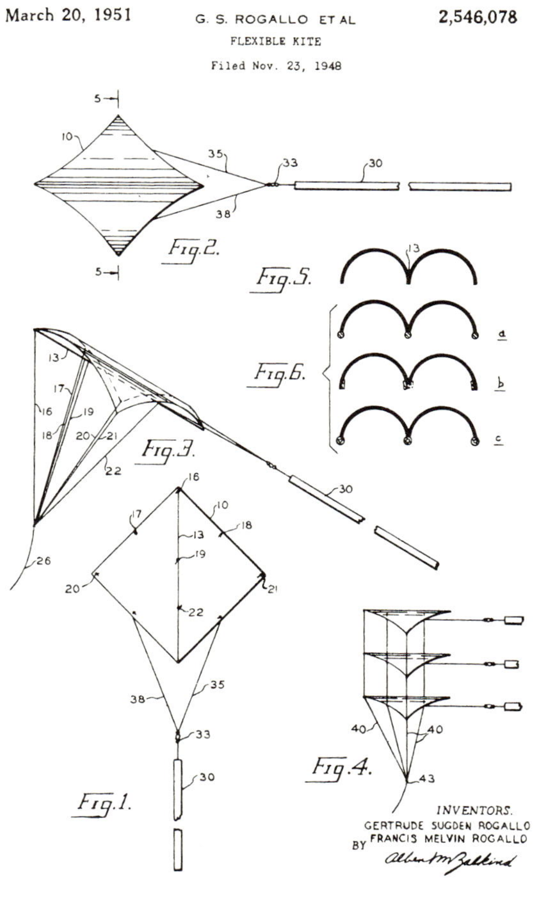

Abb. 189:

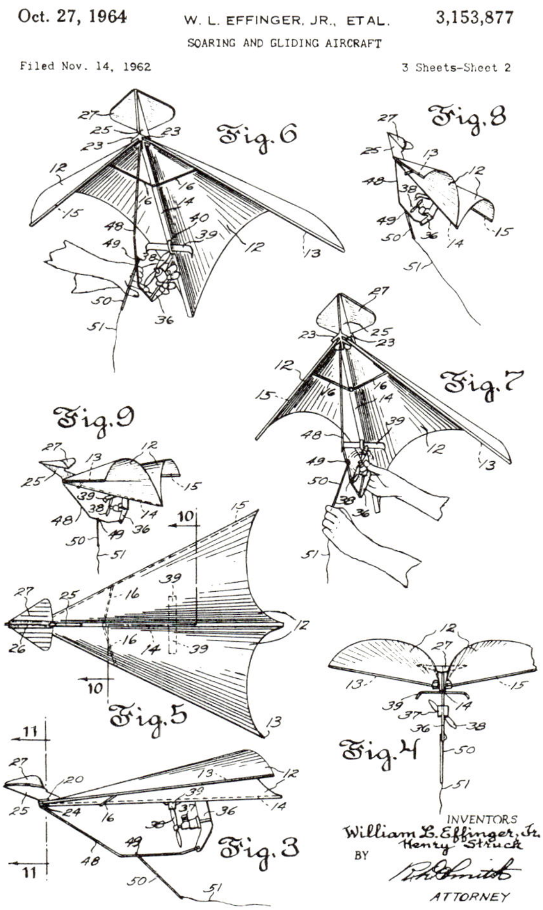

Abb. 190:

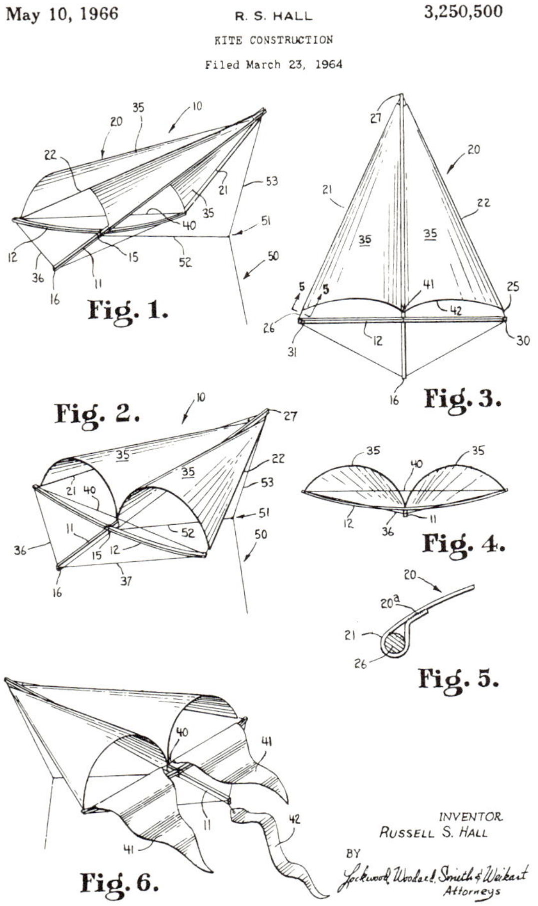

Abb. 191:

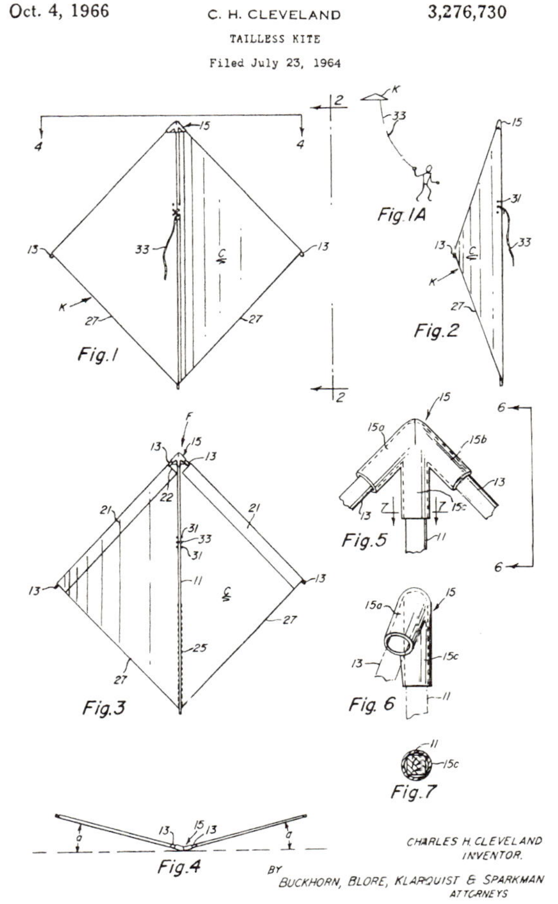

Cleveland Tailless Kite

(3.276.730) 1964 (Abb. 191)

Dies ist der berühmte North Pacific Product Drachen *Glite* nach dem Patent von Charles H. Cleveland aus Bend, Oregon. Die wesentlichsten Ansprüche in diesem einfachen Entwurf mit flexiblem Segel und konischer Wölbung waren:

„Die Bespannung kann quadratische Form haben, was ihre Herstellung aus Rollenmaterial billig macht."

„Die Verbindung der Stäbe ist ein hohles Stück Rohr, vorzugsweise aus Kunststoff."

„Die Stäbe haben . . . quadratischen Querschnitt mit abgerundeten Kanten und passen stramm in die entsprechenden Hohlräume des Verbindungsstückes, die runden Querschnitt haben."

„Die Achsen des Verbindungsstücks liegen nicht in der gleichen Ebene wie die der Seitenschenkel."

„Es ist ein entscheidender Vorteil . . ., daß er ohne Einstellarbeiten stabil ist."

Gegen diese Ansprüche kann niemand etwas vorbringen. Der Cleveland-Glite muß inzwischen Millionenauflagen erreicht haben, seit dieses Patent den ersten mit Packpapier bespannten *Glite* beschrieben hat. Obwohl die V-Form ausdrücklich als Bestandteil der Ansprüche erwähnt wird, fehlt eine Erwähnung der konischen Wölbung; tatsächlich haben der Glite und andere Kunstflugdrachen relativ wenig Wölbung in ihrer Bespannung.

Abb. 192:

1086044 COMPLETE SPECIFICATION
3 SHEETS *This drawing is a reproduction of the Original on a reduced scale*
Sheet 1

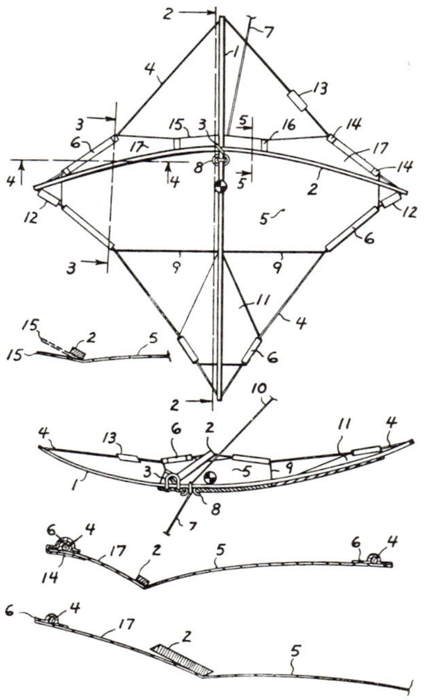

Abb. 192

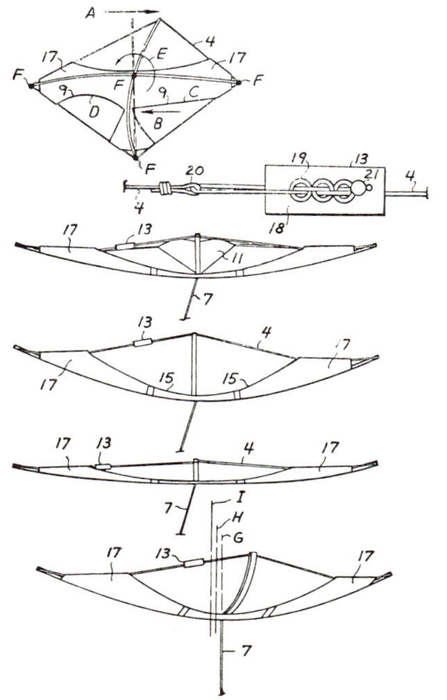

Abb. 192:

1086044
3 SHEETS

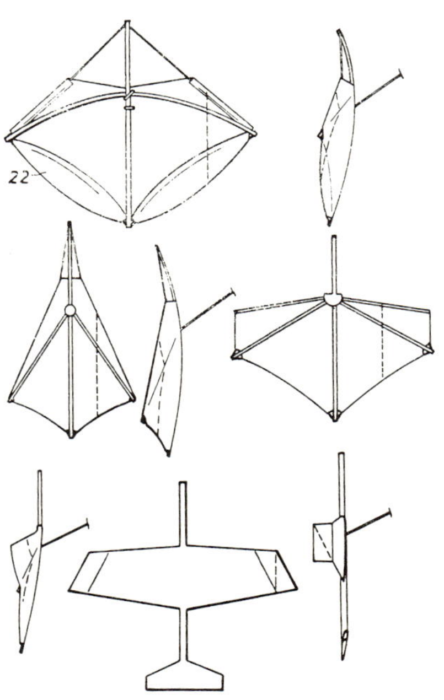

Abb. 193:

Patented Oct. 23, 1973 3,767,145

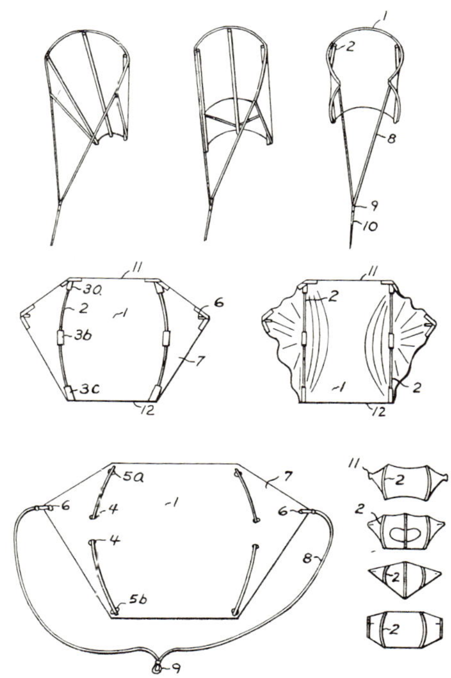

Hawk Kites

(Britisches Patent 1.086.044) 1965 (Abb. 192)

Dieses britische Patent eines Amerikaners ist die ausführliche Beschreibung der Blackhawk-Drachen, die Ray Holland aus Roswell, Neu-Mexiko, entwickelt hat. Die Patentschrift beschreibt, wie mit Hilfe einer Begrenzungsschnur um die Spitzen herum die Querstäbe und der Längsstab eine Biegung nach oben erhalten. An der Begrenzungsschnur ist die Bespannung befestigt, die eine sehr vogelähnliche Form aufweist, welche noch verstärkt wird, wenn der Wind daraufdrückt. Vorzugsweise soll dabei der Eindruck eines *Black Hawk* („Schwarzen Falkens") entstehen. Im Patent werden auch noch andere Formen, wie Flugzeug, Delta etc., beschrieben, wobei besonderer Wert auf die Tatsache gelegt wird, daß diese Drachen ohne Schwanz oder Waage fliegen würden. Es wird auf die schneepflugähnliche Stabilität hingewiesen mit der Analogie, daß das vorn liegende Zentrum des Schwerpunkts wie ein von vorn gezogener Schneepflug wirken würde. Die Beschreibungen im britischen Patent sind wesentlich weitgehender als üblich. Sie erwähnen z. B. die Klebstoffe und Selbstklebebänder, die verwendet werden könnten. Außerdem wird das Fliegen der Drachen detailliert beschrieben bis hin zum Trimmen für Kunstflug. Die neun Seiten der Patentschrift sind fast ein Lehrbuch über Drachenentwurf, Herstellung und Fliegen.

Sled (Schlitten)

(3.767.145) 1973 (Abb. 193)

Dieses letzte Patent wurde Ray Holland aus Roswell, Neu-Mexiko, erteilt und erwähnt die frühere Anmeldung 2.737.360 von Allison für flexible Drachen.

Für diese Variante eines Schlittens wird als Neuheit die Einführung gebogener Gerüststäbe beansprucht, die den Drachen unabhängig von der Windstärke offenhalten. Die Rippen oder Stäbe sind so angeordnet, daß sie gebogen sind, wenn der Drachen in Ruhe (nicht im Flug) flach ausgelegt ist. Im Flug bewirken die gebogenen Rippen, daß sich die Eintritts- und Austrittskanten gegenüber der Mittelebene anheben.

Beim Nachlassen des Windes haben die Rippen die Tendenz, sich geradezurichten, was erfindungsgemäß dazu führen soll, daß die Seitenteile nach außen gebeult werden, damit den Drachen in Form halten und ein Zusammenfallen verhindern. Diese Vorrichtungen wirken tatsächlich in der Praxis und helfen, den Schlitten zu einem stabileren Drachen zu machen, der sowohl bei leichten Winden als auch bei Böen fliegen kann.

Im Laufe der Zeit wird sich diese Patentliste verlängern. Drachen begleiten uns seit Jahrhunderten, aber jedes neue Jahr beweist, daß immer noch viele neue Dinge zu entdecken sind, um unsere Freude an diesen faszinierenden „Kindern des Windes" zu erhöhen.

Anhang

Drachenhersteller

Deutschland und Holland

Conacord Verner Voigt KG, 4780 Lippstadt 4, Seilerring 10

Paul Günther KG, 8330 Eggenfelden, Landshuter Str. 32

Knoop, 4190 Kleve, Rembrandtstr. 16/Cargadoorweg 42, Nijmegen, Netherlands

Schmohl KG (Pax), 7320 Göppingen, Heilbronner Str. 12

Markes & Co. (Dux), Spielwarenfabrik, 5880 Lüdenscheid, Wiesenstraße 61

Wepa-Flyer, Postfach 36, Zeyenaar, Holland

Italien

Quercetty, Via Bardonecchia 77/16 Turin, Italy

USA

Airplane Kite Co., 1702 W. 3rd St, Roswell, New Mexico 88201

Gayla Industries, Box 10800, Houston, Texas 77018

Hi-Flier Mfg Co., 510 E Wabash Ave, Decatur, Jllinois 62525

Kite Factory, PO Box 9081, Seattle, Washington 98109

Lees Custom Kites, 1327 13th St, PO Box 148, Clarkston, Washington DC 99403

Marblehead Kite Co., 28 South St, Marblehead, Mass. 01945

Nantucket Kiteman, PO Box 1356, Nantucket, Mass. 02554

North Pacific, Bend, Oregon 97701

Rogallo Flexikites, Kitty Hawk, NC 27949

L.G. Striegel Mfg Co., 1223 Arcade Avenue, Louisville, Kentucky 40215

Synestructics Inc., 9559 Irondale Ave, Chatsworth, Ca. 91311

Großbritannien

Albatross Kites, Hill End Farm Works, Tyttenhanger Green, St Albans, Herts

Ariel Kites, Lewis Knight Co., LR Industries, North Circular Rd, London, E4 8QA

Brookite, Francis Terrace, Junction Rd, London N19

Cambridge Leisure, Rivermill House, St. Ives, Huntingdon, Cambs, PE17 4 BR

Davis W. R. (Sharon Lee Ltd.), Fernbrook Ave, Southend-on-Sea, Essex

Don Dunford Sqdn Ldr D.W., 554 Banbury Rd, Oxford, OX2 8EQ

Dy Kites, The Stirling Clothing Co., Silver St, Oldham, Lancs, OC1 1HX

Frisbee (Skite), 16/18 Petersham Rd, Richmond, Surrey

Gloster Kites, Brookhouse Mills, Painswick, Stroud, Glos

Ambrose Lloyd (Zammo Kites), 114 Ladbroke Grove, London W10

Mettoy-Playcraft Ltd. (Wembley Kites), 14 Harlestone Rd, Northampton, NN5 7AF

Peter Powell, PO Box 1000, Cheltenham, Glos

Multiflite, Victoria Rd, South Shields, Tyne and Wear

Nimbus (C.W. Merriam), 3 Lipscombe, Capel Rd, Rusper, West Sussex, RH12 4PZ
Sampson Bros (Toys) Ltd., Vanguard Way, Shoeburyness, Southend-on-Sea, Essex
Savage, Stephen and Anthea (Hammoco Designs Ltd.), Ullenhall, Warwicks
Scale Craft Ltd., 6 Shad Thames, London, SE1
Seamer Products Ltd. (Tosta Kites), Eastbourne St, Hull Hu3 5EB
Sky Cat, Trenance Mill, St Austell, Cornwall, PL25 5 QA
Sky Sports Ltd. (Sky Rider), Charterhouse, Eltringham St, London SW18

Drachengeschäfte

Drachengeschäfte im Ausland

Go Fly a Kite Inc.
1434 Third Avenue
New York, NY 10028

Come Fly a Kite
313 Clearwater Mall
International Bazaas, 2nd level
Clearwater, FL (Florida) 33518

Great Wind Kites Co.
166 S. Jackson St.
Seattle, Wash. 98104

The Kite Store
69 Neal Street, London WC2 T 01836 1666

The kite & balloon company
613 Garratt Lane, London
SW18 4SU T 01947 8505

Greens of Burnley
336 Colne Road, Burnley, Lancashire
T 0282 39650

Vlieger-Op
Rijswijkseweg 74, NL-2516 EH Den Haag
T 070 882250

La Ludotheque
Zeedijk Het Zoute 747, B-8300 Knokke
T 050 605027

Teken aan de Wand
Huidenstraat 6, Amsterdam T 256241

Drachengeschäfte in Deutschland

Der Drachenladen
Alter Postweg 9, 2800 Bremen 1,
0421-4989182

Sport Frank
2970 Emden
Ingeburg von Ahn u. Sohn
Zedeliusstr. 35, 2946 Wangerooge

Die Spielkiste,
Münsterstr. 4, 4830 Gütersloh

Akkermann,
Goethestr. 15, 2972 Borkum

Die Arche,
Wilhelmshöher Allee 23, 3500 Kassel

Bendix Düysen,
Friedrichstr. 19, 2280 Westerland/Sylt

Bernshaus,
Cäcilienstr. 2, 4000 Düsseldorf-Benrath

Blanke,
Ferien-Zentrum Ladenzeile A,
2447 Heiligenhafen

3 x Ebeling,
Uthomer Str. 1, 2252 St. Peter-Ording

Fröhlich,
Essenbergerstr. 211a, 4100 Duisburg-Neuenkamp, u. 4172 Straelen

Fokko Gerdes
2941 Langeoog

Gebrüder Grimm
Mauritiussteinweg 110, 5000 Köln 1

Tauchsport Heese
Krumland 14, 2330 Eckernförde,
u. 2335 Damp 2000

Herzig
Fürstenstr. 1a, 6600 Saarbrücken 3

Ocke Hinrichsen
2279 Norddorf / Amrum

Hoffmann
Strandstr. 10, 2983 Juist

Windsurf Hückstädt
2271 Nieblum / Föhr

Ferienzentrum Janke
2178 Otterndorf

Kaufhaus Jansen
2949 Wangerland – Horumersiel u. Hooksiel

JoJo
Reichsstr. 107, 1000 Berlin 19

Kaufmann
Jesuitenmauer 20, 4790 Paderborn

Klunder
Hauptstr. 11, 2981 Nesse u. Dornumersiel

2 × Nehus
2980 Norden – Norddeich

Nürnberger Spielwarenhaus
Breite Str. S 1, 4, 6800 Mannheim

Nordsee-Kaufhaus
2943 Neuharlingersiel

Oletti
Ring 6, 2949 Wangerland – Schillig

Spielwaren Rapunzel
Alte Schulstr. 22, 4019 Monheim

Saalmann
Rathaus, 5620 Velbert 1

Schaaf & Krahn
Viergiebelweg 10, 7000 Stuttgart

Sonnenberg (Drachen Franz),
Hochstr. 1, 8061 Vierkirchen

Spanhake
Langestr. 48, 2900 Oldenburg

Emsland-Bastelgalerie
Deverweg, 2990 Papenburg

Multi-Bastelmarkt
An der Südumgehung, 2950 Leer

Spiel Mit
Viersener Str. 102, 4050 Mönchengladbach 1

Sport-Studio Jahnke
Poststr. 14–16, 2000 Hamburg 36

Stadtlander
2985 Baltrum

2 × Werkstattforum D. Stein/G. Holtfreter
Froschgasse 8, 7400 Tübingen 1

Tam-Tam
Litzenburger Str. 90, 1000 Berlin 15

Thorwarth
Strandhaus, 2190 Cuxhaven-Döse

Trend
Flingerstr. 6, 4000 Düsseldorf-Altstadt

Weber
Sahlenburger Weg, 2190 Cuxhaven-Duhnen

Werner
Strandstr. 9, 2982 Norderney

Spielgalerie Zakis
Ismaninger Str. 136, 8000 München 80

Sport Zaun
Büchel 4, 5100 Aachen

Hobbythek Schwaß
Jülicher Str. 201, 5180 Eschweiler

2 × Kaufhaus Pieper
2930 Varel-Dangast

Spielwaren Mous
4005 Meerbusch-Büderich

Versender* und Spezialanfertigungen

Burkhard Vernunft, Weidenallee 10c, 2000 Hamburg 6
Elk Knaake, Kl. Schäferkamp 44a, 2000 Hamburg 6
Eckard Schaaf & Richard Krahn, Viergiebelweg 10, 7000 Stuttgart 1
Rolf Lieberknecht, Galvanistr 6, 1000 Berlin 10
Christian Selle, Bachemerstr. 44, 5000 Köln 41
Florian Boge & Bernd Gössler, Esplanade 23, 2000 Hamburg 36
Tony Christopher* – Der Drachenspezialist –, Uerdinger Str. 103a, 4005 Meerbusch-Lank-Latum
Christian Bückers, Vorländerweg 109, 4400 Münster
Peter Müller, Friedrichrodaer Str. 42, 2800 Bremen 1
Günther Veit, Brückenstr. 24, 5500 Trier (Präsident des Deutschen Bumerang-Clubs)

Drachen-Feste und -Wettbewerbe in Europa

Im April
Am letzten Sonntag findet in Polignano a Mare (bei Bari/Italien) die „Sagra degli aquiloni“, ein altes, traditionsreiches Drachenfest, statt.

Im Mai
Am 1. Mai findet in San Miniato die „Festa dell'aquilone“ statt.
Anfang Mai auf dem Aerodom Old Warden bei Bedfordshire in England ein Festival der B.K.F.A., der British Kite Flying Association (der britischen Drachenflieger-Vereinigung).
Am ersten Wochenende des Monats findet bei der Fondation Ledoux, Arc et Senans in Frankreich, die „Fête du futur“ statt.
Am letzten Mai-Wochenende das „International Kite Festival“ von Longleat House, Warminster Wiltshire, organisiert von der E.K.A., der European Kitefliers Association.

Im Juni
Zum Monatsende findet in Scheveningen/Holland, das große „Scheveningen Vliegerfeest“ statt, eines der größten europäischen Drachenfestivals.

Im September
Am ersten Sonntag im September findet in Urbino/Italien, die „Festa dell'aquilone“ statt.
Am Monatsende wird im Aerodome von Vicennes/Frankreich der „Concours de photo par cerf-volant“ veranstaltet. Ausrichter ist der Cerf Volant Club de France, der französische Drachenflieger-Club.

Im Oktober
Am ersten Wochenende das jährliche Herbst-Treffen der B.K.F.A., der britischen Drachenflieger-Vereinigung, auf dem Aerodom Old Warden, Bedfordshire.

Literaturverzeichnis

Bacher, Manfred: Spiel mit Wind und Papier. Ein Hobbybuch vom Drachenbau und Papierfalten. Würzburg 1978.

Carpentier, Didier/Bachelet, Joel: Alles über Drachenbau. Freiburg 1980.

Dickinson, Peter/Anderson, Wyne: Das große Buch der Drachen. Oldenburg 1981.

Horn, Klaus D./Ludwig, Hans J.: Drachenbau. Minden.

Pelham, David: DuMont's Bastelbuch der Drachen. Flugtechnik – Konstruktion – Geschichte. Köln 1977.

Die phantastische Welt der Drachen, Zollikon 1979.

Picon Daniel: Neue Drachen. Ravensburg 1980.

Tyrell, Susan: Drachen selberbauen. München 1980.

Register

Werner Backes
Drachen bauen
Ausführliche, in der Praxis erprobte Bauanleitungen für 45 Drachenmodelle aller Schwierigkeitsgrade.
128 Seiten mit 17 farbigen Fotos, 490 s/w Zeichnungen und 41 s/w Fotos von Werner Backes.
Format 15 x 20,5 cm. Broschur.
ISBN 3-473-42281-9

Kunstvolle, flugfähige Drachen zu bauen, ist auch hierzulande zum ernst zu nehmenden Hobby geworden.
Denn es setzt einige Erfahrung und Berechnung voraus, soll ein Drachen nicht nur optisch auffallen, sondern auch gut steigen und gleiten.

Das Buch bietet insgesamt 45 Drachenmodelle zum Nachbauen an. Mit exakter Materialliste und sehr deutlichen, plastischen Konstruktionszeichnungen.
Für Flachdrachen und gewölbte, für Deltas, Kasten- und Schlangendrachen, für Drachenketten und für lenkbare Drachen.

Jeder einzelne Drachen wurde vom Autor selbst mehrfach gebaut, korrigiert und verbessert. Das garantiert, daß alle Angaben verläßlich sind.

Ravensburger ®